市制町村制義解
附 理由
【明治21年初版】

三谷軌秀
馬袋鶴之助 著

地方自治法研究復刊大系〔第二三六巻〕

市制町村制義解

〔明治二十一年初版〕

附理由

日本立法資料全集 別巻 1046

信山社

長城中島信行君題字　英國狀師日本法學博士岡村輝彦君序文

法律學士寺尾亨君　東京法學校主幹薩埵正邦君共閲

東京法學校卒業生三谷軌秀君同代言人馬袋鶴之助君同著

市制町村制義解

附理由

時習社藏版

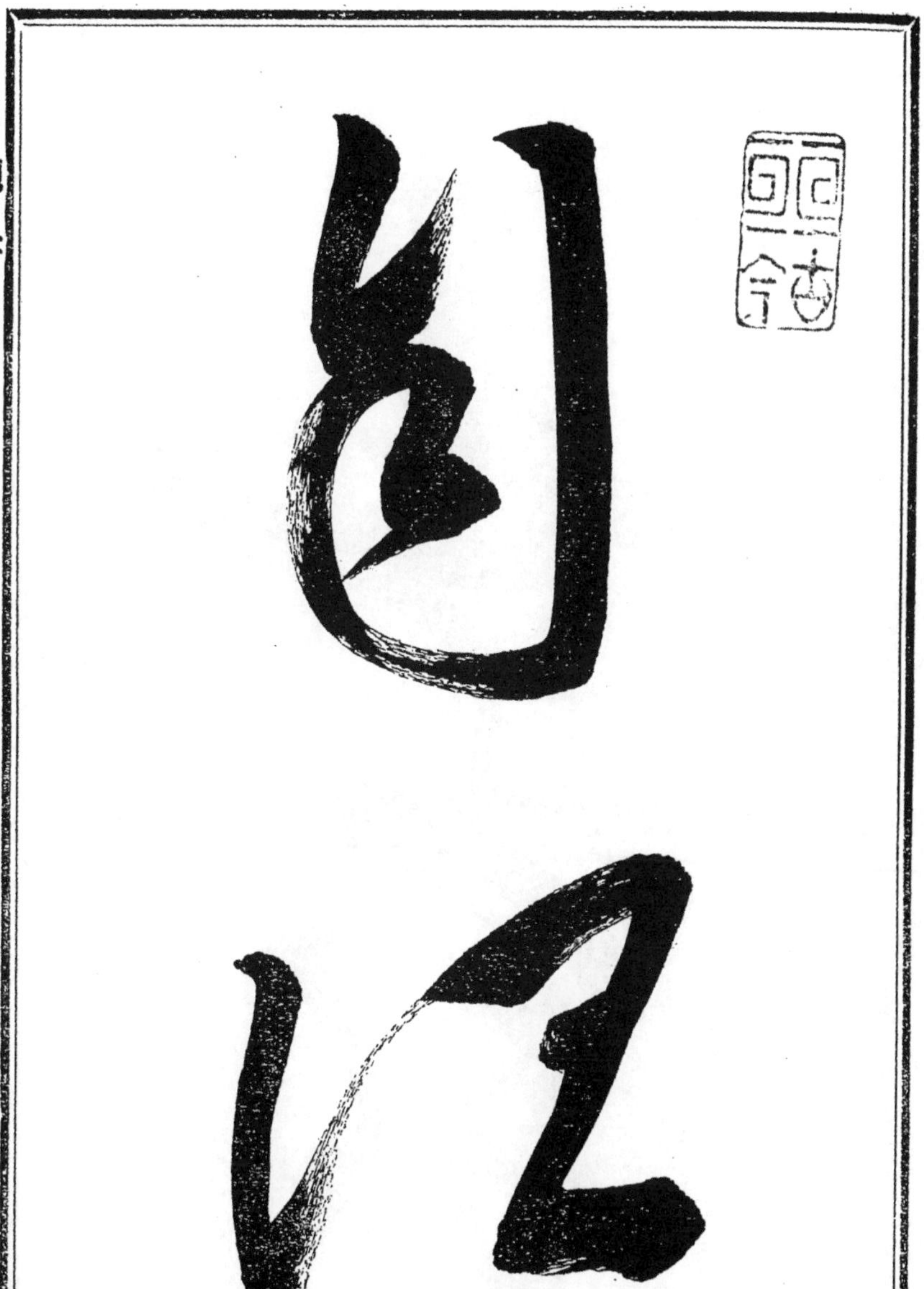

のどかさや小暑
を得ぬ嶋行の趣

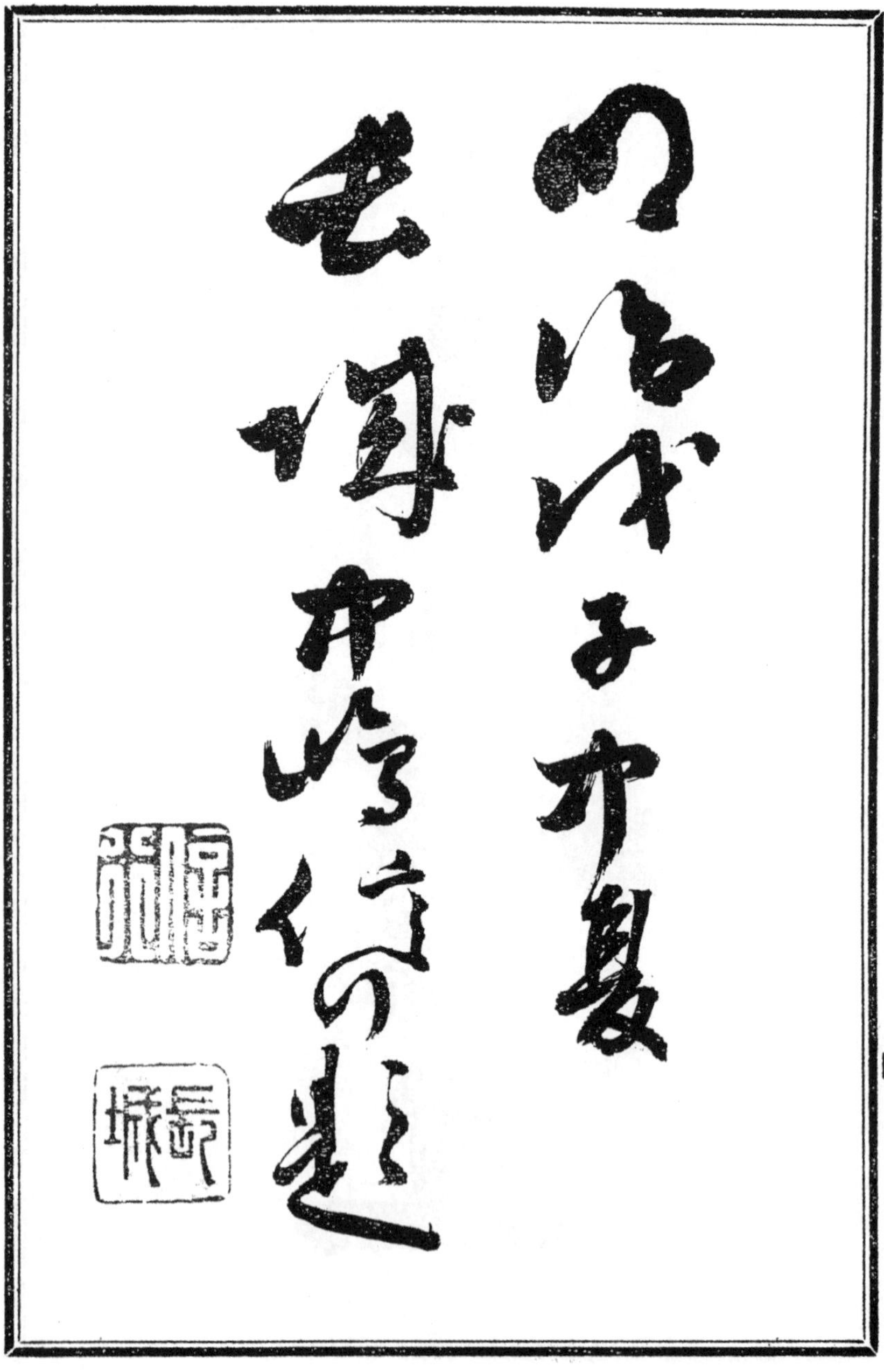

序

頃者三谷馬袋二子著市町村制義解請序注解精確義理明晰使數百條目一讀氷解嗚呼二子之勞可謂偉矣凡施政之道有二曰中央集權曰地方分權是也何謂中央集權曰謂舉邦國之政而中央政府統一之何謂地方分權曰謂割邦國之政而地方人民分任之均是施政之道也而其得失利害則二者雲泥懸隔焉蓋中央集權之弊則不使地方人民政府是賴以發揮自治之精神故人民苟且偸安地方公共之事業不興其弊之極遂至使地方陷衰頽之域豈可不思哉至地方分權之制則不

然使地方人民發揮自治之精神、以國事自任、故地方公共之事業日一日勃興、而且偷安之風自掃地而盡、地方分權之制、豈不美哉、憶我邦三十年前、曾為鎖港國、而一朝王政復古、封建變為郡縣、而今廢中央集權制、更為地方自治制、蓋過代議政日、亦將在近、然而如本制、乃地方人民務最宜講習者、而實先著、猶明珠照暗夜也、其功豈尠少哉、二子之請不得辭、是為序、

明治二十一年六月

英國状師
日本法學博士　岡村輝彦識

凡例

一本書ハ去ル四月法律第一號ヲ以テ發布セラレタル市制及町村制ノ條文ニ就キ英獨佛等諸國ノ制度ト我邦現行ノ法律トヲ參照シ平易ヲ旨トシテ之カ解釋ヲ下シタルモノナリ

一各條文ノ下ニ〔市〕トアルハ市制中參照ス可キ箇條ヲ示シタルモノニシテ〔町〕トアルハ町村制中參照ス可キ箇條ヲ示シタルモノナリ

一書中〔意義〕トアルハ法文全體ノ意義及ヒ法文中ニ用ヒタル字義ヲ解スル爲メニ設ケタル部門ニシテ〔理由〕トアルハ立法ノ趣旨ヲ説明センカ爲メ設ケタル部門ナリ又〔參照〕トアルハ現行法中本制ト相關係シ彼此參照ス可キモノヲ掲ケ讀者ノ便ニ供センカ爲メニ設ケタルモノナリ其他稀レニ〔批評〕ノ部門アルハ校閲者ト著者ト意見ヲ異ニシタル場合ニ校閲者ノ附記シタルモノニ係ル

一　市制ト町村制トハ二者大約同一ナルヲ以テ本書ハ市制ニ詳ニシテ町村制ニハ之ヲ略スルモノ多ク唯市制ト相異ナル點ノミ之ヲ町村制中ニ説明セリ是無要ノ手數ト費用トヲ省カンカ爲メナリ

明治二十一年六月中浣

著者識

朕地方共同ノ利益ヲ發達セシメ衆庶臣民ノ幸福ヲ増進スルコトヲ欲シ隣保團結ノ舊慣ヲ存重シテ益之ヲ擴張シ更ニ法律ヲ以テ都市及町村ノ權義ヲ保

護スルノ必要ヲ認メ茲ニ
市制及町村制ヲ裁可シテ
之ヲ公布セシム

御名　御璽

明治二十一年四月十七日

内閣總理大臣伯爵伊藤博文

内務大臣伯爵山縣有朋

市制町村制義解目錄

市制町村制義解目錄畢

市制町村制義解 附理由

日本法律學士 寺尾亨 校閲
東京法學校主幹 薩埵正邦
東京法學校卒業生 三谷軌秀
仝 代言人 馬袋鶴之助 合著

○緒言

凡ソ獨立國ノ政權ヲ大別シテ立法權行法權ノ二トス所謂立法權トハ國家ノ法規ヲ立ツルノ權ヲ云ヒ所謂行法權トハ法律ヲ執行スルノ權ヲ云フ而シテ行法權ハ其之ヲ執行スルノ方法ニ依リ更ニ分ツテ行政權司法權ノ二トス然リ而シテ今此ニ論スヘキハ自治及分權ナルモノハ立法行政司法ノ三權共ニ存在スルモノナリヤ否ノ事是ナリ

抑〻自治ニ廣狹ノ二義アリ其廣義ノ自治トハ凡テ國家ノ政務ニ參與ス

ルヲ云ヒ其狭義ノ自治トハ法律ノ範圍内ニ於テ自己ニ屬スル共同事務ヲ自ラ處理スルヲ云フ今此廣義ニ從フ片ハ立法、行政、司法ニ別ナク苟クモ國民ニシテ國家ノ政務ニ參與スル片ハ盡ク之ヲ稱シテ自治ト謂フ可ク從テ又國會ノ如キ或ル國ノ政府ノ如キモ亦之ヲ稱シテ自治ノ機關ト謂フヲ得可シ又狭義ニ依ル片ハ單ニ行政ノ區域内ニ於テ法律ノ許容スル所ノ事務ヲ處理スルコ過キサルヲ以テ立法司法ノ二權ニ付テハ自治ノ稱アルコナク中央行政ニ付テモ亦然リ故ニ自治ハ行政部内ニ在テ只行政ノ機關タルニ外ナラサルナリ而シテ其第一種ハ英國固有ノ自治ニシテ専ラ米國ニ發達シ第二種ハスタイン氏ノ發明ニシテ専ラ獨逸ニ成長セシ所ノ自治ナリトス佛國ニ於テ自治ト稱スルモノハ其意義甚タ狭小ニシテ僅カニ町村共同事務及會社ニ存スルノミ此故ニ名譽職治安判事ハ英米（尤モ其選任法ハ英米同一ナラス米國ハ公選ナリト雖モ英國ハ制限官撰ナリトス）ニ行ハルヽモ獨佛ニ施サス又獨逸ニ於テハ各自治體ノ有スル自主ノ權即チ或ル範圍内ニ於テ法規ヲ立ツル權ノ如キモ之ヲ立法權ト稱セス即チ中央行政部ノ發スル行政令若クハ執行令（我國閣令省令等ノ如キ）ト其性質ヲ同フシ其資格ヲ等シクスヘキモノニシテ固ヨリ行政ノ範圍ヲ脱スルヲ得ス但シ獨逸ニ於テモ其自治ノ本義ニ付テハ學者各其説ヲ異ニシ未タ一定ノ確説ナキモノヽ如シ現ニヘルツン、ロエスレル氏ノ如キハスタイン氏及グナイスト氏ニ反對シテ曰ク地方自治ハ自己ノ範圍内ニ在テハ自家固有ノ法規ニ準セサル可ラス決シテ外來ノ勢力及他方ノ法規就中公權掌握者ノ專恣私意ニ服從スルヿヲ要セスト

夫レ如斯各國自治ノ義ヲ異ニスル所以ハ抑〻何ニ因テ然ル乎蓋シ風土人情及開明ノ程度ニ基因スルハ勿論ナリト雖モ主トシテ其源ヲ古來ノ沿革ニ汲ムモノヽ如シ今試ミニ獨逸國ノ沿革ヲ繹ヌルニ中古ニ在

テハ貴族僧徒ノ權力頗ル强大ニシテ獨逸國內數多ノ小邦都邑皆自主自立ノ權ヲ有シ各團體ハ自ラ法規ヲ立テ裁判權及警察權ハ勿論租稅兵馬ノ權ヲ掌握シ中央立法部ハ其周邊枝部ノ爲メニ左右セラル、カ如キ觀ヲ呈シ國內各部ノ團體ハ恣ニ其暴威ヲ逞フスルニ至レリ是レ等族執政ノ時代ニシテ寔ニ分權ノ極ト謂フ可シ

其後十八世紀中ハ世人專ラ中央集權ノ利ヲ說キ人民ノ思想モ亦漸ク一地方ニ踞蹐セス周ク國內ニ及ヒ遂ニ集權ノ理論勝ヲ占メ爾來封建割據ノ狀體ヨリ駸々トシテ一君集權ノ開明ニ進ミ全國普及ノ國是ヲ定メ傍ラ羅馬法ヲ輸入シテ諸般ノ法規ヲ制定スルト同時ニ嘗テ獨立不羈ナリシ公侯ノ封土ヲ以テ州トナシ都邑ヲ以テ政區トナシ以テ百政皆中央ニ統ヘ地方團體ハ毫モ政權ヲ有スルナキニ至リ集權熱中ノ餘遂ニ政府ノ全ク干涉ス可ラサル私業ニマテ立入ルニ至リ爲メニ民

間ノ權力衰滅シ其職業上ノ勢力自由モ亦概ネ挫折セラレ人民漸ク獨立不羈ノ氣象ヲ失ヒ一朝自己ノ力ニ堪ヘ難キ危急ニ遭遇スルヿアレハ哀ヲ政府ニ訴ヘ國民ノ政府ヲ見ルヿ恰モ孤兒ノ慈母ヲ俟ツカ如シ其甚シキニ至テハ常ニ政府ニ頼テ自ラ利セントスルノ徒モ亦敢テ尠ナシトセス又一方ニ在テハ年一年ヨリ政費ノ多端ヲ加ヘ疲弊ノ民之カ負擔ニ堪ヘス民力衰滅國力消耗ノ期將サニ近キニアラントス是レ一君政治ノ時紀ニシテ眞ニ集權ノ極ト謂ハサルヘカラス

凡ソ新思想ノ社會ニ出テ其勝ヲ占ムルニ及ンテハ必ス其度ヲ超ヘ一方ニ偏シテ一方ヲ蹂躙スルヿアルハ時勢ノ然ラシムル所ニシテ古今ノ通弊ナリト雖モ前陳ノ如キハ其最モ甚シキモノトス然ルニ十九世紀ノ初ニ當リ嶄然傑出雄ヲ一世ニ奮ヒ集權ニ偏セス分權ニ黨セス凡百ノ政務中國家即チ中央政府ノ統轄スヘキモノト地方即チ各團體ニ

属スヘキモノトヲ分別シ其國家ハ統御ニ必要ナルモノハ之ヲ中央ニ統ヘ其各團體共同事務ニ出ツルモノハ各團體ヲシテ自ラ處理セシメ國家經綸ノ基礎ヲ確立シ其嘗テ行政ノ一區畫ト化セシメタル州郡都邑ヲシテ再ヒ獨立不覊ノ自治區ニ復セシメ世人ヲシテ將サニ壞滅ニ歸センカトノ念ヲ懷カシメタル全獨逸國ヲシテ竟ニ一大強國タラシメタルモノハ抑〻誰ソヤ是レ則チスタイン氏其人ノ力ナリトス方今獨逸ノ自治ト稱スルモノハ其後多少ノ變遷アリト雖モ概シテ氏ノ立案ニ成タルモノナリト謂フヲ得可シ

然ルニ英國ハ反之曾テ貴族僧徒ノ權威ハ獨逸國ノ貴族僧徒ニ於ケルカ如ク甚タシカラス從テ其權威ヲ剝奪シテ集權ノ極弊ニ陷ルカ如キヿモナク依然自治ノ利益ヲ全フセシハ實ニ英國ノ美制ニシテ又英人ノ外ニ向テ常ニ誇稱スル所ナリ是レ其英獨自治ノ義ヲ異ニスル所ナ

リ
又佛國ノ自治ニ乏シキ所以モ主トシテ再三ノ革命毎ニ國土分畫ノ變更ヲ來シ屢州郡組織ヲ改革セシニ基因セルモノト謂フヲ得可シ
更ニ眼ヲ轉シテ我國古來ノ沿革ヲ案スルニ上古ノ事ハ姑ラク措テ問ハス鎌倉覇府以來德川氏政權ヲ奉還スルニ至ルノ間ハ恰モ夫ノ十八世紀前ノ獨逸國ニ於ケルカ如ク又明治維新ノ初メヨリ近年ニ至ルノ間ハ猶夫ノ十九世紀前ノ獨逸國ニ於ケルカコトシ適〻府縣會及區町村會ノ設ケアリト雖モ其議權頗ル微々タリ固ヨリ以テ自治ノ制ト云フヲ得ス其府縣郡區町村ノ編制ノ如キモ殆ント佛國地方分畫ノ排置ニ於ケルカ如ク單ニ行政ノ區畫タルニ過キサリキ夫レ然リ而シテ今ヤ將サニ立憲政體ノ基礎ヲ確立セントスルニ方リ特ニ地方自治制ノ必要ヲ生シ茲ニ斷然舊制ヲ廢シ新ニ府縣郡市町村ヲ以テ三階級ノ自治

體ト爲シ自治及分權ノ原則ヲ實施セントス而シテ其府縣郡ノ自治體ハ別ニ府縣制及ヒ郡制ヲ以テ之ヲ定ムルコトシ之カ發布ノ期モ亦將サニ近キニアラントス（郡ヲ以テ一個ノ自治體ト爲サントスルモノハ蓋シ獨逸制ニ依ルモノナランカ然ルニ余輩ハ信ス我國ノ郡ハ別ニ自治體トナシ之ヲ獨立セシムルノ必要ナキヲ故ニ寧ロ佛國郡制ニ倣フノ簡便ニシテ能ク國情ニ適合セルニ如カスト）其市町村即チ最下級ノ自治體ノ事ニ至テハ即チ此法律ノ定ムル所ニシテ余輩ノ本書ニ於テ說述セント欲スル所ノモノナリ

我邦沿革ノ大略ハ前述ノ如シ而シテ今本制ヲ通誦熟讀スルニ能ク獨逸法ニ類似シ一言以テ之ヲ評セハ我邦市町村制ハ殆ント獨逸法ノ摸寫ナリト謂フモ可ナリ故ニ本制自治ノ議モ亦上陳狹義ノ自治即チ獨逸ニ行ハルヽモノト同一ナリト了知セサル可ラス夫レ古來ノ變遷ニ

於ケル沿革ト云ヒ本制ノ大意ト云ヒ能ク獨逸ニ恰當セシモ亦一奇ト謂フ可シ

抑〻此法律タルヤ我國未曾有ノ大典ニシテ又將來ニ向テ政治上ニ經濟上ニ商工業上ニ生活上ニ各〻著明ナル鴻益ヲ與フルヿ必セリ是レ敢テ遠ク海外ノ事蹟ニ徴スルヲ要セスシテ自ラ明カナリトス故ニ余輩ハ今細カニ探究スルトキハ本制ニ付キ猶意見ヲ異ニスルモノ少ナキニ非ラスト雖モ姑ラク措テ論セス其完備ノ域ニ達センヿハ漸ヲ以テ期ス可シ今本制ノ發布ニ當リ大筆特書シテ以テ讀者ト共ニ慶賀セサルヲ得サルナリ

本制ヲ大別シテ市制及町村制ノ二トス

市制トハ市ト其市民及政府トノ關係ヲ規定シタル行政ノ法律ヲ云フ猶之ヲ換言セハ一國最下級ノ自治區ニシテ且郡ノ區域ヲ脫シ別ニ市

ト稱スル市街地ノ憲法ナリト云フヲ得ヘシ
町村制トハ町村ト其町村民及政府トノ關係ヲ規定シタル行政ノ法律ヲ云フ猶之ヲ換言セハ一國最下級ノ自治區ニシテ市以外ノ町村ノ憲法ナリト云フヲ得ヘシ

由是觀之市制ト云ヒ町村制ト云ヒ唯其之ヲ施行スル地ヲ異ニスルノミ然ルニ其之ヲ施行スル地異ナレハ從テ多少其規定ニ差ナキヲ得スト雖モ其大体ニ至テハ全ク二者同一ナリトス故ニ市制及町村制ハ共ニ公法ニシテ私法ニ屬スルモノニ非ス依テ市町村私有財産ニ關スル獲得讓渡ノ法又ハ政務外ノ權利義務ノ消長ハ固ヨリ民法ノ規定ニ從フヘキモノニシテ此法律ノ敢テ與カル所ニ非ス又其財産等ニ係ル爭訟裁判權モ全ク司法裁判所ニ屬シ行政裁判所ノ管轄スヘキモノニアラサルヲ以テ此等ノ事ハ市町村制ノ規定スル所ニアラサルナリ

上ニ述ヘタル釋義ニ依レハ今本制ニ規定スヘキ綱目各別テ五トス第一自治體ノ組織及其權限即チ市町村及其住民並其權利義務ノ事(市制町村制第一章)第二代議機關即チ市町村會ノ組織及權限等ノ事(同上第二章)第三行政機關即チ市町村吏員ノ選任及權限等ノ事(同上第三章)第四財政即チ市町村有財產及經費擔任ノ事(同上第四章)第五市町村ト政府トノ關係即チ市町村行政監督ノ事(市制第六章町村制第七章)即チ是レナリ然ルニ本制ハ右ノ外猶市町村內一部ノ特有財產ノ事(市制町村制第五章)町村組合即チ小町村聯合組織ノ事(町村制第六章)此法律ト現行法トノ關係及本制施行ニ關スル事等(市制第七章町村制第八章)ヲ附記シタリ

本書ハ其要ヲ摘ミ繁ヲ去リ以テ大体ヲ評論スルニ非スシテ專ラ各條項ノ意義及理由ヲ明カナラシムルヲ目的トス故ニ敢テ私見ヲ交エス

姑ラク本制ノ規定ニ從ヒ市制及町村制ノ二部トナシ各制ニ就キ義解ヲ試ミントス然レ𪜈二者其語ヲ異ニスルコアルモ其條意ノ全ク同一ナルモノニ付テハ務メテ市制ノ義解ニ讓リ敢テ冗長ノ辯ヲ費サス蓋シ簡易ハ又本書ノ目的ナレハナリ讀者請フ幸ニ之ヲ諒セヨ

市制

○第一章 總則

○○總則トハ市制全體ニ關スル大則ヲ云フ故ニ此第一章ニ規定スル事項ハ則チ本制ノ骨子ニシテ本章アリテ始メテ市制ノ何タルヲ知得スヘシ故ニ本章ノ市制ニ於ケルハ猶家屋ノ柱石ニ於ケルカコトク其第二章以下ニ規定スル所ノ事柄ハ本章ノ適用若クハ其例外タルニ過キサルナリ讀者宜シク本章ノ規定ヲ服膺シ而シテ後第二章以下各條ヲ熟讀スヘシ

凡ソ市ヲシテ一個ノ自治體ト爲シ之ニ法律上ノ能力ヲ附與セントセハ他ノ自治區ト均シク疆土及人民ノ二個ノ元素ヲ有セサル可カラス而シテ立法權ハ元來國家ニ屬スヘキモノニシテ自治區(狹義)ニ存セス然リト雖モ亦法律ノ範圍内ニ於テハ自治區タル市ニ與フルニ細則即

チ市ノ法律制定ノ權ヲ以テセサルヘカラス是レ其自治區ニ自主ノ權アル所以ナリ故ニ本章ヲ分テ三欵トナシ其第一欵ニ於テハ自治區ノ組成ニ必要ナル第一元素即チ疆土ノ事ヲ規定シ併セテ市ノ性質ヲ明カニシ(自第一條至第五條)其第二欵ニ於テハ第二ノ元素即チ市住民ノ事及其住民カ行政上有スル權利義務幷ニ其得喪ノ事ヲ定メ(自第六條至第九條)其第三欵ニ於テハ自主權ノ範圍即チ規則制定ニ付市ノ有スル權限ノ事ヲ規定ス(第十條)其詳細ニ至リテハ各條欵ノ下ニ於テ之ヲ論セン

○第一欵　市及其區域

本欵ニ於テハ市ノ何タル事即チ市ノ定義ヲ示シ且其區域ヲ明カニシ併セテ將來市ノ變更ニ關スル事及其境界爭論ニ關スル裁判權ノ事ヲ規定セリ蓋シ市ノ何タル事及其疆土ニ關スル事ハ本制ノ主眼ニシテ

又自治體組成ノ第一元素タルヲ以テ特ニ之ヲ茲ニ規定スルハ當然ノ位置ニシテ編纂ノ順序其宜シキヲ得更ニ間然スル所ナシ

第一條　此法律ハ市街地ニシテ郡ノ區域ニ屬セス別ニ市ト爲スノ地ニ施行スルモノトス（市）三、（町）一、

〔意義〕本條ハ市制ヲ施行ス可キ區域ヲ示スモノナリ

此法律ハ市ニ施行スルモノニシテ市トハ田野ニ對スルノ稱ナリ例ヘハ三府五港ノ市中ノ如キ又各地方ノ市中ニシテ人口凡ソ二万五千以上アル土地ノ如キ田野ト其趣キヲ異ニスル土地ヲ云フモノナリ今此條ニ市街地ニシテ郡ノ區域ニ属セス別ニ市ト爲スノ地ト云フモノハ蓋シ立法者ハ日本全國ヲ各府縣ニ大別シ其府縣ノ下ニ郡ト市トヲ置キ郡ノ下ニ町村ヲ置クノ意ナリ此故ニ市ト町村トハ共ニ自治區ノ最下級ニ位スルト雖モ市ハ府縣ノ直轄

トナリ町村ハ郡ノ直轄トナル故ニ其郡ノ區域ニ屬スルモノハ唯町村アルノミ市ハ決シテ郡ノ區域ニ屬セス是此條郡ノ區域ニ屬セストノ一句アル所以ナリ又一々此制度ヲ適用ス可キ塲所ヲ定ムルハ行政官ノ職掌ニシテ立法者ノ豫メ一定スルヲ得サル所ナレハ後日行政官ニ於テ此制度ヲ施行ス可キ塲所ヲ指定ス可シ是別ニ市ト爲スト云ヘル一局ヲ加ヘタル所以ナリ

因是觀之此條ニ於テ郡ト稱スルモノハ後日郡制ヲ以テ定メラルヽ所ノ郡ヲ指スモノニシテ今日用ユル所ノ郡ニアラス何トナレハ今日ニ在テハ各地方悉ク郡ノ區域ニ入ラサルモノナク東京市中ノ如キモ亦郡ノ區域内ニ在レハナリ然ラハ則チ郡ノ區域ニ入ラサルモノハ絶テ之ナキヲ以テ其所謂郡トハ今日ノ郡ヲ云フモノニアラサルヿ推シテ知ル可キナリ

〔附言〕凡ソ法律ヲ制定スルニ當リ先ツ第一條ニ規定スヘキモノハ通常其法律ノ目的タル事物ノ定義ヲ下スニ在リ而シテ之カ規定ヲ爲スニ其正面ヨリ明示スル者アリ又裏面ヨリ暗ニ示スモノアリ今此條ノ如キ其正面ヨリ見レハ法律ヲ施行ス可キ區域ヲ定メタルモノナレ圧暗ニ市ノ定義ヲ下シタリ然リ而シテ余輩ノ卑見ヲ以テスレハ市制ノ市ニ施行ス可キヿハ其文字上自ラ明ナル事ニシテ別ニ之カ解釋ヲ下スヲ要セス故ニ本條ノ如キハ寧ロ主眼トシテ市ノ定義ヲ下シ今少シク詳細ニ規定アリシナレハ最モ立法者ノ功妙ヲ表明スルニ至リシナラン又余輩ノ上ニ人口凡ソ二万五千以上アル土地ト云ヒシハ立法者ノ理由書中ニ明示スル所ナリ而シテ最近ノ統計年鑑ニ照スニ全國府縣所在ノ地ハ大抵人口二万五千以上ヲ有スルヲ以テ

此市制ヲ施行ス可キ土地亦少ナカラサル可シ

〔理由〕此法律ニ於テ市ト町村トヲ區別シタルモノハ大ニ理由アリ抑〻市中ト田野トハ自ラ民情風俗ノ相異ナル所アリ又其生計ノ情態自ラ一樣ナラス然ルニ之レヲ同一制度ノ下ニ立タシメン乎或ハ一方ニ寬ニシテ一方ニ酷ナルヿアリ又或ハ實際施行シ難キヿアラン是決シテ施政ノ宜シキヲ得タルモノト謂フヲ得ス是之レヲ區別シタル所以ナリ

〔參照〕明治十一年七月二十二日第十七號布告

郡區町村編制法左ノ通被定候條此旨布告候事

第一條　地方ヲ畫シテ府縣ノ下郡區町村トス

第四條　三府五港其他人民輻輳ノ地ハ別ニ一區トナシ其廣濶ナルモノハ區分シテ數區トナス

第二條　市ハ法律上一個人ト均ク權利ヲ有シ義務ヲ負擔シ凡市ノ公共事務ハ官ノ監督ヲ受ケテ自ラ之ヲ處理スルモノトス

〔市〕一〇、三〇、以下六四、以下
〔町〕二、

〔意義〕　本條ハ市ノ性質ヲ規定シタルモノナリ

本條ニ所謂市ハ法律上一個人ト均シク權利ヲ有シ義務ヲ負擔ストハ前條ニ示ス所ノ市ヲ以テ法律上一個ノ人ト看做シ吾人々類ノ權利ヲ有シ義務ヲ負擔スルト同ク市モ亦自ラ財産ヲ所有シ或ハ之ヲ賣買讓渡シ若クハ他人ト契約ヲ結ヒ以テ權利ヲ有シ義務ヲ負擔スルコトヲ得ルヲ云フ而シテ此無形體ヲ以テ法律上一個人ト看做スヲ稱シ法語ニ之ヲ無形人又ハ法人ト云フ夫ノ會社等ヲ以テ無形人ト爲シ諸般ノ權利ヲ有シ義務ヲ負擔セシムルト其義同一ナリ又本條末段凡市ノ公共事務ハ官ノ監督ヲ受ケテ自ラ之

ヽヽヽヽ
ヲ處理スル云々トハ即チ本制第六章第百十五條以下ノ規定ニ從ヒ府縣知事及内務大臣ノ監督ヲ受ケ其市街地内ニ於ケル行政警察、衛生、社寺、埋葬場、道路、河川等ニ關スル諸般ノ行政事務ヲ市自ラ行フヲ云フ(行政監督ノ事ハ後ニ說明スヘシ)

〔理由〕市ヲ以テ一個ノ無形人ト看做スハ自治ヨリ生スル當然ノ結果ナリトス若シ市ニシテ自治及自主ノ權ナキ片ハ市ノ有スヘキ權利ナク又負擔スヘキ義務ナシ故ニ市ヲ以テ別ニ無形人ト爲スノ必要アラサルナリ其權利義務ハ直接ニ市民ノ享有シ若クハ負擔スル所ニシテ曾テ市タル無形體ノ關係アルコトナシ抑〻市ト云ヒ町村ト云ヒ共ニ一個ノ無機物ニシテ自働ノ能力ヲ有スルモノニアラス唯土地ヲ分畫シタル名稱ニ過キス然レ圧其分畫シタル疆土内ニハ必ス人類ノ棲息スルアリ從テ人類相互ノ關係ヲ生シ

又諸般ノ事務ヲ生スルヲ以テ之ヲ處スルノ法及之ヲ理スルノ人ナカルヘカラス然ルニ各市町村ノ名稱ハ固ヨリ人爲ニ成ルト雖モ其疆土分畫タルヤ多クハ天然ニ成リ其偶〻人爲ニ成ルモノアリト雖モ亦其天然ニ成ルモノト敢テ其趣ヲ異ニセス故ニ此分畫區域ト彼ノ疆土トハ自ラ風土人情ヲ異ニシ從テ其住民ノ情態慣習共ニ同一ナラス且其大小廣狹ニ因リ都鄙ニ貧富ノ差アリ事務ニ繁簡ノ別アリ故ニ一方ニハ利ナルモ一方ニハ不利ナルヿナキニアラス利害ノ分ルヽ所之ヲ處スルノ法モ亦自ラ異ナラサルヲ得ス於此乎國家經綸ノ宜キヲ得ント欲セハ宜ク一疆土ヲ以テ其住民ノ團結セル一個ノ自治體トナシ以テ其團結體ニ適當ナル法ヲ制定セシメ(本章第三款義解參照)且之ヲ處理セシメサルヘカラス既ニ如此分畫疆土ヲシテ一個ノ自治體即チ無形體ヲ組織セシメ

之ニ公共事務ヲ任シ諸種ノ權利ヲ得有セシムル以上ハ又從テ之ニ相伴フ所ノ義務ヲ負擔セシメサルヘカラス(第八十八條)然レトモ凡ソ權利ヲ有シ義務ヲ負フハ自働物ニシテ且智能ヲ有スル人類ニアラサルヨリハ得テ之ヲ能クスルモノニアラス然レトモ前ニ述ヘタル市ノ如キ町村ノ如キ生理的ノ人ニアラサルモ其團結體ヲシテ權利ヲ有シ義務ヲ負擔セシムルノ便利ナルヿアリ故ニ法律ハ其團結體ヲ以テ生理的ノ人ト同ク權利ヲ有シ義務ヲ負フヿヲ認メ之ヲ無形人若クハ法人ト云フ故ニ無形人トハ畢竟法律ノ假想ニシテ其實或一個ノ團結體ヲ云フモノナリ是レ即チ本條ニ於テ市ヲ以テ無形人トシタル所以ナリ

第三條　凡市ハ從來ノ區域ヲ存シテ之ヲ變更セス但將來其變更ヲ要スルコトアルトキハ此法律ニ準據ス可シ　(市)四、(町)三、四、

〔意義〕本條ハ市ノ區域ハ從來ノ儘之ヲ存シ此市制施行ノ爲メニ之ヲ變更スルコナシトノ原則ヲ示スモノナリ

本條ニ所謂凡市ハ從來ノ區域ヲ存シテ之ヲ變更セストハ法文甚タ曖昧ニシテ今一目スルトキハ曾テ市ト稱スルモノアリシモノヽ如シト雖モ律意決シテ然ルニ非ス本制ニ於テ市ト稱スルモノヽ何タルコハ既ニ第一條ノ下ニ於テ論述セシ如ク市其者ハ將來確定スル所ニシテ確然本制ノ規定スル所ニ非ス故ニ此條ニ所謂市トハ將來市ト爲ス地ヲ云ヒ又其從來ノ區域トハ四圍ノ境界ヲ云フ例ヘハ東京ノ十五區内外又ハ朱引内外ヲ以テ市ト町村トヲ區別スルノ類是ナリ之ヲ要スルニ是等ノ區域ハ本制施行ノ爲メニ或ハ區ノ一部ヲ割テ町村ト爲シ或ハ町村ヲ割テ市ト爲スコナク天然若クハ人爲ニ依リ既ニ成セル組合ハ其舊慣ノ儘保持スト云

フニ在リ

又本條但書ハ上ノ原則ニ例外ヲ許スヿヲ規定シタルモノニシテ其所謂變更ヲ要スルトハ公益上止ムヘカラサル場合ヲ云フモノナリ又此法律ニ準據スヘシトハ若シ變更ヲ要スルトキハ本制第四條及町村制第四條ノ規定ニ從ヒ其變更ヲ爲シ又其變更ニ依リ新タニ市トナシ又ハ町村トナス者ハ各其市制若クハ町村制ニ從フヘシトノ意ニシテ蓋シ明文ヲ要セスシテ明ナリ

〔理由〕凡ソ市ノ區域ハ一方ニ在テハ國土分畫ノ最下級ニ位セル一國行政ノ區畫タリ又一方ニ在テハ一個獨立シタル自治體ノ疆土タリ且前條論スル如ク其區域ハ多ク天爲ニ爲リ自然其狀態ヲ異ニスルモノニシテ濫リニ之ヲ變更スルハ決シテ公私ノ利益ニアラサルノミナラス自然ニ團結セル人民相互ノ情緒ヲ斷チ平和ヲ

破リ親睦ヲ害シ且既ニ組成セル共同財産上不尠錯雜ヲ來スノ恐アリ是レ其濫リニ市ノ區域ヲ變更セサル所以ナリ

然レ𪜈時トシテハ之ヲ顧慮スルニ遑アラサル場合即チ時勢ノ推移地理ノ變遷ニ由リテ古來利害ヲ同フシタルモノモ今ハ却テ利害ヲ異ニシ昔時利害ヲ異ニシタルモノモ今日利害ヲ共ニスルヿナキニアラサルヘシ此場合ニ於テハ勢ヒ其變更ヲ許サヽル可ラス是レ上ノ原則ニ例外ヲ設ケタル所以ナリ

第四條　市ノ境界ヲ變更シ又ハ町村ヲ市ニ合併シ及ヒ市ノ區域ヲ分割スルコトアルトキハ町村制第四條ヲ適用ス

〔意義〕本條ハ前條但書ノ適用ニシテ即チ市ノ境界ヲ變更シ町村ヲ市ニ合併シ又ハ市ノ幾部分ヲ割テ町村ト爲ス場合ヲ規定シタルモノナリ

其境界ヲ變更シトハ一町一村ヲ變シテ市トナスニアラス又市ノ一部ヲ割キテ一町村トナスニ非ス市ト町村ト對峙セル境界線ニ於テ其町村ノ一部ヲ割テ市トナシ又ハ市ノ一部ヲ分テ町村ノ一部分トナスカ如キヲ云フ其一町一村ヲ變シテ市トナスハ即チ町村ヲ市ニ合併スルモノナリ又市ノ幾分ヲ割テ一町村トナスハ即チ市ノ區域ヲ分割スルモノナリ

本條末文ハ以上三個ノ場合ニ於テ之ヲ決定スル人及其手續方法等ハ町村制第四條ヲ適用スヘキコトヲ規定シタルモノナリ其詳細ハ同條ノ義解ニ讓ラン

〔理由〕本條ハ前條ノ例外即チ同條但書ノ適用ヲ示シタルモノニシテ其理由ハ前條ノ下ニ明カナレハ茲ニ贅セス又本條三個ノ場合ハ共ニ變更ニシテ唯其變更ノ場合ヲ細別シテ規定シタルニ過キ

ス別ニ之カ理由アルニアラサルナリ今余輩ノ管見ヲ以テセハ之ヲ細別シテ掲載スルノ必要アルヲ見ス却テ錯雑ヲ來スノ恐アラントト思考ス

又其之ヲ變更スルノ手續方法等ヲ町村制ノ規定ニ讓リタル所以ハ凡ソ市ノ境界ニ接スルモノハ必ス町村ニシテ市ト市ト相接續スル塲合ハ絶テ之ナク且市ノ區域ノ變更ハ必ス同時ニ町村ノ變更ヲ來サヽルヲ得ス而シテ町村ハ市ニ比シテ其變更ヲ要スルコト最モ頻繁ナレハ之ヲ町村制ニ規定スルノ便利ナルト市ノ變更モ自ラ郡ニ關係ヲ及ホストニ是由ル

第五條　市ノ境界ニ關スル爭論ハ府縣參事會之ヲ裁決ス其府縣參事會ノ裁決ニ不服アル者ハ行政裁判所ニ出訴スルコトヲ得

（市）一一六、（町）五、

〔意義〕本條ハ市ト町村トノ境界ニ關スル爭論ヲ裁判スルハ何レノ官署ニ在ル乎ヲ規定シタルモノナリ

本條ニ所謂府縣參事會又ハ行政裁判所トハ果シテ如何ナルモノヲ指ス乎及其組織如何ノ問題ニ付テハ今日茲ニ之ヲ説明スルヿ能ハス何トナレハ我國現行ノ制ニ於テハ未タ府縣參事會及行政裁判所ノ設ケアラサレハナリ(本制附則第百二十七條參觀)

〔理由〕市ノ境界ニ關スル爭論ヲ府縣參事會ニ於テ裁判スル所以ハ凡ソ市ノ境界ハ其市ノ區域タルト同時ニ又行政區畫ノ疆域タリ故ニ其境界線ニ於ケル爭論地カ市ノ疆土タルト否トハ共ニ行政ノ區畫ニ關スル問題ニシテ所有權ニ關スル私有地境界爭論即チ民法上ノ問題ニ非サルナリ而シテ府縣參事會ハ所謂行政裁判所ニシテ且市ノ行政ヲ第一次ニ監督スルモノナルニ依ル

又其裁判ニ不服アル者ニ行政裁判所ニ上訴ヲ許ス所以ノモノハ凡ソ爭訟ハ概シテ錯雜困難ノモノニシテ如何ニ賢明秀才ナル裁判官ト雖モ万誤謬ナキヲ保ス可ラス故ニ其爭訟事件ノ行政タルト司法タルトニ論ナク一級裁判法ハ文明國ノ採ラサル所ニシテ必ス覆審法即チ二級裁判法ヲ以テ一般ノ通則ナリトス是レ其府縣參事會ノ裁判ニ對シ行政裁判所ニ上訴ヲ許ス所以ナリ

（附言）凡ソ爭訟事件ニシテ行政裁判所ニ屬スルヤ將タ司法裁判所ノ管轄ナルヤハ其事件ノ行政事務ノ二部ニ屬スヘキモノナルヤ將タ一個人相互ノ關係ニ過キサルヤニ依テ之ヲ定ムヘキモノナリ然レ𪜈時トシテハ其事件ノ性質曖昧ニシテ容易ニ決シ難キモノアリ故ニ其裁判管轄ニ付爭論ヲ生スルコト蓋シ尠ナシトセス而シテ其裁判權ハ何レニ存スル乎是我カ現行法ノ下

ニ在テハ之ヲ決スル甚タ困難ナリト雖モ佛國ノ如キハ之ヲ爭權ノ訴訟ト云ヒ或ル特別ノ裁判所ヲシテ其何レノ裁判所ニ屬スヘキモノナルカヲ判決セシム其所謂特別裁判所トハ如何曰ク參事院ノ議官三名大審院ノ判事三名ヨリ組織シ其裁判長ハ司法大臣ヲ以テ之ニ充ツル所ノ一種ノ裁判所ナリトス

又行政事件ニ附帶シテ司法事件ノ起ルヿアリ此場合ハ如何凡ソ行政裁判所ト司法裁判所ト兩立スル國ニ於テハ互ニ獨立シテ共ニ他ノ職務ヲ犯サヽルヲ以テ原則トス且司法事件ハ能ク法律ニ通曉スルモノニアラサルヨリハ得テ適當ノ裁判ヲ下タス能ハス故ニ假令附帶ノ事件ト雖モ其司法ニ屬スルモノハ必ス司法裁判所ノ裁判ニ附セサル可ラス故ニ其附帶事件ノ性質ニ依リ時トシテハ司法裁判所ノ裁判確定ノ後ニアラサレハ主

タル事件ヲ裁判スルヿ能ハサル場合アリ

○第二欵　市住民及其權利義務

本欵ハ自治體組成ノ第二元素即チ市住民ノ事ヲ規定シ併セテ市住民ノ公法上卽チ政務及公共財產ニ付キ帶有セル權利義務ノ得喪ニ關スル事ヲ規定シ以テ市民ノ何タルヲ明カニシタルモノナリ葢シ本欵ノ位置亦法律編纂上其宜シキヲ得タルモノト評セサルヘカラス

本欵ヲ別テ第六條ヨリ第九條ニ至ルノ四ケ條トス請フ以下各條ノ下ニ於テ其規定如何ヲ見ン

第六條　凡市内ニ住居ヲ占ムル者ハ總テ其市住民トス〔町〕六ノ一項

凡市住民タル者ハ此法律ニ從ヒ公共ノ營造物並市有財產ヲ共用スルノ權利ヲ有シ及市ノ負擔ヲ分任スル義務ヲ有スルモノトス但特ニ民法上ノ權利及義務ヲ有スル者アルトキハ此限ニ

在ヲス〔市〕九九、〔町〕六ノ二項

〔意義〕本條ハ市住民及其住民カ市ノ公共財産ニ付キ有スル權利及ヒ市ノ經費負擔ノコトヲ規定シタルモノナリ

第一項ニ所謂凡市內ニ住居ヲ占ムル者云々トハ現行戶籍法ニ據リ之ヲ解ス可ラス故ニ他日市町村住民籍法發布ヲ俟テ其詳細ヲ知ルヘシト雖モ姑ラク市町村理由書ニ依リ解釋ヲ下タサンニ其住居ヲ占ムル云々トハ本籍寄留ノ別ナク又一戶ヲ構フルト他人ト同居スルトニ論ナク總テ其市內ニ居ヲ定ムル者ヲ云フ故ニ凡ソ其市內ニ居ルモノニシテ市住民タラサルモノハ旅行者ト一時ノ滯在者トノ二者アルノミ其他軍人官吏ト雖モ其市內ニ住居ヲ定ムルトキハ亦等シク其市住民ナリトス但皇族ハ此法律ノ支配ヲ受ケサルヿ固ヨリ當然ナリトス

第二項ハ前項ノ住民カ其市ニ有スル權利義務ノ事ヲ定ムルモノニシテ權利トハ公共ノ營造物幷市有財産ヲ共用スルノ權ヲ云ヒ營造物トハ公會所、公立學校、病院、貧救院、養育院、社寺、教會所等都テ市ノ公費ヲ以テ建設シタル建造物ヲ云ヒ市有財産トハ川岸地、公園地、牧場、水道、水管、其他總テ市ノ私有及共有財産ヲ云フ而シテ共用トハ各自互ニ現物ヲ實地ニ使用スルヲ云フ然レトモ其私有財産ニ付テハ概シテ市ノ利益ノ爲メ之ヲ利用シ之ヲ賃貸シ以テ其收入ヲ計ル可キモノニシテ市民各自ニ之ヲ使用スルコトハ實際稀レナルヘシ然ルニ其收入ハ固ヨリ市民ノ利益ナリト雖モ是レ市ノ歳入ニシテ直接市民ノ得有スヘキモノニ非ス故ニ之ヲ以テ茲ニ所謂共用中ニ包含セシムルヲ得サルナリ但之カ爲メニハ法律及市條例ノ定ムル所ニ從フヘキハ當然ナリトス(第八十二條以下參

觀)
又義務トハ凡テ市ノ負擔ヲ分任スルヲ云フ負擔トハ市ノ公共且委任事務ノ爲メニ要スル經費ヲ云フ又分任トハ各自分頭負擔スルモノニアラスシテ平等分擔ナリ猶其賦課法ノコトハ法律及市條例ノ定ムル所ニ依ル(第八十八條及第九十條以下參觀)
然ルニ本項但書ニ特ニ民法上ノ權利及義務ヲ有スル者アルトキハ此限ニ在ラストアルヲ反對推理法ヲ以テ解スルトキハ上ノ營造物及市有財産ニ付キ民法上ノ權利義務ヲ有スル者アルトキハ市住民ハ共用權ナク又經費負擔ノ義務ナシト云ハサル可ラスト雖モ恐クハ是レ法律ノ精神ニアラサルヘシ故ニ但書ノ意ハ市有財産ニ付使用ノ權(用収、賃借又ハ我邦現今ノ永小作等ヲ云フ)ヲ得タルモノアルトキハ其者ノ權利及之カ爲メニ負フ所ノ義務ノ輕重廣狹

等ノ事ハ民法ノ規定ニ從フヘキモノナリトノ意ナラン
〔理由〕市住民ヲ現行戸籍法ノ本籍ヲ以テセスシテ實際其市ニ住居スル者ヲ以テシタルハ寔ニ學理上實際上共ニ其宜シキヲ得タルモノナリ何トナレハ凡ソ共同物ヲ使用スルノ益ハ其人ノ現住地ニ在テ本籍地ニアラス又公共事務ノ如キモ其必要多クハ現住人ノ爲メナリ故ニ現住者ヲシテ公共事務ニ任セシメ其經費ヲ負擔セシムルハ能ク事理ニ適シ實際上ノ便益蓋シ亦少ナカラサル可シ何トナレハ凡ソ公法上ノ權利ヲ行ヒ義務ヲ負ハシムルハ虚名ニ依ルヘキモノニ非スシテ現實ノ利害ニ基ク可キモノナレハナリ
又此精神ヨリシテ第九十二條ニ於テハ未タ其市ニ住居ヲ定メス市住民ニ非スト雖モ其滯在日數三ケ月以上ニ及フモノニハ之ニ

課スルニ市費分擔ノ義務ヲ以テセリ是亦現住者(本籍ヲ有セサル者)ヲシテ市住民トナシ市ノ負擔ヲ分任セシムルノ理ヲ知ルニ足ル

然ルニ玆ニ注意スヘキハ一時滯在者ト他人ト同居セル市住民トノ間ニ存スル區別ニ付テハ唯其本人ノ其市內ニ居ルノ意思即チ目的如何ニ依ルノ外一定ノ標準ナキモノトス何トナレハ現行戶籍法ニ依レハ九十日以內ヲ滯在者ト見做シ其九十日ヲ過クルモノハ皆寄留トナスノ制(明治四年戶籍法第十六則其全文ハ第九十二條ニ揭ク)ナルモ本制第九十二條ニ依レハ其滯在日數三ケ月ヲ經過スルモ尙ホ市住民タルニ非ス唯其市費分擔ノ義務アルノミナレハナリ故ニ假令數月間滯在スルモ滯在者ハ即チ滯在者ニシテ市住民ニアラス住民ニアラサレハ良シ市費ヲ負擔スルヿアル

モ市住民ノ權利ハ之ヲ行フヿヲ得サル可シ而シテ今本制ノ元祖トモ云フヘキ獨逸法ヲ案スルニ其三ケ月ヲ過クルモノニ市費ヲ分擔セシムルハ一ナリト雖モ同國ニ於テハ之ヲ滯在者トシテ課スルニ非ス都テ何人ヲ問ハス滯在三ケ月ヲ過クルモノハ皆之ヲ住民トナシ以テ市稅ヲ賦課スルモノヽ如シ尤モ公共事務ニ與カルニハ國士タルノ分限ヲ必要トス

又第二項ハ凡市ノ財產ハ其市住民ノ權利ニシテ又其負擔ハ其市住民ノ義務ナリトノ原理ヲ明カニシタルモノナリ抑〻市ハ一個人ト均シク權利ヲ有シ義務ヲ負ヒ且公共事務ニ任スヘキヿハ既ニ第二條ノ規定スル所ナリト雖モ是レ畢竟市住民各自ノ權利義務ト區別センカ爲メニ設ケタル法律上ノ假定ニシテ市其者ニ在テハ固ヨリ之ヲ有シ之ヲ負ヒ且之ニ任スルノ能力ヲ具有スルモノ

ニ非ス故ニ其之ヲ有シ之ヲ負ヒ且之ニ任スルモノハ其實市住民ナリトス然レ𪜈今市ヲ無形人ト見做シ法律上之ニ能力ヲ附與スル上ハ市住民トハ全ク分離シタル一個獨立ノ人ト見做スヘキモノナルヲ以テ最早市住民ハ其外部ニ對シテハ直接ニ何等ノ關係ヲモ有スルヿナク唯其無形人タル市ニ對シ權利ヲ有シ義務ヲ負フノミトス

又本條但書ノ意義ハ余輩既ニ之ヲ開陳シタリ今若シ余輩ノ解說ヲシテ誤ナカラシメンカ法律ハ全ク無要ノ事ヲ規定シ却テ有要ノ事項ヲ遺脫セリ何ヲカ無要ノ事ト云フ曰ク民法上ノ權利義務ニ關スルコトハ即チ民法ノ規定ニ從フヘキハ蓋シ當然ニシテ敢テ法ノ明文ヲ要セサルヘシ何ヲカ有要ノ事項ト云フ曰ク本制第八十三條乃至第八十五條ニ依レハ市住民ノ資格ト其消長ヲ共ニ

スヘキ權利ヲ有シ義務ヲ負フモノアリ即チ市住民中一人若クハ數人ニ於テ或ル市有財産ヲ專用シ又其費用ヲ特任スル是ナリ此權利ヲ有シ義務ヲ負フモノハ則チ本條第二項ノ眞ノ例外ニシテ又茲ニ其例外ノ存スル事ヲ示スハ蓋シ無要ノ業ニハアラサル可シ

第七條　凡帝國臣民ニシテ公權ヲ有スル獨立ノ男子二年以來(一)市ノ住民トナリ(二)其市ノ負擔ヲ分任シ及(三)其市內ニ於テ地租ヲ納メ若クハ直接國稅年額二圓以上ヲ納ムル者ハ其市公民トス其公費ヲ以テ救助ヲ受ケタル後二年ヲ經サル者ハ此限ニ在ラス但場合ニ依リ市會ノ議決ヲ以テ本條ニ定ムル二ケ年ノ制限ヲ特免スルヿヲ得（町）七、ノ一項

此法律ニ於テ獨立ト稱スルハ滿二十五歲以上ニシテ一戸ヲ構

ヘ　且治産ノ禁ヲ受ケサル者ヲ云フ（町）七、ノ二項

〔意義〕本條ハ前條第一項ニ規定シタル市住民中公務ヲ行フ權アル公民ノコヲ規定シタルモノニシテ公民トナルニハ左ノ條件ヲ具備スルコヲ必要トス

第一　帝國臣民ナルコヲ要ス○故ニ外國人ハ永住ノ目的ヲ以テ居住スルモ公民權ヲ有セサルナリ

第二　二年以上其市ノ住民タルコヲ要ス○故ニ其市ノ住民タラサルカ又ハ前條ニ依リ市ノ住民トナルモ未タ二年ヲ經過セサル者ハ公民タルコヲ得ス法文ニハ單ニ市ノ住民云々トアルヲ以テ市ノ住民タルコ二年以上繼續スル者ハ縱令其市ヲ異ニスルモ仍ホ公民タルコヲ得ルモノヽ如シ設例ハ昨年一月大坂ノ市住民トナリ本年一月東京ニ轉住シ其市住民トナリシ者ハ轉

籍後未タ二年ヲ經過セサル者ト雖モ當初大坂ノ市住民トナリシ以來既ニ二ケ年ヲ經タルトキハ以テ公民タルヲ妨ケサルニ似タリト雖モ法律ノ精神ハ以下ノ二條件ト均ク其現住地ノ住民トナリシヨリ以來二ケ年ヲ經過シタルコヲ要スルニ在リ

第三　二年以上其負擔ヲ分任セシコヲ要ス○此ニ所謂負擔分任トハ前條第二項中ニ規定シタルモノヲ云フ而シテ其一旦市ノ住民トナルモノハ必ス市ノ負擔ヲ分任スルノ義務アルコハ前條ノ規定スル所ナリ然ラハ則チ此第二條件ハ第一條件ト全ク重複ニシテ之カ必要ヲ發見スル能ハサルナリ

第四　二年以上其市內ニ於テ地租ヲ納メ若クハ直接國稅年額二圓以上ヲ納ムルコヲ要ス○故ニ地租又ハ直接國稅ヲ納メス又ハ之ヲ納ムト雖モ未タ二年ニ達セサルカ若クハ其直接國稅ノ

納額二圓ニ滿タサル者ハ共ニ公民タルヿヲ得ス而シテ其所謂直接國税トハ所得税及船税車税ノ如キ其所得者若クハ所有者ニ直接賦課スルモノヲ云フ夫ノ酒造税煙草税賣藥税菓子税ノ如キ其營業者之ヲ納ムト雖モ結局購買者ノ負擔ニ歸スルモノハ間税ニシテ直税ニアラス又地租ハ固ヨリ直税ナリト雖モ本條ハ地租ト其他ノ直税トノ間ニ税額ニ制限ヲ附スルト否トノ區別ヲ爲サンカ爲メ之ヲ分離シテ記載セリ(第九十條及第百三十一條參觀)

第五　公權ヲ有スルモノナルヿヲ要ス○故ニ公權ヲ剝奪セラレタル者ハ公民タルヿヲ得ス而シテ其所謂公權トハ刑法第三十一條ニ列記スルモノヲ云ヒ重罪ノ刑ニ處セラレタル者ハ同法第三十二條ニ依リ當然其公權ヲ剝奪セラルヽモノトス

第六　獨立ノ男子タルヿヲ要ス○故ニ幼者若クハ婦女ノ如キハ公民タルヿヲ得ス而シテ此ニ云フ獨立トハ本條第二項ニ釋義セル如ク滿二十五歳ニ達シ且一戸ヲ搆ヘ被禁治產者ニ非サルモノヲ云フ故ニ若シ此三條件ヲ欠ク時ハ獨立ノ男子ニアラス從テ公民タルヿヲ得サルモノトス而シテ其所謂被禁治產者トハ刑法上及民法上治產ヲ禁セラレタル者ヲ云フ然レ𪜈我邦未タ民法ノ制定アラサルヲ以テ現今民法上ノ被禁治產者ナルモノナシ故ニ今日ニ在テ被禁治產者トハ單ニ刑法第三十五條ニ依リ重罪ノ刑ニ處セラレタル者ニ其刑期間自ラ財產ヲ治ムルヿヲ禁スル塲合ヲ云フモノト解セサルヘカラス

第七　市ノ公費ヲ以テ救助ヲ受ケ未タ二年ヲ經サルモノタラサルヿヲ要ス○故ニ市ノ公費ヲ以テ救助ヲ受ケ未タ二年ヲ經過

セサルモノハ亦公民タルヿヲ得ス而シテ其公費ヲ以テ救助ヲ受クトハ設例ハ市ノ貧救院若クハ養育院ニ入リ其施養ヲ受ケタルモノヽ如キ是ナリ

以上列記スル七條件中其一ヲ欠クトキハ全ク公民タルヿヲ得サルナリ而シテ其第二乃至第四及第七條件中二年ノ期限ハ常ニ確定ノモノニアラスシテ本條但書ニ依リ市會ノ決議ヲ以テ之ヲ減縮シ又ハ或條件ニ付之ヲ全廢スルヿヲ得ヘキモノトス今法文ニ特免云々ノ文字ヲ使用シタルヲ以テ之ヲ一般ニ減縮シ又ハ全廢スル如キハ市會ノ議權ニアラスシテ恰モ特赦ノ如ク或事情ノ存スル特別ノ人ニ限リ之ヲ免スルノ權アルニ過キサルカ如シ

又上ニ列記シタル第一及ヒ第五ノ條件ヲ除クノ外第十二條ニ於テ一ノ例外ヲ設ケ之ヲ具備セサル者ト雖モ選擧權ヲ與フルヿア

リ

〔理由〕外國人ニ公民權ヲ與ヘサル所以ハ人ニハ自ラ彼我ノ別アリ其外國ヲ思フノ情ハ本國ヲ慕フカ如クナラス從テ公務ヲ處スル自ラ懇切ナラサル所ナキニアラス是之ニ與フルニ公務ニ參與スルノ權ヲ以テセサル所以ナリ

其住民タルヿ二年ニ滿タサル者ニ公民權ヲ與ヘサル所以ハ其居住ノ久シカラスシテ其地方ノ利害ヲ詳ニセサルノ恐アレハナリ」又負擔ヲ分任シ納税ヲ爲スヲ要スル者ハ無産ノ徒ニ地方ノ公務ヲ委スルヲ欲セサルニ由ル何トナレハ無産ノ徒ハ市ノ盛衰ニ利害ノ關係ヲ有スルヿ甚タ薄ケレハナリ而シテ又本條ニ直接國税ノ納額ヲ以テ公民タルノ要件トナシ其市税ヲ以テセサル所以ハ市町村制理由書ニ明ナリ曰ク其税額直接國税ヲ標準ト爲シ市制

町村制第十二條第十三條ノ場合ノ如ク市町村税ヲ標準トセサル所以ノモノハ現今町村費ノ賦課法タル各地方異同アリテ未タ完全ノ區域ニ達セサルヲ以テ町村税ニ依リ其標準ヲ立ツルハ頗ル難事ニ屬スレハナリ」ト以テ立法ノ精神ヲ見ルニ足ル又直接税ニ限リ間接税ヲ標準トセサルモノハ是其間接税ニ在テハ實際ノ納税者何人ニ在ル乎之ヲ知ルニ由ナケレハナリ

又第五ノ條件ヲ要スル所以ハ重罪ヲ犯シタル者ノ如キ固ヨリ社會ノ信ヲ置クニ足ラサル者ナルニ由ル其他第六第七ノ要件ヲ具備セサル者ノ如キハ無智ノ徒ニアラサレハ即チ無産ノ徒ニシテ固ヨリ以テ其地方ノ公務ヲ委ヌ可キ者ニアラサレハナリ

第八條　凡市公民ハ市ノ選擧ニ參與シ市ノ名譽職ニ選擧セラルヽノ權利アリ又其名譽職ヲ擔任スルハ市公民ノ義務ナリトス〔町〕

八、ノ一項

左ノ理由アルニ非サレハ名譽職ヲ拒辭シ又ハ任期中退職スルコトヲ得ス

一　疾病ニ罹リ公務ニ堪ヘサル者

二　營業ノ爲メニ常ニ其市內ニ居ルコトヲ得サル者

三　年齡滿六十歲以上ノ者

四　官職ノ爲メニ市ノ公務ヲ執ルコトヲ得サル者

五　四年間無給ニシテ市吏員ノ職ニ任シ爾後四年ヲ經過セサル者及六年間市會議員ノ職ニ居リ爾後六年ヲ經過セサル者

六　其他市會ノ議決ニ於テ正當ノ理由アリト認ムル者（町）八、ノ二項

前項ノ理由ナクシテ名譽職ヲ拒辭シ又ハ任期中退職シ若クハ無任期ノ職務ヲ少クモ三年間擔當セス又ハ其職務ヲ實際ニ執

行セサル者ハ市會ノ議決ヲ以テ三年以上六年以下其市公民タルノ權ヲ停止シ且同年期間其負擔スヘキ市費ノ八分一乃至四分一ヲ增課スルコトヲ得（町）八、ノ三項

前項市會ノ議決ニ不服アル者ハ府縣參事會ニ訴願シ其府縣參事會ノ裁決ニ不服アル者ハ行政裁判所ニ出訴スルコトヲ得（市）三五、（町）八、ノ四項

（意義）本條ハ前條ニ示ス所ノ公民ノ有スル權利義務ノヿヲ規定スルモノトス其權利トハ市會議員ヲ選擧シ（第十二條）又ハ市ノ名譽職ニ選擧セラルヽヲ云フ而シテ市ノ名譽職トハ市ノ無給吏員ニシテ市會議員及同選擧掛名譽職市參事會員區長幷ニ其代理者臨時又ハ常設委員ヲ云フ但議員タランニハ公民ニシテ猶第十五條ノ要件ニ觸レサルヿヲ要ス又參事會員タランニハ其齡滿三十歲

以上タルコトヲ要ス（第十六條第二十條第五十四條第六十條第二項第六十一條第二項）又其義務トハ上ノ名譽職ニ選擧セラレタル時ハ本條第一乃至第六中ノ一條件アルニアラサレハ之ヲ辭退スルコトヲ得ス必ス無給ニテ其職務ヲ執ラサルヲ得サルヲ云フ其第二ノ條件ナル營業ノ爲メ市內ニ居ルコトヲ得サル者トハ其營業ノ其市內ニテ營ムコトヲ得サル場合ノ如シト雖モ必スシモ然ラス假令ヒ其市內ニテ其業ヲ營ムコトヲ得ルモノト雖モ本人他ノ地ニテ之ヲ營マント欲スル時ハ之ヲ辭退スルコトヲ得ルモノト解セサル可ラス否ラサレハ其第四條件ナル官職ト雖モ之ヲ辭スルコトヲ得サルモノニアラサルヲ以テ此場合ト雖モ尙ホ官ヲ辭シテ名譽職ニ就カサルヲ得サル道理ナレハナリ又其第六條件ナル正當ノ理由トハ全ク事實ノ問題ニシテ豫メ一定ノ標準ヲ示スコトヲ得ス苟

モ市會ニ於テ正當ノ理由アリト認ムル𪜈ハ即チ辭退スルヿヲ得ヘキモノトス又此六個ノ場合ト雖モ必ス辭退セサル可ラサルモノニ非ス其之ヲ辭スルト否トハ全ク其本人ノ自由ナリトス但シ官職ト名譽職ト併行ス可カラサル場合往々之アリ此場合ニハ何レカ必ス其一ヲ辭セサル可ラサルナリ

又其次項中無任期ノ職務トハ區長幷ニ其代理者及臨時又ハ常設委員ヲ云フ其他本制中ニハ無任期ノ名譽職アラサルナリ又其市公民タルノ權ヲ停止ストハ上ニ示ス公民ノ有スル權ヲ行フヿヲ中止スルノ義ナリト雖モ獨リ權利ノミナラス勢ヒ其義務モ亦之ヲ中止セサル可ラサル也又其負擔スヘキ市費ノ八分一乃至四分一ヲ増課スル云々トハ例ヘハ市費四圓ヲ納ムル者ナル𪜈ハ之レニ五十錢以上壹圓以下ヲ増課スルカ如キ是ナリ而シテ其停止ト

増課トハ之ヲ併科シ又ハ單ニ停止ノミヲ科スルモ全ク市會ノ自由ナリトス何トナレハ「停止シ且同年期間其負擔スヘキ市費ノ八分ノ一乃至四分ノ一ヲ増課スルヿヲ得」トアレハナリ又本項ニ議決トアルモ其義第三十五條ノ裁決ト同一ナリトス凡ソ代議體ノ議決ニ對シテハ訴權ヲ生スヘキモノニ非ス故ニ本項ノ處分ハ行政裁判ニ屬スヘキモノニシテ市會モ亦特別行政裁判所ノ一ナリトス

又本條末項ハ前項ノ裁決ニ對スル上訴ノ事ヲ定ム然ルニ本條ハ普通裁判法ニ依ラスシテ三級裁判法ヲ取リタリ其他別ニ説明ヲ要セス

〔理由〕市公民ニ選擧權及被選擧權アル所以ハ自治ノ原則ヨリ生スル當然ノ結果ニシテ既ニ市ニ自治ノ權ヲ與フルニ於テハ市公民

ニ此權アルハ蓋シ當然ノ理ナリ又本條第二項以下ノ規定ハ市吏員ヲ名譽職トナシタル結果ニシテ既ニ市吏員ヲシテ名譽職タラシムル以上ハ亦本條ノ制裁ナカル可ラス若シ此制裁ナシトセハ終ニ本制ノ活用ヲ見ル能ハサル可シ然レ圧其制裁ハ之ヲ肉躰上ニ施シ强テ執行セシムルヿヲ得ス若シ名譽職ヲシテ强迫執行ノ義務タラシメン乎其性質變シテ全ク苦役トナリ且人性天賦ノ自由ヲ害スレハナリ是レ本條ニ於テ間接制裁ノ法ヲ用ヰタル所以ナリ而シテ其市吏員ヲ名譽職トナシタル理由ハ後ニ之ヲ詳説セン又市會ヲ特別行政裁判所トナシ之ニ與フルニ裁判權ヲ以テスル所以ハ市ノ職員及其選擧ニ關スルヿハ可成行政廳ノ干渉ヲ避ケンカ爲メナルト市會ハ府縣參事會ヨリモ其市內ノ狀況ニ明ナルト且事ノ簡便ナランヿヲ欲スルトニ依ルモノナラン

第九條　市公民タル者第七條ニ掲載スル要件ノ一ヲ失フトキハ其公民タルノ權ヲ失フモノトス（市）二九、五七、ノ二項（町）九、ノ一項

市公民タル者身代限處分中又ハ公權ノ剝奪若クハ停止ヲ附加ス可キ重輕罪ノ爲メ裁判上ノ訊問若クハ勾留中又ハ租稅滯納處分中ハ其公民タルノ權ヲ停止ス（市）一〇二、（町）九ノ二項

陸海軍ノ現役ニ服スル者ハ市ノ公務ニ參與セサルモノトス

市公民タル者ニ限リテ任スヘキ職務ニ在ル者本條ノ場合ニ當ルトキハ其職務ヲ解ク可キモノトス（町）九、ノ三項

〔意義〕本條第一項ハ公民權ヲ失フ場合ヲ規定シタルモノナリ而シテ其公民權ヲ失フ場合トハ公民タルニ必要ナル條件ヲ失フタル場合ニシテ之ヲ列記スレハ左ノ如シ

一　國民籍ヲ失フ事

二　公權ヲ失フ事
三　市町村內ニ住居セサル事
四　公費ヲ以テ救助ヲ受クル事
五　獨立ヲ失フ事即チ一戶ヲ搆フルコトヲ止メ又ハ治產ノ禁ヲ受クル事
六　市町村負擔ノ分任ヲ止ムル事
七　市町村內ノ所有地ヲ他人ニ讓リ又ハ直接國稅二圓以上ヲ納メサル事
國民籍ヲ失フ塲合ハ左ノ如シ
(一)外國ニ歸化スル事(二)主權者ノ許可ナクシテ外國ノ官職ヲ奉シタル事(三)歸國ノ意ナクシテ外國ニ於テ定業ヲ爲シタル事(四)外國人ニ嫁シタル事明治六年三月十四日第百三號布告參照(五)外國ノ兵役ニ從事シ又ハ

兵社ニ入ル事(六)邦土ノ他國ニ屬シタル事

公權ハ刑法第三十二條ニ規定シタル如ク重罪ノ刑ニ處セラレタル者ニハ別ニ宣告ヲ用ヰス終身之ヲ剝奪セラル是之ヲ失フ場合トス其餘ノ事ニ付テハ一々此ニ説明スルヲ要セサルモ唯一言ノ注意ヲ要スルハ公民權ヲ得ルニ付テハ二年以來經過スルヲ要スル場合ト雖モ之ヲ失フニ付テハ敢テ此條件ヲ必要トセス苟モ住居ヲ止メ、負擔ノ分任ヲ止メ、所有地ヲ讓與シ二圓以上ノ直接國稅ヲ納メサルニ至リシ時及ヒ公費ヲ以テ救助ヲ受クルニ至リタル時ハ其日ヨリ公民權ヲ失フモノトス

本條第二項ハ公民權ヲ停止スル場合ヲ規定シタルモノニシテ其場合三アリ左ノ如シ

一　身代限處分中

二　公權ノ剝奪若クハ停止ヲ附加スヘキ重輕罪ノ爲メ裁判所ノ訊問若クハ勾留中

三　租稅滯納處分中

右ノ外仍ホ一ノ場合アリ即チ前條ニ規定シタル所ニ從ヒ市會ニ於テ其停止ヲ議決シタル時是ナリ

身代限處分中トハ執行裁判所ニ於テ身代限ヲ言渡シテヨリ其財產ヲ公賣ニ付シ債主ニ分配スル迄ノ時間ヲ云フ

公權ノ剝奪ハ重罪ノ刑ニ限リ附加ス可キモノナレハ下ニ揭ケタル輕罪ノ語ニハ關係セス又停止公權ハ輕罪ノ刑中禁錮ノ刑ニノミ附加ス可キモノナレハ重罪ノ語ニハ關係セス輕罪ノ中罰金ノ刑ニ該ルモノニハ亦關係セサルナリ

裁判所ノ訊問中トハ既ニ公訴ノ起リタル後裁判官ノ訊問ヲ始メ

タル後未タ裁判宣告ニ至ラサル時間ヲ云フ故ニ警察官又ハ撿察官ノ取調中及ヒ裁判宣告後ハ此中ニ入ラサルナリ

勾留中トハ未決勾留ヲ指スモノニシテ既決勾留ハ此中ニ入ラス

租税滯納處分中トハ納税期限ヲ過キテ納税セサルニ由リ其滯納者ノ財產ヲ差押ヘ之ヲ公賣ニ付スル時間ヲ云フ其滯納者處分規則ハ明治十年第七十九號布告ニ明ナリ

此條第三項ハ公民權停止ニアラス又公民權ヲ失フモノニアラス第三項ニ當ル者ト雖モ之ヲ行フヲ得可シ

本條第四項ハ公民タル者ニ限リテ任ス可キ職務ニ在ル者公民權ヲ失ヒ又ハ停止セラレタル等ノ場合ニ於ケル處分法ヲ規定シタル者ナリ

公民タル者ニ限リテ任ス可キ職務トハ（一）市會議員（二）名譽職參事

會員(三)選擧掛(四)區長及其代理者(五)委員ヲ云フ既ニ是等ノ任ニ在ル者若シ市公民タル權ヲ失ヒ又ハ市公民タル權ヲ停止セラレタル時及陸海軍ノ現役ニ服シタル時ハ一旦其現任ノ職ヲ失フモノトス然レトモ其失權ヲ回復シ停止ヲ解カレ又ハ陸海軍ノ服役ヲ止メタルトキハ再ヒ其職ニ選擧セラルヽヲ得可シ但シ當然其職ニ復スルモノニアラサルナリ

〔附言〕余ハ上ニ公民タル者ニ限リ任ス可キ職務ヲ列記シ其第五ニ於テ委員ナル者ヲ掲ケタリ是市制第六十一條ニ規定シタル委員ニシテ同條ニ據レハ市參事會員亦之カ委員タルコトヲ得而シテ市參事會員中ニハ市長及ヒ助役モアリ尤モ第六十一條第三項ニ據レハ市參事會員中ヨリ出ツル所ノ委員ハ市長之ヲ選任スルニ由リ市長自ラ之レカ委員タルコトアラサルモ助役ヲ

選任スルコト之ナシトセス而シテ助役ハ市公民タル者ニ限ラス之ニ任スルヲ得ルニ由リ余輩ノ此ニ委員ヲ列シタルハ不可ナルニ似タリト雖モ決シテ然ラス市制第五十三條ニ據レハ市長及助役ハ其初メ公民權ナキ者ト雖モ既ニ此職ニ任セラレタルトキハ公民タルノ權ヲ得ル者トセリ仍テ其委員ニ選任セラルヽ當時ハ既ニ公民タル資格ヲ有スルニ由リ委員ハ總テ公民權ヲ有スル者ニ限リ其任ニ當ル者トナスモ決シテ不可ナキナリ

〔理由〕本條第一項ノ場合ニ公民權ヲ失ハシムル理由ハ別ニ說明セスシテ自ラ明ナリ何トナレハ公民權ヲ得ルニ付キ條件ヲ定メタル以上ハ其條件ニ欠乏ヲ來シタルトキハ之ヲ失ハシムルコト當然ノ理ナレハナリ

身代限處分中公權ヲ停止スル所以ハ蓋シ身代限ノ言渡ヲ受ケタ

ルトキハ既ニ無資力者タラントスルノ徴候ヲ表ハシタル者ナリ然ルニ仍ホ名譽ノ職ニ參與セシムルハ甚タ危險ナレハナリ然リ而シテ其處分ヲ終リタル後實際無資力者トナリシトキハ第七條納稅ノ要件ヲ失フニ由リ當然公民權ヲ失ヒ停止ハ從テ解クルモノナリ又其處分ノ後餘財アリ又ハ他ヨリ相續贈與等ヲ受ケタルニ由リ二圓以上ノ直接國稅ヲ納ムルトキハ停止ハ自ラ解ケ公民權ヲ實行スルヲ得可キモノトナルナリ

又重罪輕罪ノ嫌疑ヲ受ケ裁判所ノ訊問ヲ受ケ若クハ未決拘留セラル丶者ノ如キハ既ニ社會ノ嫌疑ヲ受ケタル者ナリ豈ニ此者ニ委ヌルニ名譽職ヲ以テスルヲ得ンヤ然レトモ其判決ニ至ラサレハ未タ確然有罪者ト爲スヲ得ス故ニ唯其公民權ヲ停止スルノミ敢テ之ヲ失ハシメス然ルニ若シ審理ノ後重罪ト決スルトキハ當然剝

奪公權ノ附加スルモノナレハ公權ヲ失フノ故ヲ以テ自ラ公民權ヲ失フニ至ル可シ又審理ノ後禁錮ノ刑ニ處セラレタルトキハ其刑期間公權ヲ停止セラル丶モノナレハ停止公權ノ結果トシテ公民權ヲ停止セラル可シ何トナレハ公民權モ亦一ノ公權ナレハナリ唯此ニ一言ノ注意ス可キハ其審理ノ後罰金又ハ違警罪ノ刑ヲ言渡シタルトキ若クハ無罪免訴ノ言渡ヲ爲シタルトキハ縱令ヒ其公訴ハ重罪又ハ禁錮ノ刑ニ該ル可キモノトシテ起リタルニ由リ公民權ヲ停止シタルモ其判決ノ後ハ自ラ其停止ノ解ケルモノナリ然レトモ其停止ヲ受クル當時公民ニ限リ任ス可キ職務ニ在リシ者ニ在テハ爲メニ幾分ノ不利益ヲ蒙ムラサルヲ得ス何トナレハ一旦其現職ヲ解カレタルニ由リ再ヒ當選スルニアラサレハ舊職ニ復スルヲ得サレハナリ

租稅滯納處分中公民權ヲ停止スルモノハ身代限處分中之ヲ停止スルト同シク其結果無資力者トナルニ至ルヿアレハナリ然レ𪜈租稅滯納處分規則ニ據レハ其未納ニ係ル財產ノミ之ヲ公賣ニ付スヘキ制規ナレハ其處分ノ結果必シモ身代限ニ至ル者ニアラス其後仍ホ第七條ノ要件ヲ具備スル𬼂ハ當然其權利ヲ復スルヲ得可シ但再ヒ當選スルニ非サレハ其公務ニ參スルヲ得サルナリ陸海軍ノ現役ニ服スル者ヲシテ市ノ公務ニ參與セシメサルモノハ蓋シ此者ノ如キハ既ニ國家ヲ防禦スルノ一大義務ヲ負擔スル者ナレハ一朝事アレハ其身命ヲ國家ノ犧牲ニ供セサル可ラス然ラハ則チ平時事ナキニ當リテモ心ヲ專ラニシテ之カ不虞ニ備ヘサル可カラス然ルニ他ニ仍ホ一ノ公務ヲ負ハシメン乎屢〻二者併行ス可ラサルノ害ヲ生スルニ至レハナリ

又公民權ヲ失ヒ若クハ停止セラレタル者ニ現任ノ名譽職ヲ解ク
モノハ是公民權ヲ有スル者ニアラサレハ其職ニ任セラル丶ヲ得
サルヨリ生スル當然ノ結果ニシテ別ニ說明ヲ要セサルナリ

○第三欵　市條例

本欵ハ市ノ有スル自主權ノ範圍ヲ規定シタルモノトス抑〻自主權トハ何ソヤ曰ク自治體ニ於テ其內部ノ事務ヲ整理スルカ爲メニ法規ヲ立ツルノ權利ヲ云フ凡ソ立法權ハ既ニ本書ノ初メニ於テ論述シタル如ク國家ノ至權ニシテ代議政體ノ國ニ於テハ此權國會ニ屬シ君主政體若クハ寡人政體ノ國ニ於テハ君主又ハ內閣諸公ニ屬スヘキモノナリ故ニ立法權ハ畢竟國家ニ屬スヘキモノニシテ國土分畫ノ一部タル地方自治體ニ存スヘキモノニアラス何トナレハ若シ夫レ立法權ノ如キ國家至權ノ一部ヲ割テ個々ノ自治體ニ委センカ完全ナル一國ノ共同

體ヲ組成スル能ハス遂ニハ夫ノ封建制度ノ情況ヲ呈出スルニ至ルヘケレハナリ故ニ自治體ハ必ス法律ニ遵ヒ其法律ノ範圍內ニ於テ運動セサルヘカラス況ンヤ國土分畫ノ最下級ニ位セル市ノ自治體ニ於テヲヤ然レ圧亦或範圍內ニ於テハ法規ヲ立ツルノ權ヲ以テ之ヲ自治體ニ附與スルヲ便宜トスルヿアリ請フ左ニ之ヲ論セン

凡ソ法律ハ吾人ノ身體財產ヲ保護シ社會ノ秩序安寧ヲ維持スルヲ以テ其目的トス若シ夫レ國家ニシテ吾人ノ身體財產ヲ保護シ社會ノ秩序ヲ維持スルノ法律ナカラシメン乎吾人ハ其堵ニ安スルコトヲ得ス遂ニハ弱肉强食ノ慘況ヲ現出スルニ至ラン故ニ法律ヲ制定スルニハ必ス此目的ヲ以テセサルヘカラス故ニ學者或ハ法律ヲ釋義シテ曰ク法律ハ國民意志ノ表彰ナリト蓋シ意志ハ必要ニ現ハルヽモノニシテ法語ニ所謂必要ハ道理ニ勝ル又必要ハ即チ法律ヲ爲スト云フト其義

同一ナリ然ルニ國民ノ必要ハ全國均一ナルモノニアラスシテ各地各〻其風土人情ヲ異ニシ都鄙ノ間生活ノ度相同シカラス故ニ若シ全國均一ノ法ヲ以テ之ヲ律センカ其法律タル甲地ノ習慣ニ適スルモ乙地ノ事情ニ合セス丙地ノ保護ニ必要ナルモ丁地ノ利益ヲ害スル如キヿナキニアラス故ニ諸般ノ法律ヲ以テ一國立法權ノ制定スル所トナシ地方瑣末ノ事ニ迄干渉セシムル如キハ法律ノ精神ニ反シ施政ノ宜キヲ得タルモノニアラス何トナレハ立法者ト雖モ亦神明ニアラス周ク地方ノ情況ヲ酌量シ以テ其地方特殊ノ需要ニ應スルヿ能ハサレハナリ故ニ苟モ一國政務ノ圓滑ナランヿヲ欲スレハ立法者ハ只法律ノ大綱原則ヲ制定スルニ止リ其全國ニ普及セシムルノ必要ナキ法規ニ至リテハ可成之ヲ地方自治體ニ分任シ自治體ヲシテ或範圍内ニ於テ之ヲ制定シ以テ各地方特殊ノ需要ニ適セシメサル可カラス而シテ政府ハ

上ニ在リテ之ヲ統轄シ以テ施政ノ方針ヲ授クルニ止ルトキハ一ハ以テ國民特殊ノ需用ヲ充シ能ク法律ノ目的ヲ遂ケ一ハ以テ國民自治ノ精神ヲ發揮シ國家ヲ以テ自ラ任スルノ美風ヲ養成シ公共ノ事業頻々起リ富國强兵ノ基之ヲ得ルニ難カラス國家百世ノ良計實ニ之ニ如クモノナシ是レ自治體ニ與フルニ自主權ノ幾分ヲ以テシタル所以ナリ

第十條　市ノ事務及市住民ノ權利義務ニ關シ此法律中ニ明文ナク又ハ特例ヲ設クルコトヲ許セル事項ハ各市ニ於テ特ニ條例ヲ設ケテ之ヲ規定スルコトヲ得〔市〕三〇、三一、一二二、〔町〕一〇、ノ一項

市ニ於テハ其市ノ設置ニ係ル營造物ニ關シ規則ヲ設クルコトヲ得〔町〕一〇、ノ二項

市條例及規則ハ法律命令ニ牴觸スルコトヲ得ス且之ヲ發行スルトキハ地方慣行ノ公告式ニ依ル可シ〔町〕一〇、ノ三項

〔意義〕本條ハ市ノ有スル自主權ニ關スル事ヲ規定シタルモノニシテ即チ第一項ハ市條例制定ノ範圍ヲ定ムルモノトス

市條例トハ其市ノ構造即チ自治體組織ニ關スル事項ヲ規定スル市ノ法律ヲ云フ故ニ市吏員ニ關スル事及市ト市住民トノ關係ノ事ハ市條例ヲ以テ規定スヘキモノトス而シテ今市ニ於テ此條例ヲ制定セントセハ必ス本項ノ規定ニ從ハサル可ラス本項ノ規定トハ何ソヤ曰ク市ノ事務及市住民ノ權利義務ニ關スル事項ニシテ此法律中ニ明文ナキカ又ハ此法律ヲ以テ特ニ市條例ヲ設クルコトヲ許シタル事項ナルヿ是ナリ

第一　市ノ事務トハ市ノ公共事務ニシテ即チ自治體ニ屬スル行政事務ヲ云フ又市住民ノ權利義務ニ關シトハ市條例ノ及フ區域ヲ定メタルモノニシテ即チ他市町村住民ノ權利義務ニ關ス

ル事項ハ市條例ヲ以テ規定スルヿヲ得ストノ意ナリ若シ然ラストセハ此法律ニ明文ナキ事項ニシテ苟クモ市住民ノ權利義務ニ關スルモノハ如何ナル事ト雖モ市條例ヲ以テ之ヲ定ムルヿヲ得ルニ至リ遂ニ法律制定ノ權ハ擧テ市ニ與フルニ至ラン何トナレハ凡ソ法律命令ニシテ市住民ノ權利義務ニ關セサルモノハ甚タ稀レナレハナリ

第二　此法律ニ明文ナクトハ上ニ示ス事柄ニシテ別段此市制ニ規定ナキモノハ其市限リ之カ條例ヲ制定スルヿヲ得ト云フニ在リ又特例ヲ設クルヿヲ許セル事項トハ（一）市會議員ノ定員ヲ增減スルヿ（第十一條）（二）議員ノ選擧區ヲ設ルトキ其選擧區ノ數及區域並ニ各區選出議員ノ員數ヲ定ムルヿ（第十四條）（三）市ノ助役及參事會員ノ定員ヲ增減スルヿ（第四十九條）（四）常設委員ノ組織

ニ關スルヿ(第六十一條)(五)市ノ助役及參事會員ノ特別ナル職務並ニ市長代理ノ順序ヲ定ムルヿ(第六十九條)(六)常設委員ノ職務權限ヲ定ムルヿ(第七十三條)(七)市ノ有給吏員ノ退隱料ヲ定ムルヿ(第七十七條)(八)市有財產管理ニ關スルヿ(第八十四條)(九)市稅ニ關スル細則ヲ定ムルヿ(第九十一條)(十)新開地及開墾地免稅ニ關スルヿ(第九十七條)(十一)市ノ諸收入金督促ニ關スル手數料ヲ定ムルヿ(第百二條)等ヲ云フ仍ホ他ニ府縣參事會ニ於テ定ムルモノ一アリ曰ク市內ノ一區ニ於テ特別ニ財產ヲ有スルニ依リ區會ヲ設クル𪜈其開設ニ關スルヿ即チ是ナリ(第百十三條)

第二項ハ市ノ設置ニ係ル營造物ニ關シ規則ヲ設定スルヿヲ得ヘキ旨ヲ規定シタルモノナリ

規則トハ本項ニ示ス如ク市ノ組織ニ關セサル卽チ市設病院瓦斯

局水道其他市ノ共有物ノ設置方法及其使用法等ヲ定ムル規則ヲ云フ

條例ト規則トノ別ハ其規定ノ目的ヲ異ニスルニ由リ名稱ヲ異ニスルモノニシテ二者自ラ其結果ニ差異アリ即チ條例ハ内務大臣ノ許可ヲ受クルニ非サレハ之ヲ設定シ之ヲ改正スルヲ得ス(第百二十一條)規則ハ府縣參事會ノ許可ヲ得テ之ヲ設定シ之ヲ改正スルヲ得ル(第百二十三條)ノ別アル是ナリ

第三項ハ前二項ノ條例規則ハ國ノ法律命令ニ反スルヿヲ得ス即チ法律命令ノ範圍内ニ於テ制定セサル可ラサルヿヲ明カニシタルモノニシテ又之ヲ制定シタル片ハ一般市民ニ知ラシムル爲メ其市ニ行ハルヽ所ノ公告式ニ依リ之ヲ公ケニスヘキヿヲ定ムルモノナリ

〔理由〕市ニ條例規則ヲ制定スルノ權ナカル可ラサルヿ及其之ヲ制定センヿハ必ス法律ノ範圍内ニ於テセサル可ラサルヿハ余輩本欵ノ初メニ於テ之ヲ詳述シタリ依テ今亦茲ニ贅セス而シテ之ヲ制定シ之ヲ發行センニハ地方慣行ノ公告式ニ依ラサル可ラサル所以ハ彼ノ法ハ知ラシム可ラス依ラシムヘシトノ舊主義ヲ一變シ公事ハ亦必ス之ヲ公ケニセサル可ラストノ理ニ基クモノナリトス今若シ之ヲ公ケニセサル𪜈ハ市民ハ其條例規則ニハ果シテ如何ナルコトヲ規定シアル乎得テ之ヲ知ル可ラス其知ラサル法律ハ之ヲ施行スル能ハス是レ本條ニ於テ公告式ヲ要スル所以ナリ

○第二章　市會

凡ソ市ノ政務ニ代議行政ノ二種アリ是レ猶國ノ政權ニ立法行法ノ二

種アルカコトシ而シテ市モ亦猶國ノ組織ニ於ケルカコトク疆土人民ノ二元素ヨリ成レル集合體ニシテ且無形人タル者ナレハ之ニ代テ思想ヲ發表シ之ニ代テ業務ヲ行フ所ノ機關ナカル可ラス其機關ハ即チ政務ノ數ニ伴フテ代議ノ機關ト行政ノ機關トノ二者アルヲ必要トス故ニ今之ヲ別テ二章トナシ代議ノ事ハ本章ノ規定スル所ニシテ其行政ノ事ハ次章即チ第三章ニ之ヲ定ム

本章ヲ更ニ別テ組織及選擧ト職務權限及處務規程トノ二欵トス而シテ市會ノ組織及權限ノ二者ハ本章ノ骨髓ニシテ所謂代議ノ代議タル光輝ヲ放ツト否トハ全ク二者能ク其度ニ適スルト否トニ在リ今退テ本邦古來ノ沿革ヲ繹ヌルニ往時町村ニ寄合ナルモノアリ(今尙或ル地方ニ於テハ此法行ハルト聞ク)降テ維新後ニ至リ區町村會ノ設ケアリト雖モ未タ以テ代議ノ性質ヲ具有スルモノニアラス又轉シテ現時泰

西諸國ニ行ハル、所ノ市町村會ノ組織及權限如何ヲ案スルニ各國異同アリテ其制一ナラス且本制ノ如キハ最モ時勢人情ヲ參酌セサル可ラサルモノナレハ今外國ノ制ヲ引テ以テ直チニ之カ論評ヲ下タスヲ得ス故ニ余輩ハ敢テ其是非ヲ茲ニ論セスト雖モ又時トシテハ各條下ニ於テ獨佛等ノ現行法ヲ引証シ以テ讀者ノ參考ニ供スルヿアラントス

○第一欵　組織及選擧

本欵ハ市會ノ組織及選擧ノ事ヲ規定ス其組織トハ市會ノ構造法ニシテ市會ヲ構造スルモノハ市會議員ニシテ市會議員ハ市公民ヨリ推擧ス市公民ヨリ議員ヲ推擧スル方法ヲ名ケテ選擧ト云フ故ニ組織及選擧ノ事ヲ本欵ニ包括セシハ蓋シ當然ノ規定ト云フヘシ而シテ今本欵ニ規定セサル可ラサル事項ハ第一市會議員ノ選任及其定員(第十一條

及第十六條)第二其任期及改選(第十六條及第十七條)第三選擧權被選擧權ヲ有スル者(第十二條乃至第十五條)第四選擧ノ手續及其方法(第十八條乃至第二十四條)第五選擧ノ終局即チ當選者(第二十五條乃至第二十九條)等ニ關スル事是ナリ請フ其詳細ハ各條下ニ於テ之ヲ陳セン

第十一條　市會議員ハ其市ノ選擧人其被選擧權アル者ヨリ之ヲ選擧ス其定員ハ人口五万未滿ノ市ニ於テハ三十人トシ人口五万以上ノ市ニ於テハ三十六人トス〔町〕二、人口十万以上ノ市ニ於テハ人口五万ヲ加フル毎ニ人口二十万以上ノ市ニ於テハ人口十万ヲ加フル毎ニ議員三人ヲ增シ六十人ヲ定限トス

議員ノ定員ハ市條例ヲ以テ特ニ之ヲ增減スルコトヲ得但定限ヲ超ユルコトヲ得ス

〔意義〕本條ハ市會議員ノ選任法及其員數ヲ定メタルモノナリ

本條ニ據レハ市會議員ノ選任法ハ官選ヲ以テセスシテ公選ヲ以テス其選擧人トハ第十二條ニ規定シタルモノヲ云ヒ被選擧人トハ市公民ニシテ且第十五條ノ各項ニ牴觸セサルモノヲ云フ

第二項ハ人口增加ノ數ニ從テ議員ノ遞加法ヲ定メタルモノナリ法文ニ所謂人口五万ヲ加フル每ニ云々トハ滿五万ノ意ニ非ス五万ヲ以テ遞加ノ標準點トナシタルモノナリ例之十万以上十五万以下三人ヲ增シ其十六万ニ至ルトキハ十五万以上二十万以下ノ範圍ナルヲ以テ六人ヲ加フルカ如シ又人口十万ヲ加フル每ニ云々ト云フモ亦同シ次ニ二十万以上云々トハ第一項ノ數ヨリ直チニ十万每ニ三人ヲ加フルニ非ス二十万以下ハ五万每ノ比例ニ依リ增加シ二十万以上ノ數ノミ十万每ノ比例ニ依リ增加シ二者增加

ノ數ヲ第一項ノ數ニ合シ議員ノ定員ヲ定ムルノ意ナリ
第三項ハ市ノ狀況ニ依リ議員ノ定員ヲ增加スルノ法ヲ定メタル
モノナリ而シテ其之ヲ增加スルハ全ク市ノ權利ニシテ別ニ條件
アルニアラス然レ𪜈其增加ノ數ハ第二項ノ定限即チ六十八ヨリ
增加スルヿヲ得ス

〔理由〕市會議員ノ選任法ヲ公選ト爲ス所以ハ全ク本制ノ原則ヨリ
出ツルモノニシテ若シ之ヲ官選トナス𪜉ハ自治體ハ得テ存セサ
ルナリ而シテ其議員ノ定員ノ如キハ別ニ何人トセサル可ラサル
ノ理由アルニ非ス唯多寡ノ數極端ニ走ラサルヲ務ムルノミ然ル
ニ今本制ヲ以テ獨逸法ニ比スレハ其定員遙カニ少數ナリト雖モ
退テ我邦方今ノ國情及ヒ民度ヲ熟察スル𪜉ハ猶或ハ其數多キニ
過クルノ恐ナキ能ハス是レ本條第三項ニ於テ各地ノ狀況ニ依リ

之ヲ増減シ以テ其民度ニ適應セシムルノ法ヲ採リタル所以ナリ又其議員ノ數ヲ六十八ニ限リタルモノハ是其議員ノ數多キニ過クルトキハ其必要ナクシテ却テ議事ノ紛雜ヲ來シ又其費用ノ多キヲ要スルニ至ルノ弊アレハナリ

〔批評〕薩埵曰第十一條ノ義解ハ余ノ解スル所ト異ナレリ即チ其第一項ニ五万未滿ノ市ニ於テ三十八トシ五万以上ノ市ニ於テ三十六人トシタル比例ヨリ推ストキハ人口五万毎ニ六人ヲ増加スルノ割合ナリ然レトモ此比例ヲ以テ推ストキハ議員ノ數多キニ過キ却テ議事ノ紛雜ヲ來スノ恐アリ於是乎立法者ハ人口ノ多キヲ加フルニ從ヒ其割合ヲ減シ即チ第二項ノ如ク爲シタルモノナリ故ニ今其表ヲ示サハ應サニ左ノ如クナルヘシ

人口五万未滿　　議員三十八

同	五万以上十五万未満	同	三十六人
同	十五万以上三十万未満	同	三十九人
同	三十万以上四十万未満	同	四十二人
同	四十万以上五十万未満	同	四十五人
同	五十万以上六十万未満	同	四十八人
同	六十万以上七十万未満	同	五十一人
同	七十万以上八十万未満	同	五十四人
同	八十万以上九十万未満	同	五十七人
同	九十万以上	同	六十人

余ハ右ノ如ク解シタリ而モ條文曖昧ニシテ立法者ノ意何レニ在ルヤ確知シ難キニ由リ暫ラク此ニ之ヲ附記シテ讀者ノ取捨スル所ニ委ヌ

第十二條　市公民（第七條）ハ總テ選擧權ヲ有ス但其公民權ヲ停止セラルヽ者（第八條第三項第九條第二項）及陸海軍ノ現役ニ服スル者ハ此限ニ在ラス（町）一二、ノ一項

凡內國人ニシテ公權ヲ有シ直接市稅ヲ納ムル者其額市公民ノ最多ク納稅スル者三名中ノ一人ヨリモ多キトキハ第七條ノ要件ニ當ラスト雖モ選擧權ヲ有ス但公民權ヲ停止セラルヽ者及陸海軍ノ現役ニ服スル者ハ此限ニ在ラス（町）一二、ノ二項

法律ニ從テ設立シタル會社其他法人ニシテ前項ノ場合ニ當ルトキモ亦同シ（市）九三、九七、（町）一二、ノ三項

〔意義〕本條ハ市會議員ヲ選擧スルノ權アルモノヽヿヲ定メタルモノナリ

本條ニ據レハ選擧權アル者ヲ別テ三種トシ三項ニ之ヲ規定セリ

第一項ハ公民ニ選擧權アル事及其例外ノ事ヲ定メタルモノニシテ既ニ第七條乃至第九條ノ義解ニ詳ナリ

第二項ハ公民外ノ者ニシテ選擧權ヲ有スルモノヽ事ヲ定メタルモノナリ而シテ其直接市稅トハ第九十條ニ規定スル附加稅特別稅中市民及或ル物件ノ所有者ニ直接賦課スルモノヲ云フ又其額市公民ノ最多ク納稅スル者三名中ノ一人ヨリモ多キトキトハ直接市稅ノ納額市公民各自ノ納稅額ニ比シ第三等以上ニ位スルヲ云フ又第七條ノ要件ニ當ラスト雖モ云々トハ同條義解第三乃至第四及第七ニ掲ケタル二年ノ制限幷ニ第二ノ市住民及第六ノ要件中其一ヲ欠キ公民タルヲ得サルモノト雖モ猶ホ選擧權アリトノ意ナリ故ニ幼者婦女ノ如キモ亦其權ヲ有ス蓋シ婦女ニ參政ノ權ヲ與ヘタルハ本制ヲ以テ嚆矢トス

第三項ハ無形人モ亦選擧權ヲ有スルヿヲ規定シタルモノナリ法文ニ所謂法律ニ從テ設定シタル會社トハ私法上ノ無形人ヲ云フ故ニ縱令會社ノ名アルモ民法上商法上無形人ト見認メラレタルモノニ非サレハ選擧權ヲ有スルヿナシ抑〻無形人トハ既ニ第二條ノ下ニ於テ述ヘタル如ク法ノ假定ニシテ法律ノ認メテ始メテ無形人トナルモノニシテ然ラサル以上ハ縱令如何ナル組織且名稱ヲ有スト雖モ一ニ公私ノ組合タルニ過キス決シテ法人ニアラサルナリ又其他法人トハ會社以外ノ總テノ無形人ト云フノ意ナリ」然レ圧政府府縣郡市町村ノ如キ(府縣郡ヲシテ府縣制及郡制ニ於テ法人ト認ムルヿハ本制ノ豫見スル所ナリ)ハ固ヨリ法人ナリト雖モ是等公法上ノ無形人ハ茲ニ所謂法人中ニハ包含セサルヿ勿論ナリトス

（理由）公民外ノ者ニ選擧權ヲ與フル所以ハ元來是等ノ者ハ其市內ニ許多ノ財產ヲ有シ市ノ負擔ヲ分任スルコ重キモノナレハ從テ其市ノ盛衰及公共事務處理法ノ當否ニ付重大ナル利害ノ關係ヲ有スルヲ以テ特ニ之ニ選擧權ヲ與ヘ以テ之ヲ保護シタルモノナリ且選擧權ハ制限ニ失シ公共事務ヲシテ或ル少數人ノ意ニ放任センヨリハ寧ロ制限ナキニ過クルノ勝レルニ如カサルナリ

（參照）明治十七年五月七日第十四號布告區町村會法

第九條　議員ヲ選擧スルヲ得ヘキ者ハ滿二十歲以上ノ男子ニシテ其區町村ニ住居シ其區町村內ニ於テ地租ヲ納ムル者ニ限ル但府縣會規則第十三條第一欵第二欵第三欵ニ觸ルヽ者及陸海軍々人現役ノ者ハ選擧人タルコトヲ得ス

著者曰府縣會規則第十三條第一欵ハ瘋癲白痴ノ者ヲ第二欵ハ

舊法ニ依リ一年以上懲役及國事犯禁獄ノ刑ニ處セラレ滿期後五年ヲ經サル者新法ニ依リ公權ヲ剝奪及停止セラレタル者又ハ一年以上輕重禁錮ノ刑ニ處セラレ主刑滿期後五年ヲ經サル者ヲ第三欵ハ身代限ノ處分ヲ受ケ負債ノ辨償ヲ終ヘサル者ヲ掲ク

第十三條　選擧人ハ分テ三級ト爲ス〔町〕一三、ノ一項、一四、

選擧人中直接市稅ノ納額最多キ者ヲ合セテ選擧人總員ノ納ムル總額ノ三分一ニ當ル可キ者ヲ一級トス〔町〕一三、ノ二項

一級選擧人ノ外直接市稅ノ納額多キ者ヲ合セテ選擧人總員ノ納ムル總額ノ三分一ニ當ル可キ者ヲ二級トシ〔爾〕餘ノ選擧人ヲ三級トス〔町〕一三、ノ三項

各級ノ間納稅額兩級ニ跨ル者アルトキハ上級ニ入ル可シ又兩

級ノ間ニ同額ノ納税者二名以上アルトキハ其市ニ住居スル年數ノ多キ者ヲ以テ上級ニ入ル若シ住居ノ年數ニ依リ難キトキハ年齡ヲ以テシ年齡ニモ依リ難キトキハ市長抽籤ヲ以テ之ヲ定ム可シ〔町〕一三、ノ四項

選擧人毎級各別ニ議員ノ三分一ヲ選擧ス其被選擧人ハ同級內ノ者ニ限ラス三級ニ通シテ選擧セラルヽコトヲ得〔町〕一三、ノ五項

〔意義〕本條ハ前條ニ規定シタル三種ノ選擧人中其直接市稅納額ノ多寡ニ依リ更ニ等級ヲ付シ之ヲ三級ニ別ツヘキコヲ定メタルモノナリ

今本條第二項及ヒ第三項ニ規定スル所ヲ例スレハ左ノ如シ

例ヘハ此ニ選擧人一千二百人アル一ノ市アリトセンニ市長其名簿ヲ作クルニ直接市稅ノ納額最モ多キ者ヨリ順次之ヲ列記シ其

納税額合計一千二百圓トナルキハ筆頭ヨリ四百圓ニ滿ル迄ノ人名ヲ以テ第一級ト爲シ其次ノ人名ヨリ起算シテ又四百圓ニ滿ル迄ノ者ヲ第二級トシ其以下ヲ第三級ト爲スノ類是ナリ然レモ實際ニ於テハ如斯其數能ク當合スルモノニ非ス今一人ヲ加フレハ即チ其三分一ヲ超過シ之ヲ除去スレハ即チ不足ヲ來タスカ如キ過不及ノ結果ヲ生スルヿ得テ免カレサルヘシ於玆乎又之ヲ處スルノ法ナカル可ラス是レ即チ本條第四項ノ規定アル所以ナリ

第五項ハ議員ノ數ヲ三分シテ毎級ノ選擧人各其一分ヲ選擧スヘキ事及其被選擧人ノ區域ノ事ヲ定メタルモノニシテ別ニ說明スヘキ事ナシ

〔理由〕抑〻選擧人ニ等級ヲ付スルヿハ獨逸法ヲ摸寫シタルモノニシテ我邦ニテハ本制ヲ以テ創始トス然ルニ此法タル啻ニ我邦ヲ以

テ創始トナスノミナラス英米伊佛等ニ於テモ亦曾テ見サル所ノ制度ナリトス又獨逸ニ於テモ多少異論ナキニアラス即チグナイスト氏ノ如キハ專ラ此法ヲ主張スト雖モビスマルク公ハ曾テ之ニ反對ヲ唱ヘシヿアリ今我邦ニ移シテ之ヲ施スハ果シテ國情ニ適スルヤ否ヤ又之ヲ行フテ果シテ良結果ヲ得ルヤ否ヤハ余輩未タ之ヲ保スル能ハスト雖モ立法者カ之ヲ採用シタル所以ハ市町村制理由ニ明示スル如ク選擧人ノ權ヲシテ市費負擔ノ多寡ニ隨伴セシメ細民ノ多數ニ制セラルヽノ弊ヲ防カンカ爲メナリ蓋ニ其趣旨公平ニシテ更ニ間然スル所ナシ然レトモ今他ノ點ヨリ觀察スルトキハ却テ頗ニ失スルノ恐アルノミナラス選擧人ノ數ヲ減スルヲ以テ從テ種々ノ惡手段行ハレ易ク且每級ノ間自ラ隔意ヲ生スルノ弊ヲ來スノ嫌ナキ能ハス今試ミニ之ヲ既往ノ事蹟ニ徵ス

ルニ選擧權狹隘ニシテ選擧人ノ少數ナルヨリシテ言フニ忍ヒサル弊ヲ生セシヿアルモ小民多數ノ爲メニ制壓セラレシヿアルヲ見ス況ンヤ第七條ノ二圓ノ制限以テ能ク細民ヲ排除スルニ足ルニ於テヲヤ又其第四項第五項ノ如キハ上ノ分級法ノ結果ニシテ既ニ選擧人ニ等級ヲ立ツル以上ハ之ヲ要スルヿ勿論ナリ又其被選擧人ニ制限ヲ付セサルハ凡ソ議員ハ全市ノ代表者タルト徒ラニ被選擧人ノ區域ヲ狹少ナラシムルトキハ適當ノ人物ヲ得難キトニ由ルモノナリ

第十四條　區域廣濶又ハ人口稠密ナル市ニ於テハ市條例ヲ以テ選擧區ヲ設クルコトヲ得但特ニ二級若クハ三級選擧ノ爲メ之ヲ設クルモ妨ケナシ（町）二五、ノ一項

選擧區ノ數及其區域並各選擧區ヨリ選出スル議員ノ員數ハ市

條例ヲ以テ選舉人ノ員數ニ準シ之ヲ定ム可シ（町）二五、ノ二項
選舉人ハ其住居ノ地ニ依テ其所屬ノ區ヲ定ム其市内ニ住居ナキ者ハ課税ヲ受ケタル物件ノ所在ニ依テ之ヲ定ム若シ數選舉區ニ亘リ納税スル者ハ課税ノ最多キ物件ノ所在ニ依テ之ヲ定ム可シ
選舉區ヲ設クルトキハ其選舉區ニ於テ選舉人ノ等級ヲ分ツ可シ
被選舉人ハ其選舉區内ノ者ニ限ラサルモノトス
〔意義〕本條ハ市ノ區域廣濶又ハ人口稠密ナル𪜈ハ其市内ニ於テ特ニ選擧區ヲ設クルヿヲ得ヘキ旨ヲ定メタルモノナリ
選擧區トハ一團體ヲ數區ニ分チ其區限リ或定員ヲ選出スルノ權アル獨立ノ區畫ヲ云フ而シテ其定員ノ定メ方ハ種々アリト雖モ

本條ニテハ選擧人ノ員數ニ應シテ定ムヘキモノトセリ而シテ選擧區ヲ設クルト否トハ全ク市ノ自由ナリ區域廣濶又ハ人口稠密トハ東京大坂ノ如キ都會ノ地ヲ云フト雖モ別ニ之カ制限アルニ非ス又一定ノ標準アルニ非ス又本條ノ選擧區ト第六十條ノ區トハ之ヲ混淆スヘカラス第六十條ノ區ヲ設クルノ市ニ於テハ亦實際上選擧區ヲ設クルナルヘシト雖モ其區ヲ設クルノ市ハ必スシモ選擧區ヲ設ケサル可ラサルモノニアラサルナリ

又第四項ニ其選擧區ニ於テ選擧人ノ等級ヲ分ツヘシトハ三級通シテ(即チ全選擧人ニ付)選擧區ヲ設ケタル場合ニシテ第一項但書ノ場合ハ之ヲ適用セサルモノトス其他ハ別ニ說明ヲ要セサルヘシ

〔理由〕本條ハ選擧人多數ノ爲メニ生スル選擧事務ノ繁雜ヲ避ケ實際上ノ便宜ヲ得ンカ爲メ規定シタルモノナリ

第十五條　選擧權ヲ有スル市公民（第十二條第一項）ハ總テ被選擧權ヲ有ス〔町〕一五、ノ三項

左ニ掲クル者ハ市會議員タルコトヲ得ス〔市〕二九、五五、〔町〕一五、ノ二項

一　所屬府縣ノ官吏

二　有給ノ市吏員

三　撿察官及警察官吏

四　神官僧侶及其他諸宗教師

五　小學校教員

其他官吏ニシテ當選シ之ニ應セントスルトキハ所屬長官ノ許可ヲ受ク可シ〔町〕一五、ノ三項

代言人ニ非スシテ他人ノ爲メニ裁判所又ハ其他ノ官廳ニ對シテ事ヲ辨スルヲ以テ業ト爲ス者ハ議員ニ選擧セラル丶コトヲ得ス〔町〕一五、ノ四項

父子兄弟タルノ緣故アル者ハ同時ニ市會議員タルコトヲ得ス其同時ニ選擧セラレタルトキハ投票ノ數ニ依テ其多キ者一人ヲ當選トシ若シ同數ナレハ年長者ヲ當選トス其時ヲ異ニシテ選擧セラレタル者ハ後者議員タルコトヲ得ス〔町〕一五、ノ五項

市參事會員トノ間父子兄弟タルノ緣故アル者ハ之ト同時ニ市會議員タルコトヲ得ス若シ議員トノ間ニ其緣故アル者市參事會員ノ任ヲ受クルトキハ其緣故アル議員ハ其職ヲ退ク可シ〔町〕一五、ノ六項

〔意義〕本條ハ被選擧權ノ一ヲ規定シタルモノナリ

第一項ニ選擧權ヲ有スル市公民ハ總テ被選擧權ヲ有ストアリ故ニ第十二條第一項但書ニ云フ公民權ヲ停止セラレタル者及陸海軍ノ現役ニ服スル者並ニ公民ニアラスシテ選擧權ヲ有スル者ヲ除クノ外悉ク被選擧權ヲ有スルニ似タリト雖モ其選擧權ヲ有スル公民ニシテ被選擧權ナキモノ亦其數敢テ尠ナカラス即チ本條第二項ニ被選擧權ナキ者ヲ列記シタリ

〔理由〕本條第一項ニ於テ被選擧權ヲ有スル者ヲ選擧權ヲ有スル者ト同フシ別ニ之レカ制限ヲ立テサルノ理由ハ可成被選擧權ノ範圍ヲ擴張シ以テ多ク適任ノ人ヲ得ンカ爲メナリ

又第二項第一ニ於テ所屬府縣ノ官吏ニ議員タルヿヲ許サヽル所以ハ監督權ノ尊嚴ヲ保タンカ爲メナリ又市吏員ニ之ヲ許サヽル所以ハ代議ト行政トノ分立ヲ全クセンカ爲メナリ是レ實ニ止ム

ヲ得サルノ制限ナリト雖モ本制ハ飽迄モ此目的ヲ貫徹スルヿ能ハスシテ純然タル行政事務ニ從事スル市ノ名譽職吏員ニ被選擧權ヲ與ヘ以テ代議ト行政トヲ兼ネシメタリ其他ノ制限ハ多ク議會ノ公平ヲ保タンカ爲メナルト特別ノ事情ニ出ツルモノニシテ一々說明ノ勞ヲ取ラス

（參照）明治十七年五月七日第十四號布告區町村會法

第十條　議員タルコトヲ得ヘキ者ハ滿二十五歲以上ノ男子ニシテ其區町村ニ住居シ其區町村內ニ於テ地租ヲ納ムル者ニ限ル

但府縣會規則第十三條第一欵第二欵第三欵第四欵ニ觸ルヽ者ハ議員タルコトヲ得ス

著者曰府縣會規則第十三條第四欵ハ官吏敎導職及陸海軍諸卒現役ノ者ヲ揭ク其他ハ既ニ第十二條ノ參照ノ部ニ載スルヲ以

テ就テ見ルヘシ

第十六條　議員ハ名譽職トス其任期ハ六年トシ毎三年各級ニ於テ其半數ヲ改選ス若シ各級ノ議員二分シ難キトキハ初回ニ於テ多數ノ一半ヲ解任セシム初回ニ於テ解任ス可キ者ハ抽籤ヲ以テ之ヲ定ム〔町〕一六、ノ一項

退任ノ議員ハ再選セラルヽコトヲ得〔町〕一六、ノ二項

〔意義〕本條ハ議員ヲ名譽職トナスヘキ事及其任期幷ニ改選ノ事ヲ規定シタルモノナリ

名譽職トハ專務職即チ有給吏ニ對スルノ稱ニシテ自己業務ノ餘暇ヲ以テ俸給ヲ受クルコトナク全ク其市ノ爲メニ盡スモノヲ云フ凡ソ相當ノ報酬ヲ受クルヿナク他人ノ爲メニ盡ス片ハ他人之ニ報ルニ尊敬ヲ以テス而シテ他人ヨリ尊敬セラルヽハ其人ノ名

譽ニシテ其名譽ハ即チ己レノ勞ニ代フル所ノ報酬ナリトス是其無給吏ナ名譽職ト稱スル所以ナリ

各級ニ於テ其半數ヲ改選ストハ第十三條ニ定ムル所ノ三級ヨリ選出シタル議員ノ數ヲ其選出シタル級毎ニ之ヲ二分シ其半數ヲ改選スルノ意ナリ

二分シ難キトキトハ毎級選出ノ議員各十三名ナル時ノ如ク其數奇數ニシテ之ヲ二分スルヿ能ハサルヲ云フ此場合ニ於テハ初回ニ多數ノ議員即チ七名ヲ改選スヘキモノトス

〔理由〕市會議員ヲ名譽職トナス所以ハ公共事務ノ一部ヲ或ル財産アル有力者ノ義務トナシ市ノ負擔ヲシテ輕カラシメンカ爲メナリ又其任期ヲ六年トナスハ任期短キニ過クルトキハ事務練習ノ暇ナク爲メニ事務ノ擧ラサル恐アルヲ以テナリ然レトモ名譽職ノ議

員ヲシテ長時間其職ニ在ラシムルハ責任重キニ過キ却テ病氣其他ノ名義ヲ以テ陸續辭職ヲ請フモノ輩出スルノ恐アリ故ニ立法者ハ六年ヲ以テ短キニ過キス長キニ失セサル適當ノ年期ト見做シタルニ由ルナラン

又半數改選法ト爲シタル所以ハ三年每ニ市民其已レノ欲スル所ノ新議員ヲ出シテ持論ヲ代表セシムルヿヲ得ルト其新議員ヲシテ議場ノ體裁若クハ事務ノ慣例ヲ知得セシメ以テ事務澁滯ノ弊ヲ防クトノ利益アルニ由ル故ニ各國大概ネ皆此法ヲ採用セリ又初回改選ニ於テ抽籤ヲ以テ議員ノ半數ヲ解任スル所以ハ總テ議員ノ任期ハ六年ナルヲ以テ一時ニ選擧シタル議員ハ皆六年間其職ニ在ルヘキモノトス然ルニ其滿期ヲ俟テ改選スルトキハ半數改選ノ法ハ到底之ヲ行フヿヲ得ス是其抽籤ヲ以テ任期間ノ議員ノ

半數ヲ解任スルノ止ムヲ得サル所以ナリ故ニ本制施行ノ當初選舉セラレタル議員ノ半數ハ三年間在職シ其他ハ都テ六年間在職スルモノトス

第十七條 議員中闕員アルトキハ毎三年定期改選ノ時ニ至リ同時ニ補闕選舉ヲ行フ可シ若シ定員三分ノ一以上闕員アルトキ又ハ市會、市參事會若クハ府縣知事ニ於テ臨時補闕ヲ必要ト認ムルトキハ定期前ト雖モ其補闕選舉ヲ行フ可シ（市）二五、（町）一七、ノ一項

補闕議員ハ其前任者ノ殘任期間在職スルモノトス（町）一一七、ノ二項

定期改選及補闕選舉トモ前任者ノ選舉セラレタル選舉等級及選舉區ニ從テ之カ選舉ヲ行フ可シ（町）一七、ノ三項

〔意義〕本條ハ補闕選舉ニ關スルコヲ定メタルモノナリ

補闕選舉トハ議員中死亡其他第八條ノ原由ニ依リ辭職スル等議

員ノ定員ニ不足ヲ生シタルトキ之ヲ補フ爲メ新タニ議員ヲ選擧スルヲ云フ

毎三年定期改選トハ前條ニ示ス半數改選ヲ云フ

本條第三項ニ所謂選擧等級云々トハ議員ニ闕員ヲ生スルカ又其議員ノ任期滿限トナリタルトキ其議員ノ補闕若クハ定期改選ハ一級選擧人ノ選出シタル議員ニ付テハ一級選擧人ニ之ヲ爲サシメ二級選擧人ノ選出シタル議員ニ付テハ二級選擧人(三級亦之レニ準ス)ニ之レヲ爲サシムルノ意ナリ然レ𪜈選擧人其人ハ各級常ニ前後同一ナルニハ非サルナリ何トナレハ選擧人ノ等級ハ毎選擧ノ時之ヲ定ムヘキモノニシテ市住民ノ身分財産ハ日ニ月ニ變更增減ヲ生シ決シテ不動ノモノニアラス從テ直接市税ノ負擔ハ年ニ異同ナキヲ得サレハナリ故ニ其一級若クハ二級タル等級ハ不

變ノモノナリト雖モ其等級内ニ居ル選擧人其人ニ就テハ毎期變更ナキヲ得サルモノトス

選擧區云々トハ第十四條ニ依リ選擧區ヲ設ケタル時ニシテ其之ヲ設ケサル時ハ固ヨリ其區別ノアルヘキ理ナシ

〔理由〕補闕選擧ヲ定期選擧ト同時ニ爲スハ其補闕タルノ性質ニ反スルノミナラス第十一條ノ定員ニ不足ヲ生スルヲ以テ代議ノ組織ニ背クノ嫌ナキ能ハス然レトモ一人闕クレハ隨テ一人ノ補闕選擧ヲナスカ如キハ手續上實ニ煩雜ニ堪ヘス故ニ之ヲ纏メテ定期改選ノ時ヲ竢テ同時ニ選擧スルヲ便宜トス然レトモ本制第四十一條ニ依レハ議員三分ノ二以上出席スルニ非サレハ議決スルヿヲ得ス故ニ定員ノ三分一以上闕員ヲ生スルトキハ到底議會ヲ開クヿヲ得サルヲ以テ此塲合ニハ定期改選ノ時ヲ俟タス當然臨時補闕

選擧ヲ行フヘキモノトス又凡ソ何レノ議會ト雖モ議員全員ノ出席スルコトハ殆ント絶無ノ事ナリ故ニ其闕員三分一以上ニ至ラスト雖モ亦屢々議會ヲ開クコトヲ得スシテ上ニ述フル所ト同一ノ結果ヲ呈スルコトナキヲ保セス此場合ニ於テモ亦臨時補闕ヲ必要トス然レ𪜈其必要ナルト否トハ全ク事實ニ屬スル問題ニシテ豫メ法律ヲ以テ一定スヘキモノニ非ス是レ其市會及市參事會若クハ府縣知事ニ其必要ナル乎否ヲ認定スルノ權ヲ與ヘタル所以ナリ又補闕議員ノ任期ヲ前任者ノ殘任期間ト爲ス所以ハ前議員ノ相續人タルト定期改選ノ期ヲ一途ニ歸セシメンカ爲メナルトニ是由ル

第十八條　市長ハ選擧ヲ行フ毎ニ其選擧前六十日ヲ限リ選擧原簿ヲ製シ各選擧人ノ資格ヲ記載シ此原簿ニ據リテ選擧人名簿

ヲ製ス可シ但選擧區ヲ設クルトキハ毎區各別ニ原簿及名簿ヲ製ス可シ（町）一八、ノ一項

選擧人名簿ハ七日間市役所又ハ其他ノ場所ニ於テ之ヲ關係者ノ縦覽ニ供ス可シ若シ關係者ニ於テ訴願セントスルコトアルトキハ同期限内ニ之ヲ市長ニ申立ツ可シ市長ハ市會ノ裁決（第三十五條第一項）ニ依リ名簿ヲ修正ス可キトキハ選擧前十日ヲ限リテ之ニ修正ヲ加ヘテ確定名簿ト爲シ之ニ登錄セラレサル者ハ何人タリトモ選擧ニ關スルコトヲ得ス（町）一八、ノ二項

本條ニ依リ確定シタル名簿ハ當選ヲ辭シ若クハ選擧ノ無効トナリタル場合ニ於テ更ニ選擧ヲ爲ストキモ亦之ヲ適用ス（町）一八、ノ三項

〔意義〕本條ハ選擧ニ關スル名簿編製ノ事ヲ規定スルモノナリ

本條ニ所謂原簿ト名簿トノ區別ハ原簿ハ公民タルヿ又ハ直接市

税多額ヲ納ムルニ依リ選擧權ヲ有スル等總テ選擧人タルニ必要ナル資格ヲ詳記スルモノニシテ所謂選擧人臺帖トモ云フヘキモノナリ反之名簿ハ單ニ選擧人ノ氏名ノミヲ原簿ヨリ寫載シタルモノナリトス

又第二項ノ關係者トハ總テ選擧權被選擧權ヲ有スルモノヲ云フ故ニ選擧權ナキ者ヲ名簿ニ載セ又ハ選擧權アル者ヲ名簿ニ載セサル𪜈ハ本人及他ノ選擧人被選擧人ヨリ其訂正ヲ市長ニ請求スルコヲ得ヘキモノトス而シテ其訴願及市會ノ裁決ノ事ハ第三十五條ヲ說クコ際シ之ヲ詳述セントス

本條末項ノ當選ヲ辭シトハ當選ノ後辭スルモノヲ云フニアラス選擧ノ際其當選ヲ承諾セサルモノ即チ第二十七條ノ塲合ヲ云フ選擧ノ無効トハ第二十八條及第三十五條ニ依リ府縣參事會又ハ

市會ニ於テ無効ノ裁決アリタル片ヲ云フ而シテ其一旦當選ノ後辭スルモノハ更ニ其補闕選擧ヲ行フト雖モ選擧ノ際當選ヲ辭シ若クハ當選者ノ資格ノ欠缺ニ依リ其人ノ選擧ニ限リ無効トナル場合ニ於テハ其次點者若クハ補充員ヲ以テ之ニ充テ之カ爲メ更ニ選擧會ヲ開クコナキヲ以テ普通ノ常例トス然ルニ本制ニ於テハ更ニ選擧ヲ爲ストキトノ一句アルヲ以テ普通ノ例ニ從ハス更ラニ選擧會ヲ開クヘキモノトス

又末項ノ結文ニ之ヲ適用ストアルハ第二項ノ例ヲ適用スルヲ云フモノニシテ第一項ニ從ヒ簿冊ヲ更新スルモノニアラサルコヲ示シタルモノナリ故ニ定期改選及補闕選擧ノ時ハ毎會更ニ帳簿ヲ製スルト雖モ辭選若クハ無効ノ場合ニ於テ更ニ選擧ヲ爲ス片ハ當初ノ簿冊ヲ襲用スルモノトス

〔理由〕原簿ヲ製スル所以ハ選擧人ノ資格ヲ明カニシ以テ選擧ノ確實ヲ保セソカ爲メナリ又名簿ヲ製スル所以ハ廣ク關係者ノ縱覽ニ供シ選擧人ノ氏名ヲ知得セシメ併セテ其正否ヲ世ニ質サソカタメナリ且又原簿固ヨリ之ヲ秘スヘキモノニ非スト雖モ一般ノ縱覽ニ供スヘキ性質ノモノニ非ス故ニ重複ヲ厭ハス更ニ名簿ヲ製スルノ止ムヲ得サルニ出ツルモノナリ又關係者ニ異議ヲ申立ツルヿヲ許スモノハ選擧ノ正否ハ市民ノ利害ニ關スルヿ重大ナルヲ以テ可及的公平正確ナランヿヲ欲シ苟モ主任者ノ專斷ニ流ルヽノ弊ヲ矯メソカ爲メナリ但異議アリト雖モ選擧期日ニ至レハ其執行ヲ停止セス（第三十五條參觀）

第十九條　選擧ヲ執行スルトキハ市長ハ選擧ノ場所日時ヲ定メ及選擧ス可キ議員ノ數ヲ各級各區ニ分チ選擧前七日ヲ限リテ

之ヲ公告ス可シ（町）一九ノ一項

各級ニ於テ選擧ヲ行フノ順序ハ先ツ三級ノ選擧ヲ行ヒ次ニ二級ノ選擧ヲ行ヒ次ニ一級ノ選擧ヲ行フ可シ（市）二七ノ二項（町）一九ノ二項

（意義）本條ハ前條ノ簿册ニ次キ市長ノ行フヘキ選擧前ノ手續及選擧ノ順序ヲ規定シタルモノニシテ既ニ法文ニ明ナレハ別ニ義解ヲ要セス

（理由）選擧ノ日時場所及選擧ス可キ議員ノ數ヲ公告スル等ノ事ハ可成選擧期日ニ切迫セサルヲ要ス故ニ本制ハ之ヲ選擧前七日ト定メタリ

又第二項ニ於テ選擧順序ヲ下級ノ者ヨリ先キニ爲サシムルモノハ其下級ノ間ニハ多ク智識財産共ニ適任ノ人ヲ得難キヲ以テ之ヲ保護センカ爲メ先選ノ權ヲ與ヘタルモノナリ

第二十條　選擧掛ハ各譽職トシ市長ニ於テ臨時ニ選擧人中ヨリ二名若クハ四名ヲ選任シ市長若クハ其代理者ハ其掛長トナリ選擧會ヲ開閉シ其會場ノ取締ニ任ス但選擧區ヲ設クルトキハ毎區各別ニ選擧掛ヲ設ク可シ〔町〕二〇、

〔意義〕　本條ハ選擧ニ關スル事務ヲ處理スル人及其職務權限ノ事ヲ定メタルモノトス

〔理由〕　前二條ニ於テ規定シタル選擧前ノ事務ハ之ヲ行政ノ機關タル市長ニ委シ本條即チ選擧當時ノ事務ハ特ニ選擧掛ヲ置テ之ニ任スル所以ノモノハ元來代議選擧ノ事務ハ可成行政廳ノ干渉ヲ受ケサルヲ善トスルニ由ル然レ𪜈名簿編製事務ノ如キハ之ヲ常置ノ吏員ニ委任スルヲ以テ互相ノ便益トスルノミナラス之ヲ委任スルモ其干渉ノ弊ハ關係者ノ故障以テ能ク之ヲ豎スル𠃍ヲ得

故ニ本制ニ於テ選擧前ノ事務ハ之ヲ市長ニ委セシト雖モ選擧當時ノ事務ニ付テハ之ヲ專任スルコトヲ得ス故ニ本條ハ選擧人中ヨリ選擧掛ヲ選任シ且之ヲ合議體ニ組織シ以テ偏頗ノ弊ヲ防カンコトヲ力メタリ

第二十一條　選擧開會中ハ選擧人ノ外何人タリトモ選擧會場ニ入ルコトヲ得ス選擧人ハ選擧會場ニ於テ協議又ハ勸誘ヲ爲スコトヲ得ス〔町〕二一、

〔意義〕本條ハ選擧會場取締法ニ關スル事ヲ定メタルモノナリ協議又ハ勸誘トハ選擧人中誰某ヲ選擧スヘシトノ相談ヲ爲シ又ハ選擧人ノ一人ヨリ他ノ一人若クハ數人ニ對シ誰某ヲ選擧スルノ可ナルヘキ旨ヲ勸ムルヲ云フ

〔理由〕選擧人ノ外入場ヲ禁スル所以ハ夫ノ己レト主義ヲ同フスル

者ヲ選擧セシメンカ爲メ若クハ己レノ利慾ノ爲メ徒黨ヲ組ミ威力又ハ暴行ヲ爲シ以テ不正ノ投票ヲ爲サシムルカ如キ惡弊ヲ防カンカ爲メナリ又協議又ハ勸誘ヲ許サヽルモノハ同上ノ目的ヲ以テ内心上人ノ思想ヲ奪フノ結果ヲ生シ終ニ多數ノ人望ニ由リ選擧セラルヘキ本質ニ反シ結局少數人ノ意ヲ以テ公選ヲ左右スルニ至ルノ弊ヲ未萌ニ防カンカ爲メナリ要スルニ本條ノ規定ハ共ニ選擧ノ公平確實ヲ保持センカ爲メ設ケタルモノナリ

第二十二條　選擧ハ投票ヲ以テ之ヲ行フ投票ニハ被選擧人ノ氏名ヲ記シ封緘ノ上選擧人自ラ掛長ニ差出ス可シ但選擧人ノ氏名ハ投票ニ記入スルコトヲ得ス〔市〕四四、〔町〕二二ノ一項

選擧人投票ヲ差出ストキハ自己ノ氏名及住所ヲ掛長ニ申立テ掛長ハ選擧人名簿ニ照シテ之ヲ受ケ封緘ノ儘投票函ニ投入ス

可シ但投票函ハ投票ヲ終ル迄之ヲ開クコトヲ得ス〔市〕四四、〔町〕三二、ノ二項

〔意義〕本條ハ選擧ノ方法ニ關スル規則ヲ定メタルモノナリ

凡ソ選擧ノ方法ニ指名ト投票ノ二アリ指名選擧トハ選擧人中ノ一人ヨリ被選擧人中ノ或人ヲ指名シ之ニ選擧人多數ノ同意ヲ表シ若クハ選擧人中ニテ其指名ヲ為ス人ヲ選擧シ而シテ其人ノ指名ニ任スルモノヲ云フ投票選擧トハ選擧人各自ニ其投票紙ヘ被選擧人ノ氏名ヲ記シ之ヲ選擧掛ニ差出シ選擧掛ハ之ヲ各選擧人ノ前ニテ朗讀シ其投票多數ヲ得タル者ヲ以テ當選者トナスノ方法ヲ云フ而シテ其投票ニ記名無名ノ二種アリ記名投票トハ選擧人ノ氏名ヲ其投票ニ明記スルモノヲ云ヒ無名投票トハ選擧人ノ氏名ヲ記サヽルモノヲ云フ而シテ本制ハ投票選擧ニシテ且無名投票ノ法ナリトス

〔理由〕指名選擧ハ或ル特別ノ場合ニ行ハルヘキモノニシテ固ヨリ議員選擧ニ用ユヘキノ法ニ非ス故ニ本制ニ投票選擧法ヲ採リシハ當然ナリトス而シテ記名投票ト無名投票トハ共ニ一利一害ノ相伴フモノニシテ二者ノ得失ニ付テハ古來大ニ議論ノ存スル所ナリト雖モ無名投票ノ害ハ法律ヲ以テ能ク之ヲ防クヲ得ヘキモ記名投票ノ弊ハ多ク人ノ心意上ニ存スルヲ以テ法律ノ力能ク之ヲ防クヿヲ得ス故ニ海外諸國ニ於テモ記名投票ハ國會議員ノ選擧ニ用ユルモ市町村會議員ノ選擧ニ之ヲ採ラス是近隣互ニ情實ノ止ム可カラサルニ出テヽ適任ニアラサルノ人ヲ選ムノ弊ナキニアラサレハナリ今本制ニ於テ無記名投票ノ方法ヲ採リシモ此理由ニ外ナラサルナリ

本條第二項ハ無名投票ノ弊ヲ防カンカ爲メ定メタルモノナリ又

漫リニ投票函ヲ開閉スルコヲ禁スル所以ハ投票ノ紛失奸策ヲ防カンカ爲メナリ

第二十三條　投票ニ記載ノ人員其選擧ス可キ定數ニ過キ又ハ不足アルモ其投票ヲ無効トセス其定數ニ過クルモノハ末尾ニ記載シタル人名ヲ順次ニ棄却ス可シ（市）四四、（町）二三、ノ一項

左ノ投票ハ之ヲ無効トス（町）二三、ノ二項

一　人名ヲ記載セス又ハ記載セル人名ノ讀ミ難キモノ

二　被選擧人ノ何人タルヲ確認シ難キモノ

三　被選擧權ナキ人名ヲ記載スルモノ

四　被選擧人氏名ノ外他事ヲ記入スルモノ

投票ノ受理並効力ニ關スル事項ハ選擧掛假ニ之ヲ議決ス可否同數ナルトキハ掛長之ヲ決ス（町）二三、ノ三項

〔意義〕本條ハ投票ノ有効無効ニ關スル事ヲ規定シタルモノナリ第一項ニハ選擧スヘキ議員ノ定員ニ過不及アルモ其投票ハ之ヲ無効トセサル旨ヲ定メ第二項ニハ其無効ニ屬スル投票ヲ列記シタリ然ルニ法文ハ單ニ左ノ投票ハ之ヲ無効トスト云ヒ之レニ何等ノ區別ヲモナサヽルヲ以テ其第一乃至第三ニ記スルモノヽ内數人中一人ノ氏名ノミ讀ミ難キモノ及其内或一人ノミ何人タルコトノ確認シ難キモノ又ハ其内或一人ノミ被選擧權ナキ場合ニ於テモ仍ホ其投票全部ヲ無効トナスモノヽ如シト雖モ立法ノ精神ニ至テハ其部分ノミヲ無効トシ其他ノ分ハ之ヲ有効トナシ以テ第一項ノ定員ニ不足アル投票ト之ヲ同一ニ處スルニ在ルナランン若シ然ラストセハ本項ハ第一項ノ精神ト全ク相矛盾シ遂ニ本條ノ趣旨ヲ解スル能ハサルニ至ラン又其第四ノ他事ヲ記入スル

モノトハ脅迫若クハ誹毀又ハ罵詈ニ關スル言語等ヲ記入シ選擧ノ自由ヲ害シ公平ヲ破ランカ爲メニ爲ス所ノ投票ヲ云ヒ其被選擧人ノ住所ヲ附記スルモ仍ホ無効ナリトノ意ニ非ス何トナレハ事ノ鄭重ヲ欲シ誠實眞意ヲ以テ偶他事ヲ附記スル如キヿアルモ爲メニ其投票全体ヲ無効トナスノ理由ナケレハナリ又被選擧權ノ有効無効ニ關スル事ハ既ニ第十五條ニ於テ之ヲ詳述シタリ

〔理由〕凡ソ投票ノ有効無効ハ延テ當選者ノ名譽ニ關シ頗ル必要ノ事柄ニ屬スルヲ以テ之ヲ法律ニ明定スルハ固ヨリ必要ナリトス又本條末項ノ規定ハ選擧掛ノ當然有スヘキ職務ナリトス但其假議決ニ對シ異議アルモノハ第二十八條ニ據リ之ヲ攻擊スルヿヲ得ヘシ

第二十四條　選擧ハ選擧人自ラ之ヲ行フ可シ他人ニ託シテ投票

ヲ差出スコトヲ得ス〔町〕二四、ノ一項

第十二條第二項ニ依リ選舉權ヲ有スル者ハ代人ヲ出シテ選舉ヲ行フコトヲ得若シ其獨立ノ男子ニ非サル者又ハ會社其他法人ニ係ルトキハ必ス代人ヲ以テス可シ其代人ハ內國人ニシテ公權ヲ有スル獨立ノ男子ニ限ル但一人ニシテ數人ノ代理ヲ爲スコトヲ得ス且代人ハ委任狀ヲ選舉掛ニ示シテ代理ノ證トス可シ〔町〕二四、ノ二項

〔意義〕本條ハ投票呈出ニ關スル手續ヲ定ムルモノナリ

本條第二項ニ第十二條第二項ニ依リ選舉權ヲ有スル者トハ前既ニ述フル如ク直接市稅ノ納額多キ者ヲ云フ故ニ此內ニハ幼者アリ婦女アリ又獨立ノ男子ニシテ公民タラサルモノアリ而シテ本項ハ之ヲ別テ獨立ノ男子ト否ラサル者トノ二トシ其第一ノモノ

ハ代人ヲ以テ選擧ヲ爲サシムルト自ラ之ヲ爲ストハ全ク其者ノ自由ニ任シ其第二ノモノハ必ス代人ヲ以テ選擧ヲ爲サシメサル可ラサルモノトセリ會社其他ノ法人亦同シ其他公權ノ事及獨立男子ノ事ハ第七條ノ下ニ於テ之ヲ詳述シタレハ今亦茲ニ贅セス

〔理由〕選擧ハ選擧人自ラ之ヲ行フモノト爲シタル所以ハ既ニ第二十一條ニ於テ協議又ハ勸誘ヲ禁シタルヲ以テ之ヲ選擧權アル者ニ託スルヲ得ス然ラハ其權ナキ者ニ代理ヲ任セン乎是レ毫モ利害ノ關係ヲ有セサル人ヲシテ選擧ニ關與セシムルモノナレハ自ラ選擧ノ疎漏ニ流ル、ノ弊アラン是本制ニ於テ代人ヲ許サヽル所以ナリ（獨逸法モ亦同シ）然ルニ此條第二項ニ於テ代人ヲ許スモノハ往々自ラ投票ヲ爲スノ能力ヲ有セサルモノアルニ由リ己ムヲ得ス此特例ヲ設ケタル

モノナリ

第二十五條　議員ノ選擧ハ有効投票ノ多數ヲ得ル者ヲ以テ當選トス投票ノ數相同キモノハ年長者ヲ取リ同年ナルトキハ掛長自ラ抽籤シテ其當選ヲ定ム〔町〕二六、ノ一項

同時ニ補闕員數名ヲ選擧スルトキハ(第十七條)投票數ノ最多キ者ヲ以テ殘任期ノ最長キ前任者ノ補闕ト爲シ其數相同キトキハ抽籤ヲ以テ其順序ヲ定ム〔町〕二六、ノ二項

〔意義〕本條ハ投票ノ結果卽チ當選ノ事ヲ定ムルモノナリ

有効投票トハ前第二十三條ニ示ス所ノ無効投票ヲ除クノ意ナリ

多數トハ過半數卽チ選擧人ノ半數以上ノ投票ヲ得タル者ヲ云フニ非スシテ比較多數卽チ被選擧人中ニテ最多數ノ投票ヲ得タル者ヨリ順次定員ニ滿ツルマテノ者ヲ以テ當選者ト爲スノ意ナリ

〔理由〕議員ノ選擧ヲ比較多數ノ法ニ依リシ所以ハ夫ノ第四十四條ノ市會ニ於テ市吏員ノ選擧ノ如ク小數ノモノニアラスシテ其選擧人被選擧人及選擧ス可キ議員ノ數共ニ多キカ故ニ到底過半數ヲ得ルヿ難キカ故ナリ又第二項ハ選擧人中最モ多ク希望スル者ヲシテ最モ長キ間在職セシメント欲スルニ在リテ即チ衆望ヲシテ議員ノ任期ニ隨伴セシメントノ意ニ出テタルモノナリ

第二十六條　選擧掛ハ選擧錄ヲ製シテ選擧ノ顚末ヲ記錄シ選擧ヲ終リタル後之ヲ朗讀シ選擧人名簿其他關係書類ヲ合綴シテ之ニ署名ス可シ〔町〕二七、ノ一項

投票ハ之ヲ選擧錄ニ附屬シ選擧ヲ結了スルニ至ル迄之ヲ保存ス可シ〔町〕二七、ノ二項

〔意義〕本條ハ選擧ノ終局ニ關スル事務即チ書類整頓ノ事ヲ定メタ

ルモノナリ
選舉ノ顛末トハ其選舉ヲ行ヒタル日時、場所、選舉ノ始メヨリ終マテノ時間、選舉人ノ數、投票數、選舉ス可キ議員ノ定員、當選者ノ姓名、幷ニ得點數等總テ選舉執行中ニ生シタル諸般ノ出來事並ニ會場取締ニ關スル事等ヲ云フ又第二項ニ所謂結了トハ其日ノ選舉ヲ終リタルノ意ニアラスシテ選舉ノ確定スルヲ云フ故ニ若シ第二十八條ノ異議アルトキハ其裁決ノ確定スルマテハ投票ヲ保存セサル可ラス

〔理由〕本條ノ規定ヲ要スル所以ハ一方ニ在テハ選舉ノ公平確實ニシテ且法律ニ適スルヤ否ヤヲ保証シ又他ノ一方ニ在テハ選擧ノ効力ニ關シ異議ヲ生セシトキノ証據ニ供センカ爲メナリ

第二十七條　選擧ヲ終リタル後選擧掛長ハ直ニ當選者ニ其當選

ノ旨ヲ告知ス可シ其當選ヲ辭セントスル者ハ五日以內ニ之ヲ市長ニ申立ツ可シ〔町〕二八、ノ一項

一人ニシテ數級又ハ數區ノ選舉ニ當リタルトキハ同期限內何レノ選舉ニ應ス可キコトヲ申立ツ可シ其期限內ニ之ヲ申立テサル者ハ總テ其選舉ヲ辭スル者トナシ第八條ノ處分ヲ爲ス可シ〔町〕二八、ノ二項

〔意義〕本條モ亦選舉ノ終結ニ屬スル事務ニシテ當選ノ諾否ニ關スル事ヲ規定シタルモノナリ

第一項ニ所謂其當選ヲ辭セントスル者云々トハ第八條ノ原由アル者及第十五條第三項ニ規定シタル者ノ如キヲ云フ其原由ナクシテ辭スル者ハ固ヨリ第八條ノ處分ヲ免カルヽヿヲ得サルモノトス

第二項ニ所謂數級トハ選擧等級(第十三條)ヲ云ヒ數區トハ選擧區(第十四條)ヲ云フ又末段第八條ノ處分云々トハ固ヨリ選擧ヲ拒辭スルノ原由ナキ場合ヲ指スモノニシテ其何レノ選擧ニ應ス可キコトヲ申立テスト雖モ若シ之ヲ辭スルノ原由アルモノハ其處分ヲ受クルコトナシ其他ハ法文ニ明ナレハ別ニ說明ヲ要セス

(理由) 當選者ニ其當選ノ旨ヲ告知スル所以ハ若シ之ヲ爲サヽルトキハ當選者ニ於テ諾否ヲ申立ツルニ由ナク從テ當選ヲ辭スルモノトシ第八條ノ處分ヲ爲ス能ハサレハナリ

第二項ニ數級云々トアルモ其同時ニ數級ノ當選者トナルノ不都合ハ既ニ第十九條第二項ニ於テ選擧ノ順序ヲ定メ其弊ヲ防キタルヲ以テ本項ノ場合ハ蓋シ稀レナル可シ然レドモ亦實際上時トシテハ既ニ下級ニ於テ選擧セラレタルコトヲ知ラスシテ再ヒ之ニ投

票ヲ爲シ上級ニ於テ當選スルコ之レナシト斷言スルヲ得ス又數區云々トハ既ニ第十四條末項ニ於テ被選擧人ハ其區內ノ者ニ限ラサルモノト定メタル上ハ一人ニシテ數區ニ選擧セラル、コナシトセス況ンヤ其選擧ハ各區同時ニ之ヲ行フコアルニ於テヲヤ此場合ニ於テ何レノ選擧ヲ以テ確定ト爲スヤハ豫メ法律ニ規定スルヲ要ス是レ末項ノ規定アル所以ナリ

第二十八條　選擧人選擧ノ効力ニ關シテ訴願セントスルトキハ選擧ノ日ヨリ七日以內ニ之ヲ市長ニ申立ツルコトヲ得（第三十五條第一項）〔町〕二九、ノ一項

市長ハ選擧ヲ終リタル後之ヲ府縣知事ニ報告シ府縣知事ニ於テ選擧ノ効力ニ關シ異議アルトキハ訴願ノ有無ニ拘ラス府縣參事會ニ付シテ處分ヲ行フコトヲ得〔町〕二九、ノ二項

選擧ノ規定ニ違背スルコトアルトキハ其選擧ヲ取消シ又被選擧人中其資格ノ要件ヲ有セサル者アルトキハ其人ノ當選ヲ取消シ更ニ選擧ヲ行ハシム可シ〔町〕二九、ノ三項

〔意義〕本條ハ選擧ノ効力ニ關シ異議ヲ申立ツルノ權アル者及其方法ニ關スル事ヲ規定シタルモノナリ

本條第一項ハ選擧人ニ訴願ノ權アル事幷ニ之レヲ爲スノ手續ヲ示シ（第十八條ノ名簿ノ正否ニ關スル訴願ハ廣ク之ヲ關係者ニ與ヘタリ）第二項ハ府縣知事ニ異議ノ權アル事幷ニ其處分ヲ示シタルモノニシテ別ニ說明ヲ要セス

第三項ハ選擧ノ規定ニ違背シタル場合ト被選擧權ナキ者ノ當選シタル場合トヲ豫見シタルモノナリ而シテ選擧ノ規定ニ違背云々トハ第十七條以下ノ規則ニ背キタル場合ヲ云ヒ又被選擧人中

其資格ヲ有セサル者アルトキトハ第十五條ノ要件ヲ具備セサル者其選擧ニ當リタル場合ヲ云フ其第一ハ選擧全體ヲ取消シ第二ハ其人ノ選擧ノミヲ取消スモノトス猶本項ノ規定ハ市會(選擧人ノ訴願)及府縣參事會(知事ノ異議)ニ通シテ適用スヘキモノトス其訴願ニ關スル事ハ第三十五條ニ於テ之ヲ詳述セン

〔理由〕選擧人ニ訴願ノ權ヲ與フル所以ハ選擧ノ利害ハ專ラ選擧人ニ存スレハナリ又知事ニ異議ノ權ヲ與フルハ行政廳ノ干涉厚キニ失スルノ嫌アリト雖モ市ハ固ヨリ知事ノ監督ノ下ニ屬スルヲ以テ知事ニ此權ヲ與フルハ蓋シ當然ノ理ナリ

又第二項ノ場合ニ於テ之ヲ無効トナス所以ハ元來不法ノ選擧ニシテ固ヨリ法律上ノ効力ヲ有スヘキモノニ非サレハナリ又一ハ選擧全体ヲ取消シ一ハ單ニ其人ノ當選ノミ無効トナスノ差アル

所以ハ其無効ノ原因選擧全體ニ存スルト其人ニ在ルトノ別アルニ由ル

第二十九條　當選者中其資格ノ要件ヲ有セサル者アルコトヲ發見シ又ハ就職後其要件ヲ失フ者アルトキハ其人ノ當選ハ効力ヲ失フモノトス其要件ノ有無ハ市會之ヲ議決ス　〔市〕九、ノ四項、一五、五七、〔町〕三〇、

〔意義〕　本條ハ當選者ノ資格ニ關スル事ヲ規定シタルモノナリ本條ニ於テハ當選者選擧ノ當時被選擧人タルノ資格ヲ有セサリシ場合ト選擧ノ後其資格ヲ失フタル場合トヲ豫見セリ而シテ其要件ノ有無ハ市會之ヲ議決ストハ市會自ラ其原由アルヿヲ知リ之カ有無ヲ議決ストノ意ニシテ其他人ノ請求ニ出ツル場合ハ前條ニ之ヲ規定セリ又此議決ニ對シテハ異議ヲ唱フルヿヲ得サルモ

ノトス何トナレハ凡ソ議決ニ對シテハ(法ニ明文アル場合ハ格別)總テ上願上訴ノ權ナキヲ原則トスレハナリ

(理由) 當選者ニ要件ヲ具備スルヤ否ヤヲ議決スルノ權ヲ市會ニ與ヘタル所以ハ市會ノ分子タル議員中其議員タルノ資格ヲ有セサルモノアルトキハ議會全體ノ面目ニ關スルノミナラス其議會ハ違法ニ組織セラレ遂ニ完全タルヲ得サルニ由ル然レトモ余輩ハ切ニ望ム市會ニ與フルニ啻ニ當選者ノ資格ノ有無ノミニ付キ彈劾ノ權ヲ以テセスシテ選擧ノ規定ニ違背シタル場合(前條第三項前段)ニモ亦等シク之レニ與フルニ彈劾ノ權ヲ以テセラレンヿヲ何トナレハ其選擧法律ニ背キ無効タルトキハ從テ其議會モ亦背法ノ組織タルヲ免カレサレハナリ又本條ト第三十五條トヲ區別シテ一ハ上訴ヲ許シ一ハ上訴ヲ許サヽルモノハ何ソヤ果シテ二者ノ間

之ヲ別ツノ差アル乎余輩ハ未タ之ヲ發見スル能ハサルナリ

○第二欵　職務權限及處務規程

市會即チ代議ノ組織及其選擧手續ニ關スル事ハ既ニ前欵ニ規定シタルヲ以テ今本欵ニハ其代議體ノ權限及ヒ之カ處理ニ關スル方法ヲ規定セリ

抑〻職務權限ハ市會ノ有スル權利ノ範圍ニ關スル問題ニシテ其範圍ノ廣狹ハ即チ自治權ノ消長ニ關シ甚タ重要ノ件ナリトス若夫レ市會ノ權限狹隘ニ失スル片ハ市ノ自治權ハ得テ存スルコ能ハス反之市會ニ許スニ適當ノ權限ヲ以テセンカ市會ハ益其光輝ヲ放チ市ノ自治權ハ從テ其基礎ヲ確立シ以テ市民ノ安寧幸福ヲ全フスルコヲ得ン故ニ本欵ハ本章ノ主眼ニシテ亦本制ノ骨髓ナリトス讀者幸ニ輕々ニ看過スル勿レ

第三十條　市會ハ其市ヲ代表シ此法律ニ準據シテ市ニ關スル一切ノ事件並從前特ニ委任セラレ又ハ將來法律勅令ニ依テ委任セラルヽ事件ヲ議決スルモノトス〔市〕六四、一一八、以下〔町〕三二、

〔意義〕本條ハ市會ノ職務權限ヲ定メタルモノナリ

市會ノ職務ハ市ヲ代表スルニ在リ蓋シ市ハ無形人ニシテ自ラ意思ヲ發表スルヲ得サルカ故ニ市會之ニ代リテ其意思ヲ發表ス之ヲ名ケテ代表ト曰フ其代表ノ範圍即チ市會ノ權限ハ市ノ有スル權利ノ限域ト其廣狹ヲ共ニシ決シテ其權利外ニ亘ルヿヲ得サルモノトス

凡ソ市ノ權利ニ固有ノ權ト政府ノ委任ニ依テ得ル權トノ二種アリ本條ニ所謂市ニ關スル一切ノ事件トハ第二條ニ市ノ公共事務ト云ヒ又第十條ニ市ノ事務云々ト云フト其義一ニシテ即チ市ノ

固有權ニ屬スルモノヲ云ヒ又從前特ニ委任セラレ又ハ將來法律勅令ニ依テ委任セラルヽ事件トハ即チ委任ニ依リ得ル所ノ權ニシテ其之ヲ主宰スルノ權依然政府ニ屬スルモノヲ云フ例之所得稅調査ノ如キ又ハ國道管理營繕方法ニ關スル事ノ如キ是ナリ

本條ニ所謂議決トハ彼ノ行政事務ノ部內ニ屬スル會議ノ議決ト混ス可ラス今一國政權ノ上ヨリ論スルトキハ市會ハ行法權ニ屬スル行政部內ノ一機關タルヲ免カレスト雖モ市ニ在テハ純然タル代議會ニシテ即チ市ノ立法院ト云フヲ得ヘシ故ニ其議決ハ即チ市ノ法律ニシテ市行政機關ニ對シ其施政ノ方針ヲ授クル所ノモノナリ

本條ニ所謂此法律ニ準據シテトハ全ク贅語ト謂ハサルヘカラス何トナレハ元來市ノ自主權ハ法律ノ範圍內ニ屬スヘキモノニシ

テ法律ニ準據セサル可ラサルヿハ既ニ第十條ノ下ニ於テ明ナレハナリ

（批評）薩埵曰此法律ニ準據シテトノ一句ハ次條即チ第三十一條ニ於テ市ノ議決ス可キモノト定メタル事項アルニ由リ他ノ法律ヲ以テ市ニ委任セラレタル事項ト相對セシカ爲メ附記シタルモノニシテ決シテ贅語ニアラスト愚考ス

（理由）市會カ市ヲ代表スル所以ハ已ニ代表ノ釋義ニ依テ明ナリ又市會ニ本條ニ掲ケタル權利アル所以ハ即チ市ノ代表者タルカ故ナリ而シテ其本主タル市ニ此權ヲ必要トスル所以ハ前第二條及第十條ノ下ニ於テ詳述シタレハ今復茲ニ贅セス

第三十一條　市會ノ議決ス可キ事件ノ概目左ノ如シ（市）八三、乃至八六、（町）三三、

一　市條例及規則ヲ設ケ並改正スル事

二　市費ヲ以テ支辨ス可キ事業但第七十四條ニ掲クル事務ハ此限ニ在ラス
三　歳入出豫算ヲ定メ豫算外ノ支出及豫算超過ノ支出ヲ認定スル事
四　決算報告ヲ認定スル事
五　法律勅令ニ定ムルモノヲ除クノ外使用料、手數料、市税及夫役現品ノ賦課徴收ノ法ヲ定ムル事
六　市有不動産ノ賣買交換讓受讓渡並質入書入ヲ爲ス事
七　基本財産ノ處分ニ關スル事
八　歳入出豫算ヲ以テ定ムルモノヲ除クノ外新ニ義務ノ負擔ヲ爲シ及權利ノ棄却ヲ爲ス事
九　市有ノ財産及營造物ノ管理方法ヲ定ムル事

十　市吏員ノ身元保證金ヲ徴シ並其金額ヲ定ムル事

十一　市ニ係ル訴訟及和解ニ關スル事

〔意義〕本條ハ市會ニ於テ議決スヘキ事件ノ概目ヲ掲ケタルモノナリ而シテ本條ハ制限法ニアラスシテ例示法ナリトス故ニ縦令此項目外ノ事件ト雖モ前條ノ精神ヲ探究シテ其原則上市會ニ屬スヘキヿハ之ヲ議決スルヿヲ得ヘキモノトス

(第一)市條例及規則ノ何タルヿハ第十條ノ下ニ之ヲ述ヘタリ(第二)市費ヲ以テ支辨ス可キ事業トハ第二條ニ云フ市ノ公共事務ニシテ第七十四條ニ掲クルモノヽ如キ一國一府縣ノ行政事務ニ屬スルモノハ縦令市吏員ニ於テ市費ヲ以テ處辨スルモノト雖モ之ヲ興廢スルノ權ヲ有セス唯或ハ範圍内ニ於テ費用節減及其費用徴收法ヲ議スル事ヲ得ルノミ(第三)歳入出豫算ヲ定メトハ其市内ニ

於テ政務ノ爲メ一周年間ニ支出スル費目及其賦課スヘキ税目幷ニ其金高ノ見積ヲ議定スルヲ云フ而シテ其豫算外トハ其費目ニ揭ケサルモノ又豫算超過トハ其事業ノ爲メニ實際支出シタル金額見積ニ過キタルヲ云ヒ其之ヲ豫算確定ノ後市會ニ於テ承諾スルヲ認定ト云フ（第百七條以下）（第四）決算報告ヲ認定スルトハ前項ノ豫算書ニ基キ一周年間實際徵收又ハ支出シタル金額ノ計算ヲ爲シ之レヲ豫算書ト對照シテ過不及ヲ明ニシタルト勘定書ヲ市會ニ於テ承認スルヲ云フ（第五）使用料手數料市税及夫役現品トハ第八十九條第九十條及第百一條ニ揭クルモノヲ云フ又其法律勅令ニ定ムルモノヲ除クノ外トハ市會ノ議決ヲ經スシテ法律勅令自ラ本項ニ謂フ使用料等ヲ課スルヲ云フ其詳細ノ事ハ第八十八條以下ニ於テ説明スヘシ（第六）市有不動産トハ市ノ所有スル地所、

建物等ヲ云フ(第七)基本財産ノ事ハ第八十一條ノ義解ニ譲ル(第八)新ニ義務ノ負擔ヲ爲シトハ市ノ公債ヲ募集シ(第百六條)其他豫算定額外ニ於テ負債ヲ起スヲ云ヒ又權利ノ棄却ヲ爲ストハ納税者ノ無資力ナル時其税額ヲ拋棄シ(第百二條第二項)其他總テ市ニ屬スル財産上ノ權利ヲ棄ツルヲ云フ(第九)管理ノ方法トハ使用及保存ニ關スル方法ヲ云フ(第十)市吏員身元保証金トハ第五十八條第四項ニ云フ所ノ收入役ノ身元保證金ヲ云フ(第十一)市ニ係ル訴訟トハ第五條ニ云フ市ノ境界ニ關スル爭論ノ如ク行政事件タルト又市ノ私有財産ニ係ル民法上ノ權利義務ノ爭ノ如キ司法事件ナルトヲ論セス總テ市ノ利害ニ關スル事ニ付或ハ訴ヲ起シ或ハ他ヨリ起訴セラルヽニ當リ之ニ對シ如何ナル方向ヲ取ルヘキ乎ヲ議決スルヲ云ヒ又和解トハ訴訟スルノ不利益ナル乎或ハ對手ヨ

リ解訟ヲ申込マルヽニ當リ双方權利ノ一歩ヲ讓リ和談スルヲ云フ然レ𪜈其實地ニ訴訟ヲ爲シ和解ヲ試ムルモノハ市會ニアラスシテ市長ナリトス(第六十四條第七及第六十七條第三項)

〔理由〕本條ニ列擧スル各項目ニ付キ市會ノ有スル議決權ニ付テハ多少ノ異同ナキニ非ス即チ確定議權ヲ有スルモノアリ又府縣參事會ノ許可ヲ經ヘキモノアリ或ハ内務大臣又ハ内務大藏兩大臣ノ許可ヲ受クヘキモノアリ又之ヲ許可スルニ付上裁ヲ經テ許可スヘキモノアリト雖モ今茲ニ之ヲ詳述セス第百二十一條以下ニ於テ之ヲ説明スルノ機會アルヘシ

第三十二條　市會ハ法律勅令ニ依リ其職權ニ屬スル市吏員ノ選擧ヲ行フ可シ〔市〕三七、五一、五八、六〇、六一、四四、〔町〕三四、

〔意義〕本條ハ自治ノ行政機關タル市吏員選擧權ノ市會ニ屬スヘキ

事ヲ示シタルモノニシテ其選擧方法ノ事ハ第四十四條ニ之ヲ規定セリ

法律勅令ニ依リ云々トハ市內ニ在ル行政吏員ト雖モ其職掌自治體ニ關係ナク政府ニ屬スル行政事務ニシテ特ニ官署ノ設ケアル（第七十四條第一及第三ノ但書）官吏ニ付テハ市會之ヲ選任スルノ權ナキ旨ヲ明ニシ以テ二者ノ區別ヲ示シタルモノナリ

〔理由〕 市吏員選任權ノ自治體ニ屬スヘキモノナル事ハ前既ニ之ヲ述ヘタリ（第八條ノ義解參觀）而シテ今本條ニ於テ其選擧法ヲ普通選擧即チ市民直接選擧ノ法ニ依ラスシテ間接選擧即チ其市民ノ選擧ヲ以テ組織セル市會ヲシテ選擧セシムルノ法ヲ執リタル所以ハ專ラ煩ヲ去テ簡ニ就カシメンカ爲メナリ然レモ是レ各國採用スル所ノ法ナリト思惟ス可ラス乃チ獨逸ニ於テハ此法ヲ用ユ

ルト雖モ選擧權ヲ重シ制限選擧ヲ擯斥スル佛國ノ如キハ直接選擧ノ法ヲ用ヰタリ

第三十三條　市會ハ市ノ事務ニ關スル書類及計算書ヲ撿閲シ市長ノ報告ヲ請求シテ事務ノ管理議決ノ施行並收入支出ノ正否ヲ監査スルノ職權ヲ有ス〔市〕一〇七、以下〔町〕三五、ノ一項

市會ハ市ノ公益ニ關スル事件ニ付意見書ヲ監督官廳ニ差出スコトヲ得〔町〕三五、二項

〔意義〕本條ハ代議體ノ有スル市行政監督權及一國行政上ニ付キ意見ヲ上陳スル權ニ關スル二事ヲ定メタルモノナリ

第二項ニ市ノ公益ニ關スルトハ其義甚タ廣シト雖モ要スルニ國道新設、市場開閉、港灣開築ニ關スル事等ノ如キ固ヨリ市ノ利害ニ關スルト雖モ亦同時ニ全國一般ノ利害ニ關スルモノヲ云フ若シ

單ニ市ノ公益即チ市ノ公共事務ニ關スル事件ナルトキハ意見ヲ陳述スルノミニ止マラス之ヲ議決スルノ權アルコトハ既ニ第三十條ニ依リ明ナリトス

〔理由〕市會ニ市行政ヲ監査スルノ權アル所以ハ凡ソ行政機關ハ意ヲ代議機關ニ承ケ依テ以テ施政ノ方向ヲ定メ事務ヲ處理スルモノニシテ自ラ事ヲ與シ事ヲ處スルモノニ非サルカ爲メナリ若夫レ市會ニシテ其意思ノ行政機關上ニ行ハルヽヤ否ヤ又市會ノ議決シタル事柄ニシテ其議決ノ精神ニ反スルコトナク執行セラルヽヤ否ヤヲ監査スルノ權ナシトセハ行政吏ハ自由ニ市會ノ議決ヲ變更シテ執行スルコトアルモ亦知ル可ラス果シテ然ラハ終ニ代議ハ有名無實ニ歸センノミ

第二項ハ市ハ自ラ市自身ヲ保護スルノ任アルヲ以テ縱令其事件

ノ市行政ニ屬セサルヲ以テ之ヲ議決スルノ權ナキトキト雖モ苟モ市ノ公益ニ關スル事柄ハ之ヲ默止スヘキモノニ非ス隨意ニ其意見ヲ陳述シ以テ當局者ノ注意ヲ仰クヘキハ蓋シ當然ノ理ナリ

第三十四條　市會ハ官廳ノ諮問アルトキハ意見ヲ陳述ス可シ〔町〕三六

〔意義〕本條ハ官廳ノ諮問ニ對シ市ノ意見ヲ具申スヘキ事ヲ定メタルモノナリ

本條ニ所謂諮問トハ如何ナル事ヲ問フヘキモノナル乎ト云フニ別ニ制限アルニ非ス各官廳ニ於テ市會ニ諮問セント欲スル事ハ如何ナル事柄ト雖モ之ヲ諮問スヿヲ得ヘシ然レ𪜈道理上市ニ關係ナキ事柄ハ決シテ諮問スヘキモノニ非ス故ニ其事件ハ前條第二項ノ場合ト全ク同一ナルヘキモノトス而シテ其前條ト區別アル所以ハ他ナシ前條ハ市會自ラ進テ意見ヲ開陳スルモ反之本條

ハ官廳ノ諮問アリテ後市會之ニ應答スルニ在リ

〔理由〕各官廳ハ各專任ノ取調委員アリ又報告委員アリト雖モ凡ソ何事ニ限ラス其事柄ニ明ナルハ實地利害ノ關係ヲ有スル者ニ若クハナシ故ニ市ノ利害ニ關スル事ハ市會自ラ之ヲ開陳セサルトキト雖モ官廳ハ之ニ諮問シテ其意見ヲ聽クハ施政上尤モ緊要ナリトス是レ本條ノ設ケアル所以ナリ

第三十五條　市住民及公民タル權利ノ有無、選擧權及被選擧權ノ有無、選擧人名簿ノ正否並其等級ノ當否、代理ヲ以テ執行スル選擧權（第十二條第二項）及市會議員選擧ノ效力（第二十八條）ニ關スル訴願ハ市會之ヲ裁決ス〔町〕三七、ノ一項二項

市會ノ裁決ニ不服アル者ハ府縣參事會ニ訴願シ其府縣參事會ノ裁決ニ不服アル者ハ行政裁判所ニ出訴スルコトヲ得〔町〕三七、ノ三項

本條ノ事件ニ付テハ市長ヨリモ亦訴願及訴訟ヲ爲スコトヲ得〔町〕三七、ノ四項

本條ノ訴願及訴訟ノ爲メニ其執行ヲ停止スルコトヲ得ス但判決確定スルニ非サレハ更ニ選擧ヲ爲スコトヲ得ス〔町〕三七、ノ五項

〔意義〕本條ハ市會ノ權限中行政裁判權及其裁判ニ對スル上訴ノ方法幷ニ其處分及裁判ノ執行ニ關スル事ヲ規定シタルモノナリ

第一項ハ市會ニ於テ裁決スヘキ事件ヲ列擧シ以テ市會ノ有スル裁判權限ヲ明ニシタルモノナリ而シテ其事件ハ法文ニ列擧スル所ニ依リ明ナレハ別ニ説明ヲ要セス

第二項ハ市會ノ裁決ニ對スル上訴ノ方法ヲ定メタルモノニシテ其府縣參事會及行政裁判所ノ事ハ既ニ第八條及第五條ノ下ニ詳述シタレハ今復茲ニ贅セス

第三項ハ市長モ亦訴權ヲ有スル旨ヲ規定シタルモノナリト雖モ本項ハ聊カ説明ヲ要スヘキヿアリ即チ本條ニ所謂事件ニ付テハトハ無論第一項ニ掲クル事件ヲ指スモノナリト雖モ下段訴願及訴訟ヲ爲スヿヲ得トハ其意曖昧ニシテ一讀ノ下ニ之ヲ了解スル能ハス何ヲカ曖昧ト云フ曰ク單ニ訴願及訴訟トアルヲ以テ市長モ亦市會ニ訴願スル場合之レアルモノヽ如シ然レヒ今第一項ニ列擧スル事件ニ付キ逐一之ヲ案スルニ其訴願ノ原由トナルヘキ處分ハ一トシテ市長ノ關セサルハナシ(第十八條乃至第二十七條)即チ其市長ノ處分ニ對シ異議アルモノヨリ訴願セシヿヲ市長ニ申立テ市會之ヲ裁決スヘキヿハ前第十八條第二項及第二十八條第一項ノ明定スル所ナリ由是觀之市長原告トナリ市會ニ訴願スル場合ハ絶テ之レナカル可シ(第二十七條第二項ノ場合ニ於テ

第八條ノ處分ヲ市會ニ請求スルヿハ本條第一項ノ規定スル所ニ非ス況ンヤ己レノ處分ニ對シ自ラ訴ヲ起スカ如キハ道理ノ許サヽル所ナルニ於テヲヤ又況ンヤ該處分ニ對スル訴權ノ有無ハ各其所ニ規定スヘキモノニシテ本條ニ之ヲ定ムルハ甚タ其位地ヲ得サルニ於テヲヤ故ニ本項ハ單ニ第二項ヲ承ケタルモノニシテ即チ市長モ亦本條ノ事件ニ對スル市會及府縣參事會ノ裁決ニ不服アルトキハ其裁決ニ對シ上訴ヲ爲スヿヲ得ト云フノ意ナリト解スヘシ

第四項ハ上ノ處分及裁決ノ執行ニ關スル事ヲ定メタルモノニシテ獨リ裁決ノ執行ヲ停止セサルノミナラス第十八條以下選擧ニ關スル市長及選擧掛ノ處分モ亦其訴願ノ爲メニ執行ヲ停止セスト云フニ在リ又其但書ハ裁決ノ場合ノミヲ指スモノナリ而シテ

其判決確定トハ第百十六條ノ上訴期限內（市會ノ裁決ニ對シテハ十四日府縣參事會ノ裁決ニ對シテハ二十一日ナリトス）ニ上訴スルモノナクシテ其期限ヲ經過シタル時ヲ云フ

〔理由〕市會ヲ特別行政裁判所トシテ裁判權ヲ與フル所以ハ既ニ第八條ニ於テ之ヲ見タリ又其市長ニ上訴權アル所以ハ凡ソ己レノ處分ニ對シ攻擊ヲ受ケタル𪜈ハ之ニ上訴權ヲ與ヘ以テ其處分ノ適正ナルヿヲ辯解セシムルニ在リ又其訴訟ノ爲メニ執行ヲ停止セサル所以ノモノハ行政事務ノ澁滯ヲ防クノ精神ニ出テタルモノナリ然レ𪜈一旦執行スル𪜈ハ亦容易ニ回復スルヿヲ得サル塲合ニ於テハ其執行ヲ停止セサル可ラス是レ本條ニ判決確定スルニ非サレハ更ニ選擧ヲ爲スヿヲ得ストノ一句ヲ附託シタル所以ナリ

第三十六條　凡議員タル者ハ選擧人ノ指示若クハ委囑ヲ受ク可カラサルモノトス（町）三八、

〔意義〕本條ハ議員ノ本分ヲ明ニシタルモノナリ

凡ソ議員ノ議場ニ在ルヤ公平忠實以テ己レノ意見ヲ陳述スヘキモノニシテ或ハ自己ノ利慾ノ爲メ或ハ選擧人ノ歡心ヲ買ハンカ爲メ他人ノ指示若クハ囑託ニ依リ自己ノ意ニ非サル事ヲ發言スヘキモノニ非ス是此規定アル所以ナリ

〔理由〕議員ニ此本分アルヘキコハ敢テ法律ノ明文ヲ須タスシテ明ナリ故ニ本條ハ畢竟諭告ノ精神ニ出テタルニ過キス

第三十七條　市會ハ毎暦年ノ初メ一周年ヲ限リ議長及其代理者各一名ヲ互選ス（町）三九、

〔意義〕本條ハ議長及其代理者ノ選擧及其任期ヲ定ムルモノナリ

每曆年ノ初メトハ會計年度ニ對スルノ稱ニシテ即チ每年一月ヲ云フ又一周年ヲ限リトハ即チ議長ノ任期ヲ示シタルモノトス又互選トハ選擧人被選擧人ノ別ナキ選擧ヲ云フモノニシテ即チ議員中互ニ議長ヲ選ムヲ云フ又茲ニ其代理者トアルモ是レ敢テ其職名ヲ定メタルモノニ非ス故ニ市會ニ於テ副議長ト名稱スルモ固ヨリ不可ナシ

〔理由〕議長ノ任期ヲ議員ノ任期ト同フセスシテ大ニ之ヲ短縮シタル所以ハ蓋シ議長ヲシテ屢新陳交代セシメ以テ事務ノ熟練ヲ期セント欲スルニ在リ然レトモ他ニ適當ノ人物ナキトキハ前議長ヲ再選スルハ固ヨリ法ノ禁スル所ニ非ス

第三十八條　會議ノ事件議長及其父母兄弟若クハ妻子ノ一身上ニ關スル事アルトキハ議長ニ故障アルモノトシテ其代理者之

ニ代ル可シ（市）四三、（町）四〇、ノ一項

議長代理者共ニ故障アルトキハ市會ハ年長ノ議員ヲ以テ議長ト爲ス可シ（町）四〇、ノ二項

（意義）本條ハ議長及其代理者ノ故障ノ原由ヲ定メタルモノナリ故障ノ原由トハ即チ會議ノ事件議長及其父母兄弟若クハ妻子ノ一身上ニ關スル場合ヲ云フ例ヘハ第十二條第二項ノ選擧權ノ有無及第二十四條選擧代理ニ關スル事第十八條第二項及第二十八條第一項ニ依リ訴願アリタルニヨリ市會之ヲ裁決スルニ當リ其訴願人ハ議長若クハ其代理者ノ父母兄弟等ニ當ル場合ノ如シ而シテ本條ノ規定ハ之ヲ比附援引ス可カラス何トナレハ凡ソ人ノ能力ヲ制限スルノ法ハ之ヲ比附援引スヘキモノニアラサレハナリ然レトモ其父母兄弟中ニハ繼父母嫡母及異父異母ノ兄弟ヲ包

含シ又子ト稱スルモノヽ中ニハ庶子及養子ヲ包含スルモノトス

〔理由〕議會ハ公會ニシテ私情ヲ訴フル所ニ非ス然ルニ若シ其事件最近親ノ一身上ニ關スル件ナルトキハ之ヲ處スルニ當リ私情ニ徇ヒ勢ヒ議會ノ公平ヲ保ツ能ハサルノ恐アリ且シ議長其人ニシテ廉潔正直敢テ私情ノ爲メ公事ヲ枉クル等ノ事ナシトスルモ猶世人ノ嫌疑ヲ招クノ恐アリ且其レ己レノ身上ニ關スル事ヲ自ラ處分スルハ道理ノ許サヽル所ナリ是レ特ニ本條ノ規定アル所以トス然ルニ本條ハ父母兄弟云々ト記シ茲ニ姉妹ヲ載セサルハ果シテ如何ナル理由ニ基ク乎其兄弟ト姉妹トノ間果シテ愛情ニ差アル乎余輩未タ其理由ヲ發見スル能ハス且本條ノ制限ハ甚タ狹隘ニ失スルヲ以テ其目的ハ果シテ之ヲ達スルヿヲ得ルヤ否ヤ余輩之ヲ保スル能ハサルナリ

第三十九條　市參事會員ハ會議ニ列席シテ議事ヲ辨明スルコトヲ得〔町〕四一、

〔意義〕本條ハ議案說明委員ノ事ヲ定メタルモノナリ

〔理由〕市參事會員ニ議案辨明ノ權ヲ與ヘタル所以ハ凡ソ市會ノ議案ハ市ノ行政機關タル市參事會ノ手ニ成ルモノニシテ（第六十四條第一）其議案ハ可成無事ニ議會ヲ通過セシメンコヲ望ムハ發案者ノ常ナルノミナラス各議員ニ發案ノ趣意及理由ヲ知得セシムルノ益アルヲ以テ議案維持ノ爲メ市參事會員ニ之カ說明ノ權ヲ與ヘタルモノナリ

第四十條　市會ハ會議ノ必要ナル每ニ議長之ヲ招集ス若シ議員四分ノ一以上ノ請求アルトキ又ハ市長若クハ市參事會ノ請求アルトキハ必ス之ヲ招集ス可シ其招集並會議ノ事件ヲ告知ス

ルハ急施ヲ要スル塲合ヲ除クノ外少クモ會議ノ三日前タルヘ可シ但市會ノ議決ヲ以テ豫メ會議日ヲ定ムルモ妨ケナシ〔町〕四二、
市參事會員ヲ市會ノ會議ニ招集スルトキモ亦前項ノ例ニ依ル
〔意義〕本條ハ市會ノ開期及其手續ヲ定メタルモノナリ
本制ハ定期開會ノ法ヲ採ラスシテ隨時開會ノ法ヲ用ヰタリ故ニ開會ニ定期ナク又開會日數ニ制限ナシ即チ左ノ三個ノ塲合ニ於テハ何時ニテモ開會スルコヲ得ルモノトス
一　議長ニ於テ會議ノ必要アリト認ムル時
二　議員四分ノ一以上ノ請求アリタル時
三　市長若クハ市參事會員ノ請求アリタル時
〔理由〕定期開會ノ法ヲ採ラスシテ隨時開會ノ法ヲ用ヰタル所以ハ市會ノ代理者タル常置委員ノ設ケナキ(第六十一條ノ常設委員ニ

非ス）ニ由リ定期會ヲ以テ需用ヲ充タスヿヲ得ス屢開會ノ必要アルニ依ル又議員招集狀及會議ノ事件告知書ヲ開會三日前ニ發スル所以ハ各議員ニ與フルニ出席ノ準備ト議案調査ノ猶豫ヲ以テセンカ爲メナリ然レモ若シ議事ノ至急ヲ要スルモノナルトキハ此猶豫ヲ與フルヿヲ得ス是レ本條ニ例外アル所以ナリ

第四十一條　市會ハ議員三分ノ二以上出席スルニ非サレハ議決スルコトヲ得ス但同一ノ議事ニ付招集再回ニ至ルモ議員猶三分ノ二ニ滿タサルトキハ此限ニ在ラス〔市〕六五、〔町〕四三、ノ一項

〔意義〕本條ハ出席議員ノ定員ヲ定メタルモノナリ本條ニ云フ議決トハ會議ノ意ニ非ス故ニ出席議員本條ノ定員ニ滿タサル時ト雖モ議會ヲ開クハ妨ケナシトス唯其議決ヲ爲スヲ得サルノミ

〔理由〕凡ソ議事ハ議員全體ノ同意ヲ得ルヿ幾ト難シ故ニ議決ハ必

ス多數ノ同意ヲ得ルヲ以テ足レリトセサルヘカラス然ルニ僅々數人ノ議員出席シテ議決スルトキハ遂ニ小數人ノ意見ヲ以テ議會ヲ左右スルニ至ル是レ出席議員ノ數ニ制限ヲ付シタル所以ナリ然レモ其定員ヲ三分ノ二以上ト爲スニ至リテハ實際上不都合ノ結果ヲ生スルヿナキ乎何トナレハ議員中事情ノ爲メニ妨ケラレテ出席スル能ハス從テ出席議員ノ定數ニ欠クルアルヲ以テ其結果一回ニテ議決スル場合少ク多クハ再回ニ至リ定員以下ニ於テ議決スルヿトナリ全ク原則ト例外トヲ顚倒スルノ實例ヲ呈スルヿナキヤ知ル能ハサレハナリ而シテ招集再回ニ至ルトキハ縱令出席議員ノ定數ニ充タサル場合ト雖モ猶議決スルヿヲ得ルモノトシタル所以ハ他ナシ若シ再三回トモ常ニ定數議員ノ出席ヲ必要トスルトキハ幾ト底止スル所ヲ知ラス議事ノ遷延澁滯ニ流ルヽ

ノ弊アレハナリ

第四十二條　市會ノ議決ハ可否ノ多數ニ依リ之ヲ定ム可否同數ナルトキハ再議議決ス可シ若シ猶同數ナルトキハ議長ノ可否スル所ニ依ル（市）六五、ノ二項（町）四四、

〔意義〕本條ハ議決ノ方法ヲ定メタルモノニシテ即チ議決ハ可否ノ多數ニ依リ之ヲ定ムヘキモノトス而シテ其所謂多數トハ比較多數ニシテ過半數ニアラス故ニ若シ議論數派ニ分ルヽトキハ其數說中最モ多數ノ同意ヲ得タルモノヲ以テ可トス可否同數ナルトキト雖モ議長ニ於テ之カ可否ヲ決セスシテ必ス再議ニ付シ若シ再議ニ於テ可否猶同數ナルトキハ初メテ議長ニ於テ之カ可否ヲ決スヘキモノトス

〔理由〕本制ニ於テ此比較多數ノ法ヲ採用シタル所以ハ他ナシ專ラ

簡便主義ニ基キ實地ノ活用ヲ重セシニ依ル今議事ノ本義ニ基キ學理上之ヲ論スルトキハ過半數議決ノ法ヲ以テ可トセサル可ラス即チ獨逸ノ如キハ此過半數議決ノ法ヲ採用セリ然レトモ過半數議決ノ法之ヲ實地ニ施用シテ全ク害ナキニ非ス況ンヤ方今我邦地方ノ狀況ニ於テヲヤ故ニ余輩ハ此比較多數議決ノ法ハ最モ本制ニ適シタルモノナリト信ス

第四十三條　議員ハ自己及其父母兄弟若クハ妻子ノ一身上ニ關スル事件ニ付テハ議會ノ議決ニ加ハルコトヲ得ス〔市〕六六、〔町〕四五ノ一項

議員ノ數此除名ノ爲メニ減少シテ會議ヲ開クノ定數ニ滿タサルトキハ府縣參事會市會ニ代テ議決ス〔町〕四五、ノ二項

〔意義〕本條ハ第三十八條ト其義一ニシテ唯其議長ト議員トノ差アルノミ故ニ別ニ說明ヲ下サス

第二項ハ上ノ原由ニ因リ議員ノ數減少シテ市會ヲ開クコヲ得サルトキハ府縣參事會之ニ代リテ議決スヘキ旨ヲ定メタルモノナリ其所謂定數ニ滿タサルトハ故障ナキ議員ノ數議員總員ノ三分ノ二ニ滿タルヲ云フ

〔理由〕議員ニ故障アルカ爲メ議會ノ定員ニ滿タサルトキ其議會ノ權ヲ擧ケテ全ク行政官廳ニ委任スルハ聊カ穩當ナラサルモノヽ如シ今余輩ノ卑見ヲ以テセハ第四十一條但書ノ精神ヲ此ニ適用スル乎然ラサレハ別ニ補充議員ノ法ヲ設クルノ適當ナルニ若カサルナリ

第四十四條　市會ニ於テ市吏員ノ選擧ヲ行フトキハ其一名每ニ匿名投票ヲ以テ之ヲ爲シ有効投票ノ過半數ヲ得ル者ヲ以テ當選トス若シ過半數ヲ得ル者ナキトキハ最多數ヲ得ル者二名ヲ

取リ之ニ就テ更ニ投票セシム若シ最多數ヲ得ル者三名以上同數ナルトキハ議長自ラ抽籤シテ其二名ヲ取リ更ニ投票セシム此再投票ニ於テモ猶過半數ヲ得ル者ナキトキハ抽籤ヲ以テ當選ヲ定ム其他ハ第二十二條第二十三條第二十四條第一項ヲ適用ス（市）三二、（町）四六、ノ一項

前項ノ選擧ニハ市會ノ議決ヲ以テ指名推選ノ法ヲ用フルコトヲ得（町）四六、ノ二項

〔意義〕本條ハ市吏員選擧方法ニ關スル事ヲ規定シタルモノナリ

本條ニ所謂其一名毎ニトハ議員選擧ノ如ク一ノ投票ヲ以テ數名ヲ一時ニ選擧スルニ非スシテ一票一名ヲ限リ數人數度ニ選擧スルヲ云ヒ又匿名投票トハ第二十二條ノ義解ニ云フ無名投票ヲ云ヒ又有効投票ノ過半數云々トハ第二十五條ニ云フ比較多數ノ法

ニ對スルモノニシテ即チ選擧人半數以上ノ投票ヲ得タル者ヲ以テ當選者ト爲スヲ云フ又第二項ニ所謂指名推選トハ是亦第二十二條ニ述フル所ノ指名選擧ナリ

〔理由〕本條ニ於テ過半數當選ノ法ヲ採リシ所以ハ可及的衆望ノ歸スル人ヲ得ンカ爲メナルト投票多キヲ要スレハ從テ種々ノ奸策ヲ施スニ難クシテ不正ニ投票ヲ買フカ如キノ弊ヲ防クノ益アルトニ依ル

本條若シ以下ノ規定アル所以ハ過半數當選ノ法ニ依リシ結果ナリ何トナレハ若シ其選擧ノ區々ニ出テ投票ヲ得ルモノ數人アルトキハ勢ヒ過半數ヲ得ル者ナカル可シ然ルニ之ヲ再選ニ付センカ其結果ハ前ト同一ナル可シ於是乎之ヲ處スルノ法ナカル可ラス是レ此規定ヲ要スル所以ナリ

第四十五條　市會ノ會議ハ公開ス但議長ノ意見ヲ以テ傍聽ヲ禁スルコトヲ得〔町〕四七、

〔意義〕　本條ハ市會ノ性質ヲ定ムルモノナリ

本條ニ據レハ市會ハ之ヲ公開スヘク密開ス可キモノニアラス而シテ本條但書ニ所謂議長ノ意見ヲ以テ傍聽ヲ禁ス云々トハ法律上更ニ制限ナキモノ、如シト雖モ議長ハ自己ノ意見ヲ以テ濫リニ傍聽ヲ禁スルヿヲ得ス即チ其事件ノ性質ニ依リ人心ノ激昂ヲ來シ議事ノ公平ヲ保ツ能ハサルノ恐アル乎若クハ公益上之ヲ公開スルノ現ニ不利益ナル𪜈ニ非サレハ決シテ傍聽ヲ禁スヘキモノニ非ス若夫レ議長ニシテ政黨ノ競爭ヲ議場ニ提出シ議會ヲ公開スルヿ自己ノ黨派ノ爲メニ不利益ナル等ヨリシテ傍聽ヲ禁スルヿアレハ是レ全ク本條ノ精神ニ反スルノミナラス決シテ法律

ノ容ルヘキ所ニ非サルナリ

〔理由〕凡ソ代議體ノ議會ハ人民ノ意思ヲ發表スヘキ所ニシテ其議事ハ即チ公事ナリ公事ハ宜シク公行スヘク之ヲ密行スヘカラス今若シ之ヲ密行スルトキハ勢ヒ私情ニ流レ懈怠ニ失シ議員ノ品行ヲ亂リ社會ニ對シテ議會ノ公平ヲ証明スルヲ得ス之ヲ証明スルヲ得サレハ社會ハ則チ其議事ノ果シテ公平正直ナルヤ否ヤヲ知ルニ由ナク從テ嫌疑ノ念ヲ起シ終ニ議會ノ信用地ヲ拂フニ至ル可シ若夫レ議會ニシテ信用ヲ失セン乎其議決ハ圓滑ニ行ハルヽヲ得ス反之議事ヲ公行スルトキハ吾人ハ隨意ニ議事ヲ傍聽シテ各議員ノ言行ヲ了知スルヲ得ルノミナラス其議事錄ハ之ヲ新聞雜誌ニ掲載スルヿヲ得之ヲ新聞雜誌ニ掲載スルヲ得ハ即チ自ラ出席シテ議事ヲ傍聽スルヿ能ハサリシ者モ亦之ニ就テ其議事ノ如

何ヲ熟知スルヿヲ得世人之ヲ熟知スル時ハ一ハ以テ議員ノ品行ヲ監視シ一ハ以テ其議決ヲ執行スルニ當リ能ク圓滑迅速ニ行ハル、ノ益アリ是レ即チ議會ヲ公開スル所以ナリ然レ圧又時トシテハ之ヲ公開スルノ現ニ不利益ナル場合モ亦絶テ之ナキニアラサル可シ是レ即チ本條ニ傍聽ヲ禁スルノ例外ヲ設ケタル所以ナリ

第四十六條　議長ハ各議員ニ事務ヲ分課シ會議及選擧ノ事ヲ總理シ開會閉會並延會ヲ命シ議場ノ秩序ヲ保持ス若シ傍聽者ノ公然贊成又ハ擯斥ヲ表シ又ハ喧擾ヲ起ス者アルトキハ之ヲ議場外ニ退出セシムルコトヲ得〔町〕四八

〔意義〕本條ハ議長ノ有セル事務整理及議場取締權ノ事ヲ規定シタルモノナリ

本條ニ所謂事務ヲ分課シトハ議案ニ付特ニ取調ヲ要スル場合ニ於テ調査委員ヲ設ケテ之ニ事務ヲ專囑シ或ハ又夫ノ裁決事件ノ如キ議會ノ議決ヲ要セサル事件ニ付專任者ヲ置キ之ニ分任スル等ヲ云ヒ選擧トハ市吏員ノ選擧(第三十二條及第四十四條)公然贊成又ハ擯斥ヲ表シトハ可《ヒヤ》ト呼ヒ否《ノー》ト叫フカ如ク其言語ニ現ハスモノヲ云ヒ其顏色ニ表ハルヽ如キハ包含セサルモノトス又喧擾トハ俗ニ所謂騷キ立ツルノ謂ナリト雖モ其程度ニ至テハ全ク事實ノ問題ニ屬シ豫メ一定ノ標準ヲ立ツルヿヲ得ス若シ傍聽者互ニ徒黨ヲ組ンテ暴威ヲ示シ或ハ暴行ヲ爲シ以テ議事ヲ左右センヿヲ謀ルモノアルトキモ亦本條ニ依リ其者ニ限リ退場セシムヘキモノニシテ決シテ前條ニ依リ傍聽ヲ禁ス可キモノニアラス

〔理由〕議長ハ市會ヲ統轄總理スルノ權アルモノニシテ其事務整理

及ヒ議塲取締ノ權アルヘキハ固ヨリ當然ナリ故ニ議長ハ市會ノ事務ニシテ分任スルノ便利ナルモノハ之ヲ各議員ニ分任シ又議會ヲ開閉シ若クハ延會ヲ命シ又議會ノ秩序ヲ亂シ靜肅ヲ害スルノ行爲ヲナス者アルトキハ相當ノ處分ヲ施スコトヲ得ルト雖モ是レ元來議長其人ニ存スル權ニ非ス市會ノ代表者タルカ故ニ市會ノ有スル權利ヲ行フモノナレハ之ヲ行フニ當テハ必ス正義公道ニ基キ苟モ之ヲ濫用スルコトナキニ注意セサル可ラサルナリ

第四十七條　市會ハ書記ヲシテ議事錄ヲ製シテ其議決及選擧ノ顚末幷出席議員ノ氏名ヲ記錄セシム可シ議事錄ハ會議ノ末之ヲ朗讀シ議長及議員二名以上之ニ署名ス可シ〔市〕六五、ノ三項〔町〕四九、ノ一項

市會ハ議事錄ノ謄寫又ハ原書ヲ以テ其議決ヲ市長ニ報告ス可シ〔町〕四九、ノ二項

市會ノ書記ハ市會之ヲ選任ス（町）四九、ノ三項

〔意義〕本條ハ市會ノ終局事務ノ事ヲ定ムルモノナリ

第一項ニ所謂選擧ノ顚末トハ市會カ市吏員ノ選擧ヲ行フタルトキヲ云フ（議員選擧ノ場合ハ第二十六條ニ依リ選擧錄ヲ製スト雖モ市吏員選擧ノ時ハ之ヲ議事錄ニ登載ス）

第二項ニ所謂議事錄ノ謄寫トハ議事錄全部ノ謄寫ニ非ス其市長ニ於テ執行スヘキ議決ノ部分ヲ謄寫シテ報告スルヲ云フ

第三項ハ書記選任法ヲ定メタルモノニシテ別ニ説明ヲ要セス

〔理由〕凡ソ議會ニ於テ議事錄ヲ製スル所以ハ一方ニ在テハ議決ヲ証明スルノ証據トナリ又一方ニ在テハ議決ノ精神ヲ明カニシ其執行ヲ容易ナラシムルノ益アルニ依ル又之ヲ朗讀シ議長及議員ノ署名スル所以ハ議事錄ノ正確ヲ保センカ爲メナリ又第二項ニ

於テ其議決ヲ市長ニ報告スル所以ハ凡ソ市會ノ議決ハ市長之ヲ執行スヘキモノナルカ故ニ若シ之カ報告ヲ爲サヽルトキハ市長ニ於テ其議決ヲ知ルニ由ナク從テ之ヲ執行スルヿ能ハサレハナリ

第四十八條　市會ハ其會議細則ヲ設ク可シ其細則ニ違背シタル議員ニ科ス可キ過怠金二圓以下ノ罰則ヲ設クルコトヲ得〔町〕五〇、

〔意義〕本條ハ市會ニ關スル議事細則制定ノ事ヲ規定シタルモノナリ

會議細則トハ即チ本制第三十六條以下處務規程外ノ議事ニ關スル規則ヲ云フ

〔理由〕本條ノ規定ノ必要ナルヿハ固ヨリ辨ヲ俟タスシテ明ナリ而シテ之ヲ市會ノ定ムル所ニ放任シタル所以ハ既ニ論セシ如ク凡ソ中央政府ノ下ニ立ツ所ノ一國立法者ニ在テハ單ニ法律ノ大意

原則ノミヲ定ムヘキモノニシテ之ヲ施行スルニ付キ要スヘキ細則ニ至テハ各其局ニ當ルヘキ人ノ所定ニ任スルヲ以テ便且益トスレハナリ況ンヤ其關係ノ議會以内ニ止マルヘキ議事細則ニ於テヲヤ又其違背罰則ヲ二圓以下ニ制限シタル所以ハ別ニ據ルヘキ標準アルニアラス唯其程度宜シキニ從テ規定スルノミ

（參照）明治十三年四月八日第十五號布告府縣會規則第九條

○第三章　市行政

凡ソ市ノ政務ニ代議行政ノ二種アリテ其代議ノ事ハ前章ニ之ヲ規定シ其行政ノ事ハ本章ニ之ヲ規定セリ而シテ今本章ヲ更ニ分チテ組織選任、職務權限及處務規程、給料及給與ノ三欵トス而シテ其組織及職務權限ノ如何ハ亦大ニ自治ノ存否ニ關シ從テ自治體ノ盛衰ニ影響ヲ及スヲ以テ最モ重要ノ位地ヲ占ムルモノトス今本制ノ定ムル所果シテ

能ク其當ヲ得タルヤ否ヤハ請フ各條ノ下ニ於テ之ヲ論セン

○第一欵　市參事會及市吏員ノ組織選任

本欵ハ市參事會ノ組織及市吏員ノ選任即チ市行政機關ノ組織ニ關スル事ヲ規定シタルモノトス

凡ソ行政ノ組織ニ機械主義ニ出ツルモノト機關主義ニ出ツルモノトノ別アリ而シテ其機械主義ノ組織ハ官治行政ニ用ユヘクシテ自治行政ニ採ルヘキノ法ニ非ス其機關主義組織ヲ更ニ分チテ獨任制、集議制ノ二トス

獨任制ヲ細別シテ純粹獨任制制限獨任制ノ二トス純粹獨任制トハ凡百ノ行政事務之ヲ擧テ一人ノ專決獨行ニ任スルモノヲ云フ例ヘハ佛國町村制及獨逸ノ小市街並ニ村落制及ヒ我カ町村制ノ如キ是ナリ制限獨任制トハ主任官ノ傍ラニ顧問職ヲ置キ或事件ニ付テハ必ス顧問

職ノ意見ヲ聞カサル可ラサルモノヲ云フ但其意見ニ從フト否トハ主任者ノ自由ナリトス例ヘハ佛國府縣制ノ如キ是ナリ

集議制ヲ細別シテ純粹集議制制限集議制ノ二トス純粹集議制トハ凡百ノ行政事務之ヲ擧テ集議體ニ囑任シ專任ノ主長ヲ置カサルモノヲ云例ヘハ獨逸東部諸州ノ大市街制及我カ市制ノ如キ是ナリ今此制度ニ從フトキハ如何ニ些末事件ト雖モ集議體ノ議ヲ經サレハ一モ之ヲ執行スル能ハサルヲ以テ自ラ事務ノ澁滯ト政費ノ增嵩トヲ來スノ弊アリ況ンヤ市行政事務ノ如キハ一國行政事務ノ如ク重大ナルモノニ非ス且一方ニハ市會ノ設ケアリテ事ノ興廢消長ニ關スルコトハ盡ク市會ノ議決スル所ニシテ行政機關ハ其議決ヲ執行スルニ止マルモノナレハ其議決ニ付キ更ニ評議ヲ要スヘキ事件ハ幾ト希ナルニ於テオヤ制限集議制トハ一人ノ主長ニ附スルニ集議體ヲ以テスルヲ云フ猶之

ヲ詳カニセハ或團體ヲ代表シ諸般ノ事務ヲ執行スル一人ノ主宰ヲ置キ其傍ラニ數人ノ集議體ヲ組織シ而シテ主宰ニ於テ政務ヲ執行スルニ當リ重要ノ事件ハ必ス集議體ノ議ヲ經且之レニ從ハサル可ラサルモノヲ云フ此制度ハ專ラ孛國西南部ノ市邑ニ行ハル丶所ノ法ニシテ純粹集議制ノ如ク煩ニ失セス又獨任制ノ如ク專橫ニ流レス折衷其度ヲ得地方制度ニ於テ最モ其宜シキヲ得タルモノナリ故ニ余輩ハ我國ニ於テモ亦市及大町村ニ在テハ此制度ヲ採用スルニ如クナシト信スルナリ

然ルニ人或ハ曰ク純粹集議制ハ自治ノ本義ナリト恐クハ非ナリ抑〻行政組織ニ集議體ヲ要スル所以ノモノハ行政事務ノ數ニ隨伴スルモノニシテ必ス集議體ヲ以テ其團結體ノ代表者トセサル可ラサルモノニ非ス其代表者ハ猶國家ニ君主若クハ大統領アルカコトク性理的ノ人

ヲ以テ之カ主宰トナシ其主宰ノ下ニ評議體ヲ置クノ却テ簡易ニシテ且學理ニ適スルニ如カサルナリ而シテ其所謂行政事務ノ數トハ何ソヤ曰ク評議曰ク議決執行曰ク爭訟裁判即チ是ナリ是レ一般行政事務ノ三大區別ニシテ又之ニ伴フテ行政機關ヲ組織セサル可ラサルハ殆ント各國普通ノ原則ナリ即チ評議ハ之ヲ數人ニテ組織セル集議體ニ任シ議決執行ハ之ヲ一人ニ專囑シ爭訟裁判ハ之ヲ特別ノ人ニ委任セサル可ラス何トナレハ凡ソ事ヲ處スルニ當リ一人以テ之ヲ專決スルトキハ時日ト費用トヲ省キ迅速ニ事ヲ理スルヲ得ヘシト雖モ人能ク百技ニ長スルモノニ非ス一事ヲ能スルモ他事ヲ誤ルヿアリ或ハ此ニ精ニシテ彼レニ粗ナルヿアルハ人類ノ得テ免カレサル所ナリ殊ニ動モスレハ事偏頗ニ流レ公平ヲ失スルノ恐アリ反之數人相討議シ以テ事ヲ處スレハ偏私ノ誹ヲ免カレ公平ヲ保ツヿヲ得ルノミナラス互ニ其

長ヲ取リ短ヲ補ヒ以テ事精密周到ナルヲ得事精密周到ナレハ則チ其事正確適實ニシテ其日時ト費用トノ失ハ之ヲ償フコヲ得可シ然レ𪜈其議決執行及細小事件ニ至テハ最早之ヲ一人ニ任セサル可ラス之ヲ一人ニ專任スルモ既ニ事定マルヲ以テ上ノ弊害ハ毫モ之ヲ恐ルヽニ足ラス且若シ之ヲ數人ニ任スルモ其人員ニ比例シテ結果大ナルモノニ非サルノミナラス動モスレハ甲乙互ニ意見ヲ異ニシ甲ハ右セントヲ云ヒ乙ハ左セント爭ヒ遂ニ彼ノ俗ニ所謂水夫多而船上山比喩ノ如ク事常ニ蹉跌シテ事務澁滯ノ弊ヲ免カレサレハナリ又吾人ノ權利ヲ正當ニ保護セント欲セハ必スヤ特別ニ組成セル裁判所ノ設ナカル可ラス若シ夫レ爭訟事件ヲシテ純然タル行政吏員ノ司掌ニ任セン乎吾人ノ權利ハ之ヲ保護セント欲スルモ豈ニ得可ケンヤ是其三者ノ依テ分ルヽ所ニシテ亦行政組織ニ要スヘキ事ナリトス

第四十九條　市ニ市參事會ヲ置キ左ノ吏員ヲ以テ之ヲ組織ス〔市〕六四、六六

〔町〕五二、九、

一　市長　一名

二　助役　東京ハ三名京都大坂ハ各二名其他ハ一名

三　名譽職參事會員　東京ハ十二名京都大坂ハ各九名其他ハ六名

助役及名譽職參事會員ハ市條例ヲ以テ其定員ヲ増減スルコトヲ得

〔意義〕本條ハ市參事會組織ノ事ヲ規定シタルモノナリ

本條ニ所謂名譽職參事會員トハ有給ノ參事會員即チ市長助役ニ對スルノ稱ニシテ其職名ハ單ニ參事會員ニシテ名譽職參事會員ト云フハ職名ニアラス唯市長幷ニ助役トノ區別ヲ明ニセンカ爲

メ名譽職ノ三字ヲ冠セシメタルノミ又第五十一條及第五十四條第五十七條ニ名譽職參事會員ト云フモ亦同シ

〔理由〕市ニ參事會ヲ置キ參事會中ニ市長及助役等ノ職員ヲ置クモノトシタル所以ハ既ニ述ヘタル如ク本制ハ制限集議制ニ非スシテ純粹集議制ヲ採用シタルニ依ル而シテ市參事會ハ即チ集議體ニシテ市行政ノ評議事務ヲ管掌スルハ勿論總テ自治行政事務ヲ掌ルモノトス又市條例ヲ以テ其定員ノ增減ヲ許ス所以ハ其人員ヲシテ可及的各地ノ狀況ニ適應セシメ以テ其負擔ニ輕重ノ差ナカランヿヲ期センカ爲メナリ

第五十條　市長ハ有給吏員トス其任期ハ六年トシ內務大臣市會ヲシテ候補者三名ヲ推薦セシメ上奏裁可ヲ請フ可シ若シ其裁可ヲ得サルトキハ再推薦ヲ爲サシム可シ再推薦ニシテ猶裁可

ヲ得サルトキハ追テ推薦セシメ裁可ヲ得ルニ至ルノ間内務大臣ハ臨時代理者ヲ選任シ又ハ市費ヲ以テ官吏ヲ派遣シ市長ノ職務ヲ管掌セシム可シ（町）五三、五四、ノ一項

〔意義〕本條ハ市長ノ性質、任期及選任法ノ事ヲ規定シタルモノナリ有給吏員トハ名譽職ニ對スルノ稱ニシテ即チ給料ヲ得テ事務ヲ執ル者ヲ云ヒ（其俸額ハ第七十六條ノ規定ニ依テ之ヲ定ム）候補者トハ第二ノ選擧ニ依テ始メテ確定スル豫定者ヲ云フ但シ候補者ヲ選定スルニハ猶第四十四條ノ規定ニ從テ之ヲ選擧スヘキモノトス又推薦トハ其候補者ヲ第二ノ選ニ當ラシメンカ爲メ之ヲ撰擇スルノ權アル者ニ薦ルヲ云フ又内務大臣ノ選任スル臨時代理者トハ派遣官吏トハ相似テ非ナルモノナリ即チ代理者ハ市長ト等シク市吏員ニシテ市長代理ノ名義ヲ以テスト雖モ派遣官吏ハ依

然官吏ニシテ市吏員ニ非ス故ニ己レ固有ノ官名ヲ用ユルモノトス

〔理由〕市長ヲ有給吏員ト爲ス所以ハ其職有識秀才ノ能ヲ要スルト事務繁忙ニシテ自巳職業ノ餘暇ヲ以テ之ヲ辨スルヲ得サルトニ因ル又上奏裁可ヲ請フ所以ハ法律勅令ヲ以テ中央政府ニ屬スル行政事務ヲシテ市長ニ直接委任スルコアルト市行政ノ得失ハ一般ノ施政ニ關係ヲ及スヿニ依リ之カ適任ノ人ヲ得ンカ爲メ其選任ヲシテ獨リ市ノ選定ニ放任セサルモノナリ

此下級自治體首長ノ選任法ニ付テハ古來各國共ニ大ニ議論ノ存スル所ニシテ其説數派ニ分レタリ今其一二ヲ擧クレハ或ハ曰ク市町村長ハ其市町村ノ代表者ニシテ中央政府ノ代理者ニアラス故ニ之カ選任ノ權ハ全ク其市町村ニ在リト或ハ曰ク市町村長ハ

一方ニ在テハ其市町村ノ代表者ナリト雖モ又一方ニ在テハ政府ノ代理者ニシテ政府ノ法律勅令ヲ執行シ國税、警察、兵役等ノ事務ヲ處理スルモノナリ故ニ府縣知事ト均シク政府ニ於テ選任スヘキモノナリト

右二説ハ各一理アリト雖モ今此説ヲシテ貫徹セシメントスルトキハ一市町村ニ其市町村代表者ト政府ノ代理者ト二人ノ吏員ヲ置カサル可ラス而シテ之ヲ全國ニ及ホストキハ實ニ驚クヘキ多數ノ吏員ヲ要シ從テ其費用ヲ増加シ遂ニ之カ負擔ニ堪ヘサルニ至ル、可シ成程市町村長ハ二個ノ職務ヲ有スルト雖モ府縣知事ニ比スレハ政府ノ代理者タルヨリハ寧ロ市町村ノ代表者タル方其重ナル職務ナリトス故ニ方今地方自治制ノ行ハルヽ邦國ニ於テハ皆此第一説ヲ採用セリ本制モ亦是ニ倣ヘリ故ニ縦令上奏裁可ノ上

選任スルモ市長ハ政府ノ勅奏任官ニアラスシテ純然タル市吏員ナリ

本條再推薦以下ノ規定ハ既ニ上奏裁可ヲ經ヘキモノト定メタル結果ニシテ又止ムヲ得サルニ出ツルモノトス只余輩ハ實際ニ此變則ノ屢行ハレサランコヲ希フノミ

第五十一條　助役及名譽職參事會員ハ市會之ヲ選擧ス其選擧ハ第四十四條ニ依テ行フ可シ但投票同數ナルトキハ抽籤ノ法ニ依ラス府縣參事會之ヲ決ス可シ（町）五四、

〔意義〕本條ハ助役及參事會員選任ノ事ヲ定メタルモノナリ

本條ニ所謂名譽職ノ義ハ已ニ第四十九條ニ於テ述ヘタリ又其選任法ノ事ハ第四十四條ノ下ニ詳述シタレハ此ニ之ヲ贅セス

本條但書ハ第四十四條ノ例外ナリ然ルニ該條ニ於テ抽籤ヲ爲ス

場合ニ二アリト雖モ本條但書ニ此區別ヲ爲サヽルニ由リ此二個ノ場合共ニ包含スルモノヽ如シト雖モ決シテ然ラス乃チ本條但書ノ意ハ其第一ナル三名以上同數者アルトキ候補者（再選擧ノ）二名ヲ取ランカ爲メニ用ユル抽籤ニアラスシテ其再選ニ於テ猶同數ニシテ過半數ヲ得ル者ナキトキ當選者ヲ定ムル最終ノ抽籤ヲ云フモノト解ス可シ

〔理由〕助役及參事會員選任權ノ市會ニ屬スヘキモノナルコハ前既ニ述フル所ニ依テ明ナラン故ニ今復玆ニ贅セス

第五十二條　助役ハ有給吏員トシ其任期ハ六年トス（町）五四、ノ一項

助役ノ選擧ハ府縣知事ノ認可ヲ受クルコトヲ要ス若シ其認可ヲ得サルトキハ再選擧ヲ爲ス可シ再選擧ニシテ猶其認可ヲ得サルトキハ追テ選擧ヲ行ヒ認可ヲ得ルニ至ルノ間府縣知事ハ

臨時代理者ヲ選任シ又ハ市費ヲ以テ官吏ヲ派遣シ助役ノ職務ヲ管掌セシム可シ〔町〕五四、ノ二項、五九、乃至六一、

〔意義〕本條第一項ハ助役ノ性質及其任期ノ事ヲ定メ第二項ハ前條ニ次キ其選任法ノ事ヲ規定ス而シテ本條ノ規定ハ前第五十條ト僅カニ上奏裁可ヲ請フト府縣知事ノ認可ヲ受クルノ差アルノミ其全体ニ付テハ全ク同一ノ精神ニ出ツルモノトス

〔理由〕助役ハ市行政中最モ樞要ノ地位ヲ占メ其職市長ニ亞クモノナルカ故ニ又之ヲ有給吏トナシ其選任ハ府縣知事ノ認可ヲ受クルヿヲ要スルモノトシタルナリ

第五十三條　市長及助役ハ其市公民タル者ニ限ラス但其任ヲ受クルトキハ其公民タルノ權ヲ得〔町〕五六、

〔意義〕本條ハ市長及助役タルヘキモノヽ資格ヲ定メタルモノナリ

(理由) 公民外ノ者ニ市長及助役タルノ資格ヲ與フル所以ハ公民中適當ノ人物ヲ得ル能ハサル場合ヲ顧慮シタルモノナラン而シテ又公民ニアラサルモノヽ市長助役トナリタルトキ之ニ公民權ヲ與フル所以ハ既ニ其市ノ市長若クハ助役タル上ハ之ニ公民權ヲ與フルモ更ニ其不都合アルヲ見サルト他ノ名譽職(議員ハ格別)ヲ兼任セシムルノ益アルトニ依ルナラン

第五十四條　名譽職參事會員ハ其市公民中年齡滿三十歲以上ニシテ選擧權ヲ有スル者ヨリ之ヲ選擧ス其任期ハ四年トス任期滿限ノ後ト雖モ後任者就職ノ日迄在職スルモノトス

名譽職參事會員ハ每二年其半數ヲ改選ス若シ二分シ難キトキハ初回ニ於テ多數ノ一半ヲ退任セシム初回ノ退任者ハ抽籤ヲ以テ之ヲ定ム但退任者ハ再選セラルヽコトヲ得

若シ闕員アルトキハ其殘任期ヲ補充スル爲メ直ニ補闕選擧ヲ爲ス可シ

〔意義〕本條ハ參事會員タルモノヽ資格及其任期幷ニ改選法ヲ定メタルモノナリ

本條ニ其市公民中云々選擧權ヲ有スル者トアルハ第十二條但書ニ載スルモノヲ除キ其他ノ公民ニシテ滿三十歲以上ノモノヲ云フ（次條參照）是レ其資格ヲ云フモノニシテ其選擧ノヿハ前第五十一條ニ之ヲ定ム又第二項ハ其義第十六條ト同一ニシテ既ニ同條ニ於テ詳述シタレハ茲ニ贅セス又第三項ハ議員ノ闕員アルトキノ如ク定期改選ノ時ヲ俟タス（第十七條）闕員アルニ隨ヒ毎時補闕選擧會ヲ開クヘキ事ヲ定メタルモノナリ

〔理由〕本條第一二項ノ理由ハ前既ニ述フル所ニ依テ明ナレハ茲ニ

再述セス而シテ第三項ノ規定ヲ要スル所以ハ元來參事會員ハ議員ト異ナリ其數僅少ナルト其事務多端ニシテ且間斷ナキトニ依リ定期改選ヲ俟ツノ餘暇ナキカ爲メナリ

第五十五條　市長及助役其他參事會員ハ第十五條第二項ニ掲載スル職ヲ兼ヌルコトヲ得ス同條第四項ニ掲載スル者ハ名譽職參事會員ニ選擧セラルヽコトヲ得ス

父子兄弟タルノ緣故アル者ハ同時ニ市參事會員タルコトヲ得ス若シ其緣故アル者市長ノ任ヲ受クルトキハ其緣故アル市參事會員ハ其職ヲ退クヘシ其他ハ第十五條第五項ヲ適用ス〔町〕五三

市長及助役ハ三ケ月前ニ申立ツルトキハ隨時退職ヲ求ムルコトヲ得此場合ニ於テハ退隱料ヲ受クルノ權ヲ失フモノトス〔町〕五七

〔意義〕　本條ハ市長及助役參事會員ニ他ノ職ヲ兼任スルコヲ許サヽ

ル事及參事會員ノ被選擧權ニ關スル事等ヲ規定シタルモノナリ第十五條第二項ニ掲載スル職トハ同項第一乃至第五ニ列擧セルモノニシテ所屬府縣ノ官吏及有給ノ市吏員等ヲ云フ又同條第四項ニ掲載スル者トハ即チ代言人ニ非スシテ他人ノ爲メニ裁判所又ハ其他ノ官廳ニ對シテ事ヲ辨スルヲ以テ業ト爲ス者ヲ云フ乃チ此者ハ參事會員ニ選擧セラルヽノ權ナキモノトス

又第二項ハ父子兄弟ノ縁故アル者ハ同時ニ市吏員トナルヿヲ得サルヿヲ定メタルモノナリ今其場合ヲ擧クレハ左ノ如シ

第一　市長ト參事會員トノ間○此場合ニハ登任ノ前後ヲ問ハス參事會員ハ其職ヲ退クモノトス

第二　參事會員相互ノ間○此場合ニハ第十五條第五項ヲ適用シ同時ナル片ハ投票多キ者若シ投票同シキ片ハ年長者又其時ヲ

異ニスルモノハ前者登任スルモノトス

第三　參事會員ト市會議員トノ間○此塲合ニハ第一ト同シク議員其職ヲ退クモノトス（第十五條第六項）

第四　市會議員相互ノ間○此塲合ニハ第二ト同シク或ハ投票ノ數ニ依リ或ハ年齡ニ依リ或ハ其時ノ前後ニ依リ登任者ヲ決ス（第十五條第五項）

右第一第二ハ市吏員間ノ關係ニシテ本條ニ規定スル所ナリ又第三第四ハ主トシテ議員ニ關スル事ナルヲ以テ第十五條ニ之ヲ定ムト雖モ今便利ノ爲メ玆ニ列擧ス而シテ其父子兄弟ノ緣故アル者トハ其義頗ル廣シ故ニ繼父養子及異父母ノ兄弟ハ勿論姻族ノ父子兄弟モ亦此中ニ包含スルモノトス

〔理由〕本條ハ專ラ市吏員ノ品位ヲ保チ情實ノ弊ヲ排除シ以テ其公

平ヲ失セサランヿヲ豫防センカ爲メ設ケタルモノナリ又第三項ニ於テ市長及助役ノ退職ニ制限ヲ付シタル所以ハ後任者ノ選任時間ヲ慮カリ事務ノ差支ヲ防カンカ爲メナリ

第五十六條　市長及助役ハ他ノ有給ノ職務ヲ兼任シ又ハ株式會社ノ社長及重役トナルコトヲ得ス其他ノ營業ハ府縣知事ノ認可ヲ得ルニ非サレハ之ヲ爲スコトヲ得ス〔町〕五八、

〔意義〕本條ハ前條第一項ニ次キ市長及助役ノ兼業ニ關スル事ヲ定メタルモノナリ

他ノ有給ノ職務トハ前條ニ示シタル以外ノ職務ニシテ官私ノ別ナク俸給アル職務ヲ云フ株式會社ノ社長及重役トハ其給料ヲ受クルト否トヲ別タサルナリ其他ノ營業トハ諸般ノ私業ヲ云フ

〔理由〕市長及助役ハ市行政機關中樞要ノ地位ヲ占ムルモノナルヲ

以テ其責任從テ重カラサルヲ得ス然ルニ他ノ有給ノ職務ヲ兼ヌルコトヲ許ストキハ勢ヒ其俸額ノ多カランコトヲ望ムハ是レ人情ノ常ニシテ其俸給多ケレハ從テ責任重ク事務繁多ナルハ又自然ノ數ナリ而シテ人神明ニアラス必スヤ其能力ニ限界アリ一方ニ繁ナレハ必ス一方ニ閑ナラサルヲ得ス故ニ兼務繁ナレハ本務ニ盡スノ暇ナクシテ勢ヒ事務粗略ニ失セサレハ即チ澁滯ノ弊ヲ免カレス又會社ノ如キハ市行政ト重大ナル關係ヲ有スルモノナルヲ以テ其重役ヲ兼任スルトキハ偏私ノ誹ヲ招クノ恐アリ又私業ニ於ケルモ上ト其理ヲ異ニセス故ニ官吏ノ如キハ服務規律ノアルアリ又刑法ノ制裁アリ總テ商業ヲ營ムコトヲ得スト雖モ市吏員ハ官吏ニ非ス又其俸給ハ之ヲ官吏ニ比スレハ概シテ少額ナラン依テ事ニ害ナキ私業ニ至テハ亦之ヲ兼業セシメサル可ラス是レ本條ニ

府縣知事ノ認可ヲ經テ之ヲ營ムコトヲ得ルノ特例ヲ設ケタル所以ナリ

第五十七條　名譽職參事會員ノ選擧ニ付テハ市參事會自ラ其効力ノ有無ヲ議決ス

當選者中其資格ノ要件ヲ有セサル者アルコトヲ發見シ又ハ就職後其要件ヲ失フ者アルトキハ其人ノ當選ハ効力ヲ失フモノトス其要件ノ有無ハ市參事會之ヲ議決ス其議決ニ不服アル者ハ府縣參事會ニ訴願シ其府縣參事會ノ裁決ニ不服アル者ハ行政裁判所ニ出訴スルコトヲ得其他ハ第三十五條末項ヲ適用ス

〔意義〕　本條ハ參事會員ノ選擧ニ關スル異議裁決權ノ事ヲ規定セルモノナリ

本條第一項ノ議決ニ對シテハ訴願ノ權ナキモノヽ如シト雖モ元

來參事會員ノ選擧ハ第五十一條ニ明言スル如ク市會ニ於テ之ヲ行フモノニシテ其市會ノ處分ニ對シ市參事會ニ於テ終局タル當否議決ノ權ヲ有スヘキ道理アラサルナリ故ニ第二項ノ議決ト等シク訴願ノ權アリト解セサル可ラス又第二項ハ第九條第四項ノ適用ニシテ第二十九條ト其義一ナリ又不服アル者トハ其議決ニ付キ利害ノ關係アル者ニシテ其議決ノ目的トナリシ當選者及市會ヲ云フ其他ハ第三十五條第二項ト同一ナルヲ以テ此ニ贅セス今本條ニ議決トアルモ裁決ト云フト其義同一ナリト雖モ裁決ト云フキハ無告不理ノ原則ニ依リ他ノ訴ヲ俟テ後決スルヲ要シ議決ト云フキハ自ラ問題ヲ提起シ自ラ之ヲ決スルモ可ナリ是本條及第八條ニ於テ議決ト書シタル所以ナラン

〔理由〕參事會員選擧ニ關スル異議裁定ノ權ヲ市參事會ニ與フル所

以ハ市會議員選擧ニ關スル異議裁定ノ權ヲ市會ニ與ヘタルト同一理由ニ基クモノナラン然レトモ愚案ニ據レハ參事會員ノ選擧ハ市會ノ職權ニ依テ之ヲ行フモノナルノミナラス投票同數ナル場合ニ於テハ第五十一條但書ニ依リ府縣參事會ノ所決ニ出ツルモノナレハ寧ロ之ヲ決スルノ權ヲ府縣參事會ニ付スルヲ可トス

第五十八條　市ニ收入役一名ヲ置ク收入役ハ市參事會ノ推薦ニ依リ市會之ヲ選任ス〔市〕一一〇、〔町〕六二、

收入役ハ市參事會員ヲ兼ヌルコトヲ得ス

收入役ノ選任ハ府縣知事ノ認可ヲ受クルコトヲ要ス其他ハ第五十一條、第五十二條、第五十三條、第五十五條及第七十六條ヲ適用ス

收入役ハ身元保證金ヲ出ス可シ

〔意義〕本條ハ収入役ノ事ヲ定メタルモノナリ
今本條ノ要項ヲ擧クルヿ左ノ如シ
第一　収入役ハ其市公民タルヲ要セス但其任ヲ受クルトキハ公民權ヲ有ス(第五十三條)然レトモ第十五條第四項ニ揭クル潜代言等ハ収入役タルヲ得ス(第五十五條第一項)
第二　収入役ハ有給吏ニシテ其任期ハ六年トス(第五十二條第一項)又其給料ハ市會ニ於テ之ヲ定ム(第七十六條)
第三　収入役ハ市參事會ノ推薦ニ依リ市會之ヲ選任シ以テ府縣知事ノ認可ヲ經ルヿヲ要ス(本條第一項第三項)若シ其認可ヲ得サルトキハ第五十二條第二項「若シ」以下ノ規定ニ依ル但本條モ亦助役ノ認可ト同シク府縣知事ノ認可權ニ制限ヲ置カス
第四　収入役ハ第十五條第二項ニ揭クル五個ノ職務及市參事會

員ヲ兼ヌルコトヲ得ス（第五十五條第一項及本條第二項）

第五　收入役ハ市長ト父子兄弟ノ緣故アラサルコトヲ要ス若シ同上ノ緣故アルモノ市長ノ職ニ登ル片ハ自ラ其職ヲ退クヘシ（第五十五條第二項）又其他ノ塲合ニ於テ退職セントスル片ハ三ケ月前ニ其申立ヲ爲サヽル可ラス又此塲合ニ於テハ退隱料ヲ受クルコトヲ得ス（同條第三項）

第六　收入役ハ身元保證金ヲ納ムルコトヲ要ス（本條第四項）又本條ニ於テ第五十一條ヲ適用シタルハ市參事會ヨリ收入役候補者數名ヲ推薦シタル塲合ニ同條ノ方法ニ據リ之ヲ選任ス可キコトヲ示サンカ爲メナリ

〔理由〕本條ノ規定ハ已ニ前數條ニ述フル所ニ依リ明ナリト雖モ猶玆ニ一言スヘキハ市長助役及參事會員ヲ兼任スルコトヲ禁スル所

以ハ出納ノ命令者ト實際ニ之ヲ執行スル者トノ分立ヲ確然ナラシメ以テ財政ノ整理ヲ得ンカ爲メナリ又其身元保證金ヲ徴スル所以ハ元來収入役ハ第七十條ニ示ス如ク市ノ會計事務ヲ掌ルモノナルト其事務ハ收入役ノ責任ヲ以テ之ニ任スルモノニシテ若シ一歩ヲ誤レハ即チ賠償ノ責任ヲ負フモノナルトニ依リ豫メ其賠償ノ資ニ供センカ爲メナリ

第五十九條　市ニ書記其他必要ノ附屬員並使丁ヲ置キ相當ノ給料ヲ給ス其人員ハ市會ノ議決ヲ以テ之ヲ定メ市參事會之ヲ任用ス〔市〕七一、七六、〔町〕六三、

〔意義〕本條ハ既ニ法文ニ明ナル如ク市ノ属吏任用等ノ事ヲ定メタルモノニシテ其他必要ノ附属員トハ豫メ定解ヲ與フルヿヲ得ス各地其文化ノ度ニ從ヒ或ハ技術師ヲ要スルヿアルヘク或ハ專門ノ

學術ヲ修ムル者ヲ要スルコモアルヘシ是等ノ必要アル𪜈ハ或ハ屬員トナシ或ハ雇トナシ隨意ニ之ヲ任用スルヲ得ヘキモノトス

〔理由〕市ノ諸般ノ常務ヲ辨スル爲メニハ上ノ市吏員ノ外屬吏ヲ要スルコハ言ヲ俟タスシテ明ナリ而シテ是等機械的ニ使用スル所ノ者ニ在テハ多ク資産ニ乏ク僅少ノ俸給ヲ得テ以テ糊口ノ道ヲ立ツルモノモアルヘク且其專門ノ技藝學術ヲ以テ任スルモノヽ如キニ至リテハ之ニ相當ノ給料ヲ與フルハ固ヨリ其所ナリトス又其給料及定員ヲ市會ノ所決ニ任スルモノハ各地ノ狀況ト事務ノ繁閑ニ適應セシメンカ爲メナリ

第六十條　凡市ハ處務便宜ノ爲メ市參事會ノ意見ヲ以テ之ヲ數區ニ分チ每區區長及其代理者各一名ヲ置クコトヲ得區長及其代理者ハ名譽職トス但東京京都大阪ニ於テハ區長ヲ有給吏員

ト爲スコトヲ得〔市〕七二、〔町〕六四、ノ一項

區長及其代理者ハ市會ニ於テ其區若クハ隣區ノ公民中選擧權ヲ有スル者ヨリ之ヲ選擧ス區會（第百十三條）ヲ設クル區ニ於テハ其區會ニ於テ之ヲ選擧ス但東京京都大阪ニ於テハ市參事會之ヲ選任ス〔町〕六四ノ二項

東京京都大阪ニ於テハ前條ニ依リ區ニ附屬員並使丁ヲ置クコトヲ得

〔意義〕本條ハ第十四條ニ於テ選擧區ヲ分ツト均シク處務便宜ノ爲メ市ヲ分畫シテ區ヲ設クル事及其區員選任ニ關スル事等ヲ規定シタルモノナリ

本條ニ所謂代理者トハ敢テ職名ヲ指定シタルモノニ非ス故ニ副區長等ノ名ヲ用ユルモ妨ケナキ者トス又公民中選擧權ヲ有スル

者トハ已ニ第五十四條ニ於テ述ヘタル如ク第十二條但書以外ノ公民ヲ云フ

〔理由〕區ヲ設クル所以ハ既ニ當局者ノ說明セシ如ク施政ノ周到ナルト其市內各部ニ於テ利害ノ軋轢スルヲ調和スルト市費賦課法ノ不衡平ヲ矯ムルト又能ク政費ノ節略ヲ得ンコ等ヲ期スルニ在リ而シテ其之ヲ設クルト否トヲ市參事會ノ意見ニ任スルモノハ單ニ市行政ノ一區畫ニ過キストノ意ヨリ出テタルモノナラン然レ圧區ヲ設クルト否トハ市ノ組織ニ關スルコナキヲ得ス故ニ之ヲ市會ノ意見ニ任スルヲ以テ至當トス又三府ニ特例ヲ設ケ區長ヲ有給吏ト爲ス所以ハ主トシテ他市府ト異ナリ事務繁多ニシテ自己職業ノ餘暇ヲ以テ之ヲ辨スルヲ得サルカ故ナリ又三府ト其他ノ市府トノ間ニ其選任法ヲ異ニシタル理由ニ至テハ干涉主義

ノ遺物ト見ルノ外ナカル可シ又其第三項ニ於テ三府ニ限リ區ノ附屬員並使丁ヲ置クコヲ許シタルモノハ蓋シ三府ハ諸人輻湊ノ地ナルヲ以テ其事務ノ繁劇ナルコヲ慮カリシニ由ル然レﾄﾞ三府外ノ市府ト雖モ僅ニ二名ノ區員ノミニテハ實際事務ニ差支ヲ生スルノミナラス三府外ノ區長及其代理者ハ皆名譽職ナリ其名譽職ノ者ニ使丁ノ事務迄之ヲ執ラシムルハ事理ニ適セサル感ナキニアラサレハ余輩ノ見ヲ以テスレハ是等ノ事ハ凡テ之ヲ市會ニ一任スルノ勝レルニ如カサルナリ

第六十一條　市ハ市會ノ議決ニ依リ臨時又ハ常設ノ委員ヲ置クコトヲ得其委員ハ名譽職トス〔町〕六五、ノ一項

委員ハ市參事會員又ハ市會議員ヲ以テ之ニ充テ又ハ市參事會員及市會議員ヲ以テ之ヲ組織シ又ハ會員議員ト市公民中選舉

權ヲ有スル者トヲ以テ之ヲ組織シ市參事會員一名ヲ以テ委員長トス〔町〕五六、ノ二項

委員中市會議員ヨリ出ツル者ハ市會之ヲ選擧シ選擧權ヲ有スル公民ヨリ出ツル者ハ市參事會之ヲ選擧シ其他ノ委員ハ市長之ヲ選任ス

常設委員ノ組織ニ關シテハ市條例ヲ以テ別段ノ規定ヲ設クルコトヲ得〔市〕七三、〔町〕六五、ノ三項

〔意義〕本條ハ市ニ臨時又ハ常設委員ヲ設クル事及委員選任法等ノ事ヲ規定シタルモノナリ

本條ノ規定ニ據レハ委員ノ選任法ヲ分チテ四種トス左ノ如シ

第一　市參事會員ヲ以テ組織スル事〇此場合ニハ市長之ヲ選任ス

第二　市會議員ヲ以テ組織スル事○此場合ニハ市會之ヲ選任ス
第三　市參事會員ト市會議員トヲ以テ組織スル事○此場合ニ市參事會員ハ市長之ヲ選任シ市會議員ハ市會ニ於テ之ヲ選任ス
第四　市參事會員市會議員及市公民中選擧權ヲ有スル者ヲ以テ組織スル事○此場合ニ其公民中ヨリ出ツルモノハ市參事會之ヲ選任シ其他ハ第三ノ選任方法ニ同シ
右何レノ場合ニ於テモ市參事會員中一名ヲ以テ委員長トナセ𪜈委員ノ定員ニ至テハ法律上豫メ定ムル所ニ非ス即チ市條例ヲ以テ適宜ニ之ヲ定ム可キモノトス
右四種何レノ方法ヲ採用スル乎ヲ決スルハ何人ノ任ナル乎ニ付テハ本條之ヲ明言セスト雖モ第四項ニ市條例ヲ以テ其組織ヲ變更スルヿヲ許シタルト市會ノ權限トニ由リテ考フルトキハ其任市

會ニ在ルコト明ナリ

〔理由〕委員ヲ設ケ市行政事務ノ一部ニ參與セシムル所以ハ可及的多ク市民ヲ擧ケテ行政事務ニ熟練セシメ自ラ施政ノ緩急難易ヲ辨識シ共ニ市ノ公益ノ爲メニ力ヲ竭スコトヲ獎勵シ自治ノ目的ヲシテ全フセシメンカ爲メナリ若夫レ如斯シテ漸ク歲月ヲ經ルニ於テハ公民盡ク行政事務ニ與カリ自ラ實務ノ經驗ヲ積ミ利害ノ存スル所ヲ辨知シ市吏員モ亦其市民ニ馴レ今日官民ノ間ニ存スルカ如キ懸隔ノ弊ヲ除去スルノ益アラン今此目的ヨリシテ委員ヲ設クルトキハ上ニ示ス第四種ノ組織ニ依ルヲ以テ最モ本制ノ精神ニ適スルモノトス

第六十二條　區長及委員ニハ職務取扱ノ爲メニ要スル實費辨償ノ外市會ノ議決ニ依リ勤務ニ相當スル報酬ヲ給スルコトヲ得

〔市〕六九、ノ二項、七五、〔町〕六六、

〔意義〕本條ハ區長及委員ニ勤務相當ノ報酬ヲ給與スル事ヲ得ヘキ旨ヲ定メタルモノナリ

本條ニ所謂區長トハ啻ニ區長其人一人ニアラスシテ其代理者ヲモ亦包含スルモノトス

〔理由〕區長及委員ハ固ヨリ名譽職ナリト雖モ其職務タルヤ殆ト專務職ト同一ナルヲ以テ之レニ相當ノ報酬ヲ與フルハ蓋シ當然ノ理ナリ

第六十三條　市吏員ハ任期滿限ノ後再選セラルヽコトヲ得〔町〕六七、ノ二項

市吏員及使丁ハ別段ノ規定又ハ規約アルモノヲ除クノ外隨時解職スルコトヲ得〔町〕六七、ノ二項

〔意義〕本條ハ市吏員ノ滿期再選ノ事及解職ノ事ヲ規定シタルモノ

ナリ
別段ノ規定トハ任期アル市吏員ヲ云フ故ニ市長及助役參事會員
収入役ハ第百二十四條ノ懲戒裁判ニ依ルニアラサレハ解職スル
コヲ得ス又規約アルモノトハ專門ノ學術家若クハ技藝士ヲ或年
限間特約ヲ以テ雇入レタル塲合ヲ云フ是等ノ者ヲ除ク外其他ハ
之ヲ任用スルノ權アル市參事會ニ於テ隨時解職スルコヲ得ヘキ
モノトス

〔理由〕本條ノ規定ハ自然ノ道理ニシテ別ニ說明ヲ要セス

○第二欵　市參事會及市吏員ノ職務權限及處務規程

市參事會ノ組織及市吏員選任即チ市行政機關ノ組織ニ關スル事ハ前
欵ニ於テ既ニ之ヲ述ヘタリ依テ本欵ニ於テハ其行政機關ノ施行スヘ
キ職務權限及其之ヲ處理スルノ方法即チ處務規程ノ事ヲ說ントス

職務權限トハ代理ノ範圍ヲ示スモノニシテ其權限ノ大小範圍ノ廣狹ハ延テ自治權存否ノ問題ニ關係ヲ及ホスモノナレハ前章第二款ト共ニ最モ緊要ノ事項ナリトス

市行政事務モ亦代議ト等シク市固有ノ事務ト政府ノ委任ニ依テ行フ事務トノ二種アリ而シテ其委任事務ハ猶之ヲ數個ニ區別スルヿヲ得第一市ニ委任シテ市會ノ議決ヲ經タル件第二市行政部ニ直接委任シタル件例之第六十四條第二項第九ノ如シ第三市行政部ノ或吏員ヲ指名シテ直接委任シタル件例之第七十四條ノ如キ即チ是ナリ今又之ヲ他ノ點ヨリ觀察スルトキハ中央政府ノ依賴ニ出テ或ハ府縣廳ノ依賴ニ出テ或ハ郡ノ依賴ニ出ツル等ノ別アリト雖モ要スルニ皆市固有ノ事務ニ非サルナリ而シテ其固有事件ヲ處理スルハ即チ市固有ノ權利ニシテ自治ノ本義ナリト雖モ委任事件ヲ處理スルハ則チ然ラス然レドモ

是レ直接市ニ利害ノ關係ヲ有スルモノナルヲ以テ其事務ハ必ス市ニ委任セサル可ラス是レ之ヲ分權ノ本義ニ基ク廣義ノ自治ト云フ故ニ自治權ノ完全ヲ得ルト否トハ市固有ノ事務ニ付テハ行政官廳ノ干渉ヲ受クルト否トニ在リ又委任事務ニ付テハ其委任ノ程度如何ニ存スルモノトス夫レ然リ而シテ本制ノ規定ハ果シテ能ク自治權ヲ全フスルニ足ルヤ否ハ以下ノ規定ニ就テ之ヲ判定セラレンヿヲ請フ

第六十四條　市參事會ハ其市ヲ統轄シ其行政事務ヲ擔任ス

市參事會ノ擔任スル事務ノ概目左ノ如シ（市）四九、（町）六八、

一　市會ノ議事ヲ準備シ及其議決ヲ執行スル事若シ市會ノ議決其權限ヲ越エ法律命令ニ背キ又ハ公衆ノ利益ヲ害スト認ムルトキハ市參事會ハ自已ノ意見ニ由リ又ハ監督官廳ノ指揮ニ由リ理由ヲ示シテ議決ノ執行ヲ停止シ之ヲ再議セシメ

猶其議決ヲ更メサルトキハ府縣參事會ノ裁決ヲ請フ可シ其權限ヲ越エ又ハ法律勅令ニ背クニ依テ議決ノ執行ヲ停止シタル塲合ニ於テ府縣參事會ノ裁決ニ不服アル者ハ行政裁判所ニ出訴スルコトヲ得

二　市ノ設置ニ係ル營造物ヲ管理スル事若シ特ニ之カ管理者アルトキハ其事務ヲ監督スル事

三　市ノ歳入ヲ管理シ歳入出豫算表其他市會ノ議ニ依テ定マリタル收入支出ヲ命令シ會計及出納ヲ監視スル事

四　市ノ權利ヲ保護シ市有財産ヲ管理スル事

五　市吏員及使丁ヲ監督シ市長ヲ除クノ外其他ニ對シ懲戒處分ヲ行フ事其懲戒處分ハ譴責及十圓以下ノ過怠金トス

六　市ノ諸證書及公文書類ヲ保管スル事

七　外部ニ對シテ市ヲ代表シ市ノ名義ヲ以テ其訴訟並和解ニ關シ又ハ他廳若クハ人民ト商議スル事

八　法律勅令ニ依リ又ハ市會ノ議決ニ從テ使用料、手數料、市稅及夫役現品ヲ賦課徵收スル事

九　其他法律命令又ハ上司ノ指令ニ依テ市參事會ニ委任シタル事務ヲ處理スル事

〔意義〕　本條ハ市參事會ノ權限及擔任事務ノ概目ヲ規定シタルモノナリ

權限トハ市凡百ノ事務ヲ統轄スルノ權ヲ云フ而シテ其義務ヲ統フルノ權アルト同時ニ內外ニ向テ之カ實行ノ責ニ任スルノ義務アリ本條所謂擔任事務トハ此義務ヲ云ヒ此二者ハ恰モ表裏ノ關係アルモノニシテ二者各不羈獨立スルモノニ非サルナリ

第二項ハ義務ノ點ヨリ其擔任スヘキ事務ノ概目ヲ示シタルモノナレ𪜈之レト同時ニ是等ノ事務ヲ統轄シ之ヲ行フハ市參事會ノ權利ナリ

本條第二項(第一)ニ若シ市會ハ議決其權限ヲ越エトハ第三十條ノ規定外ニ出テ市會ノ議權ナキ事ヲ議決スルヲ云ヒ法律命令ニ背キトハ之ヲ廣ク解スル𪜈ハ越權モ亦法律ニ背クモノニシテ其權限ヲ越エタル場合モ爰ニ包含セシムルヿヲ得ト雖モ茲ニ所謂背キトハ應サニ市會ニ於テ議決スヘキ事ヲ議決セサル場合ヲ云ヒ又其命令トハ通常之ヲ用ユル𪜈ハ其義甚タ廣シ勅令閣令省令府縣令(郡令アルヤ否ヤハ暫ラク郡制制定ヲ俟テ了知スヘシ)等皆之ヲ包含ス(第十條第三項及ヒ本項第九、第七十四條第一項、第百十七條、第百十八條ノ命令ノ如シ)然レ𪜈茲ニ所謂命令トハ如斯廣ク之ヲ解スルヲ得ス宜シク之ヲ勅令ノ意ナリト解スヘシ何トナレハ其後段ニ謂フ法律勅令トハ前ト同義ニシテ二者ノ間區別ヲ置クノ意本項ノ文意ニ絶テ表ハレサルノミナラス道理上之ヲ區別スルトノ理ナカル可シ且第三十一條市會ノ權限ヲ見ルニ法律勅令云々トアリテ市會ハ法律勅令ニ依ルノ外他官廳ノ命令ヲ承ケ議決スヘキヿナケレハナリ但シ第百十八條ニ依レハ市會モ亦當該官廳ノ命令ニ因リ議スヘキ事アルハ明ナリト雖モ是レ僅カニ歳計豫算ノ一部タル支出負擔ニ關スル事ニシテ且此場合ハ本項ニ依リ市參事會ニ於テ其議決ノ執行ヲ停止シ府縣參事會ノ裁決ヲ請フヘキモノニアラス乃チ同條ニ云フ如ク府縣知事ニ於テ理由ヲ示シテ其支出額ヲ豫算表ニ加フル等ノ處分ヲ為スヘキモノトス故ニ曰ク玆ニ所謂命令トハ勅令ノ意ナリト然レ𪜈結局本項ノ

規定ハ用語其宜シキヲ得ス何レニ解スルモ多少論理ヲ貫ヌカサルモノアリト雖モ法律ノ規定亦奈何トモスル能ハス唯之ヲ解スル者ハ可成原則ニ背馳セサル方ニ解スヘキノミ又公衆ノ利益ヲ害スト認ムルトキトハ市會ノ議權內ニ屬スル事項(越權背法以外)ニシテ其議決ノ公益ヲ害スルモノヲ云フ然レ𪜈其如何ナルモノヲ以テ果シテ公益ヲ害スト認ムヘキヤ否ヤハ全ク事實ニ屬スル問題ニシテ豫メ定解ヲ與フルヲ得スト雖モ單ニ意見ヲ異ニスルニ過キサル場合ニ認定權ヲ濫用セサルヿニ注意スヘキナリ又監督官廳トハ府縣廳及內務省ヲ云フ(第百十五條)又(第二)營造物トハ第六條ノ義解ニ同シ又(第三)ニ歳入出豫算表云々收入支出ヲ命令シトハ第三十一條第三及第百七條乃至第百十條ニ規定スル所ト同一ナルヲ以テ其説明ハ之ヲ同條ノ義解ニ讓ル又會計及出納ヲ

監視ストハ收入役ノ事務ヲ監督スルヲ云フモノナレ𪜈第百十一條ニ依レハ之ヲ監督スルハ市長ノ職權ニシテ參事會ノ職務ニアラス故ニ參事會ハ本項ニ依リ監視權アルモ之ヲ實行スルノ權ナキモノト云ハサル可ラス(第四)市ノ權利トハ市ニ屬スル諸般ノ權利ヲ云ヒ又財產トハ之ヲ廣ク解スルトキハ凡テ吾人ニ利益即チ幸福ヲ與フル物ヲ云フ故ニ前第二ノ營造物ハ勿論權利ニシテ又財產ナリト雖モ本條ハ特ニ之ヲ區別シタルヲ以テ茲ニ所謂財產トハ有形物ニシテ且營造物以外ノ物ヲ云フモノト知ル可シ(第五)懲戒處分ノ事ハ第百二十四條ヲ說クニ當リ之ヲ併說スヘシ(第六)市ノ諸證書等ノ事ハ別ニ說明ヲ要セス(第七)外部ニ對シ市ヲ代表シトハ元來市ハ無形人ニシテ自ラ事務ヲ處理スル能ハス故ニ市行政機關ノ之ニ代テ事務ヲ處理スル之ヲ名ケテ代表ト曰フ故ニ代

表ハ行政機關ニ事務實行權ノ由テ生スル原由ニシテ又此一語ヲ以テ本條全体ヲ総括スルヲ得ヘキモノナリ

又市ノ名義ヲ以テトハ自ラ代表ノ二字ニ包含スルモノナレハ別ニ附記セストモ可ナリ訴訟並ニ和解云々トハ第三十一條第十一ニ掲クルモノト同一ナレ𪜈彼レハ大体ノ方針ヲ定メ或ハ訴訟ヲ起スヘシ或ハ和解スヘシト行政機關ニ向テ命令スルヲ云ヒ此レハ其命令ヲ承ケテ外人ニ對シ或ハ訴訟ヲ提起シ或ハ和解ヲ為ス等實際ニ事ヲ處辨スルヲ云フノ差アリ之ヲ人身ニ譬フレハ彼レハ頭腦ニシテ百事之ヲ為スト為サヽルトノ意ヲ決シ此レハ手足ニシテ其意ノ欲スル所ニ從ヒ或ハ為シ或ハ為スコナク拱手シテ其命ノ出ツルヲ待ツカ如シ又(第八)使用料、手數料、市税、及夫役現品、トハ第三十一條第五ニ載スルモノト同一ニシテ第八十九條、第九十條、第百一條ニ示スモノヲ云フ又法律勅令ニ依リトハ市會ノ議決ヲ要セス法律勅令ノ力ニ依リ上ノ諸税ヲ賦課徴収スルヲ云フ既ニ第三十一條第五ニ於テモ亦法律勅令ニ定ムルモノヲ除クノ外ト特書シテ此意ヲ表示シタリ仍ホ此事ハ第八十八條第二項ノ下ニ於テ詳述スルヿアルヘシ又(第九)法律命令ニ依リ云々トハ本款ノ下ニ述フル所ノ市行政部ニ直接委任セラレタル事務ヲ云フ

(理由)市行政機關ニ以上ノ事務ヲ擔任シ又之ヲ統轄スルノ權アル理由ハ自治ノ自治タル所以ニシテ既ニ屢述ヘタル所ニ由リ明ナリトス又市ノ統轄代表ノ權ヲ參事會ニ與ヘ之ヲ市長ニ與ヘサル所以ハ前款ノ下ニ詳悉セシ如ク本制ハ純粋集議制ヲ採用シタルニ依ル而シテ本條第二項ノ列記ハ執務者ノ參考ニ供センカ爲メ立法者ノ注意ヲ爲シタルニ過キス故ニ其記スル所或ハ重複再言

ニ渉ルモノ亦尠ナシトセス
又第二項第一ニ於テ市會ノ議決公益ヲ害スルカ爲メ其執行ヲ停止シ府縣參事會ノ裁決ヲ請ヒタル塲合ニ於テ其裁決ニ對シ上訴權ヲ與ヘス府縣參事會ニ終審權ヲ與ヘタル所以ハ其公益ヲ害スルト否トハ全ク事實ノ問題ニ屬シ且之ヲ認ムルト否トハ市參事會ノ意中ニ存スルコトニシテ敢テ他ノ干渉スヘキモノニ非サレハナリ然レ𪜈第百十六條第一項ニ依リ内務大臣ニ訴願スルコトハ固ヨリ妨ケナシトス

第六十五條　市參事會ハ議長又ハ其代理者及名譽職會員定員三分ノ一以上出席スルトキハ議決ヲ爲スコトヲ得
其議決ハ可否ノ多數ニ依リ之ヲ定ム可否同數ナルトキハ議長ノ可否スル所ニ依ル

議決ノ事件ハ之ヲ議事錄ニ登記ス可シ
市參事會ノ議決其權限ヲ越エ法律命令ニ背キ又ハ公衆ノ利益ヲ害スト認ムルトキハ市長ハ自巳ノ意見ニ由リ又ハ監督官廳ノ指揮ニ由リ理由ヲ示シテ議決ノ執行ヲ停止シ府縣參事會ノ裁決ヲ請フ可シ其權限ヲ越エ又ハ法律勅令ニ背クニ依テ議決ノ執行ヲ停止シタル場合ニ於テ府縣參事會ノ裁決ニ不服アル者ハ行政裁判所ニ出訴スルコトヲ得

〔意義〕本條ハ市參事會ノ議事規則及其議權制限ニ關スル事ヲ規定シタルモノナリ

本條第一項ハ出席員ノ定員ヲ定メ第二項ハ議事採決法ヲ定メ第三項ハ議事錄ノ事ヲ定ム又第四項ハ市參事會議權ノ制限ニシテ其規定ハ前條第二項第一〔若〕以下ノ規定ト同一ナリ唯議決ニ市會

ト參事會トノ別アリ又其執行停止ノ權ヲ有スル者ニ參事會ト市長トノ差アルノミ

又本項モ前條ト同シク一方ニ於テハ法律命令ト云ヒ又一方ニ於テハ法律勅令ト云フモ余輩ハ二者ノ間ニ區別ヲ置クノ理由ヲ發見スル能ハサルハ猶前條ノコトシ然レ圧茲ニハ前條ト同一ノ決定ヲ下タスヿ能ハス何トナレハ市參事會ノ擔任スヘキ事務ハ市會ト異ナリ勅令外ノ命令ニ依リ處理スルモノアルヿハ前條第九ニ依テ明ナリ故ニ本項ニ於テハ勢ヒ反對ノ解釋ヲ採ラサル可ラス要之二者其區別アル理由ヲ發見セス是レ立法者ノ不注意ニアラサル歟

〔理由〕本條第一項ニ出席定員ヲ三分一以上トナシ市會ノ如ク三分ノ二以上（第四十一條）ト規定セサルモノハ是レ實際ノ便宜ヲ慮カ

リシモノナリ又第二項ニ於テ採決法ヲ市會ト異ニシタル（第四十二條）所以ハ蓋シ其評議ハ既ニ執行部内ニ屬スルヲ以テ市會ノ如ク鄭重ヲ要セサルト又參事會員ハ其人員少數ナルトニ依ル又第三項ハ全ク第四十七條ニ同シ又第四項ハ前條第二項第一ノ場合ト全ク同一ノ精神理由ニ出ツルモノナリトス然ルニ本制ノ組織ニ依レハ市長ハ全ク市參事會員ノ一人ニシテ市長ノ主タル職務ハ市參事會ノ議長トナルニ在リ其他ハ多ク此議長タルヨリシテ主スル結果ナリ

第六十六條　第四十三條ノ規定ハ市參事會ニモ亦之ヲ適用ス但同條ノ規定ニ從ヒ市參事會正當ノ會議ヲ開クコトヲ得サルトキハ市會之ニ代テ議決スルモノトス

〔意義〕本條ハ市參事會ニ對スル故障ノ事ヲ規定スルモノナリ

本條ニ所謂正當ノ會議ヲ開クコトヲ得サルトキトハ議事會員中其事件ニ付父子兄弟等ノ關係ヲ有スル者多キカ爲メ前條第一項ノ定員ニ滿タサルトキヲ云フ

〔理由〕市會ニ於テ同上ノ原由ニ依リ出席議員ノ定數ニ滿タサルトキハ府縣參事會之ニ代テ議決ス（第四十三條）ト定メ本條ハ反之市會之ニ代テ議決スト定メタルハ聊カ代議ト行政トヲ混淆スルノ嫌ナキ能ハスト雖モ前ニモ述ヘタル如ク市參事會ノ議事ハ市會ノ如ク重大ノ關係ヲ有スルモノニ非サルノミナラス本制ハ既ニ第六十一條委員會組織ニ付テ開說シタル如ク市公民及議員ヲシテ實際ニ行政事務ヲ習熟セシメンコトヲ欲スルモノナレハ其代議行政混淆ノ嫌ハ固ヨリ甘スル所ナルヲ以テ便宜上此權ヲ市會ニ與ヘタルモノトス其他ハ第四十三條ノ義解ニ明ナレハ今復茲ニ贅

セス

第六十七條　市長ハ市政一切ノ事務ヲ指揮監督シ處務ノ澁滯ナキコトヲ務ム可シ〔市〕一八以下、七三、七四、一一一、

市長ハ市參事會ヲ召集シ之カ議長トナル市長故障アルトキハ其代理者ヲ以テ之ニ充ツ〔市〕六八、

市長ハ市參事會ノ議事ヲ準備シ其議決ヲ執行シ市參事會ノ名ヲ以テ文書ノ往復ヲ爲シ及之ニ署名ス

〔意義〕本條ハ市長ノ職務權限ノ事ヲ規定シタルモノナリ

本條第一項ニ所謂市政一切ノ事務トハ市固有ノ事務タルト委任ノ事務タルトヲ別タス又參事會ノ管掌スル事務タルト收入役其他屬員ノ司掌スル事務タルトヲ問ハス總テ市政廳ニ係ル事務ヲ云ヒ又指揮監督シトハ事務處辨ノ方法ヲ指示シ市吏員ノ執務ヲ

監視スルヲ云フ然レ𪜈參事會ノ議事ニ付テハ參事會員ニ指揮シテ可否ノ意見ヲ枉ケシムルヿヲ得サルモノトス又第三項ニ市參事會ノ名ヲ以テ云々トハ已ニ第六十四條第二項第七ニ於テ説明セシ如ク代表者ト謂フノ義ナリ故ニ市長ハ參事會ノ代表者ニシテ其市ノ名義ハ全ク之ヲ襲用スルヲ得サルモノトス

〔理由〕凡ソ市長ノ職務ハ一面ハ市ニ直隷シ一面ハ國ニ屬スルヲ以テ正則トス故ニ一方ニ在テハ市ノ固有事務ニ任シ又一方ニ在テハ國家ノ委任事務ニ任スヘキモノトス而シテ此事務ニ任スルト同時ニ又之ヲ統轄スルノ權ヲ有スヘキモノナリト雖モ本制ノ組織ハ市參事會ヲシテ市ニ直隷セシメ市長ハ參事會ニ隷屬スルモノト定メタルヲ以テ市長ハ市ヲ統轄スルノ權ナク單ニ其事務ヲ指揮監督スルニ過キサルモノトス是レ第六十四條第一項ト本條

第一項トノ間ニ其規定ヲ異ニシタル所以ナリ又市長ヲ參事會ノ議長トナシ又ハ代表者トナシタル所以ハ市長ハ參事會員ノ一人ニシテ且其首席ヲ占ムルモノナルニ依ル

第六十八條　急施ヲ要スル場合ニ於テ市參事會ヲ召集スルノ暇ナキトキハ市長ハ市參事會ノ事務ヲ專決處分シ次回ノ會議ニ於テ其處分ヲ報告ス可シ

〔意義〕本條ハ非常ノ場合ニ行フ市長ノ職權ヲ規定シタルモノナリ

本條ニ所謂急施ヲ要スル場合トハ水火、震災、其他事變ニ際シ市ノ設置ニ係ル營造物及總テ市有財產ノ管理、市民救助ニ關スル事等臨時ノ處分ヲ要スルモノヲ云フ

〔理由〕凡ソ集議體ノ議ヲ經テ施行スヘキモノハ平時尋常ノ事件ニシテ臨時非常ノ事件ニ施用スヘカラサルハ一般ノ通則ナリ故ニ

本制モ亦市長ニ此ノ非常事件ニ付專決權ヲ與ヘタリ然レ𪜈是レ元市長固有ノ事務ニ非スシテ其參事會ニ屬スル事務ヲ臨時止ムヲ得ス之ニ代テ行フモノナレハ其事件ハ必ス專決執行ノ後參事會ニ報告シテ其任ヲ解カサル可ラス是レ即チ本條末段ノ規定アル所以ナリ

第六十九條　市參事會員ハ市長ノ職務ヲ補助シ市長故障アルトキ之ヲ代理ス〔町〕七〇、ノ一項

市長ハ市會ノ同意ヲ得テ市參事會員ヲシテ市行政事務ノ一部ヲ分掌セシムルコトヲ得此場合ニ於テハ名譽職會員ハ職務取扱ノ爲メニ要スル實費辨償ノ外勤務ニ相當スル報酬ヲ受クルコトヲ得〔市〕七五、〔町〕七〇、ノ二項

市條例ヲ以テ助役及名譽職會員ノ特別ナル職務並市長代理ノ

順序ヲ規定ス可シ若シ條例ノ規定ナキトキハ府縣知事ノ定ムル所ニ從ヒ上席者之ヲ代理ス可シ〔町〕七〇ノ三項

〔意義〕本條ハ市參事會員ノ職務權限ノ事ヲ定メタルモノナリ本條第一項ニ所謂參事會員トハ助役及名譽職參事會員ノ二者ヲ包含スルモノトス又第二項ニ所謂市行政事務ノ一部ヲ分掌セシムルトハ第六十四條ノ事務ヲ分任シ各組合ニ於テ參事會ノ議事ヲ開クヿヲ得ルトノ意ニ非ス即チ第六十七條ニ掲ケタル市長ニ屬スル事務ヲ分掌セシムルヿヲ得ト云フニ在リ又此場合云々トハ第六十二條ト同一ナリ其他別ニ説明ヲ要セス

〔理由〕助役ノ市長ヲ補助シ又ハ之カ代理ヲ爲スヘキヿハ既ニ其職名ニ依リ明ナリ又參事會員ニ在テハ隨時市長ノ召集ニ應シ參事會ノ議事ニ列スルヲ以テ其本務トスレ𪜈實務練習ノ爲メ又ハ市

長及助役ニ事故アリテ職務ニ從事スル能ハサル場合ニ於テ其補闕ノ爲メ參事會員ヲ以テ之ニ充ツルハ大ニ便利ナリトス又第二項ノ事務分掌ノ如キモ亦此意ニ外ナラス然ルニ之カ爲メニハ市會ノ同意ヲ得ルヲ要スル所以ハ元來本務外ノ事務ナルト此場合ハ全ク專務職ニ係ルヲ以テ相當ノ報酬ヲ與ヘサル可ラス仍テ市ノ經費ニ關係ヲ及スト二依ルモノナリ又第三項ハ前項ノ適用ニ過キサレハ別ニ述フヘキコナシ

第七十條　市收入役ハ市ノ收入ヲ受領シ其費用ノ支拂ヲ爲シ其他會計事務ヲ掌ル（町）七一、

〔意義〕　本條ハ市收入役ノ職務權限ノ事ヲ規定シタルモノナリ收入役ハ市參事會ノ命令ニ依リ收入及支出ヲ爲シ其他總テ市ノ會計事務ヲ掌ルモノトス其詳細ノ事ハ第百十條以下ニ於テ之ヲ

述ヘン

第七十一條　書記ハ市長ニ屬シ庶務ヲ分掌ス（町）七二、

〔意義〕本條ハ書記ノ職務ヲ規定シタルモノニシテ別ニ説明ヲ要セス

第七十二條　區長及其代理者（第六十條）ハ市參事會ノ機關トナリ其指揮命令ヲ受ケテ區內ニ關スル市行政事務ヲ補助執行スルモノトス（町）七三、

〔意義〕本條ハ區長及其代理者ノ職務權限ノ事ヲ規定シタルモノナリ

本條ニ所謂市參事會ハ機關トナリトハ恰モ手足ノ如ク市參事會ノ欲スル所ニ從ヒ事務ヲ執ルヲ云フ故ニ區長ハ毫モ固有ノ職權ナク全ク市參事會ノ補助員ニシテ又其行フ所ノ事務ハ固ヨリ市

ノ事務ナルヲ以テ盡ク命ヲ市參事會ニ承ケ而シテ之ヲ其區內ニ執行スヘキモノトス

〔理由〕區長及其代理者ヲ市參事會ニ隷屬セシメ市長ニ附屬セシメサルモノハ市ノ代表者ヲ市參事會トナシタルヨリ出ツルモノナリ然レ𪜈指揮命令ノ實行ハ第六十七條ニ依リ市長之ヲ掌ルモノトス又區長ニ固有ノ職權ナキ所以ハ元來區ナルモノハ事務便宜ノ爲メ設ケタル一區畫ニシテ之ヲ換言セハ市ノ出張所ニ過キサルヲ以テナリ

第七十三條　委員ハ(第六十一條)市參事會ノ監督ニ屬シ市行政事務ノ一部ヲ分掌シ又ハ營造物ヲ管理シ若クハ監督シ又ハ一時ノ委託ヲ以テ事務ヲ處辨スルモノトス〔町〕七四、ノ一項

市長ハ隨時委員會ニ列席シテ議決ニ加ハリ其議長タルノ權ヲ

有ス〔町〕七四、ノ二項

常設委員ノ職務權限ニ關シテハ市條例ヲ以テ別段ノ規定ヲ設クルコトヲ得〔町〕七四、ノ三項

〔意義〕本條ハ臨時又ハ常設委員ノ職務權限ノ事ヲ規定シタルモノナリ

委員ノ職務ニ二種アリ曰ク專務職曰ク評議職是ナリ本條第一項ハ專務職ニ屬スル事務ノ事ヲ定メタルモノニシテ市行政事務ノ一部ヲ分掌シトハ第六十九條第二項ノ場合ト同シク第六十七條ノ事務ヲ分掌スルヲ云フ又第二項ハ評議ニ關スル事ヲ規定シタルモノナリ

〔理由〕委員ニ此二個ノ職務ヲ行ハシムル所以ハ既ニ第六十一條ニ於テ述ヘタル如シ又市長ニ議長ノ權ヲ與フルモノハ元來委員ハ

代議ニ屬スルモノニ非スシテ行政部内ノ屬員ナルカ爲メナリ又市條例ヲ以テ常設委員ノ職務權限ニ關シ特別ノ規定ヲ許ス所以ハ可及的各地ノ狀況ニ適應セシメンカ爲メナリ

第七十四條　市長ハ法律命令ニ從ヒ左ノ事務ヲ管掌ス〔町〕六九、ノ一項

一　司法警察補助官タルノ職務及法律命令ニ依テ其管理ニ屬スル地方警察ノ事務但別ニ官署ヲ設ケテ地方警察事務ヲ管掌セシムルトキハ此限ニ在ラス

二　浦役場ノ事務

三　國ノ行政並府縣ノ行政ニシテ市ニ屬スル事務但別ニ吏員ノ設ケアルトキハ此限ニ在ラス

右三項中ノ事務ハ監督官廳ノ許可ヲ得テ之ヲ市參事會員ノ一名ニ分掌セシムルコトヲ得〔町〕六九、ノ二項

本條ニ掲載スル事務ヲ執行スルカ爲メニ要スル費用ハ市ノ負擔トス（町）六九、ノ三項

〔意義〕 本條ハ市長ノ直接指名委任事務ニ關スル事ヲ規定シタルモノナリ

本條ニ所謂命令トハ第六十四條ニ於テ述ヘタル最モ汎博ノ意義ヲ有スルモノナリ又司法警察補官タルノ職務トハ治罪法第六十條ニ區長及ヒ戸長ニ檢事ノ補佐官トシテ與ヘタル職務ト同一ナリ又其管理ニ屬スル地方警察ノ事務トハ即チ其市内ノ行政警察ノ事務ニシテ衛生、安寧、田野警察ニ關スルコトヲ云フ故ニ此ニ云フ法律命令トハ地方衛生會規則、傳染病豫防規則、行旅死亡人取扱規則、墓地及埋葬取締規則、火藥取締規則、市街地取締並掃除規則、田野取締ニ關スル規則等ヲ云フモノニシテ一々枚擧スルニ遑マアラ

ス又但書ニ別ニ官署ヲ設ケ云々トハ警視廳、警察署、撿疫所、官設瓦斯局等ノ設ケアル時ハ其官署ニ於テ専任スルヲ云フ又浦役場ノ事務トハ繋泊船ニ關スル事及難破船取扱等ノ事務ヲ云フ又國ノ行政並府縣ノ行政云々トハ法律命令ノ執行、國稅、府縣稅ノ賦課徴收及兵役ニ關スル事務等ニシテ其市内ニ於テ執行スヘキモノヲ云フ但第三十條、第六十四條第二項第九及本條ニ於ケル三個ノ委任事務ノ分畫ニ付テハ各部機關ノ權限ニ關シ最モ緊要ノ事項ナリト雖モ現行法ノ下ニ在テ燦然之ヲ區別スルハ甚タ難事ナリトス

〔理由〕本條ノ事務ヲ市長ニ委任スル所以ハ既ニ本款ノ初メニ於テ開陳セシ如ク自治分權ノ原理ニ基クモノナリ之ヲ詳言セハ一ハ以テ自治區ノ獨立ヲ企圖シ一ハ以テ國費ヲ節減スルニ在リ自治區ノ獨立ヲ企圖スル所以ハ元ト是等ノ事務ハ國家ニ屬スルモノ

ナレモ其市內ニ於テ執行スルモノナルカ故ニ市ニ直接利害ノ關係ヲ有スレハナリ又其國費ヲ節減スル所以ハ若シ之カ爲メ特ニ吏員ヲ派遣シ官署ヲ設クルトキハ莫大ノ國費ヲ徒消スルニ至レハナリ

又市參事會員ノ一名ニ之ヲ分掌セシムル所以ハ事務ノ澁滯ヲ防カンカ爲メニシテ其監督官廳ノ許可ヲ要スルモノハ市固有ノ事務ニ非サルヲ以テ市會ハ更ニ何等ノ關係タモ有セサルカ故ナリ

又政府ノ事務ヲ處理スルニ市費ヲ以テスルハ聊カ妥當ナラサルカ如シト雖モ元來國稅ト名クルモ其歸スル所ハ市稅ト等シク市民ノ負擔スル所ナレハ恰モ一方ニ減スレハ一方ニ增スノ道理ナリ故ニ市ニ於テ之ヲ負擔スルトキハ必ス國稅ヲ減スルヲ以テ結局之カ爲メ市ノ負擔ヲ重加スルモノニ非ス況ンヤ市吏員ニテ之ヲ

兼任セハ其市費ト國費トノ分界ヲ分明ニ知ルコ甚タ困難ノ業タルニ於テヲヤ又況ンヤ賦ニ厚薄ノ弊アル場合ハ國税ノ補助以テ能ク之ヲ醫スルヲ得ルニ於テヲヤ

〔參照〕明治九年十二月二十日第百十七號(開拓使及沿海府縣ヘ達)

從來浦役ノ名稱有之候得共其事務ノ定限モ無之ニ付自今左ノ條欵ニ從ヒ浦役場ヲ設置シ浦役人ヲ命スヘシ此旨相達候事

第一條　浦役場ハ沿浦大市及商船輻湊ノ地ニ於テハ便宜ノ場所ヲ撰テ之ヲ設置スヘシ

第二條　浦役場ハ當分ノ内區務所等ヲ以テ代用シ浦役人ハ區長若クハ戸長ニ兼勤申付書記用係等ヲシテ輔助セシムヘシ

第三條　浦役人ハ其地繫泊ニ關スル庶務警察事務税關事務其他主管アル事務ヲ除キ及難破船取扱難破船浦証文付與等ノ事ヲ掌ラシムヘシ

○第三欵　給料及給與

本欵ハ市ノ有給吏員ノ給料及名譽職ノ給與等ノ事ヲ規定シタルモノナリ

第七十五條　名譽職員ハ此法律中別ニ規定アルモノヲ除クノ外職務取扱ノ爲メニ要スル實費ノ辨償ヲ受クルコトヲ得（町）七五、ノ一項

實費辨償額及報酬額ハ市會之ヲ議決ス（町）七五、ノ二項

〔意義〕　本條ハ名譽職ノ事務取扱ノ爲メニ要スル實費支辨ノ事ヲ規定シタルモノナリ

此法律中別ニ規定アルモノトハ第六十二條及第六十九條ノ報酬ヲ云フ然ルニ第二項ニ實費辨償額云々市會之ヲ議決ストアルヲ以テ見レハ其名ハ實費ナリト雖モ其實ハ固定額ナリ例之一ケ月

一八ニ付筆墨料若干金ト云フカ如シ

〔理由〕名譽職ニ實費ヲ支辨スヘキコハ固ヨリ言ヲ俟タス又其實費ヲ實際ノ費消ニ依ラスシテ固定額ヲ以テスル所以ハ專ラ双互ノ便宜ヲ計ルニ在リ又其額ヲ市會ニ於テ決スルコモ亦辨明ヲ要セス

第七十六條　市長助役其他有給吏員及使丁ノ給料額ハ市會ノ議決ヲ以テ之ヲ定ム〔町〕七六、ノ一項

市會ノ議決ヲ以テ市長ノ給料額ヲ定ムルトキハ內務大臣ノ許可ヲ受クルコトヲ要ス若シ之ヲ許可ス可カラスト認ムルトキハ內務大臣之ヲ確定ス〔町〕七六、ノ二項

市會ノ議決ヲ以テ助役ノ給料額ヲ定ムルトキハ府縣知事ノ許可ヲ受クルコトヲ要ス府縣知事ニ於テ之ヲ許可ス可カラスト

認ムルトキハ府縣參事會ノ議決ニ付シテ之ヲ確定ス〔町〕七六、ノ二項

市長助役其他有給吏員ノ給料額ハ市條例ヲ以テ之ヲ規定スルコトヲ得

〔意義〕本條ハ市ノ有給吏員ニ與フル給料額ノ事ヲ規定シタルモノナリ

給料額ヲ定ムル方法ニ二アリ曰ク其選任ニ臨ンテ市會ノ議決ヲ以テ之ヲ定ムル事（本條第一項）曰ク一般ニ市條例ヲ以テ之ヲ定ムル事（本條第四項）是ナリ而シテ其第一ノ方法ニ市ノ獨斷ニ出ツルモノト監督官廳ノ許可ヲ得テ執行スヘキモノトノ二アリ其許可ヲ受ク可キモノハ市長及助役ニシテ市長ハ内務大臣助役ハ府縣知事ノ許可ヲ受クルモノトス内務大臣ニ於テ許可スヘカラスト認ムルトキハ自ラ之ヲ定メ府縣知事ニ於テ許可スヘカラスト認ム

ルトキハ府縣參事會ノ議ヲ經テ之ヲ確定ス又第二ノ場合ニハ一般市條例制定法ニ從ヒ之ヲ定ム(第百二十一條第一項)

〔理由〕 市吏員選任ノ權アル市會ニ於テ其給料額ヲ定ムルノ權アルヘキハ毫モ疑ヲ存セサル所ナリ而シテ市長及ヒ助役ノ給料額ニ付行政官廳ノ之ニ干涉スルハ其當ヲ失スルモノヽ如シト雖モ其給料額ノ多寡ハ有爲ノ人才ヲ得ルト否トニ關シ其有爲ノ人才ヲ得ルト否トハ政務ノ擧ルト否トニ係リ其政務ノ擧ルト否トハ延テ一國大政ニ利害ヲ及ホスニ至ル故ニ若シ市會ニ於テ過當ノ少額ヲ議決スルカ如キコアレハ國家之ニ干涉シテ其人才相當ノ給料ヲ定ムルハ政略上必要ナル可シ且既ニ其選任ニ付キ干涉制限ノ法ヲ採リシ以上ハ亦此給料ニ關與スルハ自ラ止ムヲ得サルノ理ナリ

又市長ト助役トニ付キ其許可ヲ受クルノ官廳ヲ異ニスルモノハ蓋シ之カ選任法ヲ異ニスレハナリ即チ本制第五十條ニ據レハ市長ノ選任ニハ内務大臣ノ干渉アリ又第五十二條ニ據レハ助役ノ選任ニハ府縣知事ノ干渉アリ是即チ市長ノ給料額ニハ内務大臣干渉シ助役ノ給料額ニハ府縣知事ノ干渉スルモノトシタル所以ナリ

第七十七條 市條例ノ規定ヲ以テ市長其他有給吏員ノ退隱料ヲ設クルコトヲ得（町）七七、

（意義） 本條ハ市ノ有給吏員退隱料ノ事ヲ規定シタルモノナリ

退隱料トハ官吏恩給令ト其義一ナリ然レ𪜈官吏ト市吏員トハ其任用法ヲ異ニス故ニ其支給法ニ至テモ自ラ恩給令ト同一ナルヲ得ス故ニ退隱料ノ定方ニ付テハ茲ニ論定スル能ハス市會ハ宜シ

ク諸般ノ事情ヲ參酌シ以テ其宜シキニ從テ規定スヘキナリ

〔理由〕退隱料ヲ設クル所以ハ市町村制理由ニ明ナレハ左ニ之レヲ抄錄ス

有給市町村吏員ニハ退隱料ヲ給スルヲ當然トス(中略)若シ任期滿限後再選若クハ再任セラレサルトキハ遽ニ糊口ノ道ヲ失フニ至ル可シ故ニ此結果ヲ防クニ非サレハ一方ニ在テハ有力ノ人進テ市町村ノ職ニ就クコトヲ屑シトセサル可ク一方ニ在テハ再選ニ依テ生計ヲ求ムルカ如キ輩ヲシテ常ニ市町村會ノ鼻息ヲ窺ヒ以テ公益ヲ忘レシムルコトナシトセス加フルニ市町村ノ職務ハ昇等增給ノ途少キヲ以テ其退隱料ヲ給スルハ官吏ヨリ厚クスルヲ至當トス然レトモ目下一定ノ法律ヲ以テ之ヲ定メンヨリハ寧ロ市町村ノ條例ヲ以テ之ヲ設定セシムルノ便ナルニ若カサルナ

リ

（參照）明治十七年一月四日第一號（官院省廳府縣へ達）

官吏恩給令左ノ通相定候條此旨相達候事

官吏恩給令

第一條　官吏恩給ハ文官勅任官奏任官判任官其本官奉職ノ年數及ヒ其年齡ニ依リ退官後之ヲ支給ス但出仕ハ本官ニ準ス

第七十八條　有給吏員ノ給料、退隱料其他第七十五條ニ定ムル給與ニ關シテ異議アルトキハ關係者ノ申立ニ依リ府縣參事會之ヲ裁決ス其府縣參事會ノ議決ニ不服アル者ハ行政裁判所ニ出訴スルコトヲ得（町）七八、

〔意義〕本條ハ有給吏員ノ給料、退隱料及名譽職ノ實費、報酬、給與ニ關スル爭論裁判權ノ事ヲ規定シタルモノナリ

〔理由〕市吏員給料等ニ關スル爭論ヲ行政裁判所ニ於テ裁判スル所以ハ其給與ヲ受クル人ニ取テハ其之ヲ得ルノ權利ハ一般尋常ノ權利タルニ過キスト雖モ其給與支給ノ事タル行政事務ノ一部ニ屬スヘキモノナルヲ以テ其之ニ關スル爭論モ亦行政部内ノモノニシテ司法裁判ヲ仰クヘキモノニアラサレハナリ

第七十九條　退隱料ヲ受クル者官職又ハ府縣郡市町村及公共組合ノ職務ニ就キ給料ヲ受クルトキハ其間之ヲ停止シ又ハ更ニ退隱料ヲ受クルノ權ヲ得ルトキ其額舊退隱料ト同額以上ナルトキハ舊退隱料ハ之ヲ廢止ス〔町〕七九、

〔意義〕本條ハ退隱料停廢ニ關スル事ヲ規定シタルモノナリ

本條ニ退隱料ヲ停止スル塲合ト之ヲ廢止スル塲合トヲ示シタリ其之ヲ停止スルニハ左ノ二個ノ條件ヲ具備スルヲ要ス

一　退隱料ヲ受クル者官職又ハ府縣郡市町村及公共組合ノ職務
ニ就キタル事
二　之カ爲メ給料ヲ受クル事
然レ𪜈本條別ニ區別セサルヲ以テ其給料ノ退隱料ヨリ少ナキ𬼀
ト雖モ亦之レヲ停止ス可キモノトス
又退隱料ヲ廢止スルニハ左ノ二條件ヲ具備スルヲ要ス
一　新ニ退隱料ヲ得ルノ權ヲ生シタル事
二　舊退隱料ト同額以上ナル事
〔理由〕退隱料ハ前第七十七條ニ述ヘタル如ク退職者ニ糊口ノ途ヲ與ヘンカ爲メ給與スルモノニシテ一旦滿期退職スルモ再ヒ有給ノ職ニ就ク𬼀ハ最早之ヲ給與スルノ必要アラサルナリ是レ本制ニ退隱料停止ノ法アル所以ナリ蓋シ是レ必要ニ成ルノ法律ハ必

要ナキニ止ムトノ原則ノ適用ナランソ歟

又其舊退隱料ヲ廢止スル所以ハ凡ソ退隱料ノ額ハ給料額ニ比例スヘキモノナルヲ以テ若シ後職ノ給料前職ノ給料ヨリ多額ナルトキハ從テ其退隱料多額ヲ受クヘキモノトス然ラハ則チ其少額ナル舊退隱料ハ之ヲ給與スルヲ得ス又新舊二重ニ之ヲ給與スヘキモノニ非ス是レ其舊退隱料ヲ廢止スル所以ナリ然レトモ其後職ヲ退ク時其後職ヨリ官吏恩給若クハ退隱料ヲ受クルノ權ヲ生セサル乎若クハ更ニ少額ナル時ハ之ヲ廢止スルヲ得サルナリ

第八十條　給料、退隱料、報酬及辨償ハ總テ市ノ負擔トス〔市〕八八、〔町〕八〇、

〔意義〕　本條ハ給料、退隱料等ハ總テ其市ノ負擔タルヘキヿヲ定メタルモノニシテ別ニ説明ヲ要セス

○第四章　市有財產ノ管理

夫レ市ヲ自治體トナシ自ラ政務執行ノ任ニ當ラシムルニ於テハ之カ爲メ必要ナル資金ノ備ナカル可ラス資金ヲ備ヘントセハ亦必ス之ヲ處理スルノ法ナカル可ラス是レ本章ノ規定ヲ要スル所以ナリ

○第一欵　市有財産及市税

本欵ハ市有財産及市税ノ事ヲ規定シタルモノナリ抑〻市ノ無形人タルヿハ既ニ法律ノ認ムル所ニシテ又其權利ヲ獲得シ之ヲ保存シ且ツ其義務ヲ負擔スルノ能力アルヿモ亦第二條ニ明言スル所ナリ即チ市ハ政權ヲ行ヒ政務ニ任スルト同時ニ吾人ト均シク財産權ヲ有スルモノナリ然レ𪜈此公法上ノ人タル市ノ有スル財産權ニ付テハ吾人若クハ私法上人(諸會社ノ如キ)ノ有スル財産權トハ大ニ其趣ヲ異ニシ之ヲ處スルノ法亦同一ナルヲ得ス即チ市ノ有スル權利ハ市住民ノ權利ニシテ市ハ住民ノ爲メニ財産ヲ有セサル可ラス是ニ於テ乎市ニ住民ノ使

用ニ供スル共同財産アリ又市ノ負擔ハ即チ市住民ノ義務ニシテ市ノ公共事務ノ爲メニ要スル經費ハ之ヲ市住民ニ課セサル可ラス此ニ於テ乎亦市税ノ設ケアルヲ要ス是レ其公法ニ屬スル市ノ財産ニ關スル法ト私法ニ屬スル者ノ財産ニ關スル法トヲ同一轍ニ規定スルヲ得スシテ特ニ本款ノ規定ヲ要スル所以ナリ請フ以下各條ニ於テ其規定如何ヲ見ン

第八十一條　市ハ其不動産積立金穀等ヲ以テ基本財産ト爲シ之ヲ維持スルノ義務アリ〔市〕三一、第七、〔町〕八一、ノ一項
臨時ニ收入シタル金穀ハ基本財産ニ加入ス可シ但寄附金等寄附者其使用ノ目的ヲ定ムルモノハ此限ニ在ラス〔市〕三一、第七、一二二、第二〔町〕八一、ノ二項

〔意義〕本條ハ基本財産ノ事ヲ規定シタルモノナリ
基本財産トハ其原資ヲ消耗スルコトナク保存スヘキ財産ヲ云フ其

財産ハ動産不動産ヲ別タス之ニ充ツルヿヲ得動産トハ此地ヨリ彼地ニ移轉シ得ヘキモノヲ云フ例之金穀器物商品等ノ如シ又不動産トハ一所ニ定着シテ移轉シ得ヘカラサルモノヲ云フ例之土地家屋等ノ如シ

臨時ニ收入云々トハ寄附金穀等ヲ云フ（相續人ナキ遺留財産ノ如キモ市ノ有ニ歸セシメ之ヲ茲ニ列スルヲ善トス但シ佛國ニ於テハ國ノ私有ニ屬ス同民法第五百三十九條第七百十三條）又寄附者其使用ノ目的ヲ定ムルモノトハ例之學校病院修築ノ爲メ又道路開設ノ爲メニ寄附シタルモノヽ如キ豫メ寄附者ノ意思ニ因リ其費途ノ一定シタルモノヲ云フ

〔理由〕凡ソ市ノ基礎ヲ鞏固ナラシメント欲セハ非常ノ備ナカル可ラス若シ市ニシテ常費ニ充ツル消耗財産ノ外一物ノ貯アルナキ

ニ於テハ一朝水火風災等ノ厄ニ遭遇シ失費多端稅源涸渇ノ秋ニ當リ公債募集ノ外之ヲ支フルノ術ナカル可シ斯ノ如キハ決シテ老練ナル執政者ノ爲サヽル所ニシテ又處世ノ宜シキヲ得タルモノト云フ可カラス是即チ本條ニ於テ基本財產ノ法ヲ立ツル所以ナリ

然レ𪜈例年經費ノ內ニテ基本財產ヲ貯蓄スルハ市民ノ負擔ヲ重カラシムルヲ以テ亦容易ノ業ニ非サルナリ故ニ本條第二項ニ於テ其使用ノ途定マラサル臨時收入財產ヲ以テ之ニ充テンコトヲ欲シタリ

第八十二條　凡市有財產ハ全市ノ爲メニ之ヲ管理シ及共用スルモノトス但特ニ民法上ノ權利ヲ有スル者アルトキハ此限ニ在ラス〔町〕八二、

〔意義〕本條ハ市有財産ノ管理及使用ニ關スル事ヲ規定シタルモノナリ

凡市有財産トハ營造物タルト其他ノ財産タルトヲ別タス總テ市有財産ヲ云フ其他ハ第六條第二項ノ義解ニ讓ル

〔附言〕凡ソ市有財産ヲ別テ三種トス曰ク公有財産曰ク私有財産曰ク共有財産是ナリ而シテ公有財産トハ本制第六條ニ所謂公共ノ營造物又第六十四條第二項第二ニ所謂市ノ設置ニ係ル營造物其他市道溝渠共同墓地等ノ如キ公共ノ爲メニ用ユル財産ヲ云フ故ニ此種ノ財産ニ付テハ何人ト雖モ一己人ノ資格ヲ以テ之ヲ特有シ若クハ專用ノ權ヲ得ヘキモノニ非ス又私有財産トハ市ノ利益ノ爲メ之ヲ利用シ之ヲ賃貸シ其入額ヲ得以テ市歲入ノ一部ト爲ス可キ財産ヲ云フ故ニ第一種ノ財産ト雖モ其

用途ヲ變スルトキハ此第二種ノ財産中ニ編入スヘキモノトス例ヘハ市立病院ノ廢院トナリ之ヲ通常私醫ニ賃貸スルカ如キ是ナリ又前條ノ基本財産ハ専ラ此第二種ノ財産中ニ存スヘキモノトス又共有財産トハ入會山林秣場牧場等ノ如キ市民相互ノ使用ニ供シ市ノ收入ニ屬セサル財産ヲ云フ故ニ此種ノ財産ハ之ヲ賃貸スル等ノ事ハ幾ト稀レナリ縱令之ヲ賃貸スルコトアルモ其賃借料ハ市住民各自ニ分配スヘキモノトス然ルニ今本條以下二個條ニ規定スル所ニ依レハ本制ニ於テハ是等ノ區別ヲ置カサルモノヽ如シ何トナレハ其市住民ノ共用云々ト云ヒ又其使用ヲ特ニ住民ニ限リ其使用權ヲ住民權ト隨伴セシメタル點ヨリ論スルトキハ或ハ第一種ノ財産ニ似タリト雖モ又使用料ヲ徴收シ又其但書ニ於テ民法上ノ權利ヲ得ル者アルコトヲ豫見

シタル點ヨリ見ルトキハ第二種ノ財產ニ屬スルモノヽ如シ到底前後其區別ヲ貫ク能ハサレハナリ

〔理由〕本條ハ第六條第二項ノ適用ニシテ其全市ノ爲メニ管理シ及使用スル所以ハ既ニ第六條及本欵題目ノ下ニ於テ之ヲ詳悉セリ又特ニ之ヲ茲ニ規定シタル所以ハ凡市ノ財產ニ公共事務ヲ辨センカ爲メニ供スル所ノ消耗財產ト市民ノ使用ノ爲メニ供スル共用財產トノ別アルコトヲ示サンカ爲メナリ

第八十三條 舊來ノ慣行ニ依リ市住民中特ニ其市有ノ土地物件ヲ使用スル權利ヲ有スル者アルトキハ市會ノ議決ヲ經ルニ非サレハ其舊慣ヲ改ムルコトヲ得ス〔市〕九九、一二三、第四〔町〕八三、

〔意義〕本條ハ使用權變更ニ關スル事ヲ規定シタルモノナリ

舊來ノ慣行ニ依リ市住民中特ニ其市有ノ土地物件ヲ使用スル權

利ヲ有スル者アルトキトハ市ノ或一部落ニ於テ其市住民タルノ資格ヲ以テ特ニ或物件ヲ使用スル慣行アルモノヲ云フ故ニ市住民ノ資格ニアラスシテ已レ一個ノ資格ヲ以テ特ニ或ル物件ヲ使用スルノ權利ヲ習慣ニ依リ有スル者ハ則チ前條但書ニ所謂民法上ノ權利ヲ有スルモノニシテ市會ノ議決ヲ以テ之ヲ變更スルヿヲ得ス而シテ此區別ハ最モ緊要ナルモノニシテ啻ニ市會ノ議決ヲ以テ之ヲ變更スルヲ得ルト否トニ關スルノミナラス其變更ハ延テ權利ノ消長ニ關シ且其之ヨリ生スル爭論裁判權モ甲ハ第百五條ニ從ヒ行政裁判所ニ屬シ乙ハ全ク司法裁判所ノ管轄ナリトス讀者輕々ニ看過スル勿レ

〔理由〕本條使用權ノ變更ヲ行政機關タル市參事會ニ與ヘスシテ市會ノ議決ニ任シ且市會ニ於テ之ヲ變更スルヿヲ得ル所以ノモノ

ハ該使用權ハ市住民タル資格ト隨伴スヘキモノニシテ其資格ハ市構造ノ一部分ニ屬スルモノナルカ故ナリ然レ𪜈其或部類ノ住民ニ取テハ其部類ノ住民タル資格ト共ニ既ニ之ニ隨伴スル所ノ使用權ヲ得タルモノナレハ所謂既得ノ權利ニシテ市會ト雖モ其權利ハ之ヲ尊重シ濫リニ變更ス可ラス加之其變更ハ時トシテ細民無產ノ徒ニ不利トナリ爲メニ非常ノ困苦ヲ被ムラシムルヿナシトセス故ニ本制ニ於テハ市會ノ議決ニ制限ヲ與ヘ其議決ハ府縣參事會ノ許可ヲ受クヘキモノトセリ

第八十四條　市住民中特ニ市有ノ土地物件ヲ使用スル權利ヲ得ントスル者アルトキハ市條例ノ規定ニ依リ使用料若クハ一時ノ加入金ヲ徵收シ又ハ使用料加入金ヲ共ニ徵收シテ之ヲ許可スルコトヲ得但特ニ民法上使用ノ權利ヲ有スル者ハ此限ニ在

ラス〔市〕一〇、三一、一二二ノ一項、八九、九九、〔町〕八四、

〔意義〕本條モ亦前條ニ次キ使用權ノ事ヲ定メタルモノナリト雖モ本條ハ將來ニ向テ或物件ノ使用權ヲ得ント求ムル者アル場合ヲ豫見シタルモノナリ

本條ニ所謂市住民中トハ本條ノ使用權モ亦前條ノ使用權ト等シク其市住民タルノ資格ニ隨伴セルモノナルコヲ云フモノニシテ本條ノ使用權ハ假令使用料ヲ出タスコアルモ普通民法上ノ使用權ニアラサルナリ唯前條ト異ナル點ハ古來ノ慣行ニ依リ既ニ得タルト將來新タニ得ルトノ差アルノミ其民法上得ル所ノモノハ即チ本條但書ノ規定スル所トス

〔理由〕市有財産ニ付キ特ニ使用權ヲ與フル事ハ純然タル財産管理ノ處置ニアラサルヲ以テ行政機關ニ一任スルヲ得ス豫メ市條例

ヲ以テ一定ノ法ヲ設クルハ蓋シ當然ノ理ナリ又前條及本條ノ使用ニ關スル爭論ヲ行政裁判所ニ屬セシムル所以ハ私法上ノ爭論ニ非サルカ故ナリ(第百五條)

第八十五條　使用權ヲ有スル者(第八十三條第八十四條)ハ使用ノ多寡ニ準シテ其土地物件ニ係ル必要ナル費用ヲ分擔ス可キモノトス〔市〕六、九九、〔町〕八五、

〔意義〕本條ハ使用者ノ費用分任ノ事ヲ規定シタルモノナリ

本條ニ所謂必要ナル費用トハ其使用ニ係ル土地物件ノ修理費及租税等ノ諸負任ヲ云フ

〔理由〕使用者ニ此費用分任ノ義務アル所以ハ凡ソ土地物件ノ修理費及其物件ニ係ル諸税等ハ其物ヨリ得ル所ノ入額ヲ以テ支辨スヘキコハ一般ノ通則ニシテ使用者ハ即チ其入額ヲ所得スル者ナ

ルカ故ナリ又特ニ本條ノ規定ヲ要スル所以ハ前二條ニ於テ使用權ニ變例ヲ設ケタルヲ以テ從テ費用分任ノ法ヲ異ニセサル可ラサルニ依ル

第八十六條　市會ハ市ノ爲メニ必要ナル場合ニ於テハ使用權（第八十三條第八十四條）ヲ取上ケ又ハ制限スルコトヲ得但特ニ民法上使用ノ權利ヲ有スル者ハ此限ニ在ラス　〔市〕三一、一二三ノ四項　〔町〕八六、

〔意義〕本條ハ市有財産ノ使用權取上ケ又ハ變更ニ關スルヿヲ規定シタルモノナリ

必要ナル場合トハ全ク事實ニ屬スル問題ニシテ各地ノ狀況ニ依リ各其例ヲ異ニスヘキモノナルヲ以テ玆ニ其定解ヲ下ス能ハスト雖モ其必要ノ程度ハ公用土地買上ケノ場合ニ比スレハ遙カニ輕少ナルモノトス乃チ其必要ハ公益上タルヲ要セス何トナレハ

本條ノ必要ハ民法上ノ使用權ニ及ハサレハナリ若夫レ公益上必要ナルトキハ所有權スラ尙且之ヲ强買スルノ權アリ況ンヤ其民法上ノ使用權ニ於テオヤ又本條但書ハ第六條第二項及第八十二條第八十四條ノ但書ト同一ナルヲ以テ茲ニ贅セス又本條市會ノ議決モ亦第八十三條ノ議決ト同シク府縣參事會ノ許可ヲ受クルヿヲ要ス

〔理由〕本條ノ規定ハ全ク無用ナラン何トナレハ習慣ニ依リ得タル使用權ノ改廢スルヲ得ヘキヿハ既ニ第八十三條ニ規定スル所ナリ而シテ同條ノ塲合ト雖モ其之ヲ改廢スルノ必要アルトキニアラサレハ濫リニ之ヲ改廢スルヿヲ得サルハ勿論ナリトス又將來新タニ與フル所ノ使用權ニ付テハ市條例ノ規定ニ依ルヘキモノナルヲ以テ其條例中ニハ必ス使用權ノ消長ニ關スルヿモ亦規定

スヘケレハナリ然ルニ特ニ本條ノ規定アルノミナラス條文ニ第八十三條第八十四條ヲ記入シ以テ前二條ノ使用權ト本條ノ使用權トハ全ク同一ナルコトヲ明示シタリ是レ余輩ノ解スル能ハサル所ナリ

第八十七條　市有財産ノ賣却貸與又ハ建築工事及物品調達ノ請負ハ公ケノ入札ニ付ス可シ但臨時急施ヲ要スルトキ及入札ノ價額其費用ニ比シテ得失相償ハサルトキ又ハ市會ノ認許ヲ得ルトキハ此限ニ在ラス〔町〕八七、

〔意義〕本條ハ市ノ理財ニ關スル市參事會ノ權限ニ制限ヲ付シタルモノナリ即チ市參事會ニ於テ或場合ヲ除クノ外市有財産ヲ賣却貸與シ又ハ建築工事及物品調達ノ請負ヲ爲サシメントスルトキハ必ス公ケノ入札ヲ以テスヘキモノナリ（此等ノ處分ヲ爲スニ當

リ其市會ノ議決ヲ經ヘキモノ又ハ監督官廳ノ許可ヲ受クヘキモノアルトキハ其議決ヲ經若クハ許可ヲ得タル後入札スヘキモノナルヿハ勿論ナリ)或場合トハ即チ本條但書ニ示ス三個ノ場合ニシテ左ノ如シ

第一　臨時急施ヲ要スル時○臨時急施ヲ要スル時ハ第六十八條ノ場合ト全ク同一ニシテ既ニ同條ノ下ニ詳述シタリ

第二　入札ノ價額其費用ニ比シテ得失相償ハサル時○入札ノ價額其費用ニ比シテ得失相償ハサルトハ入札金非常ノ廉價ニシテ到底損失ニ歸スヘキヿ當初ヨリ確然タル場合ヲ云フ

第三　市會ノ認許ヲ得タル時○市會ノ認許ヲ得ルトハ誰某ニ賣却貸與若クハ請負ハスヘシト指名シ或ハ市參事會ノ選定ニ任スヘシト放任シタル場合ヲ云フ

〔理由〕本條ハ情實ヲ排斥シ偏私ノ弊ヲ防キ處置ノ公平ヲ期センカ爲メ規定シタルモノナリ然レ𪜈事急劇ニ出テ、之ヲ顧慮スルニ遑マアラサル時又ハ此恐ナキ場合(即チ第三ノ場合)ニ於テハ必スシモ入札ヲ要セサル可シ是レ本條但書ノ依テ生スル所以ナリ然ルニ其入札價格ノ低廉ナル場合ニ入札ノ法ヲ廢スルハ余輩其理由ヲ發見スルニ苦シム何トナレハ其廉價ハ固ヨリ入札人ノ期スル所ニシテ市ノ關スル所ニアラス只其事ノ粗惡ニ失スルコトナキニ注意シテ能ク監督スルヲ以テ足レリ若シ又入札人ノ無資力者ニシテ其落札金ヲ以テ到底竣功ノ見込ナキ場合(其入札ハ單ニ入札人ノ惡手段ニ供シタルニ過キサル𪜈ノ如キ)ニ於テハ再入札ヲ行フモ可ナリ又保證金ヲ徴スルモ可ナリ何レニモセヨ是等ノ弊ヲ豫防スルハ實ニ易々タレハナリ故ニ余輩ハ此第二ヲ削除シテ

之ニ代フルニ入札人ナキ場合ヲ以テセンヿヲ希望ス

第八十八條　市ハ其必要ナル支出及從前法律命令ニ依テ賦課セラレ又ハ將來法律勅令ニ依テ賦課セラルヽ支出ヲ負擔スルノ義務アリ〔市〕八〇、〔町〕八八、ノ一項

市ハ其財産ヨリ生スル收入及使用料、手數料（第八十九條）並科料、過怠金其他法律勅令ニ依リ市ニ屬スル收入ヲ以テ前項ノ支出ニ充テ猶不足ナルトキハ市稅（第九十條）及夫役、現品（第百一條）ヲ賦課徵收スルコトヲ得〔町〕八八、ノ二項

〔意義〕本條ハ市ノ負任及收入ニ關スル事ヲ規定シタルモノナリ

第一項ハ市ノ負擔即チ市ノ義務ニ屬スルヿヲ定ムルモノニシテ所謂必要ナル支出トハ其之ヲ要スル市ノ政務ニ付テ見ルノ外術ナカル可シ市ノ政務ニ固有ノ事務及委任ノ事務ノ二種アルヘキ

事ハ本制第三章第二欵題目ノ下ニテ之ヲ詳述シタリ而シテ其固有ノ事務ニハ市ノ需要ニ缺ク可ラサル必要事務ト市ノ需要ニ缺ク可ラサルモノニ非サレ𪜈市ノ便益ノ爲メニ務ムヘキ隨意事務トノ二種アリ其必要事務ニ要スル費用ハ茲ニ所謂必要ナル支出ニシテ必ス負擔セサル可ラス反之隨意事務ハ其性質トシテ之ヲ爲スト否トハ市ノ隨意ナリ故ニ其費用ノ負擔モ全ク市ノ自由ナリトス又從前法律命令ニ依テ賦課セラレ將來法律勅令ニ依テ賦課セラルヽ支出トハ警察、徴兵、國税、國道等ニ關スル委任事務（第六十四條第二項第九及第七十四條等）ノ爲メニ要スル費用ヲ法律命令ヲ以テ其市ノ負擔ト爲シタルモノヲ云フ故ニ是レ亦必要費ニシテ市ハ其支出ヲ辭スルヿヲ得サルモノトス（第百十八條）然ルニ所謂法律命令ニ依テ賦課セラルヽ支出ナル語ハ佛國ノ如キ配當税ノ法ニ從フ國ニ於テハ啻ニ委任事務ノ爲メニ要スル費用ノミナラス國税府縣税皆之ニ包含セシムルヿヲ得ルト雖モ我國現今ノ税法ハ反之固定額税ニシテ國税府縣税ヲ各市町村ニ分賦シ其市町村内ニ於テ賦課徴收スルヿナキヲ以テ方今ニ在テハ如斯廣キ意義ニ之ヲ解スルヲ得サルナリ尤モ府縣制及郡制制定ノ上ハ或ハ茲ニ列スル税目ヲ見ルヿモアルナル可シ

上ニ示シタル法律命令及ヒ法律勅令ノ語ハ既ニ第六十四條第二項第一及ヒ第六十五條第四項ニ於テ之ニ遭遇シタリ又其勅令ト命令トハ同義ノモノニ非スシテ二者大ニ其範圍ヲ異ニスルモノナルヿモ亦同條ノ下ニ於テ之ヲ詳述シタリ而シテ本條ハ將來法律勅令ニ依テ云々ト云ヒ將來ニ在テハ勅令外ノ命令ヲ以テ市ニ其負擔ヲ强ユルヿナキモノヽ如シト雖モ今第百十八條ヲ閲スル

ニ市ニ於テ法律勅令ニ依テ負擔シ又ハ當該官廳ノ職權ニ依テ命令スル所ノ支出云々ト云ヒ將來ト雖モ命令ヲ以テ市ニ或支出ヲ強制スルコトアル旨ヲ明言セリ是ニ由テ之ヲ推セハ茲ニ所謂勅令トハ命令ノ意ナリト解セサルヲ得ス然レトモ命令ヲ勅令ノ意ナリト解スルハ猶可ナリ勅令ノ語ニ閣令省令府縣令等ヲ包含セシムルコトハ到底何人ト雖モ解シ能ハサル所ナリ

第二項ハ市ノ收入即チ市ノ權利ニ屬スルコトヲ規定シタルモノニシテ全ク前項ノ反對ノ事ヲ云フモノナリ而シテ法文ニ所謂收入トハ市有財產ヨリ生スル諸種ノ菓實即チ收穫ヲ云ヒ使用料トハ總テ市有財產ヲ使用スルモノヽ納ムル賃金(第八十四條等)ヲ云ヒ手數料トハ鑑札書替帖簿記入等其他一個人ノ爲メ特ニ手數ヲ要スルカ爲メニ徵收スル金額(第百二條)ヲ云ヒ科料トハ市條例違犯

罰金(第九十一條)ヲ云ヒ過怠金トハ市吏員ノ其職務ヲ盡サヽルニ依リ科スル所ノ懲戒金(第四十八條及第六十四條第二項第五、第百二十四條)ヲ云ヒ其他法律勅令ニ依リ市ニ屬スル収入トハ市會ノ議決ヲ經スシテ法律勅令ヲ以テ諸種ノ市税ヲ定メタルモノ(第三十一條第五第六十四條第二項第八)ヲ云フ故ニ前項ノ法律命令ニ依テ賦課セラレタル支出トハ大ニ異ナルモノナリ前項ノ場合ハ市ニ向テ或ハ負擔ノ額ヲ指定シ或ハ單ニ費目ノミヲ指示スルニ止マリ之ヲ賦課徴収スルニ付テハ如何ナル税目ニ向テ課スルトモ全ク市會ノ權利(認可ヲ要スルモノハ其認可ヲ受クヘキハ勿論ナリトス)ナリト雖モ本項ノ場合ハ法律勅令自ラ各税目ニ向テ課スルモノナルヲ以テ市會ハ只其税額ヲ豫算ニ掲クルノミニシテ更ニ議權ヲ有セサルモノトス以上ノ收入ヲ以テ猶前項ノ負擔ヲ支辨スル能ハサル卄ハ更ニ市税及夫役現品ヲ賦課スヘキモノトス而シテ其市税ノコハ第九十條ニ夫役現品ノコハ第百一條ノ下ニ於テ之ヲ詳述セン

〔理由〕市ニ其政務ニ必要ナル費用負擔ノ義務アルコ及ヒ之ヲ市民ニ向テ徴收スルノ權利ヲ有スルコハ第二條ノ原則ニ依テ明ナリ又其市民ノ之ヲ負擔スルノ責任アルコモ亦第六條ノ下ニ於テ之ヲ詳論シタリ要スルニ本條ノ規定ハ第二條及第六條ノ適用ニ過キサルモノトス

然ルニ市ノ政費擔任及其賦課法ニ付キ法律命令ヲ以テ規定スルコ多キト否トハ即チ官權ノ及フ限界ノ由テ分カル、所ニシテ其政府干渉ノ程度ハ自治權ノ消長ニ影響ヲ及ホスヘキヲ以テ地方制度ヲ論スル者ノ最モ注視セサル可カラサル要件ナリトス然レ

𪜈今此ニ之ヲ論スルハ聊カ其處ヲ得サルヲ以テ後段行政監督ノ章下ニ於テ更ニ之ヲ詳述スルヿアラン

第八十九條　市ハ其所有物及營造物ノ使用ニ付又ハ特ニ數個人ノ爲メニスル事業ニ付使用料又ハ手數料ヲ徴收スルコトヲ得

〔市〕三一、第五、六四、ノ二項第八、八四、九九、一〇二、
〔町〕八九、

〔意義〕本條ハ使用料及ヒ手數料ノ事ヲ規定シタルモノニシテ前條既ニ詳述セシヲ以テ別ニ説クヘキヿナシ

第九十條　市税トシテ賦課スルコトヲ得可キ目左ノ如シ〔町〕九〇、ノ一項

一　國税府縣税ノ附加税

二　直税又ハ間税ノ特別税

附加税ハ直接ノ國税又ハ府縣税ニ附加シ均一ノ税率ヲ以テ市ノ全部ヨリ徴收スルヲ常例トス特別税ハ附加税ノ外別ニ市限

リ税目ヲ起シテ課税スルコトヲ要スルトキ賦課徴收スルモノトス（市）三一、第五、六四、ノ二項、第八、八八、（町）九〇、ノ二項、

〔意義〕本條ハ市税ノ種目ヲ定メタルモノナリ而シテ其市税ヲ別テ附加税特別税ノ二種トス

附加税トハ國税又ハ府縣税ニ附加スルモノヲ云フ猶之ヲ細別シテ直接國税又ハ府縣税ニ附加スルモノト間接國税ニ附加スルモノトノ二トナシ前第一ヲ常例トシ第二ヲ變例トス又其二者何レヲ課スルモ均一ノ税率ヲ以テスルヲ常例トシ不均一ノ税率ヲ以テスルヲ變例トス而シテ其常例（均一ノ税率ヲ以テ直税ニ附加スルモノ）ノ場合ニハ地租七分ノ一又ハ直接國税百分ノ五十ヲ超過セサル限リ之ヲ課スルハ全ク市ノ自由ナリト雖モ其變例（間接ニ附加スルモノ又ハ不均一ノ税率ニ依ルモノ）ノ場合ニハ必ス監督

官廳ノ許可ヲ受クルコヲ要ス即チ第一變例(間税ニ附加スルモノ)ノ場合ニハ内務大藏両大臣(第百二十二條第三第四)又第二變例(不均一ノ税率ニ依ルモノ)ノ場合ニハ府縣參事會(第百二十三條第七)ノ許可ヲ要ス而シテ其直接税間接税ノ何タル事ハ第七條ノ下ニ於テ既ニ詳述シタルヲ以テ今復再説ノ勞ヲ取ラス猶此區別ニ付テハ第百三十一條ニ依リ内務大藏両大臣ノ告示スルコアル可ケレハ其告示ヲ竢テ了知ス可シ又均一ノ税率トハ例ヘハ地租金一圓ニ付十錢即チ地租十分ノ一又ハ釀造酒壹石ニ付一圓即チ酒類造石税百分ノ二十五ヲ以テ定率トナシ其全市内ノ土地又ハ酒造營業者ニ賦課スル如キヲ云ヒ不均一ノ税率トハ地租ニ據ラスシテ耕宅地ノ反別割ヲ以テ賦課シ又ハ酒類ノ區別ナク一定ノ税率ヲ課スルカ如キヲ云フ今此課税ノ不均一ナル所以ハ其反別ニ對

シテハ均一ナリト雖モ凡ソ土地ノ品位ハ同等ナルモノニ非スシテ各優劣アリ從テ其收利ニ等差アリ然ルニ其收利ノ多寡ニ據ラサルハ即チ劣等ノ土地ヲ有スル所有者ノ負擔重ケレハナリ(酒類亦然リ)

特別稅トハ國稅府縣稅(直稅間稅ヲ別タス)中其稅目ノ設ケナキ新稅ヲ云フ例ヘハ入市稅又ハ家畜稅若クハ自家用酒造石稅等ヲ新設シ其市限リ之ヲ施行スル如キヲ云フ是レ亦常例トシテ用ユヘキ稅目ニ非ス故ニ之ヲ新設セントスル片ハ內務大藏兩大臣ノ許可ヲ受クルヿヲ要ス(第百二十二條第二)

〔理由〕市ニ市稅ヲ要スル所以ハ屢述ヘタル如ク市ハ市ノ政務執行ノ責ニ任スルカ故ニシテ猶國ニ國稅ヲ要スルカコトシ又其稅目ニ附加稅特別稅ノ區別ヲ置キタル所以ハ現行稅法ヲ存シ現在ノ

儘襲用センカ爲メナリ又其附加税ヲ常例トシ特別税ヲ變例トナシタルモノハ附加税ハ既ニ存スル所ノ國税又ハ府縣税ニ附加スルモノナルヲ以テ是レ恰モ現行税則ノ準率ヲ遞加シタルト一般ニシテ取調ノ勞ヲ省キ徵収ノ費用ヲ要セス實ニ課スルコ便ニシテ徵スルニ簡ナレハナリ（尤モ私設鐵道ニ課税スルカ如キ國税府縣税免除ニ屬スルモノニ付テハ國税又ハ府縣税賦課法ニ依リ更ニ調査セサル可ラサルハ勿論ナリトス）反之特別税ハ其賦課徵収ノ法共ニ其市ニ於テ新ニ設定セサルヲ得サルモノナレハ決シテ簡易ノモノニ非ス加之國税府縣税スラ未タ之ヲ課セサルモノナレハ其税源ハ果シテ課税シテ可ナルモノナルヤ否ヤモ亦未タ知ル可ラサレハナリ然リ而シテ附加税ト雖モ亦悉ク簡易ノモノニアラス夫ノ間接國税就中煙草税賣藥税ノ如キ印紙ヲ以テ徵収スル

モノニ附加スルカ如キハ殊ニ然リトス故ニ亦之ヲ變例中ニ列ス又税率ノ均一ヲ要スル所以ハ賦課ニ厚薄ノ差ナク人民ニ勞逸ノ弊ナカラシメンカ爲メナリ故ニ其不均一ハ賦税ニ偏重偏輕ノ弊ヲ免カレサルヲ以テ之ヲ變例ニ置キ又地租及直接國税ノ附加税額ニ許可ヲ要スルト否トノ制限ヲ付シ其他間接國税ノ附加税及ヒ特別税ニ付キ中央行政廳ノ許可ヲ要スル所以ハ主トシテ市ノ經濟ハ延テ一國ノ財政ニ大關係ヲ及ホシ徒ラニ國家ノ税源ヲ涸渇セシムルノ恐アレハナリ

第九十一條　此法律ニ規定セル條項ヲ除クノ外使用料、手數料、（第八十九條）特別税（第九十條第一項第二）及從前ノ區町村費ニ關スル細則ハ市條例ヲ以テ之ヲ規定ス可シ其條例ニハ科料一圓九十五錢以下ノ罰則ヲ設クルコトヲ得（町）九一、ノ一項科料ニ處シ及之ヲ徴收スルハ市參事會之ヲ掌ル其處分ニ不服アル者ハ令狀交付後十四日以內ニ司法裁判所ニ出訴スルコトヲ得〔町〕九一、ノ二項

〔意義〕本條ハ市ノ課稅ニ關スル細則制定及其違犯處分法ノ事ヲ規定シタルモノナリ

此法律ニ規定セル條項ヲ除クトハ使用料、手數料、特別稅ニ關スル本制ノ規定ニ違フテ細則ヲ設クルヿヲ得ストノ意ナリ又使用料、手數料、特別稅ノ事ハ前二條ニ於テ既ニ之ヲ詳說シタリ又從前ノ區町村費トハ明治十七年第十四號布告區町村會法ニ依リ區町村會及水利土功會又ハ學區會ノ議決ヲ以テ賦課徵收スル地價割、反別割、營業割、戶別割等ノ區町村經費ヲ云ヒ又其細則トハ以上ノ收入ニ關スル取扱規則ヲ云フ又科料トハ刑ノ性質ヲ有スルモノニ

シテ乃チ違警罪ノ刑ナリ
第二項ニ所謂市参事會トハ即チ違警罪即決裁判所トシテ之ヲ見ルヘク又其司法裁判所トハ即チ違警罪裁判所ヲ云フモノナリト知ル可シ
又本條第二項ニ掲ケタル令狀ナル語ハ甚タ曖昧ナリ我カ治罪法ニ於テ令狀ト稱スルモノハ召喚狀、勾引狀、勾留狀、收監狀ノ四種ニ過キス（治罪法第百十八條以下）皆豫審中ニ豫審判事ヨリ發スル所ノモノナリ然レ𪜈本條ニ所謂令狀トハ治罪法ニ所謂令狀ト相異ナリ科料徵収ノ事ヲ言渡シタル命令狀ノ義ナル可シト思考ス
（理由）市條例ヲ以テ規定ス可キ細則ヲ使用料、手數料、特別稅ニ限リタル所以ハ其他ノモノニハ細則ヲ設クルノ必要アラサレハナリ然レ𪜈間接國稅ノ附加稅ニ付テハ或ハ其必要ヲ感スルヿナキ乎

又從前ノ區町村費ヲ此ニ掲ケタルハ果シテ如何ナル理由ニ基ク乎余輩其故ヲ辨スル能ハス何トナレハ從前ノ區町村費トハ上ニ釋義セル如ク區町村會及水利土功會又ハ學區會ニ於テ議決スル所ノ經費ニシテ本制ノ所謂公共事務費ニ比シテ其區域遙カニ縮少セルモノナレハ本制施行ト共ニ其運命ヲ絶チ爾後尙ホ餘命ヲ存スヘキモノニ非ス(第百三十二條參觀)本制施行ノ後ニ在テハ第八十八條第二項ニ載スルモノ、外市ノ収入アルヘキノ理ナシ然ルニ猶其區町村費ニ關スル細則ヲ設ケ之カ活用ヲ試ミントスルカ如キハ是レ死者ニ藥石ヲ投シ以テ生存ヲ强ユルト何ソ擇ハン又此細則ニ科料ヲ設クルヿヲ得ル所以ハ凡ソ吾人ニ其執行ヲ强ユヘキ法ハ若シ之ヲ犯ス者アルトキハ直ニ責罰シテ毫モ假借スル所ナクシテ漸ク其効ヲ奏ス可ク假令之ヲ犯スモ更ニ其制裁ナカリセハ徒法死物タルノミ又其額ヲ一圓九十五錢以下ニ制限シタル所以ハ一國行法權ノ下ニ立ツ地方自治體ニ屬スル立法權ノ範圍ヲ違警罪(違警罪ノ科料ハ壹圓九十五錢以下トス刑法第二十九條)ニ止メタルカ故ナリ其地方自治體ノ有スル立法權ニ輕罪以上ノ制裁ヲ設クルヿヲ得ルノ權ヲ與ヘサルハ歐州各國概ネ其法ヲ一ニス

又第二項ニ於テ其責罰處分ヲ市參事會ニ委任シタル所以ハ夫ノ違警罪即決法ノ精神ヲ汲ミタルモノナラン抑〻科料ハ違警罪ノ刑ニシテ凡ソ刑ノ性質ヲ有スルモノハ司法裁判所ニ屬スヘキハ勿論之ヲ行政廳ニ委任スルヿハ各國多ク其例ヲ見サル所ナリ故ニ本制ニ於テモ亦其處分ニ不服アルトキハ直ニ原則ニ飜リ之ヲ司法裁判所ニ出訴ス可ク之ヲ行政裁判所ニ上訴スルコトヲ得スト定

メタリ

（附言）本條ノ處分ニ付テハ市參事會ヲ違警罪裁判所トシテ見ルヘキコハ余輩既ニ之ヲ述ヘタリ然レ𪜈該處分ニ付市參事會ハ違警罪即決法ヲ其儘用フルコ能ハサル可シ何トナレハ其處分ノ性質違警罪即決ナリト雖モ未タ法律ハ市參事會ヲ違警罪即決裁判所ナリト明言セス又其處分ニ該即決ト同一ノ効力ヲ付與セサレハナリ故ニ市參事會ハ唯本條第二項ニ依リ處分シ其治罪ノ法ハ便宜取計フヘキモノナリトス

（參照）明治十八年九月二十四日第三十一號布告違警罪即決例（條文略ス）

（批評）薩埵曰本條ニ從前ノ區町村費ニ關スル細則ヲ市條例ヲ以テ規定ス可キコヲ掲ケタル立法者ノ意ヲ察スルニ或ハ新舊法ノ交

代ニ際シ從前ノ區町村費ニ付キ細則ヲ設クルノ必要ヲ生スル事アル可キヲ豫見シテ附記シタルモノナラン故ニ若シ實際之カ必要ナキニ於テハ著者ノ言ヘル如ク此一句ハ無要ト評シテ可ナリ

第九十二條　三ケ月以上市內ニ滯在スル者ハ其市稅ヲ納ムルモノトス但其課稅ハ滯在ノ初ニ遡リ徵收ス可シ〔町〕九二、

〔意義〕本條ハ第六條ノ例外法即チ市住民ニ非サル滯在者ニシテ市ノ負擔ヲ分任スルノ義務アルコヲ規定シタルモノナリ

三月以上市內ニ滯在スル者トハ止宿ト寄留トヲ問ハス總テ其市住民タラサルモノ（第六條ノ義解參照）ヲ云フ又滯在ノ初ニ遡リトハ其市ニ來着ノ日マテ遡リテ課稅スルニ非ス其納稅義務ノ生スルハ一般ノ場合ト均シク來着ノ翌月初○ニ在リ何トナレハ凡テ市稅ハ月割ニシテ且退去月ノ終○迄徵收スヘキ（第百一條第一項）モノ

ナレハナリ唯本條ハ納税原因ノ發生以前ニ遡リ徵収スト云フニ在ルノミ

〔理由〕市住民外ノ者ニ猶市税負擔ノ義務ヲ負ハシムル所以ハ既ニ第六條ノ下ニ於テ述ヘタル如ク現實ノ利益ヲ得ル者ニ之ヲ負擔セシメ名義ノミヲ有スル者ニ負擔セシムルノ主義ヲ排斥センカ爲メナリ

〔參照〕明治四年四月四日布告戸籍法則

第十六則　宿帳ハ七日目毎ニ驛遞ハ其驛出張驛遞掛ノ改ヲ受ケ自餘ハ其戸長ヘ出シ改ヲ受クヘシ旅籠屋ニ限ラス都テ逗留三日以上ハ其戸長ニ屆ケ（人民幅湊スル三都府ノ如キハ其時々戸長ヨリ其廳ニ屆ヘシ）九十日以上ハ寄留トシ第十二則ノ手續ヲナスヘク旅人病氣又ハ異變ノ節速ニ屆ケ出ルハ勿論ナリ

明治十九年九月二十八日内務省令第十九號

第六條　他府縣又ハ他郡區ニ寄留シタルトキ自已ノ所有地ニ於テハ寄留者ヨリ他人ノ所有地若クハ自己又ハ他人ノ借地借家ニ於テハ寄留者及地主又ハ家主又ハ其地所其家ヲ管理スル者ヨリ十日以内ニ其地戸長ニ届出且同時ニ本籍地戸長ヘ届書ヲ發送スヘシ

第九條　正當ノ理由ナクシテ前數條ニ違背シタル者ハ貳拾錢以上壹圓貳拾五錢以下ノ科料ニ處ス

第九十三條　市內ニ住居ヲ搆ヘス又ハ三ケ月以上滯在スルコトナシト雖モ市內ニ土地家屋ヲ所有シ又ハ營業ヲ爲ス者（店舗ヲ定メサル行商ヲ除ク）ハ其土地家屋營業若クハ其所得ニ對シテ賦課スル市稅ヲ納ムルモノトス其法人タルトキモ亦同シ

但郵便電信及官設鐵道ノ業ハ此限ニ在ラス〔市〕九五、〔町〕九三、

〔意義〕本條モ亦市住民外ノ者ニシテ市費負擔ノ義務アル者ノ事ヲ規定シタルモノナリ

前條ハ滯在者其人ニ課スルモノナリト雖モ本條ハ其滯在者ト否トハ敢テ問フ所ニ非ス他市町村住民ニシテ其市內ニ有スル財產若クハ其市ニテ收ムル所得ニ對シ課稅スルモノトス

其市內ニ住居ヲ搆ヘス又三ケ月以上滯在スルコナシト雖モ其市內ニ土地又ハ家屋ヲ所有スル者及其市內ニ於テ店舖ヲ定メ諸種ノ營業ヲ爲ス者ハ其土地家屋ニ付管理者ヲ置クト否トヲ問ハス又自ラ來テ營業スルト他人ヲ派遣シテ營業セシムルトヲ別タス其土地家屋ニ對シ又ハ其營業ニ對シ納稅ノ義務ヲ負フモノトス

又右二者ノ納ムル稅目ハ地租家屋稅又ハ營業稅及是ヨリ生スル

所得税ノ附加税若クハ是等ノモノニ賦課スル特別税ナリトス又店舗ヲ定ムルトハ一定ノ家屋ニ開店スルヲ云フモノニシテ露店ノ如キハ此中ニ包含セサルナリ又法人トハ既ニ第十二條ニ於テ釋義シタル如ク總テ法律上其無形人タルコトヲ認メタルモノヲ云フ然レﾄﾓ本條但書及第九十七條ニ掲クルモノハ課税ノ限ニ在ラス

〔理由〕凡ソ市ハ其疆土及住民ヲ支配スルノ權ヲ有スルモノニシテ何人ト雖モ其市內ニ來リ土地家屋ヲ有シ又ハ營業ヲ爲スモノアルトキハ其土地家屋若クハ營業及其所得ニ對シ又市税ヲ課スルノ權アルハ蓋シ自治獨立權ニ伴隨スル所ノ當然ノ權ナリトス又其土地家屋等ヲ有スル他市町村住民ニ在テハ其市ノ保護ヲ受ケ且利益ヲ収ムルモノナレハ亦之ニ伴フ所ノ義務ヲ分擔スヘキハ理

ノ當ニ然ラシムヘキ所ナリ然レ𪜈所得税ニ付テハ現住民地ノ市町村ニ一歩ヲ譲リ其市町村ニ於テ課税スルノ便利ナルヿアリ抑く所得税ハ國税ナルヲ以テ假令納税者全國各地ニ於テ所得スルヿアリト雖モ之ヲ通シテ住居地ニ於テ納税スル者トス(所得税施行細則第六條)故ニ今之ヲ分離シテ各市町村ノ所得高ニ止ムルトキハ其高或ハ最下級(三百圓)以下ニ下ルヿアリテ各市町村共ニ課税スルヿ能ハサルニ至ラン(其市町村ニ於テ所得ニ課スル特別税ヲ設クルトキハ格別)又法人ヲ此ニ例スル所以ハ元來法人ハ無形體ノ者ニシテ市住民タルノ資格ヲ得有スヘキ者ニ非ルカ故ナリ又郵便電信及官設鐵道ヲ例外ニ置キタル所以ハ此等ノ業ハ國家ノ公益ニ必要ナルモノナルカ故ニ特ニ之ヲ保護シテ免税トナシタルナリ

(附言)本條但書ハ甚タ其位地ヲ得ス何トナレハ法人ニシテ免税

セラルヽモノハ此三個ニ限ラサレハナリ故ニ之ヲ第九十七條ニ併記シ本條ニ於テハ唯其例外アルヘキヿヲ示スヲ以テ至當ノ規定ト云フ可シ

第九十四條　所得税ニ附加税ヲ賦課シ及市ニ於テ特別ニ所得税ヲ賦課セントスルトキハ納税者ノ市外ニ於ケル所有ノ土地家屋又ハ營業（店舗ヲ定メサル行商ヲ除ク）ヨリ收入スル所得ハ之ヲ控除ス可キモノトス〔市〕九五、〔町〕九四、

〔意義〕本條ハ所得税高算出心得ノ事ヲ規定シタルモノナリ

本條ニ據レハ市住民中他市町村内ニ於テ収入スル所得ハ其市ノ所得ニアラサルヲ以テ之ニ課税スルヿナク單ニ其己レノ市内ニ於テ收入スル所得及他市町村ニ一時行商シテ得タル所得ヲ以テ其人ノ所得高トナシ之ニ對シテノミ所得税ノ附加税及特別所得

税ヲ課スルモノトス

〔理由〕所得税ノ附加税及特別所得税ヲ其市內ニ於テ納税者ノ收入スルモノニ限リタル所以ハ課税ノ重複ニ涉ルノ弊ヲ防止センカ爲メナリ何トナレハ前條ニ於テ他市町村住民ト雖モ市內ニ於テ土地家屋ヲ所有シ又ハ營業ヲ爲ス者ニハ其之ヨリ生スル所得ニ對シ課税スヘキヿヲ定メタルヲ以テ若シ現住地ニ於テ此所得ヲ控除スルヿナキニ於テハ則チ納税者二重ニ課税セラルヽノ不幸ニ陷レハナリ又土地家屋及ヒ營業ニ對スル課税ノ事ヲ云ハスシテ獨リ所得税ニ限リタル所以ハ他市町村內ニ於テ有スル土地家屋若クハ其爲ス所ノ營業ニ課税スヘカラサルヿハ法ノ明文ヲ竢タスト雖モ獨リ所得ニ付テハ各國ニ採ラサル所ノ特例ヲ以テ本制ニ採用シタルヲ以テ一ニハ世人ノ疑ヲ避ケ一ニハ二重ニ課税

セラルヽカ如キノ弊ヲ防カント欲スルニ在リ又他市町村ニ出テヽ行商スル者ノ所得ヲ控除セサル所以ハ既ニ前條ニ於テ此所得ヲ例外ニ置キ之ニ課税セサルモノトナシタルニ由リ本條ハ其反對ヲ取リ之ヲ通算シテ課税スルモノト爲シタリ

第九十五條　數市町村ニ住居ヲ構ヘ又ハ滯在スル者ニ前條ノ市税ヲ賦課スルトキハ其所得ヲ各市町村ニ平分シ其一部分ニノミ課税ス可シ但土地家屋又ハ營業ヨリ收入スル所得ハ此限ニ在ラス〔町〕九五、

〔意義〕本條モ亦前條ニ次キ所得高算出ニ關スル事ヲ規定シタルモノナリ

本條ニ所謂住居ヲ構ヘトハ第九十三條ノ店舗ヲ開キ營業ヲ爲スモノ等ヲ云ヒ又滯在スル者トハ第九十二條ノ三ケ月以上他ノ市

町村ニ滯在スルモノヲ云ヒ又前條ノ市稅トハ所得稅ノ附加稅及特別所得稅ヲ云ヒ又其所得ヲ各市町村ニ平分シトハ例ヘハ東京橫濱ノ二個所ニ住居ヲ構ヘル者ニ在テハ所得稅法第二條第一項ニ揭クル(其全文ハ參照部ニ揭ク)諸收入ノ總高ヲ二分シテ得タル所得金ヲ以テ各市町村ノ所得高ト爲スノ類ヲ云フ

〔理由〕本條ノ所得ヲ其住居ヲ構ヘ又ハ滯在スル各市町村ニ平分スル所以ハ此種ノ所得ハ所得者其人ニ固着スルモノニシテ其收入ハ何レノ市町村ニモ專屬スルモノニアラサルカ故ナリ又本條但書ニ於テ土地家屋又ハ營業ヨリ收入スル所得ヲ例外ニ置キタル所以ハ此種ノ所得ハ其所得スル市町村ノ特有ニシテ他市町村ニ分配スルコナク又他市町村内ニ在テノ所得ニ推及スルコナキコハ已ニ前二條ノ明定スル所ニシテ此ヨリ生スル結果ナリトス若

シ然ラサレハ其負擔ノ重複ニ渉ルヲ免カレサレハナリ

參照　明治二十年三月二十三日布告勅令第五號所得稅法

第二條　所得ハ左ノ定則ニ據テ算出スヘシ

第一　公債証書其他政府ヨリ發シ若クハ政府ノ特許ヲ得テ發スル證劵ノ利子、營業ニアラサル貸金預金ノ利子、株式ノ利益配當金、官私ヨリ受クル俸給、手當金、年金、恩給金、及割賦賞與金、ハ直ニ其金額ヲ以テ所得トス

第二　第一項ヲ除クノ外資產又ハ營業其他ヨリ生スルモノハ其種類ニ應シ收入金高若クハ收入物品代價中ヨリ國稅、地方稅、區町村費、備荒儲蓄金、製造品ノ原質物代價、販賣品ノ原價、種代、肥料、營利事業ニ屬スル場所物件ノ借入料、修繕料、雇入給料、負債ノ利子及雜費ヲ除キタルモノヲ以テ所得トス

第九十六條　所得税法第三條ニ掲クル所得ハ市税ヲ免除ス（町）九六、

〔意義〕本條ハ或所得ニ付市税ヲ免除スル事ヲ定メタルモノナリ本條ニ所謂所得税法第三條ニ掲クル所得トハ軍人從軍中ニ係ル俸給及官私ヨリ受クル旅費傷痍疾病者ノ恩給金及孤兒寡婦ノ扶助料並ニ營利ノ事業ニ屬セサル一時ノ所得ヲ云フ又之ヲ免除スルニハ現住地ノ市町村ニ於テ課税スル場合ト其他ノ市町村ニ於テ課税スル場合トヲ別タサルナリ

〔理由〕本條ニ掲クル所得ハ生命ニ代ヘテ得ル所ノ俸給及ヒ實際費消スヘキ旅費其他偶然ノ所得若クハ養料ニ供スル恩施金等ニ屬スルモノナレハ固ヨリ課税スヘキ性質ノモノニアラサレハ之レニ市税ヲ附加スルコトヲ免除シタルハ至當ナリトス

第九十七條　左ニ掲クル物件ハ市税ヲ免除ス（市）九三、但書（町）九七、

一　政府、府縣郡市町村及公共組合ニ屬シ直接ノ公用ニ供スル土地、營造物及家屋

二　社寺及官立公立ノ學校病院其他學藝、美術及慈善ノ用ニ供スル土地、營造物及家屋

三　官有ノ山林又ハ荒蕪地但官有山林又ハ荒蕪地ノ利益ニ係ル事業ヲ起シ内務大臣及大藏大臣ノ許可ヲ得テ其費用ヲ徵收スルハ此限ニアラス

新開地及開墾地ハ市條例ニ依リ年月ヲ限リ免税スルコトヲ得

〔意義〕本條ハ市税ヲ免除スヘキモノ、事ヲ規定シタルモノナリ

本條第一ニ揭クルモノハ公用ニ供スル爲メ公法上ノ無形人ノ有スル財產ナリ其所謂公共組合トハ本制理由書ニ據レハ水利土功ノ組合社寺宗敎ノ組合ノ類ヲ云フ然レ圧是等ノ組合ハ他日無形人

ノ資格ヲ付與スレハ格別今日ニ在テハ獨立シタル無形人ニアラサルナリ且水利土功ノ組合ニ付テハ既ニ水利土功會ノ設ケアルヲ以テ之ニ屬スル財産モアルヘク又之ヲ法人トスルトキハ其性質上此ニ例スヘキハ當然ナリト雖モ社寺宗敎ノ組合ニ付テハ縦令之ヲ法人トスルモ第二項ニ編入スルヲ以テ正當ナリトス又其公用ニ供スルトハ是等法人ノ有スル私有財産ニ對スルノ稱ニシテ第八十二條ノ附言ニ於テ開説シタル公有財産ヲ云フ然レ𪜈本條ニ所謂公用ニ供スル財産ハ獨リ市ノ公有財産ニ限ラス國府縣郡ノ公有財産ニ通スルモノトス例ヘハ諸官署及其敷地兵營練兵場等ノ如シ

又第二ニ掲クルモノハ宗敎々育衛生美術慈善ノ用ニ供スル財産ナリ此財産ハ法人ノ所有スルトキニ限ラス其財産使用ノ目的ニ依

リ其財產ニ對シ免除スルモノトス且是等ノモノニ悉ク法人ノ資格ヲ付與スルヿハ萬々ナカル可シ
又第三ニ揭クルモノハ官ノ私有財產ナリ本項ノ但書ニ所謂山林又ハ荒蕪地ハ利益ニ係ル事業トハ其事業ニ依テ利益ヲ得ル公私關係者ノ負擔ニ係ル支道開鑿用水溜池堀鑿等ヲ云フ然レ𪜈又時トシテハ一般市稅ヲ以テ爲ス所ノ起業ニシテ偶〻該山林荒蕪地ノ利益ニ係ル𪜈許可ヲ得テ相當費用ノ支出ヲ受クルヿモ亦此但書中ニ入ルヘシ
又本條末項ハ一私人其他法人ノ純然タル私有財產ニ係ルモノトス而シテ本項ニ所謂新開地トハ新ニ山川等ヲ開キテ耕地又ハ宅地等ニ爲スヲ云ヒ開墾地トハ荒蕪地ニ勞費ヲ加ヘテ耕地又ハ宅地ト爲スヲ云フ

〔理由〕本條第一ニ掲ケタルモノニ市税ヲ免除スル所以ハ公共ノ用ニ供スルモノナルニ依ル蓋公共物ノ爲メニ要スル費用ハ其市之ヲ負擔シ其市民之ヲ分任スルモノナレハ之レニ課税セサルコハ實ニ見易キ道理ニシテ且公費ヲ以テ造設シタルモノニハ公費ヲ免除ストハ確乎不抜ノ原則ナリ又第二ニ掲ケタルモノハ人類社會且國家統御ノ道ニ於テ必要缺ク可ラサル要具ナルヲ以テ特ニ其周到隆盛ナランコヲ奬勵センカ爲メ法律之ヲ保護シテ免除スルナリ又第三ニ掲ケタル官有山林ニ於テハ固ヨリ官ノ私有財産ナリト雖モ是レ元ト收利ノ目的ヲ以テ保存スルモノニ非スシテ國家ノ非常若クハ艦材ノ用ニ供センカ爲メニ存スルモノナレハ之ヲ免除ノ部ニ列スルハ蓋當然ナラン又荒蕪地ハ其性質上利益ヲ生スル能ハサルモノナルニ依ル故ニ若シ其事業ノ該山林ノ利

益トナルトキハ費用分任ノ例外タルコトヲ示シタリ是レ前二項ト其性質ヲ異ニスル所以ナリ又本條末項ハ土地ノ改良ニ屬スルモノニシテ收利增殖ヲ奬勵センカ爲メ或年月ヲ限リ免除スルモノトス又其期限及免除スルト否トヲ市條例ノ規定ニ一任スル所以ハ其國稅ニ關スルトキハ固ヨリ法律ヲ以テ之ヲ定ムト雖モ其市稅ニ係ルモノハ之ヲ市會ノ意見ニ任シ可成各地ノ狀況ニ適應セシメンカ爲メナリ

以上ノ規定ハ之ヲ現行國稅地方稅區町村費ニ比スレハ免稅ノ範圍甚タ狹隘ナリ

〔參照〕明治七年十一月七日第百二十號布告地所名稱區別

官有地

第一種　地劵ヲ發セス地租ヲ課セス地方稅ヲ賦セサルヲ法ト

ス

一　皇居地　皇居離宮等ヲ云

一　神地　伊勢神宮山陵官國幣社府縣社及民有ニアラサル社地ヲ云

第二種　地券ヲ發シ地租ヲ課セス地方税ヲ賦セサルヲ法トス

尤府縣所用ノ地ハ地券ヲ發セス唯帳簿ニ記入ス

但此地ニ在ル官舎ヲ貸渡ストキハ借地料ヲ賦スヘシ

一　皇族賜邸

一　官用地　官院省使寮司府藩縣(本支)廳裁判所警視廳陸海軍(本分)營其他政府ノ許可ヲ得タル所用ノ地ヲ云

第三種　地券ヲ發セス地租ヲ課セス地方税ヲ賦セサルヲ法トス

但人民ノ願ニヨリ右地所ヲ貸渡ストキハ其間借地料ヲ納メシムヘシ

一　山岳丘陵林藪原野河海湖沼池澤溝渠堤塘道路田畑屋敷等其他民有地ニアラサル者

一　鐵道線路敷地

一　電信架線柱敷地

一　燈明臺敷地

一　各所ノ舊蹟名區及公園等民有地ニアラサルモノ

一　人民所有ノ權理ヲ失セシ土地、

一　民有地ニアラサル堂宇敷地及墳墓地

一　行刑場

第四種　地劵ヲ發セス地租ヲ課セス地方稅ヲ賦セサルヲ法トス

一　寺院大中小學校說教場病院貧院等民有地ニアラサルモノ

○明治十七年十一月十八日第九十四號布達

凡ソ官有地ハ人民ノ使用ヲ許シタルモノヲ除クノ外其所在區町村費ノ賦課ニ應セサル儀ト心得ヘシ此旨相達候事

但道路疏水等ノ爲メ該區町村ヘ手當金ヲ給與スルハ各々適宜タルヘシ

○明治十七年三月十五日第七號布告地租條例

第四條　公立學校地郷村社地墳墓地用惡水路溜池堤塘井溝及公衆ノ用ニ供スル道路ハ地租ヲ免ス

第十五條　開墾地ハ鍬下年期明荒地ハ免租年期明ノ翌年分ヨリ更定地價ニ依リ地租ヲ徵收ス

第十六條　開墾ヲ爲サントスルトキハ地方廳ノ許可ヲ受クヘシ開墾地ハ十五年以内鍬下年期ヲ許可ス但年期中ハ原地價ニ依

リ地租ヲ徴收ス

第二十條　荒地ハ其被害ノ年ヨリ十年以內免租年限ヲ定メ年期明ニ至リ原地價ニ復ス

第九十八條　前二條ノ外市稅ヲ免除ス可キモノハ別段ノ法律勅令ニ定ムル所ニ從フ皇族ニ係ル市稅ノ賦課ハ追テ法律勅令ヲ以テ定ムル迄現今ノ例ニ依ル（町）九八、

〔意義〕本條モ亦前條ニ次キ市稅免除ニ屬スヘキモノヽ事ヲ規定シタルモノナリ

本條ニ所謂別段ノ法律勅令トハ現行法中ニ存スル法律勅令ヲ云フニ非ス將來頒布スル所ノモノヲ云フ何トナレハ現行法ニシテ前條ニ牴觸スルモノハ此法律施行ノ日ヨリ廢止スヘキモノナレハナリ（第百三十條）故ニ如何ナルモノヲ別段ノ法律勅令ニ依テ市

税ヲ免除スル乎ハ豫メ定例ヲ示スヿヲ得ス又皇族云々現今ノ例ニ依ルトハ即チ前掲地所名稱區別第二種第一項等ニ依ルヲ云フ

〔理由〕本條前段ハ市税ヲ免除スヘキモノハ前二條ニ掲クルモノニ限ラス特ニ免除スルノ必要アルモノハ別段ノ法律勅令ヲ以テ免除スルヿアルヘキ旨ヲ示シ以テ將來ノ需要ニ應センヿヲ欲スルニ在リ然レ𪜈凡ソ法律ハ將來ノ立法者ヲ拘束スルノ力ナキモノニシテ將來ノ立法者ハ時ニ臨ミ必要ニ應シ隨意ニ法規ヲ立ツルヿヲ得ヘキモノナレハ本條ノ規定ハ勅令ニ必要ナレモ法律ニ對シテハ此ニ明記スルノ要ヲ見サルナリ又皇族ニ關シ市税免否ノ事ヲ他日ノ法律勅令ニ讓リ本制ニ確定セサル所以ハ抑〻皇族ノ權利ニ關シ政費負擔ノ義務ニ係ル等ノ問題ハ憲法若クハ帝室家憲ニ於テ定ムヘキモノニシテ未タ憲法ノ制定アラス帝室家憲ノ明

ナラサル今日ニ在テ之ヲ確定スルヲ得ス否此市制ノ定ムヘキモノニアラス是レ茲ニ之ヲ確定セサル所以ナリ

第九十九條　數個人ニ於テ專ラ使用スル所ノ營造物アルトキハ其修築及保存ノ費用ハ之ヲ其關係者ニ賦課ス可シ〔市〕八九、〔町〕九九、ノ一項

市內ノ一區ニ於テ專ラ使用スル營造物アルトキハ其區內ニ住居シ若クハ滯在シ又ハ土地家屋ヲ所有シ營業（店舖ヲ定メサル行商ヲ除ク）ヲ爲ス者ニ於テ其修築及保存ノ費用ヲ負擔ス可シ但其一區ノ所有財產アルトキハ其收入ヲ以テ先ツ其費用ニ充ツ可シ〔町〕九九、ノ二項

〔意義〕本條ハ市內ノ一部若クハ一區ニ屬スル營造物ノ修築保存費負擔者ノ事ヲ規定シタルモノナリ

法文ニ所謂數個人トハ市內ノ一部落ヲ云フモノニシテ單ニ數個

ノ一私人ニ屬スルモノハ全ク其數人私ノ共有ニシテ更ニ本制ノ與カル所ニ非サルナリ又市内ノ一區トハ第六十條ノ區ヲ云フモノニシテ若シ市ノ下ニ區ヲ置カサル乎又ハ區ノ一部ニ止マル乎ノトキハ所謂一部落ニシテ第一項ノ數個人中ニ包含スヘキモノトス次ニ又專ラ使用スルトハ單ニ使用權ニ止マラスシテ一部若クハ一區ニ屬ストノ意ナリ又營造物トハ既ニ第六條第二項及第三十一條第九第六十四條第二項第二ノ各條下ニ述ヘタルモノト其物自體ニ於テハ同一ナレトモ本條ノ營造物ハ之ヲ有スル者ノ全市ニ及ハスシテ市内ノ一部若クハ一區ニ止マルノ差アリ又修築トハ大修繕及自然ノ腐朽ニ因リ壞滅シ更ニ改築スルヲ云ヒ保存トハ平時管理者ノ爲スヘキ小修理ヲ云フ本條ニ所謂保存ノ費用トハ第八十五條ニ所謂必要ナル費用ト云フニ同シ又第二項ニ所謂

住居トハ第六條第一項ニ掲クルモノト同シク滯在トハ第九十二條ニ掲クル者ト同シク土地家屋ヲ所有シ營業ヲ爲ストハ第九十三條ニ掲クルモノト同シ又但書ニ其一區ノ所有財產トアルハ營造物(營造物亦財產ナリト雖モ玆ニ所謂財產トハ營造物ヲ包含セス)以外ノ總テノ區有財產ヲ云フ

〔理由〕本條ノ營造物修築及保存ノ費用ヲ一部若クハ一區ノ負擔トナシタル所以ハ別ニ說明ヲ要セスシテ明ナリ蓋シ權利ヲ有スルモノハ又之ニ伴フ所ノ義務ヲ負擔ストハ確乎不拔ノ原則ナレハナリ又第二項ニ於テ住民外ノ者ニ課稅スルモノハ第九十二條及第九十三條ヲ細別敷衍シタルニ過キサレハ其理由モ亦同條ニ於テ述ヘタル所ト同一ナリトス又其區內ニ特有財產アルトキハ先ツ其收入ヲ以テ之ニ充ツル所以ハ其區內ニ於テハ收支相通スヘキ

モノナルニ依ル

第百條　市稅ハ納稅義務ノ起リタル翌月ノ初ヨリ免稅理由ノ生シタル月ノ終迄月割ヲ以テ之ヲ徵收ス可シ〔町〕一〇〇、一項
會計年度中ニ於テ納稅義務消滅シ又ハ變更スルトキハ納稅者ヨリ之ヲ市長ニ届出ツ可シ其届出ヲ爲シタル月ノ終迄ハ從前ノ稅ヲ徵收スルコトヲ得〔町〕一〇〇、ノ二項

〔意義〕本條ハ納稅義務ノ起滅ニ關スル事ヲ規定シタルモノナリ
凡市稅ハ第六條及第九十二條以下ノ要件ノ生シ又ハ第九十六條以下ノ原由ノ止ミタル翌月ノ初ヨリ賦課シ而シテ第六條及第九十二條以下ノ要件ノ止息若クハ變更シ又ハ第九十六條以下ノ原由ノ生出シタル月ノ終ヨリ免除スルモノトス右ノ要件又ハ原由ノ生止變更ノ事アレハ一々之ヲ市長ニ届出ツ可ク若シ怠テ其届

ヲ爲サヽルトキハ縱令其生止變更ハ數月前ニ在リトスルモ其屆出タル月ノ終迄ハ猶課税スルヲ得ヘキモノナリ

〔理由〕本條ニ於テ納税義務ノ起滅共ニ月ヲ以テ定メ日ヲ以テ定メサルモノハ計算ノ煩雜ヲ避ケンカ爲メナリ又其屆出ヲ要スル所以ハ其納税義務ノ生滅消長ヲ知ル者ハ其本人ニ如クナキカ故ナリ又其屆出ヲ怠リタル者ニ消滅後猶市税ヲ課スルヿアルモノハ事務ノ整理ヲ期セシカ爲メ法律ハ怠リタル者保護セストノ格言ニ基キタルモノナリ

第百一條　市公共ノ事業ヲ起シ又ハ公共ノ安寧ヲ維持スルカ爲メニ夫役及現品ヲ以テ納税者ニ賦課スルコトヲ得但學藝、美術及手工ニ關スル勞役ヲ課スルコトヲ得ス〔市〕三一、第五、六四、ノ二項第八、八八、一二三、第九〔町〕一〇一ノ一項

夫役及現品ハ急迫ノ場合ヲ除クノ外直接市税ヲ準率ト爲シ且

之ヲ金額ニ算出シテ賦課ス可シ〔町〕一〇一ノ二項
夫役ヲ課セヲレタル者ハ其便宜ニ從ヒ本人自ラ之ニ當リ又ハ適當ノ代人ヲ出スコトヲ得又急迫ノ場合ヲ除クノ外金圓ヲ以テ之ニ代フルコトヲ得〔町〕一〇一ノ三項

〔意義〕本條ハ夫役現品ノ課稅ニ關スルヿヲ定メタルモノナリ

本條ニ所謂市公共ノ事業ヲ起シトハ道路、河溝、堤塘、及學校、病院等ノ開築修繕ノ如キヲ云ヒ又公共ノ安寧ヲ維持スルカ爲メニトハ水火震災等ノ防止又ハ騷亂事變等ノ避難ノ爲メニスルヲ云ヒ又學藝美術及手工ニ關スル勞役トハ總テ被課稅者自ラ任スルニアラサレハ其賦役ヲ辨スル能ハサルモノヲ云フ例之土功ノ爲メニ技師工師又ハ石工ヲ要シ又建築ノ爲メニ建築師、彫刻師、畫家ヲ要スルヿアルモ此等ノ勞役ヲ目的トシテ夫役ヲ課スルヿヲ得サルモノトス又第二項ニ急迫トハ上ノ公共ノ安寧ヲ維持スル爲メニトニフニ同シク水火風災等ノ場合ヲ云フ又直接市稅ヲ準率ト爲シ云々トハ其必要ナル夫役及現品ノ高ヲ其市直接稅ノ總高ヲ以テ除シ依テ得タル數ヲ法トナシ各納稅者ノ直接市稅ノ納額ニ乘シ其得タル果(人夫何人又ハ米麥何斗何升何合ト云フカ如シ)ヲ以テ各人負擔ノ額トナシ之ニ人夫一人役ニ付何十錢米麥一石ニ付何圓ト云フカ如キ平均價格ヲ付シ納稅者ヲシテ自ラ又ハ代人ヲ以テ夫役ヲ勤メ若クハ現品ヲ納メ又ハ金額ヲ以テ代納スルノ自由ヲ與ヘシムルヲ云フ

〔理由〕今日社會經濟法ノ稍〻進步シ財產ノ道亦略〻整ヒ人身自由權ノ侵ス可ラサル原理ノ明ナルニ至テ猶市ニ賦役現品ノ賦課權ヲ與フルハ大ニ國家經綸ノ道ニ違ヒ武斷政治ヲ再演スルノ感ナキ能

ハスト雖モ未タ必スシモ然ラス則チ之ヲ課スルノ過度ニ失セス能ク民度慣行ニ適シ所謂中庸其度ヲ得ルニ於テハ納税ニ易ク爲メニ下民ノ負擔ヲ輕カラシメ而シテ能ク其事業ヲ起スヲ得ルノ益アリ故ニ今日歐米ニ冠タル獨逸ノ如キモ今猶此法ヲ存セリ又顧テ我邦方今ノ實蹟ヲ案スルニ地方各部ニ在テハ恰モ好シ夫役現品ノ賦課法アリ而シテ納税者ニ於テハ自家業務ノ餘暇ヲ以テ之ニ應シ夫ノ金納税ノ如キ許多ノ滯納者アルヲ見ス然ラハ則チ地方財政ノ道ニ於テ缺ク可ラサル良法ト云フ可シ然レ圧今此法ナシテ市制ト町村制トニ付キ其便益ヲ比較セハ町村制ニ於テハ其効驗ヲ現ハスヤ必セリト雖圧市制ニ在テハ若當局者一歩ヲ誤マレハ則チ名狀ス可ラサルノ變狀ヲ呈セントスルノ恐ナシトセス故ニ此法ハ之ヲ擴張シテ國税ハ勿論府縣税ニ於テモ亦決シテ

之ヲ採用スヘキモノニアラサル可シ
又公共ノ事業又ハ安寧ヲ維持スル場合ニ限リタルモノハ元來此税ハ之ヲ常税トシテ課スヘキモノニアラサルカ爲メナリ又學藝美術等ノ勞役ヲ課スルヿヲ禁スル所以ハ賦ニ厚薄ノ差ヲ生スルト金錢若クハ代人ヲシテ之ニ代ラシムルヿヲ得スカ爲メ大ニ人身ノ自由ヲ害スルニ至ルトニ依ル又直接市税ヲ準率トナス所以モ偏重偏輕ノ弊ヲ防カンカ爲メナリ次ニ又夫役現品ニ均一ノ價格ヲ付シ金錢ヲ以テ代納セシムルモノハ住民ノ貧富ニ應シ納税ニ自由ヲ與ヘンカ爲メナリ然レ𪜈火防水防ノ場合ニ於ケルカ如ク事急迫ニ出テ直接市税ヲ調査スルノ暇ナク又金圓ヲ以テ雇使スルノ猶豫ナキ时ハ準率ニ據ラス金納ヲ許サヽルノ便法ヲ置カサル可ラス又總テ代人ヲ許ス所以ハ人身自由ノ侵ス可ラサル

ト八類ノ常患トシテ病氣其他事故ノ免カレサルトニ依ル蓋シ强迫執行法ヲ用ヰサルヿハ凡テ爲事義務ノ性質ナリ

第百二條　市ニ於テ徴收スル使用料、手數料（第八十九條）市税（第九十條）夫役ニ代フル金圓（第百一條）共有物使用料及加入金（第八十四條）其地市ノ收入ヲ定期內ニ納メサルトキハ市參事會ハ之ヲ督促シ猶之ヲ完納セサルトキハ國税滯納處分法ニ依リ之ヲ徴收ス可シ其督促ヲ爲スニハ市條例ノ規定ニ依リ手數料ヲ徴收スルコトヲ得（市）三一、第八、六四、ノ二項第八、（町）一〇二、ノ一項

納税者中無資力ナル者アルトキハ市參事會ノ意見ヲ以テ會計年度內ニ限リ納税延期ヲ許スコトヲ得其年度ヲ越ユル場合ニ於テハ市會ノ議決ニ依ル（市）一〇七、（町）一〇二、ノ二項

本條ニ記載スル徴收金ノ追徴、期滿得免及先取特權ニ付テハ國

税ニ關スル規則ヲ適用ス

〔意義〕本條ハ市稅其他總テ市ノ收入金徵收ニ關スル事ヲ規定シタルモノナリ

本條ニ所謂國稅滯納者處分法トハ明治十年第七十九號布告ヲ云フ又督促ノ爲メニ徵收スル手數料トハ市條例ノ規定スル所ニシテ今茲ニ之ヲ詳カニスルヲ得ス又會計年度トハ毎年四月一日ヨリ翌年三月三十一日迄ヲ云フ

本條末項ニ徵收金ノ追徵期滿得免及先取特權云々トアルモ現今ニ在テハ前揭第七十九號布告ノ外別ニ法規ノアルナシ故ニ國稅滯納者處分法ト云ヒ又徵收金ノ追徵云々ハ國稅ニ關スル規則ヲ適用スト云フモ是レ均シク上ノ布告ヲ云フモノト知ル可シ而シテ本項ニ所謂追徵トハ其物件ノ所在ニ追從シテ徵收スルトノ意

ニシテ即チ納税者若シ其課税シタル財産ヲ他人ニ讓渡シタルトキハ其獲得者ヨリ之ヲ徴收スルコト(該布告第一條「若シ」以下)ヲ云ヒ又期滿得免トハ法定ノ期限ヲ經過シタルニ由リ納税者其義務ヲ免カルヽヲ云フ然レトモ現行國税徴收法ニ於テハ納税期限ノ法アリト雖モ其得免期限ノ法アルヲ見ス又納税者ニ於テ或期限經過ノ一事ヲ以テ納税義務ヲ免カレタルノ實例アリシヲ聞カサルナリ是レ啻ニ我現行法ニ於テ然ルノミナラス遠ク海外ノ政史ニ徴スルモ余輩ノ未タ會テ耳目ニ觸レサル所ナリ然ルニ我カ立法者之ヲ茲ニ明言シタルモノハ蓋シ後日國税期滿得免法ヲ創定スルノ意ナラン乎又先取特權トハ或物件ニ付權利ヲ有スル者數人アルトキ他ノ權利者ヲ排斥シテ先キニ其辨濟ヲ受クルノ權ヲ云フモノニシテ該布告第三條但書及第四條ニ云フ所ノモノ即チ是レナリ

〔理由〕市ノ諸收入ニ付キ國稅滯納所分法ヲ適用スル所以ハ凡國稅ト云ヒ府縣稅ト云ヒ又市町村稅ト云フモ唯其費途ヲ異ニシ之ヲ課スルノ法同シカラサルノミ一旦之ヲ賦課スルトキハ納稅者ノ義務其者ニ輕重ノ別アルヘキノ理ナシ即チ彼此皆強迫執行ノ性質ヲ有スルモノナルニ由ル若シ夫レ此最終ノ處分法ナカリセハ其義務ハ即チ隨意義務トナリ納稅者容易ニ其負擔ヲ免カル丶コトヲ得ヘケレハナリ又徵收督促ノ爲メニ手數料ヲ徵收スル所以ハ是其滯納者ノ爲メ特ニ生シタル失費ニ係レハナリ又無資力者ノ爲メ未納處分ノ延期ヲ與フル所以ハ細民ノ負擔ヲ輕カラシメ滯納處分ヲ受クルモノ丶少カランヿヲ欲スレハナリ其會計年度ヲ越ユル場合ニ於テハ市會ノ議決ニ依ルトシタルモノハ行政機關ノ權限ハ其會計年度內ニ止マリ其以外ニ及ハサルト會計年度

ヲ過クレハ最早收支決算報告ヲ爲サヽル可ラサルトニ依ル又追徵法ヲ用ユル所以ハ課財産税法ノ原則ニ依レルモノナリ又先取特權アル所以ハ公費ハ私費ニ先タツトノ原則ヲ適用セシモノナリ

〔參照〕明治十年十一月二十一日第七十九號布告

租税未納ノ者ハ從來怠納金ヲ徵シ本人身代限ヲ以テ取立ル等ノ處分モ有之處自今右處分ヲ廢止シ更ニ左ノ通區別相立處分致スヘシ此旨布告候事

第一條　徵收期限(毎期ヲ云フ)ヲ過テ尚國税ヲ上納セサル時ハ之ヲ賦課シタル財産ヲ公賣シテ徵收スヘシ若其財産他人ヘ賣與讓與シタル時ハ之ヲ買受讓受ケタル者ヨリ完納セシムヘシ

但書入質入(地所質入ハ其規則ニ從フ)ノ財産ニ未納税アル時其債主ニ於

テ辨納スヘシト申立ル者ハ其意ニ任セ公賣ヲ行ハス
第二條　營業稅又ハ製造稅ヲ上納セサル時ハ其營業ヲ停止ス其製造品アル者ハ之ヲ公賣シ次ニ其器物ニ及ホスヘシ
酒類及醬油造石稅ハ前項ニ依テ處分シ仍ホ其製造用ノ諸建物ヲ公賣スルヿヲ得
但酒類醬油及其製造用諸器物建物ハ自他ノ所有ヲ問ハス其一部又ハ全部ヲ公賣シテ徵收ス
第三條　府縣稅民費モ此規則ニ準シテ處分スヘシ
但格別ニ財產ヲ指定メテ賦課セサル民費徵收ニ付テハ土地家屋ヲ除キ他ノ財產ニ付先取特權アリトス
第四條　凡租稅不納ニ付財產ヲ公賣セントスル時ハ地方官ニ於テ處分シ先ツ公賣ニ關スル入費ヲ引去リ而後國稅府縣稅民費

ヲ徴シ剩餘アル時ハ之ヲ本人ニ還付ス若シ不足アル時國稅府縣稅ハ官ノ損失ニ歸シ民費ハ該區ノ損失ニ歸ス

但該財產ニ付テ區戶長役場ノ帖簿ニ記載セル債主アル時ハ其殘金ヲ順次其債主ニ給付ス

第五條　（十一年第三十四號布告ヲ以テ追加シ十四年第五號布告ヲ以テ刪除ス）

第六條　財產公賣ノ際買請望人無之節該財產ハ之ヲ官沒スヘシ

○第十一年二月二十一日大藏省乙第七號達租稅未納者處分取扱方心得（本文略之）

○明治十七年五月七日第十五號布告區町村費怠納者處分法（本文略之）

第百三條　地租ノ附加稅ハ地租ノ納稅者ニ賦課シ其他土地ニ對シテ賦課スル市稅ハ其所有者又ハ使用者ニ賦課スルコトヲ得

〔町〕一〇三、

〔意義〕本條ハ地所ニ課スル市稅賦課法ノ事ヲ規定シタルモノナリ本條前段ニ云フ地租ノ納稅者トハ單ニ所有者ニ限ラス地租條例第十二條ニ所謂地劵記名者若クハ質取主ヲ云フモノナリ故ニ賣買讓渡其他ノ方法ニ依リ既ニ其所有權他人ニ移轉スルモ未タ地劵ノ書換ヲ爲サヽル間ハ前所有者ヲ以テ納稅者トス又後段ニ所有者トアルハ單ニ地劵記名者ヲ云フ何トナレハ民法上所有權ノ有無ハ行政官吏ノ與カル所ニアラサレハナリ又使用者トハ質取主ハ勿論賃借人其他小作人等地劵記名者ニ非スシテ現ニ其土地ヲ使用スルモノヲ云フ

〔理由〕地租ノ附加稅ヲ地租納稅者ニ課スル所以ハ主稅ト其法ヲ一ニセンカ爲メナリ其他土地ニ課スル市ノ特別稅ヲ使用者ニ課スルヿヲ許ス所以ハ市ノ負任ヲシテ現實ノ利益ト相伴ハシメンカ

爲メナリ然リ而シテ二者ノ岐カルヽ所亦其結果ニ於テ二個ノ差異アルヲ見ル即チ第一直接市税負擔額ニ差異ヲ生シ延テ市ノ政務參與ノ權ニ影響スルヿアリ第二滯納者處分法ヲ異ニス何トナレハ未納公賣ハ其納税義務者ノ權利ニ屬スルモノニアラサレハ之ヲ公賣スルヿヲ得サレハナリ(其納税義務ノ生シタル後其權利ヲ他人ニ移シ又ハ特ニ法ニ明文アル場合ハ格別)故ニ使用者ニ課税シタル片ハ其質取權若クハ其菓實ノ幾分ニ非サレハ之ヲ公賣スルヲ得サルモノトス

第百四條　市税ノ賦課ニ對スル訴願ハ賦課令狀ノ交付後三ヶ月以內ニ之ヲ市參事會ニ申立ツ可シ此期限ヲ經過スルトキハ其年度內減税免税及償還ヲ請求スルノ權利ヲ失フモノトス(町)一〇四、

〔意義〕本條ハ市ノ課税ニ對スル訴權及其訴訟手續ノ事ヲ規定シタルモノナリ

市税ノ賦課ニ對スル訴願トハ其課税ニシテ第九十條以下ノ規定ニ戻リタルモノトシ之ヲ釐正セシメンカ爲メ用ユル所ノ攻撃方法ヲ云ヒ又課税令狀トハ市税ノ種類ニ由リ其法一ナラスト雖モ概シテ納税期數日前(國税金收納順序ニ依レハ國税金ハ十五日前トアリ)税目、金額、上納期日等ヲ記シ市參事會ヨリ發スルモノヲ云ヒ又其年度內トハ第百二條ニ於テ述ヘタル會計年度ヲ云ヒ又減税トハ過當ニ課税セラレタル時之ヲ減スルヲ云ヒ次ニ免税トハ第九十六條以下ノ者及總テ課税セラルヽ原由ナキニ課税セラレタル時其課税ヲ免ルヽヲ云ヒ又償還トハ以上二個ノ場合ニ於テ納税者之ヲ上納シタル後其原由ヲ發見シタルトキ其返還ヲ請求ス

ルヲ云フ

〔理由〕市稅ノ賦課ニ關スル處分ニ對シ訴權ヲ與フル所以ハ行政廳ノ專橫ヲ防キ吾人ノ財產上ニ有スル權利ヲ保護センカ爲メナリ又其訴願ニ期限ヲ設ケ若シ之ヲ經過スル片ハ其不當ヲ訴フルノ權ヲ喪失セシムル所以ハ第百十六條ヲ說クニ際シ之ヲ併說セン又其失權ノ効果ヲ會計年度內ニ減縮シタル所以ハ凡ソ市稅ハ永久固定ノモノニ非スシテ每年其定率ヲ異ニスルト課稅令狀ノ効力ハ當期若クハ其年度內ニ止マルモノニシテ從テ吾人ノ有スル訴權ハ自ラ其年度內ノ額ニ制限セラレタルモノナルトニ依ル

〔參照〕明治十五年五月十日第二十二號布告

課稅ニ關スル處分ニ就キ不服アリテ出訴セントスル者ハ先ツ其旨ヲ申立課額ヲ上納シ領收證書ヲ添ヘ其翌日ヨリ六十日內ニ訴

出ツヘシ

但納税期限前ニ訴出テ訴訟中ト雖モ其期限ニ至レハ課額ヲ上納スヘシ

○明治十七年七月四日第二十三號布告（本制第百三十二條ヲ以テ本制施行ノ日ヨリ廢止ス）

區町村會ニ於テ評決シタル區町村費ニ關シ不服アリテ出訴セントスルモノハ都テ明治十五年五月第二十二號布告ニ依ルヘシ

第百五條　市税ノ賦課及市ノ營造物、市有財産並其所得ヲ使用スル權利ニ關スル訴願ハ市參事會之ヲ裁決ス但民法上ノ權利ニ係ルモノハ此限ニ在ラス（市）五七、（町）一〇五、ノ一項

前項ノ裁決ニ不服アル者ハ府縣參事會ニ訴願シ其府縣參事會ノ裁決ニ不服アル者ハ行政裁判所ニ出訴スルコトヲ得（市）五七、九一、ノ二項（町）一〇五、ノ二項

本條ノ訴願及訴訟ノ爲メニ其處分ノ執行ヲ停止スルコトヲ得ス〔町〕一〇五、ノ三項

〔意義〕本條ハ市税ノ賦課及市ノ財産使用權ニ關スル爭訟裁判權及其裁判ニ對スル上訴ノ事ヲ規定シタルモノナリ

市税ノ賦課トハ前條ニ掲クルモノヲ云ヒ又營造物市有財産並其所得ヲ使用スル權利ニ關スルトハ第八十三條乃至第八十五條及第九十九條ノ使用權ノ有無存滅若クハ加入金使用料修築保存ノ費用ニ關スル總テノ爭論ヲ云フ然ルニ法文ニ並其所得ヲ使用スル云々トアルハ果シテ如何ナル意ナル乎余輩之ヲ解スル能ハス何トナレハ所得ヲ使用スルト云ヘルヿハ曾テ法語ニ存セス又事實ノ之ナキヿナレハナリ既ニ其場合無シトセン乎絶無ノ事實ヨリ爭論ヲ起シ裁判ヲ仰クヘキ事柄ノ生スヘキ道理アラサレハナ

リ仍テ此條第一項ニ在ル使用スルトノ一句ハ弁ト云ヘル文字ノ上ニ置クヘキヲ斯ク誤リシモノニアラサル歟ノ感ヲ起セリ

本條第二項ノ事ハ既ニ屢散見セシヲ以テ玆ニ贅セス

第三項ニ所謂處分トハ本條ノ裁決ニ非スシテ其訴願ノ原因トナリタル當初ノ處分ヲ云フ故ニ市及府縣參事會ノ裁判ハ確定スルニ非サレハ之カ執行ヲナサヽルモノトス(第百十六條第五項)

(理由) 本條ニ掲ケタル事件ノ裁判權ヲ市參事會ニ與フル所以ハ專ラ簡便主義ニ基クモノナリ是レ各國行政裁判所組織ニ於テ往々見ル所ノ特別行政裁判所トス然ルニ今純理ヨリ推ストキハ到底自訴自裁ノ歎ヲ免カレス何トナレハ其爭訟ノ原因ヲ作爲セシモノモ亦市參事會ナレハナリ又本條ニ但書ヲ設ケタル所以ハ本條ノ事件ト市ノ私有財産ニ係ル賃貸附托賣買讓與等ヨリ生スル民法

上ノ爭訟ト區別セントカ為メナリ又訴願ノ為メニ其處分ノ執行ヲ停止セサルモノハ行政事務ノ澁滯ヲ來スノ恐アレハナリ

第百六條　市ニ於テ公債ヲ募集スルハ從前ノ公債元額ヲ償還スル為メ又ハ天災時變等已ムヲ得サル支出若クハ市ノ永久ノ利益トナル可キ支出ヲ要スルニ當リ通常ノ歳入ヲ增加スルトキハ其市住民ノ負擔ニ堪ヘサルノ場合ニ限ルモノトス〔市〕三一、第八、六四、ノ二項第三〔町〕一〇六、ノ一項

市會ニ於テ公債募集ノ事ヲ議決スルトキハ併セテ其募集ノ方法、利息ノ定率及償還ノ方法ヲ定ム可シ償還ノ初期ハ三年以內ト為シ年々償還ノ歩合ヲ定メ募集ノ時ヨリ三十年以內ニ還了ス可シ〔町〕一〇六、ノ二項

定額豫算內ノ支出ヲ為スカ為メ必要ナル一時ノ借入金ハ本條

ノ例ニ依ラス其年度內ノ收入ヲ以テ償還ス可キモノトス但此場合ニ於テハ市會ノ議決ヲ要セス〔町〕一〇六、ノ三項

〔意義〕本條ハ市公債募集ニ關スル事ヲ規定シタルモノナリ

本條第一項ニハ公債ヲ募集スル場合ヲ規定シ第二項ニハ公債ヲ募集スルニ當リ要スヘキ方法ヲ定メ第三項ニハ一時借入金ノ事ヲ規定シタリ

第一　公債ハ左ノ場合ニ於テ之ヲ募集スルヲ得可シ

一　舊公債償還ノ爲メナル時○此第一ノ場合ハ畢竟第二ノ場合中ニ包含セシムルコヲ得ヘシト雖モ本條ニ特書シタルノミナラス第百二十二條ニ於テ許可ヲ受クルコヲ要スルト否トノ別アルヲ以テ今便宜ノ爲メ姑ラク之ヲ分ツテ別項ニ置ク

二　已ムヲ得サル支出ノ爲メナル時○已ムヲ得サル支出トハ傳染病流行、水火震災其他不慮ノ厄難等都テ天災時變及學校病院等ノ修築ノ如キ市ニ必要缺クヘカラサルモノヽ爲メニ支出スルヲ云フ

三　永久ノ利益トナルヘキ事業ノ爲メニ支出スル時○永久ノ利益トナルヘキ事業トハ市ノ生產力ヲ增加シ住民ノ經濟力ヲ增進スル等全市ノ富ノ增殖ヲ計ル事業ヲ云フ例ヘハ市場開設運河開鑿港灣浚渫河海池沼又ハ泥地埋立及ヒ惡水疏通等是ナリ

以上ノ塲合ニ於テハ公債ヲ募集シ以テ其需要ヲ充タスヿヲ得ヘシト雖モ猶一條件ノ具備スルヿヲ必要トス何ソヤ曰ク其費額ノ民力ニ堪ヘサルヿ是ナリ故ニ以上三個ノ塲合ト雖

モ人民ノ負擔ニ堪ヘサルヿ明ナルトキニアラサレハ之ヲ募集スルヿヲ得ス而シテ右三個中第一ノ場合ハ監督官廳ノ許可ヲ要セスト雖モ第二第三ノ場合ハ必ス許可ヲ受クルヿヲ必要トス（第百二十二條第一項）

第二　公債ヲ募集スルニハ左ノ手續ニ從フ可シ

一　募集ノ方法〇募集ノ方法トハ（一）公債募集高（二）利子ノ定率（例ヘハ年六朱或ハ七八朱若クハ壹割ト云フ如ク各地ノ狀況金融ノ便否ニ依リ隨時其額ヲ定ムルモノヲ云）（三）公債價格ノ定準（例ヘハ公債額面百圓ニ付申込價額九十八圓以上ト定メ其以下ノ申込ニハ一切應セサルカ如シ）（四）應募超過額ノ處分法（例ヘハ定準以上ノ申込金額其募集ノ高ヲ超過スルトキハ平分遞減法ヲ用ユル乎又ハ最高價格ノ申込ヨリ順次低價ニ及

ホシ其募集額ニ滿ツルヲ以テ〆切リト爲シ爾餘ハ悉ク謝絶スルノ法ニ依ル乎二者其一ヲ定ムルカ如シ)(五)公債拂込度數及其每期ノ金額並ニ期日(六)申込期限及其保証金額(七)公債申込所(例ヘハ市政廳或ハ某銀行又ハ某會社ト定ムルカ如シ)等ノ事項ヲ云フ

二 償還ノ方法○償還ノ方法トハ(一)每年利子拂渡ノ期日(通常之ヲ二期トス)(二)元金償還ノ年限及其度數(例ヘハ公債募集ノ時ヨリ何年ノ後爾後何十ケ年間ヲ期シ何回ニ償還スルモノト定ムルカ如シ但其償還ノ初期ヲ三年ノ後トナシ又其終期ヲ三十年以上トスルトキハ第百二十二條第一項ニ依リ内務大藏兩大臣ノ許可ヲ受クルコトヲ要ス)(三)償還ノ歩合及其撰擇ノ方法(例ヘハ公債高ヲ償還度數ニ平分シ每回均一ノ額ヲ償還ス

ル乎將其初期ヲ少額トナシ漸次其率ヲ遞加シテ終期ニ多額ヲ還了スル乎又其毎回ノ額ハ公債証書持主中ニ就キ其持高ニ依テ定ムル乎將抽籤法ヲ以テスル乎ノ方法ヲ定ムルカ如シ)

又右二個ノ手續ハ共ニ之ヲ密行ス可ラス必ス其地慣行ノ公告式ニ依リ之ヲ公ケニスルヲ要ス又新聞紙ノ刊行アルニ地ニ於テハ別ニ新聞紙上ニ廣告スルヲ可トス

以上二個ノ手續ヲ具備スルニ非サレハ決シテ公債ヲ募集スルヲ得サルモノトス

又本條第三項ニ定ムル所ノモノハ上ノ要件手續及市會ノ議決ヲ經ルヲ要セス市參事會ノ職權ヲ以テ爲ス一時ノ借入金ニシテ茲ニ所謂公債ト云フヘキモノニアラサルナリ

〔理由〕方今文化日進ノ時ニ當リテハ將來市ノ事業モ亦從テ發達シ經常ノ歳入ヲ以テ支持ス可ラサル巨額ノ費用ヲ要スル場合モ亦尠ナカラサル可シ其他天災事變等不慮ノ厄難ニ罹リ爲メニ市ノ負擔ヲ重劇ナラシムルヿアラン又非常ノ凶歳饑饉ニ遭遇シ爲メニ大ニ民力ヲ減少シ市ノ負擔ニ堪ヘサル場合アラン以上ノ場合ニ際シ其需要ニ應セントセハ必ス將來ノ歳入ヲ使用セサル可ラス其將來ノ歳入ヲ使用セントセハ又必ス公債ノ法ニ依ラサル可ラス蓋シ公債ノ利トシ長トシテ採用スヘキ點ハ將來ノ歳入ヲ使用シテ大事業ヲ起シ或ハ一時ノ急ヲ救ヒ以テ民福ヲ增進スルニ在リ是レ本制ニ於テ市ニ公債募集ヲ許ス所以ナリ然レ𪜈公債ハ將來ノ歳入ヲ使用スルモノナルカ故ニ其利ニ伴フ所ノ害モ亦尠ナシトセス乃チ資本ヲ得ルニ容易ナルヲ以テ濫リニ公債ヲ募リ

無用ノ事業ヲ起シ或ハ住民ノ歡心ヲ買ハンカ爲メ妄リニ市税ヲ減シ經常歲入ヲ以テ支出スヘキ費用モ公債ヲ以テ之ニ充テ將來ノ負擔ヲ重加シ竟ニ民力衰弱税源涸渇ノ現象ヲ呈スルニ至ルノ弊ナシトセス是レ本制ニ於テ種々ノ條件ヲ付シ或ハ内務大藏兩大臣ノ許可ヲ受クルコヲ要スト規定シタル所以ナリ又第三項ノ規定アル所以ハ市ノ會計ヲシテ圓滑ナラシメンカ爲メナリ

○第二欵　市ノ歲入出豫算及決算

凡ソ財政ノ要ハ失費ヲ省キ濫出ヲ防クニ在リ故ニ節減固ヨリ務ム可シト雖モ爲メニ必要ノ費ヲ減ス可ラス支出固ヨリ愼ム可シト雖モ爲メニ正當ノ用度ヲ遏ム可ラス而シテ其失費ヲ省キ濫出ヲ防クノ法三アリ第一歲入出ニ制限ヲ置ク事第二收支ヲ嚴正ナラシムル事第三決

算ヲ明ナラシムル事即チ是ナリ是レ財政ノ三大原則ニシテ又缺ク可ラサル要件ナリトス
今市ノ財政ヲ整理スルニ付テモ亦國家ノ財政ニ於ケルト均ク此法則ニ據ラサル可ラス然ルニ本欵ノ題目ニ於テハ市ノ歳入出豫算及決算トアルヲ以テ收支ヲ嚴正ナラシムルノ法ナキモノヽ如シト雖モ以下規定スル所ノ條項ニ付細カニ探究スルトキハ本制モ亦此三要則ヲ完備スルモノト云フ可シ即チ其第一ハ第百七條以下ニ第二ハ第百十條以下ニ第三ハ第百十二條ニ之ヲ規定ス請フ其詳細ハ以下各條下ニ於テ之ヲ説明セン

第百七條　市參事會ハ毎會計年度收入支出ノ豫知シ得可キ金額ヲ見積リ年度前二ケ月ヲ限リ歳入出豫算表ヲ調製ス可シ但市ノ會計年度ハ政府ノ會計年度ニ同シ〔町〕一〇七、ノ一項

内務大臣ハ省令ヲ以テ豫算調製ノ式ヲ定ムルコトヲ得〔町〕一〇

七、ノ二項

〔意義〕本條ハ歳入出豫算表調製ノ事ヲ規定シタルモノナリ

本條ニ所謂政府ノ會計年度トハ明治十九年閣令第三號歳入歳出出納規則第九條ヲ云フモノトス其他ハ説明ヲ要セス

〔理由〕歳入出豫算表ヲ調製スル所以ハ是財政整理ノ第一要件ノ適用ナリ蓋シ豫算表ノ効驗ハ一ハ以テ理事者ニ其定額内ニ於テ自由ニ收支ヲ爲スノ權ヲ付與シ一ハ以テ理事者ノ權限ヲ確定シ踰越ス可ラサルノ鐵壁トナリ依テ以テ經費ノ濫出財政ノ紛亂ヲ防遏スルノ益アルニ依ル又其調製義務ヲシテ市參事會ニ負ハシムル所以ハ既ニ第六十四條第二項第三ニ依テ明ナリ又市ノ會計年度ヲ政府ノ會計年度ト同フスル所以ハ若シ之ヲ異ニスルトキハ交

渉經費(第百二十二條第五)ノ場合ニ於テ頗ル不便ヲ來スト之ヲ異ニスルノ理由ナキトニ依ル

〔參照〕明治十九年三月六日閣令第三號歳入歳出々納規則

第九條　一會計年度(毎年四月一日ヨリ翌年三月三十一日マテ)ニ屬スル歳入歳出ノ出納ハ第十條第十一條第十二條ノ場合ヲ除キ總テ毎年四月一日ヲ以テ開始ス

第百八條　豫算表ハ會計年度前市會ノ議決ヲ取リ之ヲ府縣知事ニ報告シ並地方慣行ノ方式ヲ以テ其要領ヲ公告ス可シ〔市〕三一、第三、三三、六四、ノ二項ノ第三、一二二、以下〔町〕一〇八ノ一項

豫算表ヲ市會ニ提出スルトキハ市參事會ハ併セテ其市ノ事務報告書及財產明細表ヲ提出ス可シ〔町〕一〇八、ノ二項

〔意義〕本條ハ豫算表ヲ確定セシムル方法ノ事ヲ規定シタルモノナ

り

本條ニ所謂市ノ事務報告書トハ既往將來ニ付キ歳出入豫算表ニ關係アル事務ノ摸樣及參事會ノ意見ヲ付シタル説明書ヲ云ヒ又財產明細表トハ總テ市有財產ヲ類別詳記シタルモノヲ云フ其他ハ已ニ屢述ヘタル所ニ依リ明ナレハ茲ニ略ス

〔理由〕歳入出豫算表ヲ市會ノ議決ニ付スル所以ハ猶國家ノ歳入出豫算表ヲ國會ノ議事ニ付スルカコトシ夫レ歳入出豫算表ハ財政ノ法律ニシテ立法者ニ非サル者ノ能ク判定ス可キモノニ非ス且夫レ政治ノ要訣ハ財政ノ一ニ歸ス蓋シ歳入出ノ多寡ハ一方ニ在テハ國民負擔ノ輕重ニ關シ他ノ一方ニ在テハ經費ノ增減ニ係リ經費ノ增減ハ延テ國家ノ大政ニ關係ヲ及スモノナルニ由ル夫ノ方今英佛其他歐州諸國ニ於テ內閣ノ存亡更迭ヲ來スノ原由ハ常

ニ専ラ財政ノ點ニ存スルモ亦故アル哉由此觀之歳入出豫筭ノ事タル豈ニ之ヲ行政機關ニ放任スルヲ得ンヤ今市ノ歳入出豫筭ニ於ケルモ亦如斯是レ之ヲ市會ノ議決ニ付スル所以ナリ又府縣知事ニ報告スルモノハ府縣知事ハ市ノ行政監督(第百十八條)權ヲ有スルカ故ナリ又之ヲ公告スル所以ハ一般市住民ニ熟知セシメンカ爲メニシテ市ノ條例及規則ヲ公告(第十條第三項)スルト其理一ナリ

又第二項ニ於テ事務報告書及財産明細書ヲ提出スルノ義務ヲ市參事會ニ負ハシムル所以ハ市會ニ於テ豫算表ヲ議スルニ當リ之ヲ參考ニ供シ以テ各議員ヲシテ行政事務ノ現況ト財産ノ多寡トヲ熟知セシメ必要費ヲモ猶否決スルカ如キノ患ナク無事ニ原案通過ヲ爲スノ一助ト爲サンヿヲ欲スルニ在リ

第百九條　定額豫算外ノ費用又ハ豫算ノ不足アルトキハ市會ノ認定ヲ得テ之ヲ支出スルコトヲ得〔市〕三一、第三、六四ノ二項第三、一二三以下〔町〕一〇九、ノ一項

定額豫算中臨時ノ場合ニ支出スルカ爲メニ豫備費ヲ置キ市參事會ハ豫メ市會ノ認定ヲ受ケスシテ豫算外ノ費用又ハ豫算超過ノ費用ニ充ツルコトヲ得但市會ノ否決シタル費途ニ充ツルコトヲ得ス〔町〕一六、ノ二項

〔意義〕本條ハ前條ノ豫算表以外ノ認定ニ關スル事ヲ規定シタルモノナリ

本條ニ所謂定額豫算外ノ費用トハ豫算表歳出中其費目ノ記載ナキモノヲ云ヒ又豫算ノ不足トハ歳出中ノ其費目ノ記載アリト雖モ其豫算額ノ到底實費ニ足ラサルヲ云フ第二項ノ豫算超過ノ費用ト其義同一ナリ而シテ第一ヲ追加豫算ト云ヒ第二ヲ豫算ノ變更

ト云フ又此變更ノ場合ハ條文ニ明記ナキモ他ニ其場合仍ホ一アリ即チ費目ノ流用是ナリ費目ノ流用トハ甲ノ費用ヲ減シ乙ノ費用ニ添加スルヲ云フ例ヘハ警察費ニ節減ヲ加ヘ以テ教育ヲ擴張スルカ如シ

〔理由〕追加豫算及豫算ノ變更ノ場合ニ市會ノ認定ヲ要スル所以ハ前條述ヘタル如ク豫算表ハ財政ノ法律ニシテ其議決確定スル以上ハ行政部ニ於テ寸毫モ之ヲ動カスヿヲ得ス之ヲ變更セントセハ亦必ス之ヲ制定スルノ權アルモノニ依ルニアラスンハ焉ソ能クス可ケンヤ是レ其市會ノ認定(議決)ヲ要スル所以ナリ又定額豫算中ニ豫備費ヲ設クル理由ハ以上二個ノ場合ノ生スル毎ニ市會ノ議決ヲ經ルノ煩ヲ省カンカ爲メナリ故ニ其豫備費ハ市會ニ於テ既ニ否決シタル費途ニ向テ支出スルヿヲ得サルモノトス然リ

而シテ豫備費ヲ設クルト否トハ全ク市會ノ特權ナリトス

第百十條　市會ニ於テ豫算表ヲ議決シタルトキハ市長ヨリ其謄寫ヲ以テ之ヲ收入役ニ交付ス可シ其豫算表中監督官廳若クハ參事會ノ許可ヲ受ク可キ事項アルトキハ（第百二十一條ヨリ第百二十三條ニ至ル）先ツ其許可ヲ受ク可シ〔町〕一一〇、ノ一項

收入役ハ市參事會（第六十四條第二項第三）又ハ監督官廳ノ命令アルニ非サレハ支拂ヲ爲スコトヲ得ス又收入役ハ市參事會ノ命令ヲ受クルモ其支出豫算表中ニ豫定ナキカ又ハ其命令第百九條ノ規定ニ據ラサルトキハ支拂ヲ爲スコトヲ得ス〔市〕五八、ノ四項〔町〕一一〇、ノ二項

前項ノ規定ニ背キタル支拂ハ總テ收入役ノ責任ニ歸ス〔町〕一一〇、ノ三項

〔意義〕　本條ハ收支ニ關スル要則即チ財政ノ三大原則ノ一ナル收支

嚴正ノ事ヲ規定シタルモノナリ
本條第一項ニ所謂豫算表ヲ議決シタルトキトハ歳入出豫算及追加豫算並豫算變更(前二條)ノ三者ヲ包含ス又監督官廳トハ内務大藏兩大臣(第百二十二條)ヲ云ヒ又參事會トハ府縣參事會(第百二十三條)ヲ云フ然ルニ法文ノ註ニ第百二十一條ヨリ云々トアルモ第百二十一條ハ全ク豫算表ニ關係ナキモノト思考ス尤モ市條例中ニハ收入ニ關スルモノアリ(第八十四條第九十一條等)又物品ノ賣却讓與等亦然リト雖モ是レ全ク別問題ニシテ豫算表中ニテ議決スヘキモノニアラス故ニ監督官廳トハ第百二十二條ノ塲合ノミヲ云フモノト解セサル可ラス
又第二項ニ所謂監督官廳トハ府縣知事ヲ云フ然レモ府縣知事ニ於テ收入役ニ向テ直ニ支拂ヲ命令スル塲合ハ甚タ稀ナル可シ即

ヲ市參事會ニ於テ支出ノ命令ヲ實行セサル(第百十八條)場合ニ於テ臨時支出ヲ命スルヿアルノミ又行政官廳ニ於テ屢市ノ支出ヲ命令スルヿアルトキハ市ノ自治自主ノ權ハ全ク其名アリテ其實ナシ幸ニ其場合尠ナキハ賀スヘキヿナレ圧寧ロ一歩ヲ進メ絶無トナラハ吾人ノ滿足之ニ過キサルヘシ又其命令第百九條ノ規定ニ據ラサルトキトハ定額豫算以外ノ支出(追加豫算、豫算ノ變更)ヲ市會ノ認定ヲ經ス又ハ豫備費ヲ市會ノ否決シタル事項ニ向テ支出センヿヲ市參事會ニ於テ命令シタル場合ヲ云フ而シテ本條ノ命令ハ總テ書面ヲ以テスルヲ要ス

〔附言〕本條第二項以下ノ規定ヲ見ルニ支拂云々トノミアリテ收入ノ場合ハ絶テ之カ規定アルヲ見ス然レ圧市參事會(第六十四條第二項第三)ハ獨リ支出ノミナラス收支共ニ命令權ヲ有シ又

收入役（第七十條）ハ常ニ支拂ノミナラス收支共ニ之ヲ掌トルモノトス由是觀之其命令アルヲ要スルコハ唯其支拂ノミナラス收入ニ付テモ亦然リ故ニ收入役ハ縱令一厘ノ收入ト雖モ市參事會ノ命令ナキニ之ヲ受ケ之ヲ徵收スルコヲ得ス若シ之ニ違フトキハ自ラ其責ニ任セサル可ラス然ルニ本條ニ之ヲ明言セサルハ何ソヤ是余輩ノ辨解ニ苦シム所ナリ

〔理由〕收支命令者ト之ヲ實地ニ執行スル者トノ分畫ヲ立テ之ニ與フルニ各固有ノ職權ヲ以テスル所以ハ既ニ述ヘタル如ク收支ヲ嚴ニシ財政ノ整理ヲ得ンカ為メナリ凡ソ會計ノ紛亂ヲ防クニハ帳簿的會計ト實物的會計トノ複立組織法ニ依ルニ若クナシ今此法ヲ用ヰントセハ二者其權利ノ牴觸ヲ調和シ職務ノ軋轢ヲ防カサル可ラス於茲乎各固有ノ職權ヲ與ヘ以テ其權柄ノ權衡ヲ保ツ

ノ必要ヲ生ス是レ本條ニ於テ收入役ニ與フルニ命令抗拒ノ權ヲ以テスル所以ナリ又豫算表ニ關スル市會ノ議決ノ謄寫ヲ收入役ニ交付スルモノハ命令抗拒權アルカ爲メナリ何トナレハ若シ市會ノ議決ヲ知得セサルトキハ其命令ノ果シテ適法ナリヤ否ヲ知ルニ由ナケレハナリ又第三項ニ於テ收入役ニ負ハシムルニ背則支拂ノ賠償ヲ以テスルモノハ亦此權利ヲ嚴格ニ實行セシメント欲スルニ由ル是レ一面ニ在テハ權利ナリト雖モ他ノ一面ニ在テハ必ス遵守セサル可ラサルノ義務ナリトス

抑〻此命令收支法ノ長トスル所ハ一ハ以テ金庫ノ濫用ヲ防キ一ハ以テ出納調査ヲ便ナラシムルニ在リ又命令抗拒權ノ利トスル所ハ一ハ以テ不正ノ命令ヲ停止シ一ハ以テ回復ス可ラサルノ後害ヲ防クニ在リ而シテ此權利ハ市會ノ有スル所ナリ（第三十三條）ト

雖モ市會ノ調査ハ常ニ事後ニ係ルヲ以テ最早既ニ遲シトスル場合之ナシトセス是レ特ニ此權ヲ與フルノ必要アル所以ナリ

第百十一條　市ノ出納ハ毎月例日ヲ定メテ撿査シ及毎年少クモ一回臨時撿査ヲ爲ス可シ例月撿査ハ市長又ハ其代理者之ヲ爲シ臨時撿査ハ市長又ハ其代理者ノ外市會ノ互選シタル議員一名以上ノ立會ヲ要ス〔市〕三三、六七、〔町〕一二一

〔意義〕本條ハ出納調査ノ方法ヲ規定シタルモノナリ

本條ニ據レハ出納調査ノ方法ヲ分チテ二トス即チ左ノ如シ

第一　例月撿査○例月撿査ハ毎月定日ニ於テ市長又ハ其代理者之ヲ爲ス

第二　臨時撿査○臨時撿査ハ一ケ年一回以上臨時市長又ハ其代理者ト市會ニ於テ互選シタル議員一名以上トニ於テ之ヲ爲

ス

〔理由〕以上ノ撿査ヲ要スル所以ハ收支命令書ニシテ果シテ其命令ノ如ク實行セラレシヤ否ヤヲ調査センカ爲メナリ之ヲ要スルニ本條ノ理由モ亦前條ト均シク收支ヲ嚴正ニシ以テ會計ノ紛亂ヲ防遏スルニ在リ又臨時撿査ニ市會議員ノ立會ヲ要スル所以ハ其收支命令ハ果シテ市會ノ議決ニ背クヿナキ乎又市ノ財產ハ正當ニ保管セラルヽヤ否ヲ調査シ以テ決算報告ニ際シ事ノ蹉跌ヲ生スルナキヲ欲スルニ依ル

第百十二條　決算ハ會計年度ノ終ヨリ三ケ月以内ニ之ヲ結了シ證書類ヲ併セテ收入役ヨリ之ヲ市參事會ニ提出シ市參事會ハ之ヲ審査シ意見ヲ附シテ之ヲ市會ノ認定ニ付ス可シ其市會ノ認定ヲ經タルトキハ市長ヨリ之ヲ府縣知事ニ報告ス可シ

〔町〕一一二、

決算報告ヲ爲ストキハ第三十八條及第四十三條ノ例ニ準シ市參事會員故障アルモノトス〔町〕一一三、

〔意義〕本條ハ決算報告ニ關スル事ヲ規定シタルモノナリ

本條ニ據レハ決算報告ヲ別テ二段トス

第一　收入役ノ決算報告○收入役ハ毎會計年度ノ終ヨリ三ケ月以内ニ其會計年度内ノ歲入出出納決算ヲ結了シ之ニ關係書類ヲ添付シ市參事會ニ提出スルモノトス

第二　市參事會ノ決算報告○市參事會員ハ收入役ヨリ提出シタル收支決算書ヲ審閲調査シ其決算ノ正否ニ付意見書ヲ付シ之ヲ市會ニ提出スルモノトス

又第二項ニ所謂市參事會員故障アルモノトハ參事會員ニシテ

市會議員若クハ議長ノ職ヲ兼ヌルトキ其決算報告認定ノ議事ニ付テハ第三十八條及第四十三條ニ所謂自己ノ一身上ニ關スル事件ト見做シ市參事會員ハ其議員タルトキ議決ニ加ハルヿヲ得ス又議長タルトキハ其席ニ着クヿヲ得サルコトヲ云フモノナリ

（理由）決算報告ヲ要スル所以ハ既ニ述ヘタル如ク計算ヲ明ニシ以テ財政ヲ整頓セシメンカ爲メナリ又其報告ヲ二段ニ區別スル所以ハ參事會員ト收入役トハ前條述ヘタル如ク各其職務ヲ異ニシ從テ其責任ヲ別ツカ故ナリ則チ收入役ハ其決算ヨリ生スル齟齬其他一切ノ賠償責任ヲ負ヒ（懲戒ハ格別）參事會員ハ懲戒ヲ受クルヿアルモ當然賠償ノ責ナシ（別ニ民事上ノ責任ヲ生スルトキハ格別）故ニ之ヲ區別ス然レトモ收入役ノ決算報告ハ參事會ニ向テ爲シ又其調査モ參事會ノ爲ス所ニシテ市會ニ對シテハ常ニ參事會ノ責

任ナリトス此故ニ決算報告認定ノ議事ニ付テハ參事會員議員又ハ議長ヲ兼ヌルヿアルモ其議事ニ參與スルヿヲ得スト規定シタル所以ナリ然リ而シテ本制ニハ此故障ヲ獨リ決算報告ノ議事ニ限リ夫ノ歳入出豫算表ニ關スル市會ノ議事ニ適用セサルモノハ聊カ疑ヒナキ能ハス然レ圧此故障ヲ擴張シテ豫算表ニ關スル議事ニ適用スル片ハ亦其他ノ議事ト雖モ恐クハ之カ適用ヲ要セサルモノ之ナキニ至ル可シ是レ畢竟スルニ行政代議ノ兼任ヲ許シタル結果ニシテ又自ラ止ムヲ得サルモノトス

〔附言〕若シ決算報告ヲ市會ニ於テ否認シタル片ハ如何此問題ニ付テハ代議制度ノ邦國ニ於テハ大ニ議論ノ存スル所ナリト雖モ其議論ハ暫ラク措テ論セス今本制ノ下ニ於テ之ヲ如何ニ決スルヤヲ案スルニ蓋シ左ノ二個ノ方法ニ依ルノ外ナカル可シ

第一　決算報告ノ不法ナル時○此場合ニ於テハ市參事會ハ飽迄之ヲ修正シ之ヲ訂正シ以テ市會ノ認定ヲ受ケサル可ラス

第二　市會ノ決不當ナリト認ムル時○此場合ニ於テハ市參事會ハ第六十四條第二項第一ノ職權ヲ以テ之ヲ再議ニ付シ猶否認シタル片ハ府縣參事會ノ裁決ヲ請フ可キモノトス若又市會ニ於テ之ヲ否認スルヿナク唯其議事ニ應セサル片ハ第百十九條ニ依リ府縣參事會市會ニ代テ之ヲ認定スヘキモノトス

余輩ハ此第二ノ方法ノ屢行ハレサランヿヲ希望スル者ナリ

○第五章　特別ノ財産ヲ有スル市區ノ行政

本章ハ特別ニ財産ヲ有スル區行政ノ事ヲ規定ス抑ゝ本制ノ趣旨ハ既ニ述ヘタル如ク市ヲ最下級ノ自治區トナシ市ヲ畫シテ市ノ下ニ又細小

ハノ自治區ヲ存セサルニ在リ故ニ市ノ下ニ區ヲ置キ區ニ區長其他ノ吏員ヲ置クト雖モ是レ一ニ處務便宜ノ爲メニ設クル所ノ行政區畫ニシテ固ヨリ獨立自主自治ノ權ヲ有スルモノニ非ス又法人トス可キモノニアラス故ニ其吏員ハ固有ノ職務ナク議會ナク財政ノ法アルコトナシ然レトモ今顧ミテ各市町村ノ現況ヲ察スルトキハ又大ニ之ニ反對ノ事實ヲ發見スヘシ即チ各市町村ノ各部ニ於テ特別ニ財產ヲ有シ固有ノ權利ヲ保持シ自ラ各部ノ狀態ヲ異ニシ其經濟ヲ同フセサルモノ蓋シ尠ナシトセス又將來本制ノ施行ニ依リ小町村ヲ合併(第四條)スルトキハ更ニ其多キヲ加フ可シ而シテ其各部特有財產ハ均一ノモノニ非スシテ或ハ有無ノ差アリ或ハ多寡ノ別アリ又其人口モ決シテ同シカラス又其利益ヲ異ニスレハ從テ各部ノ軋轢ヲ生シ勢ヒ小數ノ利益ハ多數ノ爲メニ犧牲トナリ多數ノ利益ハ小數ノ受クルコトヲ得サルニ至ルヤ必

セリ於此乎之ヲ調理スルノ法ナカル可ラス是レ特ニ本章ヲ置キ各部特有ノ財產ヲ認メ之ヲ保護スル所以ナリ然レ𪜈本章ノ規定ニ依レハ其特有財產ハ少クモ一區內ニ共通ノモノニアラサレハ即チ第九十九條第一項ニ依リ單ニ數個人專用ノモノト見做シ本章ノ保護ヲ與ヘサルモノトス

第百十三條　市內ノ一區ニシテ特別ニ財產ヲ所有シ若クハ營造物ヲ設ケ其區限リ特ニ其費用（第九十九條）ヲ負擔スルトキハ府縣參事會ハ其市會ノ意見ヲ聞キ條例ヲ發行シ財產及營造物ニ關スル事務ノ爲メ區會ヲ設クルコトヲ得其會議ハ市會ノ例ヲ適用スルコトヲ得〔市〕一二一、以下〔町〕一二四、

（意義）本條ハ特別ニ財產ヲ有スル區ニ區會ヲ設クルヲ得ヘキヿヲ規定シタルモノナリ

本條ニ所謂市内ハ一區トハ第六十條ニ所謂區ト同一ニシテ二者其區域ヲ異ニスルモノニ非ス且同條ニ依テ區ヲ設クル片ニ非サレハ縱令市内ノ一部落ニ於テ特ニ財産ヲ有スルヿアルモ本條ヲ適用スヘキモノニ非ス(町村制ハ此限ニ在ラス)又假令區ノ設ケアリ且其區特有財産アリト雖モ必ス本條ヲ適用セサル可カラサルモノニハ非ス然ルニ其區ニ區會(本條ニ依リ)ヲ設クルト否トハ區ノ資格ニ於テ甚タ相懸隔シタル等差ヲ致ス可シ即チ該條ノ區ハ單ニ行政ノ一區畫ナリト雖モ本條ノ區ハ然ラス財産ノ點ニ付テハ獨立シタル法人ニシテ政務ニ付テモ亦區長選擧ノ權ヲ有ス(第六十條第二項)又特別ニ財産ヲ所有シトハ動産不動産ヲ別タス其無形體ナル區ニ於テ之ヲ有スルヲ云ヒ次ニ又營造物ヲ設ケ其區限リ特ニ其費用ヲ負擔スルトキトハ第九十九條第二項ノ場合ヲ

云フ然ルニ營造物モ亦財產ニシテ之ヲ區別スルノ要ナシ(第六十四條ノ義解參觀)ト雖モ本制ニ於テハ財產ト權利ト營造物トヲ常ニ區別セシヲ以テ本條モ亦之ニ倣ヘリ殊ニ本條ハ一ヲ所有シト云ヒ一ヲ設ケト云フヲ以テ區自ラ建設シタルモノニ非サレハ其買得シタル營造物ハ此ニ包含セサルモノヽ如ジト雖モ是レ恐クハ法ノ精神ニハアラサル可シ又本條ニ所謂條例トハ府縣參事會ニ於テ制定スルモ其性質ハ矢張リ市條例ナリトス

然リ而シテ區會ヲ設クルノ權アルモノハ誰ソヤ曰ク府縣參事會是ナリ市會ハ唯其意見ヲ陳述スルニ過キスシテ之ヲ設クルト否トハ全ク府縣參事會ノ職權ナリトス其組織ハ如何是レ上ノ條例ヲ以テ規定スル所ニシテ今茲ニ之ヲ詳カニスル能ハスト雖モ其大体ハ市會ト異ナルヿナカル可シ又其權限ハ如何是レ本條ニ財

產及營造物ニ關スル事務ハ爲メ云々トノ一句ヲ置キタルヲ以テ其權限ハ特有財產限リニシテ決シテ其他ニ及ハサルヿ明ナリトス

〔理由〕特別ニ財產ヲ有スル區ノ爲メニ區會ヲ設ケ其區ニ特別ノ資格ヲ付與スル所以ハ既ニ本章題目ノ下ニ之ヲ詳述シタリ又其區會ヲ設クルト否トノ權ヲ府縣參事會ニ付與シタルハ何ソヤ當局者之カ說明ヲ爲シテ曰ク之ヲ市會ニ與フル件ハ利害ノ相牴觸スルカ爲メ偏頗ノ處置アランヿヲ恐ルヽニ在リト又其權限ヲ特有財產ニ關スル事務ニ限リタル所以ハ元來此特有財產ノ爲メニ設ケラルヘキモノナルニ依ル

第百十四條　前條ニ記載スル事務ハ市ノ行政ニ關スル規則ニ依リ市參事會之ヲ管理ス可シ但區ノ出納及會計ノ事務ハ之ヲ分

別ス可シ（町）一一五、

（意義）本條ハ特別ニ財産ヲ有スル區ノ行政事務ノ事ヲ規定シタルモノナリ

本條ニ所謂前條ニ記載スル事務トハ財産及營造物ニ關スル事務ヲ云ヒ又市ノ行政ニ關スル規則ニ依リトハ第六十四條以下ノ規定中右ノ事務ニ關スル規則ヲ以テ處理スルヲ云ヒ又市參事會之ヲ管理ス可シトハ此事務ノ爲メニ特ニ區員ヲ設クルコトナシトノ意ナリ然ラハ區長ハ如何元來區長ハ參事會員ノ補助員ニシテ已レ固有ノ職權ヲ有スルモノニ非サルカ故ニ特ニ區長ノ規定ナキモ實際區務ニ從事スル者ハ區長ニシテ參事會ハ多ク事ヲ區長ニ指揮スルノミ又區ノ出納及會計ノ事務トハ特有財産ニ關スル理財事務ヲ云フ故ニ其區一切ノ經費ヲ含マサルモノトス何トナ

レハ既ニ其事務ニ制限アル以上ハ又出納會計モ自ラ其事務ノ範圍內ニ制限セラレサルヲ得サレハナリ

（理由）本條ノ事務ニ制限アル所以ハ猶前條區會ノ事務ニ制限アルカコトシ而シテ此両條間ニ存スル區別ハ一ハ代議ノ職タルト一ハ行政ノ務タルニ過キス又此事務ヲ市參事會ニ於テ管理スル所以ハ蓋シ區ハ僅カニ或財産ノ點ニ付テノミ特別ノ權利ヲ付與スト雖モ其自治權ニ至テハ決シテ之ヲ授クル所ニ非サルヲ以テナリ又其會計ヲ區別スル所以ハ蓋シ之カ爲メニ特ニ本章ノ規定ヲ要シタルモノニシテ本章全体ノ精神ヨリ出ツルモノナリ

○第六章　市行政ノ監督

本章ハ行政官廳ノ有スル市行政ノ監督權及其監督ノ方法ヲ規定シタルモノナリ

抑ミ自治體ハ國家行政機關ノ一支部ニシテ自治體ノ獨立ハ國法ノ下ニ在テ法律以外ニ存セサルコハ余輩既ニ本書ノ緒言ニ於テ之ヲ詳悉セリ既ニ自治體ヲシテ國家行政機關ノ一支部ニシテ國法ノ下ニ存立スルモノトセハ國家ハ自治體ニ於テ法律上ノ限界ヲ踰越セサルヤ否ヤ國安ヲ防害スヘキ事務ヲ行ハサルヤ否又行政ノ統一ヲ害セサルヤ否ヲ監視スルノ權ナカル可ラス是レ國權上缺ク可カラサルモノニシテリヲンスステンゲル氏ヲ始メトシテ苟モ地方自治ヲ論スル者ノ嘗テ異論ナキ所ナリ

上ニ示ス三個ノ原則ヨリ生スル監督權實行ノ方法ヲ細別分類セハ大略左ノ如シ

(第一)自治體ノ某機關ノ選擧ヲ認可シ又ハ異議ヲ容ルヽノ權(第二十八條第二項第五十一條第五十二條第五十八條(第二)自治體ノ行務ヲ推問

スルノ權即チ自治體ハ此權利ニ對シテ或措置及決議ヲ報告スルノ義務（第二十八條第二項第百八條第百十二條第百十七條）（第三）自治體ノ機關ニ對シ強制命令ヲ下スノ權（第百十八條）（第四）自治體ノ或議決ニ對シ認可ヲ與フルノ權（第七十六條第百二十一條乃至第百二十三條）（第五）其議決ノ不法又ハ公益ヲ害スル時ハ之ニ對シ異議ヲ容レ又ハ其執行ヲ停止スルノ權（第六十四條第二項第一第六十五條第四項）（第六）自治行政事務ヲ代辨スルノ權（第四十三條第百十九條第百二十條）（第七自治體ノ機關ヲ解散スルノ權（第百二十條）即チ是ナリ其他ニ猶一アリ曰ク市吏員懲戒ノ權（第百二十四條）是ナリ然レ𪜈懲戒權ハ市吏員其人ニ對スルモノニシテ自治體ノ監督トハ全ク別個ノモノナリ且懲戒處分ハ自治體固有ノ事務ノ爲メニ行フヘキモノニ非スシテ專ラ委任事務ノ爲メニ施スヘキモノトス然レ𪜈本制ニ於テハ之カ區別ヲ置カサルモノヽ

如シ

夫レ監督官廳カ自治行政ニ對シ有セル監督權實行ノ方法ハ概ネ如斯而シテ其之ヲ實行スルニ當リ監督廳ノ最モ謹重愼慮ヲ要スヘキ一事アリ何ソヤ曰ク干涉ニ失セサルヿ即チ是ナリシユールチエ氏嘗テ言アリ曰ク國家ノ監督ハ自治制ノ準繩ナリト雖モ之カ爲メニ專裁ヲ以テ慾ニ干涉ヲ行ヘハ自治政ノ存立ヲ毀損スルニ至ルカ故ニ其團結ニシテ其權限ヲ超ヘ法律ヲ以テ負擔セラレタル義務ヲ盡サス遂ニ國ノ制度ヲ蔑如スルニ及ヒ始メテ其監督權ヲ狹持シ之カ禁遏ヲ行フヘシ而シテ此監督權ハ法律ヲ以テ之ヲ定メ以テ其所管官衙ノ自治政團結ニ對スル專橫ヲ防クハ甚タ緊要ノ一事ニシテ所謂自治制ニ係ル最後ノ處斷ハ省廳ノ指令ニ任セスシテ至高裁判所ノ判決ニ由ラシメサル可カラスト宜哉言乎蓋シ監督官廳ノ權力ハ甚タ强大ニシテ之ヲ自

治區ノ權力ニ比スレハ遙カニ數等ノ上ニ在リ故ニ動モスレハ監督官廳ハ國權ヲ濫用シ自治權ヲ蹂躪スルノ恐アリ此故ニ監督其度ヲ超ヘ或ハ當該官吏ノ專横ニ渉ルノ弊ヲ防遏シ以テ自治ノ獨立ヲ保護スルノ法ナカル可カラス之ヲ防遏シ之ヲ保護スルノ法ハ即チ異議裁判ノ法ヲ設ケ上聽ノ途ヲ開クニ在リ是レ其行政裁判ノ法及上司聽斷ノ法ナカル可ラサル所以トス

第百十五條　市行政ハ第一次ニ於テ府縣知事之ヲ監督シ第二次ニ於テ内務大臣之ヲ監督ス但法律ニ指定シタル場合ニ於テ府縣參事會ノ參與スルハ別段ナリトス（町）一一九、

〔意義〕本條ハ市ノ行政ヲ監督スル官廳ノ事ヲ規定シタルモノニシテ本條ニ依レハ市行政ハ第一次ニ府縣知事之ヲ監督シ第二次ニ内務大臣之ヲ監督スルモノトス而シテ本條但書ノ規定スル所ニ

依レハ市ノ行政ハ獨リ府縣知事及ヒ内務大臣ノミナラス府縣參事會モ亦市ノ行政ニ參與シ之カ監督ヲ爲スコトアリ府縣參事會ハ如何ナル場合ニ市ノ行政ニ參與スル乎本條ニハ單ニ法律ニ指定シタル場合トアリ其所謂法律ニ指定シタル場合トハ即チ第二十八條第二項第四十三條第五十一條第七十六條第三項第百十三條第百十九條第百二十條第百二十三條ノ場合是ナリ其他ノ場合ハ行政裁判所ノ資格ヲ以テ與フル所ノ爭訟裁判ニシテ純然タル監督ニアラサルナリ

〔理由〕凡ソ監督ノ順序ハ階級序次ヲ追フテ自治體ノ所管ト爲シタル行政官廳ニ於テ之ヲ施行スヘキハ自然ノ順序ニシテ又一般ノ原則トス是レ即チ本制ニ於テ市行政ノ監督ヲ其第一次ニ於テ府縣知事ニ屬セシメ其第二次ニ於テ内務大臣ノ所管ト爲シタル所

以ナリ

第百十六條　此法律中別段ノ規定アル場合ヲ除クノ外凡市ノ行政ニ關スル府縣知事若クハ府縣參事會ノ處分若クハ裁決ニ不服アル者ハ内務大臣ニ訴願スルコトヲ得〔町〕一二〇、ノ一項

市ノ行政ニ關スル訴願ハ處分書若クハ裁決書ヲ交付シ又ハ之ヲ告知シタル日ヨリ十四日以内ニ其理由ヲ具シテ之ヲ提出スヘシ但此法律中別ニ期限ヲ定ムルモノハ此限ニ在ラス〔町〕一二〇、ノ二項

此法律中ニ指定スル場合ニ於テ府縣知事若クハ府縣參事會ノ裁決ニ不服アリテ行政裁判所ニ出訴セントスル者ハ裁決書ヲ交付シ又ハ之ヲ告知シタル日ヨリ二十一日以内ニ出訴ス可シ〔町〕一二〇、ノ三項

行政裁判所ニ出訴スルコトヲ許シタル場合ニ於テハ内務大臣

ニ訴願スルコトヲ得ス〔町〕一二〇、ノ四項

訴願及訴訟ヲ提出スルトキハ處分又ハ裁決ノ執行ヲ停止ス但此法律中別ニ規定アリ又ハ當該官廳ノ意見ニ依リ其停止ノ爲メニ市ノ公益ニ害アリト爲ストキハ此限ニ在ラス〔町〕一二〇ハノ五項

〔意義〕本條ハ府縣知事若クハ府縣參事會ノ處分若クハ裁決ニ對スル訴願上訴及其期限幷訴願訴訟提出ノ効果ヲ規定シタルモノナリ

府縣知事若クハ府縣參事會ノ處分又ハ裁決ニ對シテハ何レノ官廳ニ訴願若クハ上訴ヲ爲スヘキ乎本條第一項ニ依レハ此法律中別段ノ規定アル場合ノ外ハ總テ內務大臣ニ訴願スルコトヲ許セリ其所謂別段ノ規定アル場合トハ何ソヤ是レ本條第三項行政裁判所ニ出訴スルコトヲ得ル場合ヲ謂フモノニシテ今府縣知事若クハ

府縣參事會ノ處分又ハ裁決ニ對シ行政裁判所ニ出訴スルヿヲ得ルハ左ノ場合ニアリトス(一)市ノ境界ニ關スル事(第五條)(二)名譽職拒辭ニ關スル事(第八條)(三)市會議員選擧ニ關スル事(第三十五條)(四)市參事會員選擧ノ効力ニ關スル事(第五十七條)(五)越權又ハ法律勅令ニ背キタル市會ノ議決ニ關スル事(第六十四條第二項第一)(六)越權又ハ法律命令ニ背キタル市參事會ノ議決ニ關スル事(第六十五條第四項)(七)市吏員ノ給與ニ關スル事(第七十八條)(八)市稅ノ賦課及市ノ營造物市有財產使用權ニ關スル事(第百五條第二項)(九)市吏員ノ懲戒裁判ニ關スル事(第百二十四條第二項第四)(十)市吏員及使丁ノ職務上ヨリ生スル損害賠償ニ關スル事(第百二十五條)(以上ハ府縣參事會ノ裁決ニ對シ行政裁判所ニ出訴スルヿヲ得ヘキ場合ナリトス)(十一)市其負擔スヘキ支出ヲ定額豫算ニ載セス又ハ臨時之

ヲ承認セス又ハ之ヲ實行セサル件ニ關スル事(第百十八條)(十二)市吏員ノ懲戒ニ關スル事(第百二十四條第二項第一第二)(以上ハ府縣知事ノ處分又ハ裁決ニ對シ行政裁判所ニ出訴スルヿヲ得ヘキ場合ナリトス)

以上列擧シタル十二個ノ場合ニ於テハ內務大臣ニ訴願スルコトヲ得サルモノトス由是觀之本條第一項ニ府縣知事若クハ府縣參事會ノ處分若クハ裁決云々トアルモ其裁決ノ場合ハ盡ク行政裁判ヲ仰クヘキモノニシテ內務大臣ニ訴願セルハ獨處分ノ場合ノミナリトス其處分トハ如何之ヲ詳カニセハ法文ニ處分ト規定シタル場合而已ニ限ルヘキ乎將タ認可若クハ許可又ハ議決若クハ決定トアル場合及ヒ其他都テ府縣知事又ハ府縣參事會カ監督上市ノ行政ニ關與シタル場合ハ悉ク之ヲ處分トシ內務大臣ニ訴願

スルヿヲ得ヘキヤ否今余輩ノ卑見ヲ以テセハ其處分ト明記シタル場合ニ限ル說ニ付テハ無論反對ヲ唱ヘサルヲ得ス何トナレハ今市制全編ヲ通讀スルニ法文ニ處分ノ語ヲ用ヰタルハ第廿八條第二項ノ場合一アルノミ（行政裁判所ヘ出訴スヘキ場合ハ固ヨリ取除ケトス）ニシテ府縣知事ノ處置ニ付テハ內務大臣ニ訴願スル場合ハ絕テ之アラサレハナリ然ラハ廣ク包含セシムルノ說ニ從ハン乎是亦直ニ贊成ヲ表スル能ハス何トナレハ助役及收入役認可ノ如キハ法律ニ於テ何等ノ要件ヲモ規定スルヿナク全ク之ヲ認可スルト否トハ知事ノ權內ニ放任シタレハナリ（町村制ハ此限ニ在ラス）其他市會ノ議決ヲ許可スルト否トニ付テモ亦然リトス又議決ノ場合ニ於テハ府縣參事會ノ市會ニ代ル可カラサル場合ニ市會ニ代テ議事ヲ爲シタルカ如キヿアラハ之ニ對シ訴願ノ權アルハ勿論ナリト雖モ正

當ニ代ルヘキ原由アリテ之ニ代リ議決シタルトキハ其議決ニ對シ疑議ヲ唱ヘ訴願ヲ爲スコトモ亦條理ノ容ルサヽル所ナリ故ニ余輩ハ以上三個ノ場合ヲ除クノ外ニアラサレハ訴願スルコトヲ得サルモノト信ス

訴願若クハ出訴ニ付テノ期限ハ如何曰ク本條第二項ニ於テ訴願ノ期限ヲ定メ第三項ニ於テ出訴ノ期限ヲ定メタリ

本條第二項ニ依レハ訴願ハ處分書若クハ裁判書ヲ交付シ又ハ之ヲ告知シタル日ヨリ十四日以内ニ理由ヲ具シテ之ヲ提出ス可キモノトセリ其訴願トハ第一項ノ訴願即チ内務大臣ニ呈スル訴願ニ限ルヤ否曰否獨内務大臣ニ爲ス訴願ニ限ラス市會若クハ市參事會ノ處分又ハ裁決ニ對シ府縣知事若クハ府縣參事會ニ爲ス訴願及市會若クハ市參事會ニ爲ス訴願モ亦本項ノ豫見スル所ナリ是

レ本項ニ市ノ行政ニ關スル訴願ト廣キ語ヲ用ヰタル所以ナリ加之此項但書ノ場合ハ獨リ市會及市參事會ニ訴願スル時ニ之アルノミトス其但書ノ場合トハ(一)選擧人ノ名簿ニ關スル訴願(第十八條第二項)(二)市會議員選擧ノ効力ニ關スル訴願(第二十八條第一項)(三)市税賦課ニ關スル訴願(第百四條)即チ是ナリ

本條第三項ニ依レハ出訴ハ裁決書ヲ交付シ又ハ之ヲ告知シタル日ヨリ二十一日以内ニ出訴スヘキモノトセリ而シテ立法者ハ訴願ニ付テハ本條第二項ニ於テ普通ノ期限ヲ示スト同時ニ其但書ニ於テ例外ノ場合アルコヲ定ムト雖モ出訴ノ期限ニ付テハ絶テ其例外アルコヲ明記セス然ルニ本制第百二十五條ニ依レハ市吏員又ハ使丁カ怠慢若クハ越權ノ爲メ市ニ加ヘタル損害賠償ノ裁決ニ對スル出訴ハ裁決書ヲ交付シ又ハ之ヲ告知シタル日ヨリ七

日以内ニ申立ツヘシトアリテ法文ノ体裁前後相齟齬スルモノハ是立法者千慮ノ一失ニアラサル歟

訴願及ヒ訴訟提出ハ効力如何原則トシテハ處分又ハ裁決ノ執行ヲ停止スト雖モ左ノ二個ノ場合ニ於テハ處分又ハ裁決ノ執行ヲ停止セス(一)此法律中別段規定アル場合(第三十五條第三項第五十七條第二項第百五條第三項)(二)當該官廳ノ意見ニ依リ其停止ノ爲メ市ノ公益ニ害アリト認ムル場合(此場合ハ全ク事實認定ニ属スルモノニシテ豫メ一定ノ標準ヲ示スヿ能ハサルモノトス)

又第四項ハ第一項ニ所謂此法律中別段ノ規定アル場合云々ト全ク同一ノ事柄ヲ複記シタルモノニシテ別ニ説明ヲ要セス

〔理由〕訴願若クハ訴訟ヲ許シタル所以ハ余輩既ニ本欵ノ起頭ニ於テ之ヲ悉セリ且此階級審理ノ法ヲ要スル所以ハ凡ソ人神明ニア

サルヨリハ誰カ其措置ニ誤ナキヲ保セシヤ是レ眞ニ人事ノ通患ニシテ其重複ヲ顧ミル能ハサルニ依ル然レ𪜈若シ際限ナク何時ト雖モ訴願若クハ訴訟ヲ爲シ前ノ處分又ハ裁決ヲ取消スヿヲ許スモノトセン乎殆ント底止スル處ヲ知ラス爲メニ行政事務ノ澁滯ヲ來サヽラント欲スルモ豈ニ得ヘケンヤ是レ本條ニ於テ其期限ヲ定メ期限外ニ於テハ訴願又ハ訴訟スルヿヲ得ストシタル所以ナリ且夫レ本條ハ此主意ヲ貫徹センカ爲メ縱令訴願若クハ訴訟ヲ爲シタル時ト雖モ法律ニ明文アル乎又ハ公益ノ爲メ必要ナル場合ニハ其執行ヲ停止セサルモノトセリ

又本條行政裁判所ニ出訴スルヿヲ許シタル場合ニハ内務大臣ニ訴願スルヿヲ得ストシタル所以ノモノハ是レ既ニ行政裁判所ニ出訴スルノ途アリ亦更ニ内務大臣ニ上訴スルノ途ヲ與フルノ理

由ナキニ由ル

第百十七條　監督官廳ハ市行政ノ法律命令ニ背戾セサルヤ其事務錯亂澁滯セサルヤ否ヲ監視ス可シ監督官廳ハ之カ爲メニ行政事務ニ關シテ報告ヲ爲サシメ豫算及決算等ノ書類帳簿ヲ徵シ並實地ニ就テ事務ノ現況ヲ視察シ出納ヲ檢閱スルノ權ヲ有ス〔町〕一二

〔意義〕本條ハ市ノ行政ニ付キ監督官廳ノ有セル監督權ノ原則及其實行ノ方法ヲ規定シタルモノナリ

本條ニ所謂監督權之ヲ別テ二トス即チ市行政カ法律命令ノ範圍內ニ於テ運動スルヤ否ヤ監視シ及其事務ノ錯亂澁滯セサルヤ否ヲ監視スルヿ是ナリ

監督官廳ハ之カ爲メニ云々ノ權ヲ有ストハ即チ上ノ監視ニ必要ナル方法ハ亦之ヲ行フヿヲ得ヘキ旨ヲ定メタルモノニシテ其方

法トハ即チ法文ニ示ス行政事務ニ付キ報告ヲ爲サシメ豫算及ヒ決算等ノ書類帳簿ヲ徵シ幷ニ實地ニ付テ出納ヲ撿閲スルヲ云フ而シテ此ニ所謂報告トハ第二十八條第二項第百八條第百十二條ノ場合ノミニ非サルハ勿論ナリト雖モ市ハ常ニ市内ノ行政事務ノ報告ヲ爲スノ義務アルニアラス監督官廳ノ命令アルニ隨テ之ヲ差出スノ義務アルノミ故ニ其報告書ヲ差出サシムルト否トハ畢竟監督官廳ノ權内ニ屬スルモノトス而シテ市ノ豫算及決算等ノ事ニ付テハ宜シク本制第百七條以下ノ義解ヲ參照スヘシ

〔理由〕國家即チ行政官廳ニ於テ市ノ行政事務ヲ監督スルノ權アルコハ余輩既ニ之ヲ論セリ故ニ監督官廳ニ於テ本條ニ示ス二個ノ監視權アルハ當然ニシテ寔ニ行政監督ノ本色ト云フ可シ何トナレハ一方ニ在テハ市行政カ法律命令ニ背キ又ハ事務錯亂澁滯シ

テ行政ノ統一ヲ害スル等ノ弊ヲ未萌ニ防キ一方ニ在テハ若シ之ヲ未發ニ制止スル能ハスシテ市行政カ之ヲ犯スヿアルニ臨ンテハ直チニ禁遏手段ヲ行ヒ以テ害毒ノ流傳ヲ防クノ益アレハナリ監視其者ニ付テハ夫レ如此ト雖モ之ヲ實施スルノ方法ニ依リテハ監視亦更ニ害ナキニ非ス是レ其方法ヲ當局者ノ意向ニ一任セスシテ豫メ法律ヲ以テ限定スルノ最モ必要ナル所以ナリ然ルニ本條ノ如キハ當局者ニ與フルニ之ヲ行フノ必要ナルト否トヲ認定スルノ餘地ヲ以テセリ故ニ當局者之ヲ實行スルニ付テハ委任事務ハ格別市固有事務ニ付テハ勉メテ干渉監視ノ主義ヲ抱持セサランヿヲ要スルノミ

第百十八條　市ニ於テ法律勅令ニ依テ負擔シ又ハ當該官廳ノ職權ニ依テ命令スル所ノ支出ヲ定額豫算ニ載セス又ハ臨時之ヲ

承認セス又ハ實行セサルトキハ府縣知事ハ理由ヲ示シテ其支出額ヲ定額豫算表ニ加ヘ又ハ臨時支出セシム可シ〔町〕一二二、ノ一項

市ニ於テ前項ノ處分ニ不服アルトキハ行政裁判所ニ出訴スルコトヲ得〔町〕一二二、ノ二項

〔意義〕本條ハ前條ニ說明シタル監視ニ一歩ヲ進メ監督權實行方法ノ一ナル强制命令ノ事ヲ規定シタルモノナリ

本條第一項ニ所謂市ニ於テ法律勅令ニ依リ負擔シ又ハ當該官廳ハ職權ニ依テ命令スル所ノ支出トハ本制第八十八條ニ規定シタルモノヲ云ヒ(同條ノ義解ニ詳ナリ)又定額豫算ニ載セストハ第百八條ノ會計年度ノ豫算ニ載セサルヲ云ヒ又臨時之ヲ承認セストハ第百九條ノ追加豫算ヲ認諾セサルヲ云ヒ又實行セサルトハ市會ニ於テ定額豫算ニ載セ又ハ追加豫算ヲ認諾スルモ市參事會ニ

於テ収入役ニ對シ其支出命令ヲ爲サヽルヲ云フ而シテ府縣知事ハ理由ヲ示シテ云々以下ハ府縣知事ニ強制命令權アルヿヲ示シタルモノトス

又本條第二項ハ府縣知事ノ處分ニ對シ市ニ上訴權アルヿヲ示シタルモノナリ

〔理由〕府縣知事ニ強制命令權アル所以ハ府縣知事ノ主タル職務ハ國家ノ代理者ニシテ純然タル行政官吏ナルヲ以テ自ラ法律執行ノ任アルト直接市ノ監督官ナルトニ依ル若夫レ市ニ於テ法律命令ヲ犯スヿアルトキハ之ヲ禁遏シ其執行ヲ強ヒルノ權アルハ當然ナリトス又其理由ヲ示ス所以ハ市ニ於テ果シテ法律命令ニ背キタルヤ否ヲ表明シ其專斷ニ出テタルモノニアラサルヿヲ証シ兼テ行政裁判所ニ出訴セントスルモノヽ証據ニ供センカ爲メナリ

蓋シ知事ノ職權ハ法律ノ範圍外ニ存スルモノニアラサレハナリ又本條第二項ニ於テ府縣知事ノ處分ニ對シ上訴ヲ許ス所以ノモノハ何ソヤ他ナシ本條ノ支出タル市ノ意向ニ反スルニ拘ハラス之カ負擔ヲ受ケシムルモノナルヲ以テ上訴ノ途ヲ開キ府縣知事專制ノ處分ヲ爲スコトヲ防クニ在リ是レ前ニモ述ヘタル如ク自治區ノ保護ニ缺ク可ラサルモノトス

第百十九條　凡市會又ハ市參事會ニ於テ議決スヘキ事件ヲ議決セサルトキハ府縣參事會代テ之ヲ議決ス可シ〔町〕一二三、

〔意義〕本條モ亦前條ト同シク監督權實行方法ノ一ナル府縣參事會ノ代テ議決スヘキ場合ヲ規定シタルモノナリ

本條ニ所謂市會ノ議決スヘキ事件トハ本制第三十條以下ニ規定シタルモノヲ云ヒ又市參事會ニ於テ議決スヘキ事件トハ本制第

六十四條以下ニ規定シタルモノヲ云フ

〔理由〕市會又ハ市參事會ニ於テ其議決スヘキ事件ヲ議決セサルニ方リ市監督官廳カ市會ニ代リ之ヲ議決スル所以ハ已ニ之ヲ盡セリ其市會ニ代ルノ權ヲ府縣知事ニ任セスシテ之ヲ府縣參事會ニ委任シタル所以ノモノハ他ナシ凡ソ議事ハ之ヲ一人一個ノ獨斷ニ付スヘカラス必ス之ヲ集合體ニ委セサルヘカラス而シテ市ノ集合體ナル市會若クハ市參事會ノ上班ニ位スルモノハ即チ府縣參事會ナレハナリ

第百二十條　内務大臣ハ市會ヲ解散セシムルコトヲ得解散ヲ命シタル場合ニ於テハ同時ニ三ケ月以内更ニ議員ヲ改撰ス可キコトヲ命ス可シ但改選市會ノ集會スル迄ハ府縣參事會市會ニ代テ一切ノ事件ヲ議決ス〔町〕一二四、

〔意義〕本條モ亦前條ト同シク監督權實行方法ノ一ナル市會解散即チ最後ノ方法ニ關スル事ヲ規定シタルモノナリ
内務大臣ノ市會ヲ解散セシムルヿヲ得ルハ市會ノ議事其權限外ニ亘リ公益ニ反スルノ決議ヲ爲ス等内務大臣ニ於テ之カ解散ヲ必要ト認メタル場合ニ限ルモノトス而シテ一旦解散ヲ命シタル場合ニ於テハ内務大臣ハ之ト同時ニ議員ヲ改撰スヘキヿヲ命セサルヘカラス

〔理由〕監督官廳ニ市會解散權ノ必要ナル所以ハ何ソヤ若夫レ監督官廳ニシテ此權利ナカラン乎市會ニシテ地方ノ公益ニ反スル決議ヲ爲シ又ハ疎暴過激ノ議論ヲ爲シ地方ノ靜謐ヲ害スル如キ如何ニ不法ノ議會ト雖モ亦之レヲ如何トモスル能ハス其極地方行政ノ腐敗ヲ來サヽラント欲スルモ得ヘカラサルニ至ラン是レ即

チ市會解散權ノ必要ナル所以ナリ而シテ市會解散權ヲ以テ第一次ノ監督官廳ニ委セスシテ之ヲ其上班ニ位スル內務大臣ニ任シタル所以ノモノハ蓋シ市會解散ノ事タル其事件ノ重大ナルヲ以テ可成之ヲ鄭重ニセント欲スルト又府縣知事ハ市會ノ決議ニ關シ直接ノ關係ヲ有スルヲ以テ不識不知偏頗ノ處置ニ流レンコヲ慮リタルトニ由ル而シテ其一旦解散ヲ命シタル時ニ於テ改選議員ノ招集マテ府縣參事會ノ市會ニ代リ議決スル所以ハ前條ニ說明セシ所ト同一ノ理由ニ依ル
解散權ノ必要ナルコ夫レ如此然レ𪜈元來此權タルヤ萬止ムヲ得サルニ際シ施用スヘキ最後ノ方法ナルヲ以テ決シテ之ヲ濫用スヘカラス若シ之ヲ濫用スル片ハ爲メニ反動力ヲ生シ自然人心ヲ激昂セシメ其極地方自治體ト中央政廳トノ間ニ軋轢ヲ生シ地方

經綸ノ上ニ於テ不少障碍ヲ來スヿナキヲ保セス余ノ聞ク所ニ據レハ英獨等ニ於テハ此權ヲ施用スルハ實際甚タ稀有ノヿニシテ現ニ孛國郡會ノ如キハ未タ曾テ解散ヲ命セラレシヿナシト

第百二十一條 左ノ事件ニ關スル市會ノ議決ハ內務大臣ノ許可ヲ受クルコトヲ要ス〔町〕一二五、ノ一項

一 市條例ヲ設ケ幷改正スル事

二 學藝、美術ニ關シ又ハ歷史上貴重ナル物品ノ賣却讓與質入書入交換若クハ大ナル變更ヲ爲ス事

前項第一ノ場合ニ於テハ勅裁ヲ經テ之ヲ許可ス可シ〔町〕一二五、ノ二項

〔意義〕 本條モ亦監督權實行ノ方法ノ一ナル議決認可權ノ事ヲ規定シタルモノナリ

市條例ノ何タルコト及如何ナル場合ニ於テ之ヲ設クヘキ乎ハ本

制第一章第三欵ノ義解ニ詳ナレハ復此ニ贅セス次ニ本條ニ所謂學藝美術ニ關スル物品トハ市內共有ノ書畫古器物等其他藝術ニ關スル必要物品ヲ云ヒ又歷史上貴重ナル物品トハ寶器什物若クハ傳記等歷史ニ必要ノ關係ヲ有スル物品ヲ云フ

〔理由〕市條例ヲ設ケ若クハ之ヲ改正スルノ議決ニ付テ內務大臣ノ許可ヲ要スル所以ノモノハ市條例ノ性質ニ依テ明ナリ抑〻市條例ハ如何ナル場合ニ之ヲ設クル乎ト云フニ既ニ本制第一章第三欵ノ義解ニ在ル如ク全國均一ニ施行スヘキモノニアラスシテ特ニ一地方特殊ノ需用ニ應セサルヘカラサル場合ニ在リ而シテ市條例ハ固ヨリ法律命令ノ範圍內ニ於テ之ヲ制定セサルヘカラサルモノナレハ之カ監督長官タル內務大臣ハ上ニ在リテ常ニ其條例ノ法律命令ト相牴觸セサルヤ否ヲ監視セサルヘカラス而シテ其

勅裁ヲ要スル所以ノモノハ蓋市條例ハ既ニ論セシ如ク行政權ヨリ發スル所ノ行政令ノ一ナルヲ以テ其國家行政ノ長官タル君主ノ勅裁ヲ奏請シテ市條例ニ强制執行ノ効力ヲ付與センカ爲メナリ

又本條第二ノ事件ニ付キ内務大臣ノ許可ヲ要スル所以ハ必竟美術上及敎育上ノ利益ヲ保護スルニ在リ之レ監督官廳ノ上班ニ位スル内務大臣ニ此權ヲ與ヘタル所以ナリ但此物品ニ付テハ文部大臣ノ許可ヲ要ストスル方或ハ適當ナラン歟

第百二十二條　左ノ事件ニ關スル市會ノ議決ハ内務大臣及大藏大臣ノ許可ヲ受クルコトヲ要ス〔町〕一二六、

一　新ニ市ノ負債ヲ起シ又ハ負債額ヲ増加シ及第百六條第二項ノ例ニ違フモノ但償還期限三年以内ノモノハ此限ニ在ラス

二　市特別税並使用料、手數料ヲ新設シ増額シ又ハ變更スル事

三　地租七分ノ一其他直接國税百分ノ五十ヲ超過スル附加税ヲ賦課スル事

四　間接國税ニ附加税ヲ賦課スル事

五　法律勅令ノ規定ニ依リ官廳ヨリ補助スル歩合金ニ對シ支出金額ヲ定ムル事

〔意義〕本條モ亦前條ト同ク監督權實行方法ノ一ナル議決許可ノ事ヲ規定シタルモノナリ

本條ニ列記シタル五個ノ決議ニ付テハ内務大藏兩大臣ノ許可ヲ得ルニアラサレハ之ヲ施行スルコトヲ得ス

本條第一ニ新ニ市ノ負債ヲ起シ又ハ負債額ヲ増加シ及第百六條第二項ノ例ニ違フモノ云々トアル項中及ノ字ハ如何ニ之ヲ解ス

ヘキ平及ノ文字ハ必竟上下連接ノ場合ニ使用スルモノナレハ此場合ニ於テハ第百六條第二項ノ例ニ依ラスシテ新ニ市ノ負債ヲ起シ又ハ負債額ヲ増加シ云々ト解セサルヘカラス又第百六條二項ハ例ニ違フトハ第百六條義解意義ノ部第二項ニ詳述セシ方法ニ依ラサルモノヲ云フ例之償還ノ初期ノ三年以内ナラサル乎又ハ還了期限ノ三十年以外ニ及フモノヽ如シ又第二ニ掲ケタル市特別税使用料幷手數料ノ事ハ第九十條及第八十八條第二項ノ義解ニ明ナレハ此ニ贅セス但市條例ヲ以テ使用料手數料ヲ定ムルトキハ前條ニ依ルヘキモノニシテ本項ニ據ル可キモノニ非ス又第三ニ掲ケタル直接國税及附加税及第四ニ掲ケタル間接國税ノ事モ亦第九十條ノ下ニ詳カナレハ此ニ再説セス次ニ第五ニ掲ケタル官廳ヨリ補助スル歩合金トハ例ヘハ警察軍事ノ如キ全國ニ

關スル行政事務ニシテ國庫ヨリ其費額ノ幾分ヲ補助スルモノヲ云フ而シテ官廳ヨリ補助スル歩合金ニ對シ支出額ヲ定ムトハ右ニ述ヘタル警察軍事等ニ關スル費額中其市ニ於テ負擔スヘキ額ヲ定ムルヲ云フ

〔理由〕本條五個ノ場合ニ於テ内務及大藏兩大臣ノ許可ヲ得ルニアラサレハ之ヲ施行スルヲ得ストシタル所以ノモノハ是レ一ニハ國税ニ關係ヲ有シ又一ニハ其法ニシテ宜シキヲ得サル𪜈ハ國家ノ財源ヲ涸渇セシムルノ恐アルヲ以テ之ヲ豫防セントスルニ由ル就中第一第三第四ニ掲クル場合ニ於テ最モ然リトス

〔參照〕明治十八年八月十五日第二十五號布告（本制第百三十三條ニ依リ本制施行ノ日ヨリ廢ス）

土地ニ賦課スル區町村費ハ明治十九年度ヨリ地租七分ノ一ヲ超

過スルヲ得ス

但非常ノ費用ハ（豫知スヘカラサル天災時變ノ費用ヲ云フ）別ニ賦課スルヲ得此場合ニ於テハ區町村會若クハ水利土功會ノ評決ヲ取リ府知事縣令ノ指揮ヲ請フヘシ

○明治十四年二月二十八日第十六號布告

府縣警察費ニ對シ國庫ヨリ下渡シ金ノ割合來ル十四年度ヨリ左ノ通相定候條此旨布告候事

第一條　東京府ハ警察費總高ノ十分ノ六トス

第二條　京都府大坂府並各縣（沖縄縣ヲ除ク）ハ地方稅支出高ノ十分ノ三トス

第三條　前二ケ條割合ノ外警察官吏（巡査ヲ除クノ外等外吏トモ）並之ニ準スヘキ備內外國人ノ諸給與警視廳ノ廳費ハ從前ノ通國庫ヨリ支給

ス

第百二十三條　左ノ事件ニ關スル市會ノ議決ハ府縣參事會ノ許可ヲ受クルコトヲ要ス（町）一二七、

一　市ノ營造物ニ關スル規則ヲ設ケ幷改正スル事

二　基本財產ノ處分ニ關スル事（第八十一條）

三　市有不動產ノ賣却讓與並質入書入ヲ爲ス事

四　各個人特ニ使用スル市有土地使用法ノ變更ヲ爲ス事（第八十六條）

五　各種ノ保證ヲ與フル事

六　法律勅令ニ依テ負擔スル義務ニ非スシテ向五ケ年以上ニ亘リ新ニ市住民ニ負擔ヲ課スル事

七　均一ノ稅率ニ據ラスシテ國稅府縣稅ニ附加稅ヲ賦課スル

事（第九十條第二項）

八　第九十九條ニ從ヒ數個人又ハ市內ノ一區ニ費用ヲ賦課スル事

九　第百一條ノ準率ニ據ラスシテ夫役及現品ヲ賦課スル事

〔意義〕本條モ亦前條ト同シク監督權實行方法ノ一ナル議決許可ノ事ヲ規定シタルモノナリ

本條ニ列擧スル九個ノ議決ニ付テハ府縣參事會ノ議決ヲ要スルモノトセリ

本條第一ニ記載シタル市ノ營造物ニ關スル規則ノ事ハ第三十一條第九及第十條第二項ノ義解ニ明ナリ第二ニ記載シタル基本財產ノ事ハ第三十一條第七及第八十一條ノ義解ニ明ナリ第三ニ記載シタル市有不動產賣却讓與等ノ事ハ第三十一條第六及第八十

七條ノ義解ニ明ナリ第四ニ記載シタル各個人特ニ使用スル市有土地ノ事ハ第三十一條第九及第八十三條第八十六條ノ義解ニ明ナレハ皆此ニ之ヲ略ス次ニ第五ニ記載シタル保証ト市カ市ノ資格ヲ以テ共同ノ利益ノ爲メ或組合ノ事業若クハ或會社ノ収益ニ付キ保證ヲ與フルヲ云フ例ヘハ日本政府カ日本郵船會社ノ利益ニ付年八朱ノ保證ヲ與ヘタルカ如シ次ニ第六ニ記載シタル法律勅令ニ依リ負擔スルニアラサル義務トハ道路開鑿ノ如キ一時ニ終了スル能ハスシテ五年以上ニ互ル大事業ヲ起シ其工費ノ負擔ヲ毎年若干額ヲ支出スヘシト議決シタル片ノ如キヲ云フ又第七ニ記載シタル均一ノ税率ニ據ラスシテ云々ノヿハ第九十條ノ義解ニ明ナリ又第八ニ記載シタル數個人又ハ市內ノ一區ニ費用ヲ賦課スル事ハ第九十九條ノ義解ニ明ナリ第二ニ記載シタル夫役

及現品ノ賦課準率ノ事ハ第百一條ノ義解ニ明ナリ

〔理由〕本條ニ列擧スル九個ノ場合ニ於テ府縣參事會ノ許可ヲ要スルモノトナシタル所以ハ凡ソ團體ノ榮枯盛衰ノ岐ルヽ所ノモノハ一ニ財政ノ法其宜シキヲ得ルト否トニ依ラサルハナシ而シテ地方團體ノ盛衰ハ延テ國家ノ存亡ニ關スルヲ以テ國家ハ財政ニ關スル或議決許可ノ權ヲ有シ以テ其後害ヲ未萌ニ防カント欲スルニ在リ而シテ之ヲ府縣參事會ニ委ヲタルモノハ何ソヤ是レ前條ノ場合ニ比スレハ其事柄較輕小ナルト事ノ簡便ヲ望ムトニ在リ又府縣知事ニ委ヲサル所以ハ專恣妄斷ノ弊ヲ避ケンカ爲メナリ其他ハ既ニ各條下ニ於テ述フル所ニ依テ明ナリ

第百二十四條　府縣知事ハ市長、助役、市參事會員、委員、區長其他市吏員ニ對シ懲戒處分ヲ行フコトヲ得其懲戒處分ハ譴責及過

怠金トス其過怠金ハ二十五圓以下トス〔町〕一二八ノ一項

追テ市吏員ノ懲戒法ヲ設クル迄ハ左ノ區別ニ從ヒ官吏懲戒例ヲ適用ス可シ〔町〕一二八ノ二項

一　市參事會ノ懲戒處分(第六十四條第二項第五)ニ不服アル者ハ府縣知事ニ訴願シ府縣知事ノ裁決ニ不服アル者ハ行政裁判所ニ出訴スルコトヲ得

二　府縣知事ノ懲戒處分ニ不服アル者ハ行政裁判所ニ出訴スルコトヲ得

三　本條第一項ニ掲載スル市吏員職務ニ違フコト再三ニ及ヒ又ハ其情狀重キ者又ハ行狀ヲ亂リ廉耻ヲ失フ者、財産ヲ浪費シ其分ヲ守ラサル者又ハ職務擧ラサル者ハ懲戒裁判ヲ以テ其職ヲ解クコトヲ得其隨時解職スルコトヲ得可キ者ハ(第六

十三條）懲戒裁判ヲ以テスルノ限ニ在ラス
總テ解職セラレタル者ハ自己ノ所爲ニ非スシテ職務ヲ執ルニ堪ヘサルカ爲メ解職セラレタル場合ヲ除クノ外退隱料ヲ受クルノ權ヲ失フモノトス〔町〕一二八、

四　懲戒裁判所ハ府縣知事其審問ヲ爲シ府縣參事會之ヲ裁決ス其裁決ニ不服アル者ハ行政裁判所ニ出訴スルコトヲ得
市長ノ解職ニ係ル裁決ハ上奏シテ之ヲ執行ス
監督官廳ハ懲戒裁判ノ裁決前吏員ノ停職ヲ命シ並給料ヲ停止スルコトヲ得

〔意義〕本條ハ市吏員ノ懲戒ニ關スル事ヲ定メタルモノナリ
市吏員ノ懲戒ハ之ヲ別テ懲戒處分及懲戒裁判ノ二トス
第一懲戒處分ハ更ニ分チテ譴責及過怠金ノ二トス譴責トハ單ニ

不注意ヨリ生スル過失ヲ譴責スルヲ云ヒ過怠金トハ怠慢ノ制裁トシテ市吏ニ科スル所ノ科金ヲ云フ故ニ過怠金ヲ科スヘキモノハ多ク有意ニ出テ前者ニ比スレハ其情較ゝ重キモノトス

此懲戒處分ノ權ヲ有スルモノハ市參事會(第六十四條第二項第五)及府縣知事トス其市參事會ノ懲戒處分ニ不服アル者ハ府縣知事ニ又府縣知事ノ處分又ハ裁決ニ不服アル者ハ行政裁判所ニ出訴スルヿヲ得

第二懲戒裁判トハ臨時解職スルヿヲ得サル市吏員ノ解職ヲ言渡ス所ノ裁判ヲ云フ而シテ其之ヲ言渡ス場合ハ左ノ如シ(一)職務ニ違フコト再三ニ及ヒタル時(二)職務ニ違フノ情狀重キ時(三)行狀ヲ乱リ廉耻ヲ失フ時(四)財産ヲ浪費シ其分ヲ守ラサル時(五)職務ノ擧ラサル者ナル時即チ是ナリ

此懲戒裁判ノ權ヲ有スル者ハ府縣參事會トス但其審問ヲナスハ府縣知事ノ職權ナリトス又其裁判ニ不服アルモノハ行政裁判所ニ出訴スルコヲ得

懲戒裁判所ニ依リ解職セラレタル者ハ現任ノ職務ヲ失フハ勿論退隱料（第七十七條）ヲ請求スルノ權利ヲ失フモノトス然レ𪜈若シ其裁判ノ市長ニ係ルトキハ其裁判ハ直チニ之ヲ執行スルヲ得ス上奏裁可ヲ經ル迄一時停止スヘキモノトス

〔理由〕此懲戒權ノ必要ナル所以ハ既ニ述ヘタル如ク市固有事務ノ爲メニ存セスシテ專ラ委任事務ノ爲メニ必要ナリトス

第百二十五條　市吏員及使丁其職務ヲ盡サス又ハ權限ヲ超エタルコトアルカ爲メ市ニ對シテ賠償ス可キコトアルトキハ府縣參事會之ヲ裁判ス其裁決ニ不服アル者ハ裁決書ヲ交附シ又ハ

之ヲ告知シタル日ヨリ七日以内ニ行政裁判所ニ出訴スルコトヲ得但出訴ヲ爲シタルトキハ府縣參事會ハ假ニ其財産ヲ差押フルコトヲ得〔町〕一二九、

〔意義〕本條ハ市吏員及使丁カ怠慢又ハ越權ノ爲メ市ニ對スル賠償ノ事ヲ規定シタルモノナリ

市吏員及使丁ニシテ其職務ヲ盡サス又ハ權限ヲ越エタル爲メ市ニ損害ヲ生シタルトキハ市ニ對シテ賠償セサル可カラス此賠償ノ請求ニ付テハ府縣參事會之ヲ裁決シ其裁決ニ不服アル者ハ行政裁判所ニ出訴スルヿヲ得ルモノトス

本條ニ所謂假差押トハ其裁判ノ未確定中義務者ノ財産處分權ヲ拘束スル所ノ假處分ヲ云フ而シテ此場合ニ於テ府縣參事會カ財産ノ假差押ヲ爲スハ其權利ニシテ別ニ司法裁判所ニ請求スルコ

及ハス又本條ニハ單ニ財產トアルヲ以テ動產ト不動產トヲ問ハス皆之ヲ差押フルコヲ得ルモノトス

〔理由〕何人モ自己ノ所爲ニ因リ他人ニ損害ヲ加ヘタルトキハ之ヲ賠償スヘシトハ普通ノ原則ニシテ市吏員又ハ使丁カ怠慢若クハ越權ノ爲メ市ニ損害ヲ加ヘタルトキ之ヲ賠償スヘキハ當然ノ理ナリ又其裁判確定ニ先テ假リニ財產ヲ差押フル所以ハ若シ其一件落着ヲ竢テ執行セン乎加害者其己レノ財產ヲ蕩盡シテ縱令賠償ノ裁判確定スルモ之ヲ履行セシムルコ能ハサルノ恐アルヲ以テ豫メ其財產ヲ差押ヘ以テ賠償ノ保証ニ供センカ爲メナリ之ヲ要スルニ裁判ノ確實ニ執行セラレンコヲ保證スルニ在リ

○第七章　附則

本章ニ於テハ此法律施行ニ關スルコ及現行法ト此市制トノ關係ノ事

ヲ規定セルモノナリ

第百二十六條　此法律ハ明治二十二年四月一日ヨリ地方ノ情況ヲ裁酌シ府縣知事ノ具申ニ依リ内務大臣指定スル地ニ之ヲ施行ス〔町〕一三七、

〔意義〕本條ハ此法律施行ノ期日ヲ定メタルモノニシテ其内務大臣指定スル地云々トアルモ是敢テ市ノ何タル事ヲ定ムルニ非ス市ノ何タル事ハ既ニ第一條ノ下ニ詳述セシ如ク第一條ノ定ムル所ニシテ本條ノ與カル所ニ非ス要スルニ本條ノ意ハ此法律ハ明治二十二年四月一日ヨリ施行スト雖モ地方ノ情況ニ依リ或ハ施行シ或ハ施行ヲ其後ニ延期スル地モ亦之レアル可シト云フニ在リ

第百二十七條　府縣參事會及行政裁判所ヲ開設スル迄ノ間府縣參事會ノ職務ハ府縣知事行政裁判所ノ職務ハ内閣ニ於テ之ヲ

行フ可シ〔町〕一三〇、

〔意義〕本條ハ此法律中ニ云フ府縣參事會及行政裁判所ハ現今其設置ナキノ官署ナルヲ以テ其設置アルマテノ間之ニ屬スル職務ハ府縣知事及內閣ニ於テ取扱フヘキコトヲ定メタルモノナリ

第百二十八條　此法律ニ依リ初テ議員ヲ選舉スルニ付市參事會及市會ノ職務幷市條例ヲ以テ定ム可キ事項ハ府縣知事又ハ其指命スル官吏ニ於テ之ヲ施行ス可シ〔市〕一一、一八、以下、二八、三五、〔町〕一三一、

〔意義〕本條ハ此法律施行ノ初ニ市會議員ヲ選擧スル時ハ未タ市會ナク又市參事會ナク全ク此法律ニ云フ市ノ機關タルヘキモノナキニ依リ其市會又ハ參事會ニ於テ行フヘキ事務ハ府縣知事又ハ其知事ノ指命スル官吏代テ之ヲ行フヘキコトヲ定メタルモノトス又市條例ヲ以テ定ムル事項トハ其數敢テ少ナシトセス然レ𪜈玆

ニ所謂市條例ヲ以テ定ムヘキ事項トハ議員ノ選擧即チ市會ヲ組織スルニ必要ナル條例ノミト解セサル可ラス其他ノ條例ハ市會組織ノ上市會ニ於テ之ヲ制定スルモ未タ遲シトセサレハナリ

第百二十九條　社寺宗敎ノ組合ニ關シテハ此法律ヲ適用セス現行ノ例規及其地ノ習慣ニ從フ（町）一三四、

〔意義〕本條ハ社寺宗敎ノ組合ニハ本制ヲ適用セサルコヲ規定シタルモノナリト雖モ本條ノ規定ハ甚タ穩當ナラス何トナレハ社寺宗敎ノ組合ト雖モ其市內ニ土地家屋ヲ所有シ又ハ人ノ住居スルニ於テハ市行政廳ノ保護ヲ受ケサル可ラス其他常務ニ付テモ亦然リ又市稅ヲ免セラルヽコモ第九十七條ニ依リ免除セラル可シ故ニ本條ノ意ハ社寺宗敎ノ組合ハ法人トシテ第十二條第二十四條ノ如キ議員ヲ選擧スル等公法上ノ參政ノ權ヲ授ケス又享有ス

ヘキモノニ非ストノ意ナラン

第百三十條　此法律中ニ記載セル人口ハ最終ノ人口調査ニ依リ現役軍人ヲ除キタル數ヲ云フ〔市〕一一、一二、〔町〕一三五、

〔意義〕本條ハ人口統計ノ事ヲ規定シタルモノナリ

第百三十一條　現行ノ租税中此法律ニ於テ直接税又ハ間接税トス可キ類別ハ内務大臣及大藏大臣之ヲ告示ス〔市〕七、一二、一三、九〇、〔町〕一三六、

〔意義〕本條ハ直接税間接税ト稱スルモノ、中ニハ往々判別ニ苦シムモノアルヲ以テ其區別ヲ解釋者ニ一任セス內務大藏兩大臣ノ告示ヲ以テ指定ス可キ事ヲ定メタルモノナリ而シテ內務大藏兩大臣ハ本年七月十三日附ヲ以テ左ノ如ク達ラレタリ

大藏省告示第九十五號

本年法律第一號市制第百三十一條町村制第百三十六條直接税間

接税ノ類別ハ左ノ諸税ヲ以テ直接税トシ其他ハ間接税トス但府縣區町村ニ於テ特ニ徵収スルモノハ府縣知事ノ稟申ヲ以テ之ヲ定メ其直接トスヘキモノハ府縣知事ヲシテ管內ニ告示セシム

明治二十一年七月十三日　內務大臣伯爵山縣有朋

大藏大臣伯爵松方正義

○國税　地租　所得税

○地方税　地租割　戸數割　家屋税　營業税　雜種税

○區町村費　地價割　段別割　戸別割　家屋割　營業割

第百三十二條　明治九年十月第百三十號布告各區町村金穀公借共有物取扱土木起功規則、明治十一年七月第十七號布告郡區町

村編制法第四條、明治十七年五月第十四號布告區町村會法、明治十七年五月第十五號布告、明治十七年七月第二十三號布告、明治十八年八月第二十五號布告、其他此法律ニ牴觸スル成規ハ此法律施行ノ日ヨリ總テ之ヲ廢止ス（町）一三八、

〔意義〕　本條ハ此法律ト現行法トノ關係ノ事即チ現行法中此法律ニ牴觸スルモノハ此法律施行ノ日ヨリ廢止スヘキコトヲ定メタルモノナリ

本條ニ所謂明治十七年五月第十五號布告トハ區町村會費及土木費怠納者處分法ヲ又同月第二十三號布告トハ區町村會ニ於テ評決シタル區町村費ニ關スル出訴手續ヲ云ヒ又同八月第二十五號布告トハ土地ニ賦課スル區町村費ノ法ヲ云フ

第百三十三條　内務大臣ハ此法律實行ノ責ニ任シ之カ爲メ必要

ナル命令及訓令ヲ發布ス可シ〔町〕一三九、

〔意義〕本條ハ此市制ヲ實行スルニ付テハ内務大臣之カ責任ヲ負ヒ必ス法律ノ豫定セル如ク之ヲ施行セサル可ラサル事ト又之カ爲メニ要スル所ノ命令及訓令ヲ發スルノ權ヲ有スル事ヲ規定シタルモノナリ

町村制

○第一章　總則

總則ノ何タルコハ余輩既ニ市制第一章總則ノ部ニ於テ之ヲ説明シタレハ茲ニ之ヲ略ス

○第一欵　町村及其區域

本欵ハ町村ノ何タルコトヲ示シ併セテ其區域ヲ明ニシタルモノナリ

第一條　此法律ハ市制ヲ施行スル地ヲ除キ總テ町村ニ施行スルモノトス

〔意義〕本條ハ此町村制ヲ施行スヘキ疆土ノ事ヲ規定シタルモノナリ

此法律ニ所謂町村トハ市外ノ最下級ノ自治區ヲ云フ而シテ市ト町村トハ如何ナル標準ニ依リ之ヲ區別スヘキ乎又市ト町村ト其

制度ヲ異ニスル理由如何ハ既ニ市制ヲ解クニ當リ之ヲ詳ニシタレハ此ニ略ス

第二條　町村ハ法律上一個人ト均ク權利ヲ有シ義務ヲ負擔シ凡町村公共ノ事務ハ官ノ監督ヲ受ケテ自ラ之ヲ處理スルモノトス

〔意義〕〔理由〕本條ノ意義理由ハ市制第二條ト同一ニシテ只市ト町村ノ區別アルノミ故ニ亦之ヲ略ス

第三條　凡町村ハ從來ノ區域ヲ存シテ之ヲ變更セス但將來其變更ヲ要スルコトアルトキハ此法律ニ準據ス可シ（市）三、

〔意義〕本條ハ市制第三條ト其義同一ニシテ町村ノ區域ハ從前ノ儘之ヲ保存シ本制施行ノ爲メニ其區域ヲ變更スルコナシトノ原則ヲ定メタルモノナリ我邦ノ行政區畫ハ古來幾多ノ變遷アリト雖

モ古昔ノ事ハ暫ク措キ明治ノ初年全國ヲ分チテ府藩ノ二トシ同四年藩ヲ廢シ縣ヲ置キ縣ヲ分チ大小區トナス其後又十一年ニ至リ第十七號布告ヲ以テ郡區町村編制法ヲ頒布セラレタリ是ニ於テ乎我國ノ行政區畫ハ分レテ中央政府、府縣、郡區、町村ノ四等トナレリ本條ニ所謂從來ノ區域トハ即チ此第十七號布告ニ依リ定リタル町村ノ區域ヲ云フ但從前ノ町村中市街地ニシテ別ニ市ト爲ス地ハ市制第三條ニ依ル

本條ハ斯ノ如ク一個ノ原則ヲ揭ケタリト雖モ今飜テ將來ノ事ヲ案スルニ或ハ貧弱ニシテ到底町村ノ獨立ヲ維持スル能ハサルニ至ルコアリ又或ハ公益上ノ必要ヨリシテ變更ヲ要スルニ至ルコナキ能ハス是本條末段ニ於テ例外ヲ設ケタル所以ナリ

第四條　町村ノ廢置分合ヲ要スルトキハ關係アル市町村會及郡

參事會ノ意見ヲ聞キ府縣參事會之ヲ議決シ內務大臣ノ許可ヲ受ク可シ

町村境界ノ變更ヲ要スルトキハ關係アル町村會及地主ノ意見ヲ聞キ郡參事會之ヲ議決ス其數郡ニ渉リ若クハ市ノ境界ニ渉ルモノハ府縣參事會之ヲ議決ス

町村ノ資力法律上ノ義務ヲ負擔スルニ堪ヘス又ハ公益上ノ必要アルトキハ關係者ノ異議ニ拘ハラス町村ヲ合併シ又ハ其境界ヲ變更スルコトアル可シ

本條ノ處分ニ付其町村ノ財産處分ヲ要スルトキハ併セテ之ヲ議決ス可シ

〔意義〕本條ハ前條末段ノ例外ニ關スル細則ヲ定メタルモノナリ

本條第一項ニ所謂町村ハ廢置分合トハ町村ヲ廢シテ市ニ併合シ

或ハ市ノ一部ヲ割テ町村ヲ置キ或ハ一町村ヲ割テ數町村ト爲シ數町村ヲ合シテ一町村ト爲スヲ云フ故ニ本項ハ市制第四條ト同一ニシテ唯之ニ町村相互間ノ一事ヲ加フルノミ又關係アル市町村會及郡參事會トハ其廢置分合ヲ來タシタル市及町村會ト其町村ヲ管轄スル郡參事會ヲ云フ又第二項ニ所謂町村境界ノ變更トハ市ノ境界ヲ變更シ云々ト同一ニシテ唯市ト町村トノ差アルノミ但本項ノ變更モ其後段ニ於テ市ノ境界ニ涉ルモノ云々トアルニ依レハ第一項ノ如ク市ト町村ト又町村相互ノ間トノ場合ヲ包含スルヿ明ナリトス又關係アル町村會トハ其變更ヲ受クル町村會ヲ云フ然レドモ其變更ノ市ニ涉ルモノハ本項ニ明文ナキモ市會ノ意見ヲ聞クヿヲ要スルハ論ヲ竢タス又關係アル地主トハ其變更ヲ要スル土地ニ關係アル所有者ヲ云フ又本條第三項ニ所謂町

村ヲ合併シ又ハ變更スルトハ第一項第二項ノ廢置分合變更ノ三者ヲ包含スルモノトス又法律上ノ義務トハ即チ本制第八十八條ニ規定スル所ノモノヲ云フ其詳細ハ請フ之ヲ同條ノ義解ニ讓ラン又公益上必要アル塲合トハ町村ノ區域狹小ニ失スルカ然ラサレハ廣濶ニ過キテ實際本制ヲ適施スル能ハサル塲合等ヲ云ヒ又本條末項ニ財產處分ヲ要ス云々トハ町村區域ノ變更ノ爲メ町村ノ共有財產ヲ合併町村ニ讓渡スルカ如キヲ云フ

〔理由〕本條ニ於テ町村ノ廢置分合ヲ要スルニ方リ市會ノ意見ヲ聞カサルヘカラサル所以ハ既ニ述ヘタル如ク町村ノ廢置分合ハ市ニ關係スル塲合アルヲ以テ其關係者ノ意見ヲ聞カントスルニ由ル又郡參事會ノ意見ヲ聞クヘシトシタルハ町村ハ郡ノ監督ノ下ニ立ツモノナルニ依ル又其市ニ涉ルトキハ郡ト市トハ相對峙シ

タル自治行政ノ區畫ニシテ其廢置分合ハ市ト郡トノ境界ニ關係ヲ及ホセハナリ

又内務大臣ノ許可ヲ要ストシタル所以ハ蓋シ其事件ノ重大ニシテ一國行政上最大ノ關係ヲ及スコアルヘケレハナリ然レ𪜈其事件ノ單ニ市町村間ノ境界ヲ變更スルノミニ止ルトキハ其事柄ノ重大ナラサルヲ以テ關係市町村會等ノ意見ヲ聞キ郡參事會若クハ府縣參事會ニ於テ之ヲ議決ストシタルハ當然ナリ然ルニ廢置分合ノ場合ハ關係市町村會ノミノ意見ヲ聞キ變更ノトキハ特ニ地主ノ意見ヲ聞クコヲ要スル所以ハ第一ノ場合ニ於テハ其町村全体ニ係ルヲ以テ其代表者タル町村會ノ意見ヲ聞クヲ以テ充分ナリトスルモ第二ノ場合ニ於テハ特ニ其變更ニ係ル地主ノ利害ニ關スルト町村會議員ト其地主トハ常ニ利害ヲ共ニスルモノナリト

ハ事實ニ於テ認ムルコヲ得サルトニ依ル

又第三項ノ場合ニ於テハ關係者ノ異議アルニ拘ハラス町村ヲ合併變更スル所以ハ町村ノ獨立ヲ維持スル能ハサルト其事件ノ公益ニ關スルトニ由ル

本條末項ニ於テ財產處分ノ議決ヲ境界事件ノ議決ト同ク之ヲ府縣又ハ郡ノ參事會ニ委任シタルハ其專擅偏私ノ弊ヲ防カンカ爲メニシテ又其議決ニ對シ司法ノ裁判ヲ仰クコヲ許サヽルモノハ畢竟是等ノ事件ハ行政事務ニ附從スル所ニシテ其性質上司法裁判ニ屬スヘキモノニアラサレハナリ

此ニ注意スヘキ事アリ即チ本條第一項及第二項ノ場合ニ於テハ其之ニ關係アル市町村會及地主ノ意見ヲ聞カサルヘカラサルモ第三項ノ場合ニ於テハ關係者ノ意見ヲ聞クニ及ハストシタル事

是ナリ是レ他ナシ第一項第二項ノ場合ハ關係者ノ協議ヲ以テ廢置分合若クハ境界ノ變更ヲ爲スモノナレハ關係者各自ノ意見ヲ聞クヘキハ當然ナルモ之ニ反シテ第三項ノ場合ハ關係者ノ協議ニ拘ハラス法律上必要ト認メタル場合ニ於テ政府ヨリ之ヲ命スルモノナレハナリ

第五條　町村ノ境界ニ關スル爭論ハ郡參事會之ヲ裁決ス其數郡ニ涉リ若クハ市ノ境界ニ涉ルモノハ府縣參事會之ヲ裁決ス其郡參事會ノ裁決ニ不服アル者ハ府縣參事會ニ訴願シ其府縣參事會ノ裁決ニ不服アル者ハ行政裁判所ニ出訴スルコトヲ得〔町〕一二〇、

〔意義〕本條ハ町村ノ境界ニ關スル爭論裁判權ノ事ヲ規定シタルモノナリ

〔理由〕町村ノ境界ニ關スル爭論ヲ郡ノ參事會ニテ裁決スル所以ハ他ナシ町村ヲ第一次ニ監督スルモノハ郡ナレハナリ然レ𪜈若シ其爭論ノ延テ市ニ關係シ若クハ數郡ニ及フトキハ最早郡參事會ニテ之ヲ裁決スルヲ得ス何トナレハ市ト云ヒ郡ト云ヒ共ニ府縣ニ直隷スルモノナレハナリ故ニ此塲合ニ於テハ府縣參事會ニ於テ之ヲ裁決スヘシトシタルハ當然ニシテ他ハ之ヲ市制第五條ノ義解ニ讓ラン

○第二欵　町村住民及其權利義務

本欵ノ說明モ亦之ヲ市制第一章第二欵ノ義解ニ讓ル

第六條　凡町村內ニ住居ヲ占ムル者ハ總テ其町村住民トス

凡町村住民タル者ハ此法律ニ從ヒ公共ノ造營物幷ニ町村有財產ヲ共用スルノ權利ヲ有シ及町村ノ負擔ヲ分任スルノ義務ヲ

有スルモノトス但特ニ民法上ノ權利及義務ヲ有スル者アルトキハ此限ニ在ラス

〔意義〕〔理由〕本條ノ意義理由共ニ市制第六條ト同一ナルヲ以テ之ヲ略ス

第七條　凡帝國臣民ニシテ公權ヲ有スル獨立ノ男子二年以來(一)町村ノ住民トナリ(二)其町村ノ負擔ヲ分任シ及(三)其町村内ニ於テ地租ヲ納メ若クハ直接國稅年額二圓以上ヲ納ムル者ハ其町村公民トス其公費ヲ以テ救助ヲ受ケタル後二年ヲ經サル者ハ此限ニ在ラス但場合ニ依リ町村會ノ議決ヲ以テ本條ニ定ムル二ヶ年ノ制限ヲ特免スルコトヲ得

此法律ニ於テ獨立ト稱スルハ滿二十五歲以上ニシテ一戶ヲ搆ヘ且治產ノ禁ヲ受ケサル者ヲ云フ

〔意義〕〔理由〕本條ノ意義及ヒ理由ハ市制第七條ト同一ナルヲ以テ之ヲ略ス

第八條　凡町村公民ハ町村ノ選擧ニ參與シ町村ノ名譽職ニ選擧セラルヽノ權利アリ又其名譽職ヲ擔任スルハ町村公民ノ義務ナリトス左ノ理由アルニ非サレハ名譽職ヲ拒辭シ又ハ任期中退職スルコトヲ得ス

一　疾病ニ罹リ公務ニ堪ヘサル者

二　營業ノ爲メ常ニ其町村内ニ居ルコトヲ得サル者

三　年齡滿六十歲以上ノ者

四　官職ノ爲メニ町村ノ公務ヲ執ルコトヲ得サル者

五　四年間無給ニシテ町村吏員ノ職ニ任シ爾後四年ヲ經過セサル者及六年間町村議員ノ職ニ居リ爾後六年ヲ經過セサル者

六　其他町村會ノ議決ニ於テ正當ノ理由アリト認ムル者前項ノ理由ナクシテ名譽職ヲ拒辭シ又ハ任期中退職シ若クハ無任期ノ職務ヲ少クモ三年間擔當セス又ハ其職務ヲ實際ニ執行セサル者ハ町村會ノ議決ヲ以テ三年以上六年以下其町村公民タルノ權ヲ停止シ且同年期間其負擔ス可キ町村費ノ八分一乃至四分一ヲ增課スルコトヲ得

前項町村會ノ議決ニ不服アル者ハ郡參事會ニ訴願シ其郡參事會ノ裁決ニ不服アル者ハ府縣參事會ニ訴願シ其府縣參事會ノ裁決ニ不服アル者ハ行政裁判所ニ出訴スルコトヲ得

〔意義〕本條モ亦市制第八條ト其義同一ナルモ只其末項ニ於テ一ノ差異アリ即チ市會ノ裁決ニ不服アル者ハ直ニ府縣參事會ニ訴願シ町村會ノ議決ニ不服アル者ハ郡參事會ニ訴願スルノ差アル是

ナリ

〔理由〕市制ト町村制ト區別シ町村會ノ議決ニ不服アル者ハ郡參事會ニ訴願スルモノトシタルハ是市ハ府縣ニ直隷シ町村ハ郡ニ直隷スルニ由ル

第九條　町村公民タル者第七條ニ掲載スル要件ノ一ヲ失フトキハ其公民タルノ權ヲ失フモノトス

町村公民タル者身代限處分中又ハ公權剝奪若クハ停止ヲ附加ス可キ重輕罪ノ爲メ裁判上ノ訊問若クハ勾留中又ハ租税滯納處分中ハ其公民タルノ權ヲ停止ス

陸海軍ノ現役ニ服スル者ハ町村ノ公務ニ參與セサルモノトス

町村公民タル者ニ限リテ任ス可キ職務ニ在ル者本條ノ場合ニ當ルトキハ其職務ヲ解ク可キモノトス

〔意義〕〔理由〕 本條ノ意義理由共ニ市制第九條ニ同シキヲ以テ之ヲ略ス

○第三欵 町村條例

本欵ノ説明モ亦之ヲ市制第一章第三欵ノ義解ニ讓ル

第十條 町村ノ事務及町村住民ノ權利義務ニ關シ此法律中ニ明文ナク又ハ特例ヲ設クルコトヲ許セル事項ハ各町村ニ於テ特ニ條例ヲ設ケテ之ヲ規定スルコトヲ得

町村ニ於テハ其町村ノ設置ニ係ル營造物ニ關シ規則ヲ設クルコトヲ得

町村條例及規則ハ法律命令ニ牴觸スルコトヲ得ス且之ヲ發行スルトキハ地方慣行ノ公告式ニ依ル可シ 〔町〕一一、一四、三二、五二、五六、六五、七四、七七、八四、九一、九七、一〇二、一一四、三二、三三、一二五、

〔意義〕〔理由〕本條ノ意義理由共ニ市制第十條ト同シキヲ以テ之ヲ略ス

○第二章　町村會

本章ノ説明モ亦之ヲ市制第二章ノ義解ニ讓ル

○第一欵　組織及選擧

本欵ハ別ニ説明ヲ要セス

第十一條　町村會議員ハ其町村ノ選擧人其被選擧權アル者ヨリ之ヲ選擧ス其定員ハ其町村ノ人口ニ準シ左ノ割合ヲ以テ之ヲ定ム但町村條例ヲ以テ特ニ之ヲ增減スルコトヲ得〔町〕三一、〔市〕一一、

一　人口千五百未滿ノ町村ニ於テハ　議員八人
一　人口千五百以上五千未滿ノ町村ニ於テハ　議員十二人
一　人口五千以上一萬未滿ノ町村ニ於テハ　議員十八人

一　人口一萬以上二萬未滿ノ町村ニ於テハ　議員二十四人

一　人口二萬以上ノ町村ニ於テハ　議員三十人

〔意義〕本條ハ町村會議員ノ選任法及其員數ヲ定メタルモノナリ

〔理由〕市制第十一條ニ於テハ人口增加ノ數ニ應シ議員遞加ノ法ヲ定ムト雖モ本條ニ於テハ遞加法ヲ採ラス人口ノ數ニ應シテ豫メ之カ定員ヲ定メタル所以ハ蓋シ立法者ハ人口二万五千以上ノ市街地ニハ市制ヲ布クモノトシ以テ町村人口ノ最多數ヲ制限シタルヲ以テ豫メ人口ヲ區別シ其數ニ應シテ議員ノ數ヲ定ムルヿヲ得ルモ反之市ニハ人口ノ最多數ニ制限ナキヲ以テ豫メ人口ヲ區別スルヿ能ハサルニ由ル

〔附言〕市制第十一條ニハ議員ノ數ニ定限ヲ設ケ市條例ヲ以テ自由ニ議員ノ定員ヲ增減スルヿヲ得ルモ增加シテ定限ヲ超ユル

ヿヲ得サルモノトス然ルニ本條ニハ之カ定限ヲ設ケス町村條例ヲ以テ自由ニ定員ヲ增減スルヲ得ルノ權ヲ與ヘタルヲ以テ或ハ實際ニ於テ非常ニ定員外ノ議員ヲ選ミ以テ議事ノ澁滯ヲ來スノ弊ナキ乎今立法上ヨリ論スル片ハ余輩ハ此町村會議員ノ數ニモ猶定限ヲ設ケ其最多數ヲ制限スルヲ可ナリト信ス

第十二條　町村公民(第七條)ハ總テ選擧權ヲ有ス但其公民權ヲ停止セラルヽ者(第八條第三項、第九條第二項)及陸海軍ノ現役ニ服スル者ハ此限ニ在ラス

凡内國人ニシテ公權ヲ有シ直接町村税ヲ納ムル者其額町村公民ノ最多ク納税スル者三名中ノ一人ヨリモ多キトキハ第七條ノ要件ニ當ラスト雖モ選擧權ヲ有ス但公民權ヲ停止セラルヽ者及陸海軍ノ現役ニ服スル者ハ此限ニ在ラス

法律ニ從テ設立シタル會社其他法人ニシテ前項ノ場合ニ當ルトキモ亦同シ

〔意義〕〔理由〕本條ノ意義理由共ニ市制第十二條ト同シキヲ以テ之ヲ略ス

第十三條　選擧人ハ分テ二級ト爲ス

選擧人中直接町村税ノ納額多キ者ヲ合セテ選擧人全員ノ納ムル總額ノ半ニ當ル可キ者ヲ一級トシ爾餘ノ選擧人ヲ二級トス

〔市〕一三、

一級二級ノ間納税額兩級ニ跨ル者アルトキハ一級ニ入ル可シ又兩級ノ間ニ同額ノ納税者二名以上アルトキハ其町村内ニ住居スル年數ノ多キ者ヲ以テ一級ニ入ル若シ住居ノ年數ニ依リ難キトキハ年齡ヲ以テシ年齡ニモ依リ難キトキハ町村長抽籤

ヲ以テ之ヲ定ム可シ
選擧人每級各別ニ議員ノ半數ヲ選擧ス其被選擧人ハ同級内ノ者ニ限ラス兩級ニ通シテ選擧セラルヽコトヲ得
〔意義〕本條ハ選擧人中直接町村税納額ノ多寡ニ依リ之ヲ分チテ二級ト爲スヘキヿヲ規定シタルモノナリ
市ト町村トノ間選擧人ノ等級ニ付キ一大差異アリ即チ市ニ於テハ三級選擧法トスルモ町村ニ於テハ二級選擧法トスルヿ是ナリ
其他ハ市制第十三條ニ同シ
〔理由〕市ト町村トノ間選擧人ノ等級ニ差異ヲ設ケタル所以ハ他ナシ今實際ノ有樣ヲ觀ルニ市街地ニ於テハ人民貧富ノ度大ニ懸隔シ上下ノ差等實ニ幾階級アルヲ知ラス故ニ其等級多キニ準シ選擧等級ヲ別テ三級トスルモ町村ニ於テハ人民貧富ノ度殆ント相

伯仲シ甚シキ軒輕ナキヲ以テ亦之ニ應シテ二級選擧トス猶本條ニ於ケル例外ノ事ハ次條ニ之ヲ詳悉シ其他ハ市制第十三條ノ義解ニ讓ル

第十四條　特別ノ事情アリテ前條ノ例ニ依リ難キ町村ニ於テハ町村條例ヲ以テ別ニ選擧ノ特例ヲ設クルコトヲ得〔町〕一〇、三三、一二五、

〔意義〕本條ハ全ク前條ニ對スル一個ノ例外規則ヲ定メタルモノナリ

町村ニ於テハ選擧人ヲ二級ニ分ツヲ原則トスルモ時トシテハ或特別ノ事情ノ爲メ前條ノ例ニ依ル能ハサルコアリ此場合ニ於テハ選擧ノ特例ヲ設クルコヲ得其所謂特別ノ事情トハ選擧人夥多ニシテ市ニ於ケルカ如ク納税額ノ差等太タ多キ乎又ハ其人員寡少ニシテ税額ノ等差モ亦甚タ少ナキ乎又ハ非常ニ多額ノ税ヲ納

ムル者アリテ一人以テ全村納税者ヲ壓倒スル如キ場合ヲ云フ又選擧ノ特例トハ三級選擧法ヲ設クル乎又ハ等級ヲ廢スル乎或ハ全ク他ノ方法ヲ定ムル如キヲ云フ

〔理由〕本條ハ既ニ述ヘタル如ク全ク一個ノ例外規則ナレハ萬止ムヲ得サル場合ニアラサルヨリハ之ヲ利用スルヲ得ス然レモ實際或特別ノ事情ノ爲メ前條ノ原則ニ依ルヿ能ハサル場合ニ於テ本條ヲ利用シ選擧ノ特例ヲ設クヘキハ當然ニシテ復タ説明ヲ要セス

第十五條　選擧權ヲ有スル町村公民(第十二條第一項)ハ總テ被選擧權ヲ有ス〔市〕一五、

左ニ掲クル者ハ町村會議員タルコトヲ得ス

一　所屬府縣郡ノ官吏

二　有給ノ町村吏員
三　撿察官及警察官吏
四　神官僧侶及其他諸宗教師
五　小學校教員
其他官吏ニシテ當選シ之ニ應セントスルトキハ所屬長官ノ許可ヲ受ク可シ
代言人ニ非スシテ他人ノ爲メニ裁判所又ハ其他ノ官廳ニ對シテ事ヲ辨スルヲ以テ業ト爲ス者ハ議員ニ選擧セラルヽコトヲ得ス
父子兄弟タルノ緣故アル者ハ同時ニ町村會議員タルコトヲ得ス其同時ニ選擧セラレタルトキハ投票ノ數ニ依テ其多キ者一人ヲ當選トシ若シ同數ナレハ年長者ヲ當選トス其時ヲ異ニシ

テ選擧セラレタル者ハ後者議員タルコトヲ得ス
町村長若クハ助役トノ間父子兄弟タルノ緣故アル者ハ之ト同時ニ町村會議員タルコトヲ得ス若シ議員トノ間ニ其緣故アル者町村長若クハ助役ニ選擧セラレ認可ヲ受クルトキハ其緣故アル議員ハ其職ヲ退ク可シ

〔意義〕本條ハ市制第十五條ト同一ノ事ヲ規定シタルモノナリト雖モ其末項ノ文面ニ一ノ差異アリ即チ市制ニハ「市參事會員トノ間父子兄弟タル緣故アル者」トアリ而シテ本條ニハ「町村長若クハ助役トノ間云々トアル是ナリ

〔理由〕市制ト町村制トノ間此差異アルモノハ是レ市ニハ參事會ナルモノアリ市長及ヒ助役ハ其會員ニ列スルモ町村ニハ參事會ヲ置カサルニ由ル而シテ市ニ參事會ヲ置キ町村ニ之ヲ置カサル理

由ハ本制第三章第一欵ノ下ニ之ヲ詳說シタレハ此ニ略ス

第十六條　議員ハ名譽職トス其任期ハ六年トシ每三年各級ニ於テ其半數ヲ改選ス若シ各級ノ議員二分シ難キトキハ初回ニ於テ多數ノ一半ヲ解任セシム初回ニ於テ解任ス可キ者ハ抽籤ヲ以テ之ヲ定ム退任ノ議員ハ再選セラルヽコトヲ得（市）一六、

〔意義〕〔理由〕本條ノ意義理由共ニ市制第十六條ニ同シキヲ以テ之ヲ略ス

第十七條　議員中闕員アルトキハ每三年定期改選ノ時ニ至リ同時ニ補闕選擧ヲ行フ可シ若シ定員三分ノ一以上闕員アルトキ又ハ町村會町村長若クハ郡長ニ於テ臨時補闕ヲ必要ト認ムルトキハ定期前ト雖モ其補闕選擧ヲ行フ可シ（市）一七、

補闕議員ハ其前任者ノ殘任期間在職スルモノトス

定期改選及補闕選擧トモ前任者ノ選擧セラレタル選擧等級ニ從テ之カ選擧ヲ行フ可シ

〔意義〕本條ハ市制第十七條ト同一ノ事ヲ規定シタルモノナリト雖モ其末項ニ於テ一ノ差異アリ即チ市制ニハ選擧等級及選擧區ニ從テ之カ選擧ヲ行フ可シトアリ而シテ本條ニハ及選擧區ノ四字ナキコト是ナリ

〔理由〕兩制ノ間此差異アルモノハ即チ市ハ其區域廣濶又ハ人口稠密ナル場合ニ市條例ヲ以テ選擧區ヲ設クルコトヲ許ス(市制第十四條)モ町村制ニハ第二十五條ニ同上ノ場合ニ於テ選擧分會ヲ設クルコトヲ許スモ選擧區ヲ設クルコトヲ許サヽルニ由ル而シテ此區別ヲ爲シタル理由ハ第二十五條ノ下ニ之ヲ說明セン

第十八條　町村長ハ選擧ヲ行フ毎ニ其選擧前六十日ヲ限リ選擧

原簿ヲ製シ各選擧人ノ資格ヲ記載シ此原簿ニ據リテ選擧人名簿ヲ製ス可シ〔市〕一八、

選擧人名簿ハ七日間町村役場ニ於テ之ヲ關係者ノ縱覽ニ供ス可シ若シ關係者ニ於テ訴願セントスルコトアルトキハ同期限内ニ之ヲ町村長ニ申立ツ可シ町村長ハ町村會ノ裁決（第三十七條第一項）ニ依リ名簿ヲ修正ス可キトキハ選擧前十日ヲ限リテ之ニ修正ヲ加ヘテ確定名簿トナシ之ニ登錄セラレサル者ハ何人タリトモ選擧ニ關スルコトヲ得ス

本條ニ依リ確定シタル名簿ハ當選ヲ辭シ若クハ選擧ノ無効トナリタル場合ニ於テ更ニ選擧ヲ爲ストキモ亦之ヲ適用ス

〔意義〕本條ハ市制第十八條ト同一ノ事ヲ規定シタルモノニシテ本條ニ町村長トアル所ヲ市制ニテハ市長トナシタルノ差アルト市

制ニハ選擧ヲ置クヿヲ許スニ由リ第一項ノ末ニ但書ヲ掲ケ選擧區ヲ設クルトキハ毎區各別ニ原簿及名簿ヲ製ス可キヿヲ命シタルト第二項七日間ノ下ニ市役所又ハ其他ノ場所ノ一句アルノ差アルトニ過キス

第十九條　選擧ヲ執行スルトキハ町村長ハ選擧ノ場所日時ヲ定メ及選擧ス可キ議員ノ數ヲ各級ニ分チ選擧前七日ヲ限リテ之ヲ公告ス可シ〔市〕一九、

各級ニ於テ選擧ヲ行フノ順序ハ先ツ二級ノ選擧ヲ行ヒ次ニ一級ノ選擧ヲ行フ可シ

〔意義〕〔理由〕本條モ亦市制第十九條ト同一ノ事ヲ規定シタルモノニシテ唯市制ニハ第一項各級ノ下ニ各區ノ二字アルト第二項先ツノ下ニ三級ノ選擧ヲ行ヒノ一句アルトノ差アルノミ此最後ノ差

異ノ如キハ三級選擧法ト二級選擧法トノ差異アルニ由ルモノトス

第二十條　選擧掛ハ名譽職トシ町村長ニ於テ臨時ニ選擧人中ヨリ二名若クハ四名ヲ選任シ町村長若クハ其代理者ハ其掛長トナリ選擧會ヲ開閉シ其會場ノ取締ニ任ス（市）二〇、

〔意義〕〔理由〕本條ノ意義理由共ニ市制第二十條ト同一ニシテ唯市制ニハ但書ヲ設ケ選擧區ノ設ケアル場合ノ事ヲ規定シタルノ差アルノミ

第二十一條　選擧開會中ハ選擧人ノ外何人タリトモ選擧會場ニ入ルコトヲ得ス選擧人ハ選擧會場ニ於テ協議又ハ勸誘ヲ爲スコトヲ得ス（市）二一、

〔意義〕〔理由〕本條以下第二十四條ニ至ル迄ノ意義理由共ニ市制第二

十一條ヨリ第二十四條迄ト同シキヲ以テ之ヲ略シ各條ノ下ニ一々
之ヲ附記セス

第二十二條　選擧ハ投票ヲ以テ之ヲ行フ投票ニハ被選擧人ノ氏名ヲ記シ封緘ノ上選擧人自ラ掛長ニ差出ス可シ但選擧人ノ氏名ハ投票ニ記入スルコトヲ得ス（市）二二、
選擧人投票ヲ差出ストキハ自己ノ氏名及住所ヲ掛長ニ申立テ掛長ハ選擧人名簿ニ照シテ之ヲ受ケ封緘ノ儘投票函ニ投入ス可シ但投票函ハ投票ヲ終ル迄之ヲ開クコトヲ得ス

第二十三條　投票ニ記載ノ人員其選擧ス可キ定數ニ過キ又ハ不足アルモ其投票ヲ無効トセス其定數ニ過クルモノハ末尾ニ記載シタル人名ヲ順次ニ棄却ス可シ（市）二三、
左ノ投票ハ之ヲ無効トス

一　人名ヲ記載セス又ハ記載セル人名ノ讀ミ難キモノ
二　被選擧人ノ何人タルヲ確認シ難キモノ
三　被選擧權ナキ人名ヲ記載スルモノ
四　被選擧人氏名ノ外他事ヲ記入スルモノ
投票ノ受理幷効力ニ關スル事項ハ選擧掛假ニ之ヲ議決ス可否同數ナルトキハ掛長之ヲ決ス
第二十四條　選擧ハ選擧人自ラ之ヲ行フ可シ他人ニ託シテ投票ヲ差出スコトヲ許サス（市）二四、
第十二條第二項ニ依リ選擧權ヲ有スル者ハ代人ヲ出シテ選擧ヲ行フコトヲ得若シ其獨立ノ男子ニ非サル者又ハ會社其他法人ニ係ルトキハ必ス代人ヲ以テス可シ其代人ハ内國人ニシテ公權ヲ有スル獨立ノ男子ニ限ル但一人ニシテ數人ノ代理ヲ爲

スコトヲ得ス且代人ハ委任狀ヲ選擧掛ニ示シテ代理ノ證トス可シ

第二十五條　町村ノ區域廣濶ナルトキ又ハ人口稠密ナルトキハ町村會ノ議決ニ依リ區畫ヲ定メテ選擧分會ヲ設クルコトヲ得但特ニ二級選擧人ノミ此分會ヲ設クルモ妨ケナシ〔市〕一四、

分會ノ選擧掛ハ町村長ノ選任シタル代理者ヲ以テ其長トシ第二十條ノ例ニ依リ掛員二名若クハ四名ヲ選任ス〔町〕二〇、

選擧分會ニ於テ爲シタル投票ハ投票函ノ儘本會ニ集メテ之ヲ合算シ總數ヲ以テ當選ヲ定ム

選擧分會ハ本會ト同日時ニ之ヲ開ク可シ其他選擧ノ手續會場ノ取締等總テ本會ノ例ニ依ル〔町〕一九、乃至二四、〔市〕一四、

〔意義〕本條ハ選擧分會ヲ設クルヿヲ得ヘキ事及其之ニ關スル細則

ヲ定メタルモノナリ

本條第一項ハ市制第十四條第一項ニ又第二項ハ第二十條ノ但書ニ該當スルモノナリ此ニ注意スヘキハ選舉區ト選擧分會ノ差異是ナリ選舉區トハ市制第十四條ノ義解ニ述ヘタル如ク每區獨立シテ其選舉ヲ行フモノニシテ其區限リ當選ヲ定ムルヿヲ得ルト雖モ反之選舉分會ハ畢竟選擧會ノ一支部タルニ過キス故ニ其投票ハ之ヲ本會ニ合算シ以テ之カ當選ヲ定ムヘキモノトス是則チ選擧分會ニハ本條第三項以下ノ細則ヲ要スル所以ニシテ選擧區ノ事ニ付テハ市制第十四條ニ於テ此等ノ規定ナキ所以ナリ

〔理由〕本條ハ選擧事務ノ繁雜ヲ避ケ實際ノ便宜ヲ得ンカ爲メ定メタルモノニシテ又本條第一項末段ニ二級選擧人ノミ特ニ此分會ヲ設クルヿヲ許シタル所以ハ他ナシ二級選擧人ハ其人員一級選

擧人ニ比シ常ニ夥多ナルヲ以テ單ニ二級選擧人ノミ分會シテ能ク本條ノ目的ヲ達スルコトヲ得レハナリ次ニ選擧分會ニ於テ爲シタル投票ハ投票函ノ儘本會ニ集ムルモノトシタル所以ハ全ク投票ノ紛失ト弊害ノ其間ニ行ハレンコトヲ恐タルニ由ル

第二十六條　議員ノ選擧ハ有効投票ノ多數ヲ得ル者ヲ以テ當選トス投票ノ數相同キモノハ年長者ヲ取リ同年ナルトキハ掛長自ラ抽籤シテ其當選ヲ定ム(市)二五、
同時ニ補闕員數名ヲ選擧スルトキハ(第十七條)投票數ノ最多キ者ヲ以テ殘任期ノ最長キ前任者ノ補闕ト爲シ其數相同シキトキハ抽籤ヲ以テ其順序ヲ定ム
〔意義〕〔理由〕本條及次條意義理由共ニ市制第二十五條及第二十六條ト同シキヲ以テ之ヲ略ス

第二十七條　選舉掛ハ選舉錄ヲ製シテ選舉ノ顚末ヲ記錄シ選舉ヲ終リタル後之ヲ朗讀シ選舉人名簿其他關係書類ヲ合綴シテ之ニ署名スヘシ

投票ハ之ヲ選舉錄ニ附屬シ選舉ヲ結了スルニ至ル迄之ヲ保存ス可シ〔市〕二六、

第二十八條　選舉ヲ終リタル後選舉掛長ハ直ニ當選者ニ其當選ノ旨ヲ告知ス可シ其當選ヲ辭セントスル者ハ五日以內ニ之ヲ町村長ニ申立ツ可シ〔市〕二七、

一人ニシテ兩級ノ選舉ニ當リタルトキハ同期限內何レノ選舉ニ應スヘキコトヲ申立ツ可シ其期限內之ヲ申立テサル者ハ總テ其選舉ヲ辭スル者トナシ第八條ノ處分ヲ爲ス可シ

〔意義〕　本條ハ市制第二十七條ト同一ノ事ヲ規定シタルモノナレ圧

第二項ニ於テ些少ノ差異アリ卽チ本條ニ兩級トアルヲ市制ニハ數級トシ又數級ノ下又ハ數區ノ四字ヲ附記シタリ

〔理由〕其兩級ト數級トノ文字ヲ異ニシタルモノハ町村ハ二級選擧法ナレ𪜈市制ハ三級選擧法ナルニ由ル又ハ數區ノ四字アルモノハ市ニハ選擧區ヲ設クルヿアルニ由ル

第二十九條　選擧人選擧ノ効力ニ關シテ訴願セントスルトキハ選擧ノ日ヨリ七日以內ニ之ヲ町村長ニ申立ツルコトヲ得(第三十七條第一項)(市)二八、

町村長ハ選擧ヲ終リタル後之ヲ郡長ニ報告シ郡長ニ於テ選擧ノ効力ニ關シ異議アルトキハ訴願ノ有無ニ拘ラス郡參事會ニ付シテ處分ヲ行フコトヲ得

選擧ノ定期ニ違背スルコトアルトキハ其選擧ヲ取消シ又被選

擧人中其資格ノ要件ヲ有セサル者アルトキハ其人ノ當選ヲ取消シ更ニ選擧ヲ行ハシム可シ

〔意義〕本條ハ市制第二十八條ト同一ノ事ヲ規定シタルモノナレ𪜈第二項ニ於テ少シク差異アリ即チ市制ニ在テハ市長選擧ヲ終リタル後之ヲ府縣知事ニ報告シ府縣知事異議アルトキハ府縣參事會ニ付シテ處分ヲ行フコトヲ得ルモノトシタリ

〔理由〕兩制ノ間此差異アルモノハ市ハ府縣ニ於テ直轄シ町村ハ郡ニ於テ直轄スルノ差アルニ由ル

第三十條　當選者中其資格ノ要件ヲ有セサル者アルコトヲ發見シ又ハ就職後其要件ヲ失フ者アルトキハ其人ノ當選ハ效力ヲ失フモノトス其要件ノ有無ハ町村會之ヲ議決ス（市）二九、

〔意義〕〔理由〕本條ノ意義理由共ニ市制第二十九條ニ同シキヲ以テ之

ヲ略ス

第三十一條　小町村ニ於テハ郡參事會ノ議決ヲ經町村條例ノ規定ニ依リ町村會ヲ設ケス選擧權ヲ有スル町村公民ノ總會ヲ以テ之ニ充ツルコトヲ得

〔意義〕　本條ハ小町村代議會ニ關スル事ヲ規定シタルモノナリ

本條ニ據レハ小町村ニ於テハ町村會ヲ設ケス之ニ代フルニ其公民ノ總會ヲ以テス其所謂小町村トハ何ヲ以テ之カ定準ト爲ス乎ニ至テハ郡參事會ノ議決ト町村條例ノ裁可トニ依テ定ムルモノニシテ本制ノ確定スル所ニ非ス故ニ豫メ一定ノ標準ヲ示スヿ能ハスト雖モ要スルニ僅々數十戶ノ町村ニシテ本制ニ依リ嚴格ナル町村會ヲ組織スルノ必要ナキ町村ヲ指スモノナリ

〔理由〕　小町村ニ町村會ヲ設ケサル所以ハ專ラ理論ニ拘泥セスシテ

簡易ニ就カシメントスルニ在リ是レ既ニ孛國東部六州ニ專ラ行ハルヽ所ノ制度ニシテ實際ノ効驗モ亦尠カラス我邦現今ノ町村區畫ト民度トニ徵セハ寧ロ村落ニ在テハ此制ヲ原則トシテ用ユルノ方却テ村落ノ實力ニ適合セルナラン

○第二欵　職務權限及處務規程

本欵ノ意義ハ市制第一章第二欵ト同一ナルヲ以テ此ニ略ス

第三十二條　町村會ハ其町村ヲ代表シ此法律ニ準據シテ町村一切ノ事件幷從前特ニ委任セラレ又ハ將來法律勅令ニ依テ委任セラルヽ事件ヲ議決スルモノトス〔市〕三〇、

〔意義〕〔理由〕本條以下第三十六條マテノ意義理由共ニ市制第三十條ヨリ第三十四條マテニ同シキヲ以テ之ヲ略ス

第三十三條　町村會ノ議決ス可キ事件ノ概目左ノ如シ〔市〕三一、

一　町村條例及規則ヲ設ケ幷改正スル事
二　町村費ヲ以テ支辨ス可キ事業但第六十九條ニ掲クル事務ハ此限ニ在ラス
三　歲入出豫算ヲ定メ豫算外ノ支出及豫算超過ノ支出ヲ認定スル事
四　決算報告ヲ認定スル事
五　法律勅令ニ定ムルモノヲ除クノ外使用料、手數料、町村稅及夫役現品ノ賦課徵收ノ法ヲ定ムル事
六　町村有不動產ノ賣買交換讓受讓渡幷質入書入ヲ爲ス事
七　基本財產ノ處分ニ關スル事
八　歲入出豫算ヲ以テ定ムルモノヲ除クノ外新ニ義務ノ負擔ヲ爲シ及權利ノ棄却ヲ爲ス事

九　町村有ノ財產及營造物ノ管理方法ヲ定ムル事
十　町村吏員ノ身元保證金ヲ徵シ幷其金額ヲ定ムル事
十一　町村ニ係ル訴訟及和解ニ關スル事
第三十四條　町村會ハ法律勅令ニ依リ其職權ニ屬スル町村吏員ノ選擧ヲ行フ可シ（市）三二、
第三十五條　町村會ハ町村ノ事務ニ關スル書類及計算書ヲ撿閲シ町村長ノ報告ヲ請求シテ事務ノ管理、議決ノ施行並收入、支出ノ正否ヲ監査スルノ職權ヲ有ス（市）三三、
町村會ハ町村ノ公益ニ關スル事件ニ付意見書ヲ監督官廳ニ差出スコトヲ得
第三十六條　町村會ハ官廳ノ諮問アルトキハ意見ヲ陳述ス可シ
（市）三四、

第三十七條　町村住民及公民タル權利ノ有無、選擧權及被選擧權ノ有無、選擧人名簿ノ正否幷其等級ノ當否、代理ヲ以テ執行スル選擧權(第十二條第二項)及町村會議員選擧ノ效力(第二十九條)ニ關スル訴願ハ町村會之ヲ裁決ス(市)三五、

前項ノ訴願中町村住民及公民タル權利ノ有無幷選擧權ノ有無ニ關スルモノハ町村會ノ設ケナキ町村ニ於テハ町村長之ヲ裁決ス

町村會若クハ町村長ノ裁決ニ不服アル者ハ郡參事會ニ訴願シ其郡參事會ノ裁決ニ不服アル者ハ府縣參事會ニ訴願シ其府縣參事會ノ裁決ニ不服アル者ハ行政裁判所ニ出訴スルコトヲ得

本條ノ事件ニ付テハ町村長ヨリモ亦訴願及訴訟ヲ爲スコトヲ得

本條ノ訴願及訴訟ノ爲メニ其執行ヲ停止スルコトヲ得ス但判決確定スルニ非サレハ更ニ選擧ヲ爲スコトヲ得ス

〔意義〕〔理由〕本條ハ市制第三十五條ト同一ノ事ヲ規定シタルモノナリト雖モ第二項ハ市制ニ之ナキ事ナリ

本條第二項町村會ノ設ケナキ町村トハ第三十一條ノ塲合ヲ云フ又同項ニ第一項中ノ被選擧權及選擧人名簿ノ正否以下ノ事件ヲ省キタル所以ハ既ニ町村會ノ設ケナキトキハ從テ此等ノ事實ヲ生セサレハナリ

第三十八條　凡議員タルモノハ選擧人ノ指示若クハ委囑ヲ受ク可ラサルモノトス（市）三六、

〔意義〕〔理由〕本條ノ意義理由共ニ市制第三十六條ニ同シキヲ以テ之ヲ略ス

第三十九條　町村會ハ町村長ヲ以テ其議長トス若シ町村長故障アルトキハ其代理タル町村助役ヲ以テ之ニ充ツ〔市〕三七、

〔意義〕本條ハ何人カ町村會ノ議長トナル乎ヲ定メタルモノナリ本條規定スル所ニ依レハ町村長ヲ以テ議長トシ若シ町村長ニ故障アル片ハ町村助役ヲ以テ之ニ充ツヘキモノトセリ其所謂故障アル片トハ次條ニ規定スル會議ノ事件議長及其父母兄弟若クハ妻子ノ一身上ニ關係スル場合ヲ云フ

〔理由〕市會ニ於テハ議員中ヨリ別ニ互選シテ議長ヲ定ム（市制第三十七條）ト雖モ町村會ニ於テハ本條ニ規定スル如ク町村長若クハ助役ヲ以テ議長トナシタル所以ハ立法者ノ說明スル所ニ依レハ「町村ニ於テハ町村長及助役ノ外事務ニ練熟スル者多カラスシテ殊ニ議長ノ任ニ堪フル者少ク且一人一個ノ責任ヲ以テ行政ノ全

體ニ任スル場合ニ於テハ成ル可ク議員ト密接ノ關係ヲ有セシムルヿ必要ナレハナリ」ト立法者ノ精神果シテ以上說明スル所ニ外ナラサレハ本制ノ如ク一般ノ法律ヲ以テ之ヲ定メス寧ロ之ヲ町村條例ニ放任スルヲ可トス何トナレハ立法者ノ主眼タル理由ハ人口適任ノ人ヲ得難シト云フニ在リ然レ𪜈今本制ヲ施行スルハ人口二万五千未滿ノ地ニアルヲ以テ其大町村ニ在テハ强チ適任ノ人ニ乏シト云フヲ得サレハナリ又故障アル場合ニ助役ヲ以テ之ニ代フル所以ノモノハ助役ノ職務ハ町村長ヲ補助スルニアルヲ以テ常ニ町村長ノ代理者ナレハナリ

第四十條　會議ノ事件議長及其父母兄弟若クハ妻子ノ一身上ニ關スルコトアルトキハ議長ニ故障アルモノトシテ其代理者之ニ代ルル可シ（市）三八、

議長代理者共ニ故障アルトキハ町村會ハ年長ノ議員ヲ以テ議長ト爲ス可シ

〔意義〕〔理由〕本條ノ意義理由共ニ市制第三十八條ニ同シキヲ以テ之ヲ略ス

第四十一條　町村長及助役ハ會議ニ列席シテ議事ヲ辨明スルコトヲ得〔市〕三九、

〔意義〕〔理由〕本條ノ意義理由共ニ市制第三十九條ト同一ナレモ市ニハ參事會アリ市長及助役ハ之カ會員タルヲ以テ本條町村長及助役ナル語ニ代フルニ市參事會員ナル語ヲ以テセリ

第四十二條　町村會ハ會議ノ必要アル毎ニ議長之ヲ招集ス若シ議員四分ノ一以上ノ請求アルトキハ必ス之ヲ招集ス可シ其招集幷會議ノ事件ヲ告知スルハ急施ヲ要スル場合ヲ除クノ外少

クモ開會ノ三日前タル可シ但町村會ノ議決ヲ以テ豫メ會議日ヲ定ムルモ妨ケナシ（市）四〇、

〔意義〕〔理由〕 本條ハ市制第四十條ト同一ノ事ヲ規定シタルモノナレドモ市制ニハ議員四分ノ一以上ノ請求アルトキトイヘル下ニ又ハ市長若クハ市參事會ノ請求アルトキト云ヘル一句ヲ附記シ又第二項ヲ設ケ市參事會員ヲ市會ノ會議ニ招集セルトキモ亦前項ノ例ニ依ルヿヲ示シタリ

〔理由〕 本條ニ市參事會員ノ事ヲ附記セサリシハ町村ニ市參事會ナキニ由ル又市會ノ議長ハ議員ノ互選ニ係リ而シテ市長ハ之カ議員タルヿヲ得サルニ由リ市制ニハ特ニ市長ノ會議ヲ請求スル場合ヲ附記スルヿ必要ナルモ町村長ハ常ニ町村會ノ議長タルニ由リ自ラ會議ノ必要アルヿヲ認ムルトキハ議員ヲ招集スルヿヲ得可

ケレハ別ニ之ヲ附記スルノ必要アラサルニ由ル

第四十三條　町村會ハ議員三分ノ二以上出席スルニ非サレハ議決スルコトヲ得ス但同一ノ議事ニ付キ招集再回ニ至ルモ議員猶三分ノ二ニ滿タサルトキハ此限ニ在ラス（市）四二、

〔意義〕〔理由〕本條及ヒ次條ノ意義理由共ニ市制第四十一條及ヒ第四十二條ニ同シキヲ以テ之ヲ略ス

第四十四條　町村會ノ議決ハ可否ノ多數ニ依リ之ヲ定ム可否同數ナルトキハ再議議決ス可シ若シ猶同數ナルトキハ議長ノ可否スル所ニ依ル（町）四二、

第四十五條　議員ハ自己及其父母兄弟若クハ妻子ノ一身上ニ關スル事件ニ付テハ町村會ノ議決ニ加ハルコトヲ得ス

議員ノ數此除名ノ爲メニ減少シテ會議ヲ開クノ定數ニ滿タサ

ルトキハ郡參事會町村會ニ代テ議決ス〔市〕四三、

〔意義〕〔理由〕本條ノ意義理由共ニ市制第四十三條ニ同シク唯第二項郡參事會ノ職務ヲ府縣參事會ニ於テ行フノ差アルノミ仍テ之ヲ略ス

第四十六條　町村會ニ於テ町村吏員ノ選擧ヲ行フトキハ其一名毎ニ匿名投票ヲ以テ之ヲ爲シ有效投票ノ過半數ヲ得ル者ヲ以テ當選トス若シ過半數ヲ得ル者ナキトキハ最多數ヲ得ル者二名ヲ取リ之ニ就テ更ニ投票セシム若シ最多數ヲ得ル者三名以上同數ナルトキハ議長自ラ抽籤シテ其二名ヲ取リ更ニ投票セシム此再投票ニ於テモ猶過半數ヲ得ル者ナキトキハ抽籤ヲ以テ當選ヲ定ム其他ハ第二十二條、第二十三條、第二十四條第一項ヲ適用ス〔市〕四四、

前項ノ選擧ニハ町村會ノ議決ヲ以テ指名推選ノ法ヲ用フルコトヲ得

〔意義〕〔理由〕本條以下第四十八條迄ノ意義理由共ニ市制第四十四條ヨリ第四十六條迄ニ同シキヲ以テ之ヲ略ス

第四十七條　町村會ノ會議ハ公開ス但議長ノ意見ヲ以テ傍聽ヲ禁スルコトヲ得〔市〕四五、

第四十八條　議長ハ各議員ニ事務ヲ分課シ會議及選擧ノ事ヲ總理シ開會閉會幷延會ヲ命シ議場ノ秩序ヲ保持ス若シ傍聽者ノ公然贊成又ハ擯斥ヲ表シ又ハ喧擾ヲ起ス者アルトキハ議長ハ之ヲ議場外ニ退出セシムルコトヲ得〔市〕四六、

第四十九條　町村會ハ書記ヲシテ議事錄ヲ製シテ其議決及選擧ノ顚末幷出席議員ノ氏名ヲ記錄セシム可シ議事錄ハ會議ノ末

之ヲ朗讀シ議長及議員二名以上之ニ署名ス可シ〔市〕四七、

町村會ノ書記ハ議長之ヲ選任ス

〔意義〕〔理由〕本條ハ市制第四十七條ト同一ノ事ヲ規定シタルモノナレモ市制第四十七條第二項ニ在ル議決ヲ市長ニ報告スルノ規定ヲ本條ニ省キタリ是畢竟町村會ノ議長ハ町村長ナルヲ以テ別ニ報告スルノ要ナキニ由ル

第五十條　町村會ハ其會議細則ヲ設ク可シ其細則ニ違背シタル議員ニ科ス可キ過怠金二圓以下ノ罰則ヲ設クルコトヲ得〔市〕四八

〔意義〕〔理由〕本條ノ意義理由共ニ市制第四十八條ニ同シキヲ以テ之ヲ略ス

第五十一條　第三十二條ヨリ第四十九條ニ至ルノ規定ハ之ヲ町村總會ニ適用ス

〔意義〕本條ハ町村總會（第三十一條）ノ職務權限及處務規程ノ事ヲ定メタルモノニシテ其職務權限及處務規程ハ第五十條ヲ除クノ外町村會ト同一ナルヲ以テ之ヲ略ス

○第三章　町村行政

本章ノ說明モ亦之ヲ市制第三章ノ義解ニ讓ル

○第一欵　町村吏員ノ組織選任

凡ソ自治行政ノ組織ニ集議制ト獨任制トノ別アリ而シテ二制共ニ純粹ト制限トノ別アルコトハ既ニ市制第三章第一欵ノ下ニ於テ之ヲ詳悉セリ而シテ今本制ニ於テ純粹獨任制ヲ取リシ所以ハ他ナシ町村ノ行政ハ務メテ簡易ノ編制ニ依ルヲ要スルト又多ク適任ノ人ヲ得難キトニ依ルモノトス然レモ余輩ノ私見ニ依レハ大町村ニ在リテハ一概ニ簡易ノ編制ニ依ルヲ要セス又適任ノ人ヲ得難キニアラサルヘシ故ニ

町村長ヲシテ專ラ町村ノ行政ニ獨任セシムルノ危險ヲ豫防スル爲メ別ニ協議員ヲ設ケ重大ナル事務アル時之ト協議セシムルヲ可トス然レ圧本制ハ此方法ヲ取ラスシテ純粹獨任制ヲ採リタルヲ以テ其吏員ノ組織ニ至リテモ大ニ市ト異ナリ即チ市ニハ市參事會アレ圧町村ニハ參事會ナルモノアルナシ其詳細ハ條文ノ説明ニ讓ラン

第五十二條　町村ニ町村長及町村助役各一名ヲ置ク可シ但町村條例ヲ以テ助役ノ定員ヲ增加スルコトヲ得〔市〕四九、

〔意義〕〔理由〕本條ハ町村行政機關組織ノ事ヲ規定シタルモノニシテ市制第四十九條ニ相當スルモノナリ然ルニ市制ト異ナリ市參事會及名譽職參事會員ヲ置カサルモノハ上ニ説明シタル如ク町村制ハ純粹ノ獨任制ヲ取リタルニ由ル

第五十三條　町村長及助役ハ町村會ニ於テ其町村公民中年齡滿

三十歳以上ニシテ選擧權ヲ有スル者ヨリ之ヲ選擧ス
町村長及助役ハ第十五條第二項ニ掲載スル職ヲ兼ヌルコトヲ得ス
父子兄弟タルノ緣故アル者ハ同時ニ町村長及助役ノ職ニ在ルコトヲ得ス若シ其緣故アル者助役ノ選擧ニ當ルトキハ其當選ヲ取消シ其町村長ノ選擧ニ當リテ認可ヲ得ルトキハ其緣故アル助役ハ其職ヲ退ク可シ（市）五〇、以下
〔意義〕本條ハ町村長及助役ニ選擧セラルヽニハ如何ナル資格ヲ要スルカヲ定メタルモノナリ
本條ニ依レハ町村長及助役ニ選擧セラルヽニハ（一）公民ナル事（二）年齡滿三十歳以上ナル事（三）選擧權ヲ有スル事ノ三條件ヲ要ス其他ハ之ヲ市制第五十五條ノ義解ニ讓ル

〔理由〕町村長及助役ニ選擧セラルヽニハ本條ニ定ムル如ク公民タルコトヲ要スルモ市長トナルニハ別ニ公民タルコトヲ要セス（市制第五十條）是レ畢竟町村長及助役ハ名譽職ナルモ反之市長ハ有給吏員ナルニ依ル

第五十四條　町村長及助役ノ任期ハ四年トス〔市〕五〇、以下

町村長及助役ノ選擧ハ第四十六條ニ依テ行フ可シ但投票同數ナルトキハ抽籤ノ法ニ依ラス郡參事會之ヲ決ス可シ

〔意義〕〔理由〕本條ハ町村長及助役ノ任期幷其選擧方法ヲ規定シタルモノナリ

市制第五十條及第五十一條ニ據レハ市長及ヒ助役ハ其任期ヲ六年トセリ然ルニ本條ニ町村長及助役ノ任期ヲ四年トシタルモノハ町村長及助役ハ名譽職ニシテ有給吏員ニアラサレハ其任期ノ

久シキハ其義務ヲ負擔セシムルノ重キニ過クルモノト思考シ市ノ名譽職參事會員ト同シク四年トナシタルモノナリ

第五十五條　町村長及助役ハ名譽職トス但第五十六條ノ有給町村長及有給助役ハ此限ニ在ラス

町村長ハ職務取扱ノ爲メニ要スル實費辨償ノ外勤務ニ相當スル報酬ヲ受クルコトヲ得助役ニシテ行政事務ノ一部ヲ分掌スル場合(第七十條第二項)ニ於テモ亦同シ

〔意義〕本條ハ町村長及助役ノ性質ヲ規定シタルモノナリ

本條ニ據レハ町村長及助役ヲ一ノ名譽職トセリ然レ𪜈次條ニ規定スル如ク時アリテ有給吏員タルヿモアルヘシ

〔理由〕上來屢說明セシ如ク名譽職ノ本質ハ奉給ヲ受ケサルニ在リ然レ𪜈何人ト雖モ已ヲ損シ他人ヲ利スルノ義務ナキヲ以テ其職

務ニ從事スルニ必要ナル實費ハ勿論之カ辨償ヲ受ケサルヘカラス是レ本條第二項ノ規定アル所以ナリ

第五十六條　町村ノ情況ニ依リ町村條例ノ規定ヲ以テ町村長ニ給料ヲ給スルコトヲ得又大ナル町村ニ於テハ町村條例ノ規定ヲ以テ助役一名ヲ有給吏員ト爲スコトヲ得

有給町村長及有給助役ハ其町村公民タル者ニ限ラス但當選ニ應シ認可ヲ得ルトキハ其公民タルノ權ヲ得

〔意義〕〔理由〕　本條ハ前條ニ對スル例外即チ町村長及助役ヲ有給吏員トナス場合ノ事ヲ規定シタルモノナリ

本條ニ所謂土地ノ情況ニ依リトハ設令ハ町村資産家中ニ適任ノ者ナク偶之アルモ其資力名譽職ヲ負擔スルニ堪ヘス爲メニ給料ヲ支給セサルヘカラサル如キ場合ヲ云フ又大町村ニ於テハ事務繁

忙ニシテ専務職ヲ要スルコナキニアラス是本條ニ於テ助役一名ヲ有給吏員ト爲スコヲ許シタル所以ナリ其他第二項ノ説明ハ市制第五十二條ノ義解ニ讓ル

第五十七條　有給町村長及有給助役ハ三ケ月前ニ申立ツルトキハ隨時退職ヲ求ムルコトヲ得此場合ニ於テハ退隱料ヲ受クルノ權ヲ失フモノトス〔市〕五五、ノ三項

〔意義〕〔理由〕本條ハ市制第五十五條第三項ト同一ノ事ヲ規定シタルモノナレハ別ニ説明ヲ要セサルモ此ニ一言ノ注意ス可キハ本條ニ有給町村長及ヒ助役ニ限リ而シテ無給ノモノニハ隨時退職ヲ許サヽルコ是ナリ是名譽職ハ一ノ公義務トシ法律ニ定メタル原由ナケレハ擅マニ退職ヲ許サヽルニ由ル

第五十八條　有給町村長及有給助役ハ他ノ有給ノ職務ヲ兼任シ

又ハ株式會社ノ社長及重役トナルコトヲ得ス其他ノ營業ハ郡長ノ認許ヲ得ルニ非サレハ之ヲ爲スコトヲ得ス〔市〕五六、

〔意義〕〔理由〕本條ハ市制第五十六條ト同一ノ事ヲ規定シタルモノニシテ唯其他ノ營業ヲ爲スノ許可ヲ郡長ニ得ルト府縣知事ニ得ルトノ差アルノミ是其直轄官廳ヲ異ニスルヨリ生スル差異ニシテ別ニ說明ヲ要セス

第五十九條　町村長及助役ノ選擧ハ府縣知事ノ認可ヲ受ク可シ

〔市〕五六、ノ二項

〔意義〕〔理由〕本條ハ市制第五十二條第二項ノ初メニ規定シタル所ト同シキヲ以テ之ヲ略ス

第六十條　府縣知事前條ノ認可ヲ與ヘサルトキハ府縣參事會ノ意見ヲ聞クコトヲ要ス若シ府縣參事會同意セサルモ猶府縣知

事ニ於テ認可ス可カラスト爲ストキハ自己ノ責任ヲ以テ之ニ認可ヲ與ヘサルコトヲ得〔市〕五二ノ二項

府縣知事ノ不認可ニ對シ町村長又ハ町村會ニ於テ不服アルトキハ内務大臣ニ具申シテ認可ヲ請フコトヲ得〔市〕一一六、

〔意義〕〔理由〕本條ハ町村長并助役選擧不認可ノ場合ヲ規定シタルモノナリ

府縣知事ハ固ヨリ其選擧ヲ許否スルノ權ヲ有スト雖モ本條ハ府縣知事ノ獨斷專横ニ流レンヿヲ恐レ不認可ノ場合ニ於テハ府縣參事會ノ意見ヲ聞クヘキモノトセリ然レトモ府縣知事ハ只之ヲ聞クニ止リ必ス其意見ニ從ハサルヘカラサルノ義務アルモノニアラス故ニ本條ニ於テハ府縣知事ハ參事會ノ同意ナキニ拘ハラス自己ノ意見ヲ以テ其選擧ヲ認可セサルヿヲ得ルモノトセリ然レ

𪜈法律ハ猶其專恣ノ弊アランヿヲ慮リ府縣知事ノ不認可ニ對シ不服アル者ハ內務大臣ニ具申シテ認可ヲ請フヿヲ得ルモノトセリ

第六十一條　町村長及助役ノ選擧其認可ヲ得サルトキハ再選擧ヲ爲ス可シ

再選擧ニシテ猶其認可ヲ得サルトキハ追テ選擧ヲ行ヒ認可ヲ得ルニ至ルノ間認可ノ權アル監督官廳ハ臨時ニ代理者ヲ選任シ又ハ町村費ヲ以テ官吏ヲ派遣シ町村長及助役ノ職務ヲ管掌セシム可シ（市）五二、ノ二項

〔意義〕〔理由〕本條ハ市制第五十二條第二項ニ規定シタル所ト幾ト同一ナレ𪜈此ニ一言註解ヲ要スルスルモノハ此條所謂監督官廳トハ郡役所ヲ指スヿ是ナリ

第六十二條　町村ニ收入役一名ヲ置ク收入役ハ町村長ノ推薦ニ依リ町村會之ヲ選任ス（市）五八、
收入役ハ有給吏員ト爲シ其任期ハ四年トス
收入役ハ町村長及助役ヲ兼ヌルコトヲ得ス其他第五十六條第二項第五十七條及第七十六條ヲ適用ス
收入役ノ選任ハ郡長ノ認可ヲ受ク可シ若シ認可ヲ與ヘサルトキハ郡參事會ノ意見ヲ聞クコトヲ要ス郡參事會之ニ同意セサルモ猶郡長ニ於テ認可ス可カラストスルトキハ自己ノ責任ヲ以テ之ニ認可ヲ與ヘサルヿヲ得其他第六十一條ヲ適用ス
郡長ノ不認可ニ對シ町村長又ハ町村會ニ於テ不服アルトキハ府縣知事ニ具申シテ認可ヲ請フコトヲ得
收入支出ノ寡少ナル町村ニ於テハ郡長ノ許可ヲ得テ町村長又

ハ助役ヲシテ收入役ノ事務ヲ兼掌セシムルコトヲ得

〔意義〕〔理由〕本條ハ町村收入役ノ資格及選任法并ニ其性質任期等ノ事ヲ規定シタルモノナリ

本條ト市制第五十八條トハ收入役ノ認可權ニ關スル制限ノ有無ト收入支出ノ寡少ナル町村ニ於テ町村長又ハ助役ニ收入役ヲ兼ヌルコヲ許シタルト身元保証金ヲ要スルト否トノ差アルノミ故ニ其同一ナル點ハ之ヲ市制第五十八條ノ義解ニ讓リ又認可權制限ニ關スル第四項第五項ノ說明ハ之ヲ本制第六十條ノ解說ニ讓リ敢テ之カ辨明ノ勞ヲ取ラス而シテ收支寡少ノ町村ニ於テ町村長又ハ助役ニ兼任ヲ許ス所以ハ万止ムヲ得サルニ出ツルモノニシテ本制ノ敢テ欲スル所ニ非ス又市ノ收入役ニ身元保証金ヲ要シ町村收入役ニ之ヲ要セサル所以ハ町村ノ收支ハ市ニ比シ概シ

テ少額ナルヲ以テ其之ヲ要スル必要ナキニ依ル

第六十三條　町村ニ書記其他必要ノ附屬員并使丁ヲ置キ相當ノ給料ヲ給ス其人員ハ町村會ノ議決ヲ以テ之ヲ定ム但町村長ニ相當ノ書記料ヲ給與シテ書記ノ事務ヲ委任スルコトヲ得〔市〕五九

町村附屬員ハ町村長ノ推薦ニ依リ町村會之ヲ選任シ使丁ハ町村長之ヲ任用ス

〔意義〕本條ハ市制第五十九條ト同一ノ事ヲ規定シタルモノナレ氏町村書記及附属員ノ選任ハ之ヲ町村會ニ任シ反之市ノ書記及附属員ノ選任ハ之ヲ市參事會ニ任スルノ差異アリ

〔理由〕兩制ノ間此差異アルモノハ合議制ト獨任制トノ別アルニ由ル

第六十四條　町村ノ區域廣濶ナルトキ又ハ人口稠密ナルトキハ

處務便宜ノ爲メ町村會ノ議決ニ依リ之ヲ數區ニ分チ每區區長及其代理者各一名ヲ置クコトヲ得區長及其代理者ハ名譽職トス〔市〕六〇、

區長及其代理者ハ町村會ニ於テ其町村ノ公民中選擧權ヲ有スル者ヨリ之ヲ選擧ス區會（第百十四條）ヲ設クル區ニ於テハ其區會ニ於テ之ヲ選擧ス

〔意義〕〔理由〕本條ハ市制第六十條ニ對スルノ條ニシテ本條ニ於テハ區ヲ設クルト否トノ決定權ヲ町村會ノ議決ニ任シ反之市制ニ於テハ之ヲ市參事會ニ任シタリ是亦其合議制ト獨任制トノ差アルニ由ル

第六十五條　町村ハ町村會ノ議決ニ依リ臨時又ハ常設ノ委員ヲ置クコトヲ得其委員ハ名譽職トス

委員ハ町村會ニ於テ町村會議員又ハ町村公民中選擧權ヲ有スル者ヨリ選擧シ町村長又ハ其委任ヲ受ケタル助役ヲ以テ委員長トス常設委員ノ組織ニ關シテハ町村條例ヲ以テ別段ノ規定ヲ設クルコトヲ得〔市〕六一、

〔意義〕〔理由〕本條ハ市制第六十一條ト同一ノ事ヲ規定シタルモノナレ氏其間委員ノ組織ヲ異ニスル所アリ是畢竟町村ニハ參事會ノ設ケナキニ由ルモノナリ

第六十六條　區長及委員ニハ職務取扱ノ爲メニ要スル實費辨償ノ外町村會ノ議決ニ依リ勤務ニ相當スル報酬ヲ給スルコトヲ得〔市〕六二、

〔意義〕〔理由〕本條及ヒ次條ノ意義理由共ニ市制第六十二條及第六十三條ニ同シキヲ以テ之ヲ略ス

第六十七條　町村吏員ハ任期滿限ノ後再選セラルヽコトヲ得
町村吏員及使丁ハ別段ノ規定又ハ規約アルモノヲ除クノ外隨時解職スルコトヲ得〔市〕六三、

○第二款　町村吏員ノ職務權限

本款ノ説明ニ付テハ市制第三章第二款ノ義解中ニ明ナルヲ以テ此ニ贅セス而シテ本款ニハ別ニ處務規程ノ定メナシ意フニ立法者ノ精神ハ之ヲ町村條例若クハ内務省令ニ放任スルニ在ルナラン

第六十八條　町村長ハ其町村ヲ統轄シ其行政事務ヲ擔任ス〔市〕六四、
町村長ノ擔任スル事務ノ概目左ノ如シ
一　町村會ノ議事ヲ準備シ及其議決ヲ執行スル事若シ町村會ノ議決其權限ヲ越エ法律命令ニ背キ又ハ公衆ノ利益ヲ害スト認ムルトキハ町村長ハ自己ノ意見ニ依リ又ハ監督官廳ノ

指揮ニ依リ理由ヲ示シテ議決ノ執行ヲ停止シ之ヲ再議セシメ猶其議決ヲ更メサルトキハ郡參事會ノ裁決ヲ請フ可シ其權限ヲ超エ又ハ法律勅令ニ背クニ依テ議決ノ執行ヲ停止シタル場合ニ於テ府縣參事會ノ裁決ニ不服アル者ハ行政裁判所ニ出訴スルコトヲ得

二　町村ノ設置ニ係ル營造物ヲ管理スル事若シ特ニ之カ管理者アルトキハ其事務ヲ監督スル事

三　町村ノ歳入ヲ管理シ歳入出豫算表其他町村會ノ議決ニ依テ定マリタル收入支出ヲ命令シ會計及出納ヲ監視スル事

四　町村ノ權利ヲ保護シ町村有ノ財產ヲ管理スル事

五　町村吏員及使丁ヲ監督シ懲戒處分ヲ行フ事其懲戒處分ハ譴責及ヒ五圓以下ノ過怠金トス

六　町村ノ諸證書及公文書類ヲ保管スル事
七　外部ニ對シテ町村ヲ代表シ町村ノ名義ヲ以テ其訴訟並和解ニ關シ又ハ他廳若クハ人民ト商議スル事
八　法律勅令ニ依リ又ハ町村會ノ議決ニ從テ使用料、手數料、町村税及夫役現品ヲ賦課徴収スル事
九　其他法律命令又ハ上司ノ指令ニ依テ町村長ニ委任シタル事務ヲ處理スル事

〔意義〕〔理由〕本條ノ意義理由共ニ市制第六十四條ト同一ナルヲ以テ別ニ説明ヲ要セス尤モ第一項及第二項ニ町村長トアルヲ市制ニハ市參事會トシタルノ別アルモ這ハ屢説明シタル如ク集議制ト獨任制トノ別アルヨリ生スル結果ト知ル可シ其他第二項ニ於テ郡參事會ノ行フ職務ハ市制ニハ府縣參事會ニ於テ之ヲ行フノ差

アリ是其直接ノ監督官廳ヲ異ニスルヨリ生スル結果ト知ル可シ

第六十九條　町村長ハ法律命令ニ從ヒ左ノ事務ヲ管掌ス（市）七四

一　司法警察補助官タルノ職務及法律命令ニ依テ其管理ニ屬スル地方警察ノ事務但別ニ官署ヲ設ケテ地方警察事務ヲ管掌セシムルトキハ此限ニ在ラス

二　浦役場ノ事務

三　國ノ行政並府縣郡ノ行政ニシテ町村ニ屬スル事務但別ニ吏員ノ設ケアルトキハ此限ニ在ラス

右三項中ノ事務ハ監督官廳ノ許可ヲ得テ之ヲ助役ニ分掌セシムルコトヲ得

本條ニ掲載スル事務ヲ執行スルカ爲メニ要スル費用ハ町村ノ負擔トス

〔意義〕〔理由〕本條ノ意義理由共ニ市制第七十四條ニ同シ唯第五項中助役トアルヲ市制ニハ市參事會員ノ一名トアルノ差アレ𪜈是町村ニ參事會ナキニ由ルモノニシテ別ニ深キ理由アルニアラス

第七十條　町村助役ハ町村長ノ事務ヲ補助ス

町村長ハ町村會ノ同意ヲ得テ助役ヲシテ町村行政事務ノ一部ヲ分掌セシムルコトヲ得

助役ハ町村長故障アルトキ之ヲ代理ス助役數名アルトキハ上席者之ヲ代理ス可シ〔市〕六九、

〔意義〕〔理由〕本條ハ市制第六十九條ニ於テ市參事會ノ職務ヲ規定シタル條文ヲ町村ノ助役ニ適用シタルニ過キス然リ而シテ市制第六十九條ニハ行政事務ノ一部ヲ分掌セシムル名譽職市參事會員ニハ職務取扱ノ爲メニ要スル實費辨償ノ外勤務ニ相當スル報酬

ヲ受クルコトヲ得ル旨ヲ附記シ而シテ本條ニ之カ附記ナキモ市參事會員ト同樣ノ給與ヲ爲サヽル可カラサルヿハ第五十五條第二項ヲ參照スレハ明ナリ

第七十一條　町村收入役ハ町村ノ收入ヲ受領シ其費用ノ支拂ヲ爲シ其他會計事務ヲ掌ル〔市〕七〇、

〔意義〕本條及次條ノ意義ハ市制第七十條及第七十一條ト同一ナルヲ以テ之ヲ略ス

第七十二條　書記ハ町村長ニ屬シ庶務ヲ分掌ス〔市〕七一、

第七十三條　區長及其代理者ハ町村長ノ機關トナリ其指揮命令ヲ受ケテ區内ニ關スル町村長ノ事務ヲ補助執行スルモノトス〔市〕七二、

〔意義〕〔理由〕本條ハ市制第七十二條ト幾ト同一ニシテ別ニ説明ヲ要

スル如キ著シキ差異ナキヲ以テ之ヲ略ス

第七十四條　委員（第六十五條）ハ町村行政事務ノ一部ヲ分掌シ又ハ營造物ヲ管理シ若クハ監督シ又ハ一時ノ委託ヲ以テ事務ヲ處辦スルモノトス〔市〕七三、

委員長ハ委員ノ議決ニ加ハルノ權ヲ有ス助役ヲ以テ委員長ト爲ス場合ニ於テモ町村長ハ隨時委員會ニ出席シテ其委員長ト爲リ幷其議決ニ加ハルノ權ヲ有ス

常設委員ノ職務權限ニ關シテハ町村條例ヲ以テ別段ノ規定ヲ設クルコトヲ得

〔意義〕本條ハ市制第七十三條ト同一ノ事ヲ規定シタルモノナレ𪜈第二項ニ付キ少シク說明ヲ要スルモノアリ即チ本條ニハ委員長トアリ市制ニハ市長トアルモ其實同一ナリトス何トナレハ本制

第六十五條ニ於テ市長又ハ其委任ヲ受ケタル助役之カ委員長タルコトヲ示シ而シテ其助役ノ委員長タル塲合ハ本條第二項中別ニ之ヲ規定シタレハナリ

〔理由〕本條第二項ニ於テ助役ヲ以テ委員長ト爲ス塲合ニ於テモ町村長隨時委員會ニ出席シテ其委員長トナルコトヲ得ルモノトシタルハ原來之カ委員長タル可キモノハ町村長ニシテ助役ノ委員長トナルハ畢竟町村長ノ委任ヲ受ケタルニ由ル而シテ委任ハ其本人ノ都合ニ依リ何時ニテモ之ヲ解クヲ得可キモノナレハナリ

○第三款　給料及給與

本欵ハ町村有給吏員ノ給料及名譽職ノ給與等ノ事ヲ規定シタルモノナリ

第七十五條　名譽職員ハ此法律中別ニ規定アルモノヲ除クノ外

職務取扱ノ爲メニ要スル實費ノ辨償ヲ受クルコトヲ得（市）七五、實費辨償額、報酬額及ヒ書記料ノ額（第六十三條第一項）ハ町村會之ヲ議決ス

〔意義〕 本條ハ市制第七十五條ト同一ノ事ヲ規定シタルモノニシテ唯第二項ニ掲ケタル「書記料ノ額」ト云ヘル一句ヲ市制ニ載セサルノミ

〔理由〕 本條第二項ニ書記料ノ額ト云ヘル一句ヲ附記シタルモノハ第六十三條第一項ニ於テ町村長ニ相當ノ書記料ヲ給與シテ書記ノ事務ヲ委任スルコトヲ得ルモノトシ而シテ市ノ名譽員ニハ斯ノ如キ事ナキニ由ル

第七十六條 有給町村長有給助役其他有給吏員及使丁ノ給料額ハ町村會ノ議決ヲ以テ之ヲ定ム

町村會ノ議決ヲ以テ町村長及助役ノ給料額ヲ定ムルトキハ郡長ノ許可ヲ受クルコトヲ要ス郡長ニ於テ之ヲ許可ス可ラスト認ムルトキハ郡參事會ノ議決ニ付シテ之ヲ確定ス（市）七六、

〔意義〕本條ハ市制第七十六條ニ相當スル個條ナリト雖モ兩制ノ間少シク差異アリ即チ市制ニ於テハ市長ノ給料額ト助役ノ給料額トニ付區別ヲ爲シ市長ノ給料額ハ內務大臣ノ許可ヲ得テ定ム可キモノトシ內務大臣之ヲ許可ス可カラスト認ムルヰハ大臣之ヲ確定ス可キモノトシタレ𪜈助役ノ給料額ハ府縣知事ノ許可ヲ得テ定ム可キモノトシ府縣知事之ヲ許可ス可カラスト認ムルヰハ府縣參事會ノ議決ニ付シテ之ヲ確定ス可キモノトセリ之レニ反シ本條ニハ町村長ト助役トヲ問ハス郡長ノ許可ヲ得テ其給料額ヲ定ム可キモノトシ郡長之ヲ許可ス可カラスト認ムルヰハ郡參

事會ノ議決ニ付シテ確定ス可キモノトセリ又市制ニ於テハ市長助役其他有給吏員ノ給料額ハ市條例ヲ以テ規定スルコヲ許シタレ𪜈町村制ニハ町村長及ヒ助役ノ給料額ヲ町村條例ヲ以テ定ムルコヲ許サス

（理由）市制ト町村制ト其許可ヲ得ヘキ官廳ヲ異ニスルハ二者其直接ノ監督官廳ヲ異ニスルヨリ生スル結果ナリ

又町村長ト助役トニ付キ其監督官廳ヲ異ニセサルモノハ蓋シ市制ノ市長ト助役トニ付キ選擧法ヲ異ニスルト相異ナリ（市制第五十條以下）町村制ニ於テハ町村長及役助共ニ同一ノ選擧法ニ據レハナリ（本制第五十三條以下）

又町村條例ヲ以テ町村長及助役ノ給料ヲ定ムルコヲ許サヽルハ余輩確乎タル理由ヲ發見スル能ハス余輩ノ管見ヲ以テスレハ第

五十六條ニ於テ町村長及助役ニ給料ヲ給スルヿヲ町村條例ニ定ムルヿヲ許シタル以上ハ其給料額ヲ同時ニ定ムルヿヲ許シテ毫モ妨ナシト思考スルナリ

第七十七條　町村條例ノ規定ヲ以テ有給吏員ノ退隱料ヲ設クルコトヲ得〔市〕七七、

〔意義〕〔理由〕本條ノ意義理由共ニ市制第七十七條ト同一ナルヲ以テ一々説明ヲ要セサルモ唯此ニ一言ス可キハ本條ニ所謂有給吏員トノ語中ニハ町村長及ヒ助役ヲモ包含スルヤ否ヤノ事是ナリ前條ニ於テ給料額ヲ町村條例ヲ以テ定ムルヿヲ許サヽリシ主義ヨリ推ストキハ町村長及ヒ助役ハ此中ニ包含セサルカ如シト雖モ本條別ニ制限ヲ設ケス汎博ナル語ヲ用ヰタルト町村長及ヒ助役ヲ除ケハ實際幾ト町村ニハ有給吏員ノアラサルト〔收入役書記ノ如

キモ皆町村長又ハ助役ニ於テ之ヲ兼ヌルヲ得可ケレハナリ)ヨリ考フレハ町村長及ヒ助役ノ此語中ニ包含スルヿ明ナリ

第七十八條　有給吏員ノ給料、退隱料其他第七十五條ニ定ムル給與ニ關シテ異議アルトキハ關係者ノ申立ニ依リ郡參事會之ヲ裁決ス其郡參事會ノ裁決ニ不服アル者ハ府縣參事會ニ訴願シ其府縣參事會ノ裁決ニ不服アル者ハ行政裁判所ニ出訴スルコトヲ得〔市〕七八、

〔意義〕〔理由〕本條ハ市制第七十八條ト同一ノ事ヲ規定シタルモノナレ圧其監督官廳ヲ異ニスルニ由リ自ラ一二ノ差異アリ即チ市制ニ於テハ其異議ヲ第一ニ決スルモノハ府縣參事會ナレ圧本條ニハ郡參事會ヲ以テ第一ノ裁決ヲ為スモノトセリ且此差異ヨリシテ市制ハ二級裁判ノ法即チ府縣參事會ノ裁決ニ不服ナレハ行政

裁判所ニ出訴スルノ法ニ從ハサルヲ得ス之レニ反シ本條ニハ三級裁判法即チ郡參事會ノ裁決ニ不服ナレハ府縣參事會ニ訴願シ府縣參事會ノ裁決ニ不服ナレハ行政裁判所ニ出訴スルノ法ニ從ヘリ

第七十九條　退隱料ヲ受クル者官職又ハ府縣郡市町村及公共組合ノ職務ニ就キ給料ヲ受クルトキハ其間之ヲ停止シ又ハ更ニ退隱料ヲ受クルノ權ヲ得ルトキ其額舊退隱料ト同額以上ナルトキハ舊退隱料ハ之ヲ廢止ス〔市〕七九、

〔意義〕本條及次條ノ意義ハ市制第七十九條及第八十條ト同一ナルヲ以テ之ヲ略ス

第八十條　給料、退隱料、報酬及辨償等ハ總テ町村ノ負擔トス〔市〕八〇

○第四章　町村有財產ノ管理

本章ノ說明ハ之ヲ市制第四章ノ義解ニ讓リ敢テ玆ニ贅セス

○第一欵　町村有財產及町村稅

本欵ノ說明モ亦市制第四章第一欵ノ義解ニ讓ル

第八十一條　町村ハ其不動產、積立金穀等ヲ以テ基本財產ト爲シ之ヲ維持スルノ義務アリ

臨時ニ收入シタル金穀ハ基本財產ニ加入ス可シ但寄附金等寄附者其使用ノ目的ヲ定ムルモノハ此限ニ在ラス〔市〕八一、

〔意義〕〔理由〕本條以下第九十條ニ至ル意義理由共ニ市制第八十一條以下第九十條ニ至ルト同一ナルヲ以テ之ヲ略ス

第八十二條　凡町村有財產ハ全町村ノ爲メニ之ヲ管理シ及共用スルモノトス但特ニ民法上ノ權利ヲ有スル者アルトキハ此限ニ在ラス〔市〕八二、

第八十三條　舊來ノ慣行ニ依リ町村住民中特ニ其町村有ノ土地物件ヲ使用スル權利ヲ有スル者アルトキハ町村會ノ議決ヲ經ルニ非サレハ其舊慣ヲ改ムルコトヲ得ス（市）八三、

第八十四條　町村住民中特ニ其町村有ノ土地物件ヲ使用スル權利ヲ得ントスル者アルトキハ町村條例ノ規定ニ依リ使用料若クハ一時ノ加入金ヲ徴收シ又ハ使用料加入金ヲ共ニ徴收シテ之ヲ許可スルコトヲ得但特ニ民法上使用ノ權利ヲ有スル者ハ此限ニ在ラス（市）八四、

第八十五條　使用權ヲ有スル者（第八十三條第八十四條）ハ使用ノ多寡ニ準シテ其土地物件ニ係ル必要ナル費用ヲ分擔ス可キモノトス（市）八五、

第八十六條　町村會ハ町村ノ爲メニ必要ナル場合ニ於テハ使用

權（第八十三條、第八十四條）ヲ取上ケ又ハ制限スルコトヲ得但特ニ民法上使用ノ權ヲ有スル者ハ此限ニ在ラス（市）八六、

第八十七條　町村有財產ノ賣却貸與又ハ建築工事及物品調達ノ請負ハ公ケノ入札ニ付ス可シ但臨時急施ヲ要スルトキ及入札ノ價額其費用ニ比シテ得失相償ハサルトキ又ハ町村會ノ認許ヲ得ルトキハ此限ニ在ラス（市）八七、

第八十八條　町村ハ其必要ナル支出及從前法律命令ニ依テ賦課セラレ又ハ將來法律勅令ニ依テ賦課セラルヽ支出ヲ負擔スルノ義務アリ（市）八八、

町村ハ其財產ヨリ生スル收入及使用料、手數料（第八十九條）幷科料、過怠金其他法律勅令ニ依リ町村ニ屬スル收入ヲ以テ前項ノ支出ニ充テ猶不足アルトキハ町村稅（第九十條）及夫役、現品（第

百一條）ヲ賦課徵收スルコトヲ得

第八十九條　町村ハ其所有物及營造物ノ使用ニ付又ハ特ニ數個人ノ爲メニスル事業ニ付使用料又ハ手數料ヲ徵收スルコトヲ得（市）八九、

第九十條　町村稅トシテ賦課スルコトヲ得ヘキ目左ノ如シ（市）九〇、

一　國稅府縣稅ノ附加稅

二　直接又ハ間接ノ特別稅

附加稅ハ直接ノ國稅又ハ府縣稅ニ附加シ均一ノ稅率ヲ以テ町村ノ全部ヨリ徵收スルヲ常例トス特別稅ハ附加稅ノ外別ニ町村限リ稅目ヲ起シテ課稅スルコトヲ要スルトキ賦課徵收スルモノトス

第九十一條　此法律ニ規定セル條項ヲ除クノ外使用料、手數料（第八十九條）特別稅（第九十條第一項第二）及從前ノ町村費ニ關スル細則ハ町村條例ヲ以テ之ヲ規定ス可シ其條例ニハ科料一圓九十五錢以下ノ罰則ヲ設クルコトヲ得（市）九一、科料ニ處シ及之ヲ徵收スルハ町村長之ヲ掌ル其處分ニ不服アル者ハ令狀交附後十四日以內ニ司法裁判所ニ出訴スルコトヲ得

〔意義〕〔理由〕本條ノ意義理由共ニ市制第九十一條ト幾ト同一ニシテ僅カニ一二ノ差異アルモ別ニ說明セスシテ明ナレハ之ヲ略ス

第九十二條　三ケ月以上町村內ニ滯在スル者ハ其町村稅ヲ納ムルモノトス但其課稅ハ滯在ノ初ニ遡リ徵收ス可シ（市）九二、

〔意義〕〔理由〕本條以下第百四條ニ至ル意義理由共ニ市制第九十二條以下第百四條ニ至ルト同一ナルヲ以テ之ヲ略ス

第九十三條　町村內ニ住居ヲ搆ヘス又ハ三ヶ月以上滯在スルコトナシト雖モ町村內ニ土地家屋ヲ所有シ又ハ營業ヲ爲ス者(店舖ヲ定メサル行商ヲ除ク)ハ其土地家屋營業若クハ其所得ニ對シテ賦課スル町村稅ヲ納ムルモノトス其法人タルトキモ亦同シ但郵便電信及官設鐵道ノ業ハ此限ニ在ラス〔市〕九三、

第九十四條　所得稅ニ附加稅ヲ賦課シ及町村ニ於テ特別ニ所得稅ヲ賦課セントスルトキハ納稅者ノ町村外ニ於ケル所有ノ土地家屋又ハ營業(店舖ヲ定メサル行商ヲ除ク)ヨリ收入スル所得ハ之ヲ控除ス可キモノトス〔市〕九四、

第九十五條　數市町村ニ住居ヲ搆ヘ又ハ滯在スル者ニ前條ノ町村稅ヲ賦課スルトキハ其所得ヲ各市町村ニ平分シ其一部分ニノミ課稅ス可シ但土地家屋又ハ營業ヨリ收入スル所得ハ此限

ニ在ラス（市）九五、

第九十六條　所得稅法第三條ニ揭クル所得ハ町村稅ヲ免除ス（市）九六、

第九十七條　左ニ揭クル物件ハ町村稅ヲ免除ス（市）九七、

一　政府、府縣郡市町村及公共組合ニ屬シ直接ノ公用ニ供スル土地、營造物及家屋、

二　社寺及官立公立ノ學校病院其他學藝、美術及慈善ノ用ニ供スル土地、營造物及家屋

三　官有ノ山林又ハ荒蕪地但官有山林又ハ荒蕪地ノ利益ニ係ル事業ヲ起シ內務大臣及大藏大臣ノ許可ヲ得テ其費用ヲ徵收スルハ此限ニ在ラス

新開地及開墾地ハ町村條例ニ依リ年月ヲ限リ免稅スルコトヲ

得

第九十八條　前二條ノ外町村税ヲ免除スヘキモノハ別段ノ法律勅令ニ定ムル所ニ從フ皇族ニ係ル町村税ノ賦課ハ追テ法律勅令ヲ以テ定ムル迄現今ノ例ニ依ル（市）九八、

第九十九條　數個人ニ於テ專ラ使用スル所ノ營造物アルトキハ其修築及保存ノ費用ハ之ヲ其關係者ニ賦課ス可シ（市）九九、

町村内ノ一部ニ於テ專ラ使用スル營造物アルトキハ其部内ニ住居シ若クハ滯在シ又ハ土地家屋ヲ所有シ營業（店舗ヲ定メサル行商ヲ除ク）ヲ爲ス者ニ於テ其修築及保存ノ費用ヲ負擔ス可シ但其一部ノ所有財產アルトキハ其收入ヲ以テ先ツ其費用ニ充ツ可シ

第百條　町村税ハ納税義務ノ起リタル翌月ノ初ヨリ免税理由ノ

生シタル月ノ終迄月割ヲ以テ之ヲ徴收ス可シ〔市〕一〇〇、
會計年度中ニ於テ納税義務消滅シ又ハ變更スルトキハ納税者ヨリ之ヲ町村長ニ届出ツ可シ其届出ヲ爲シタル月ノ終迄ハ從前ノ税ヲ徴收スルコトヲ得

第百一條　町村公共ノ事業ヲ起シ又ハ公共ノ安寧ヲ維持スルカ爲メニ夫役及現品ヲ以テ納税者ニ賦課スルコトヲ得但學藝美術及手工ニ關スル勞役ヲ課スルコトヲ得ス〔市〕一〇一、
夫役及現品ハ急迫ノ場合ヲ除クノ外直接町村税ヲ準率ト爲シ且之ヲ金額ニ算出シテ賦課ス可シ
夫役ヲ課セラレタル者ハ其便宜ニ從ヒ本人自ラ之ニ當リ又ハ適當ノ代人ヲ出スコトヲ得又急迫ノ場合ヲ除クノ外金圓ヲ以テ之ニ代フルコトヲ得

第百二條　町村ニ於テ徴收スル使用料、手數料(第八十九條)町村稅(第九十條)夫役ニ代フル金圓(第百一條)共有物使用料及加入金(第八十四條)其他町村ノ收入ヲ定期內ニ納メサルトキハ町村長ハ之ヲ督促シ猶之ヲ完納セサルトキハ國稅滯納處分法ニ依リ之ヲ徴收ス可シ其督促ヲ爲スニハ町村條例ノ規定ニ依リ手數料ヲ徴收スルコトヲ得(市)一〇二、

納稅者中無資力ナル者アルトキハ町村長ノ意見ヲ以テ會計年度內ニ限リ納稅延期ヲ許スコトヲ得其年度ヲ越ユル場合ニ於テハ町村會ノ議決ニ依ル

本條ニ記載スル徴收金ノ追徴、期滿得免及先取特權ニ付テハ國稅ニ關スル規則ヲ適用ス

第百三條　地租ノ附加稅ハ地租ノ納稅者ニ賦課シ其他土地ニ對

シテ賦課スル町村税ハ其所有者又ハ使用者ニ賦課スルコトヲ得（市）一〇三、

第百四條　町村税ノ賦課ニ對スル訴願ハ賦課令狀ノ交付後三ケ月以内ニ之ヲ町村長ニ申立ツ可シ此期限ヲ經過スルトキハ其年度内減税免税及償還ヲ請求スルノ權利ヲ失フモノトス（市）一〇四、

第百五條　町村税ノ賦課及町村ノ營造物、町村有ノ財產幷其所得ヲ使用スル權利ニ關スル訴願ハ町村長之ヲ裁決ス但民法上ノ權利ニ係ルモノハ此限ニ在ラス（市）一〇五、

前項ノ裁決ニ不服アル者ハ郡參事會ニ訴願シ其郡參事會ノ裁決ニ不服アル者ハ府縣參事會ニ訴願シ其府縣參事會ノ裁決ニ不服アル者ハ行政裁判所ニ出訴スルコトヲ得

本條ノ訴願及訴訟ノ爲メニ其處分ノ執行ヲ停止スルコトヲ得

ス

〔意義〕〔理由〕本條ハ市制第百五條ト幾ト同一ニシテ唯第二項ニ少シク差異アルノミ然レ𪜈此差異ノ如キハ曩キニ第七十八條ニ於テ説明シタル所ト同一ナルヲ以テ之ヲ略ス

第百六條　町村ニ於テ公債ヲ募集スルハ從前ノ公債元額ヲ償還スル爲メ又ハ天災時變等已ムヲ得サル支出若クハ町村永久ノ利益トナル可キ支出ヲ要スルニ方リ通常ノ歳入ヲ増加スルトキハ其町村住民ノ負擔ニ堪ヘサルノ場合ニ限ルモノトス〔市〕一〇六、

町村會ニ於テ公債募集ノ事ヲ議決スルトキハ併セテ其募集ノ方法、利息ノ定率及償還ノ方法ヲ定ムヘシ償還ノ初期ハ三年以内ト爲シ年々償還ノ歩合ヲ定メ募集ノ時ヨリ三十年以内ニ還了ス可シ

定額豫算内ノ支出ヲ爲スカ爲メ必要ナル一時ノ借入金ハ本條ノ例ニ依ラス其年度内ノ收入ヲ以テ償還ス可キモノトス

〔意義〕本條ハ市制第百六條ト同一ノ事ヲ規定シタルモノナレ圧末項ニ於テ一ノ差異アリ即チ市制ニハ但書ヲ設ケ末項ノ場合ニハ市會ノ決議ヲ要セサル事ヲ明記シタレ圧本條ニハ之カ明記ヲ爲サヽル故ニ末項ノ場合ト雖モ町村會ノ議決ヲ經サル可カラサル可シ

〔理由〕市制ト町村制トノ間此差異アルモノハ蓋シ町村行政ハ町村長ニ獨任スルモノナレハ或ハ其擅横ニ流レンコヲ恐レテ斯クハ制限シタルモノナラン

○第二款　町村ノ歳入出豫算及決算

本款ノ説明モ亦之ヲ市制第四章第二款ノ解説ニ讓ル

第百七條　町村長ハ毎會計年度收入支出ノ豫知シ得可キ金額ヲ見積リ年度前二ヶ月ヲ限リ歳入出豫算表ヲ調製ス可シ但町村ノ會計年度ハ政府ノ會計年度ニ同シ（市）一〇七、

內務大臣ハ省令ヲ以テ豫算表調製ノ式ヲ定ムルコトヲ得

〔意義〕〔理由〕本條以下第百十一條ニ至ル五ヶ條ハ市制第百七條ヨリ第百十一條マテニ同シキヲ以テ之ヲ略ス

第百八條　豫算表ハ會計年度前町村會ノ議決ヲ取リ之ヲ郡長ニ報告シ幷地方慣行ノ方式ヲ以テ其要領ヲ公告ス可シ

豫算表ヲ町村會ニ提出スルトキハ町村長ハ併セテ其町村事務報告書及財產明細表ヲ提出ス可シ（市）一〇八、

第百九條　定額豫算外ノ費用又ハ豫算ノ不足アルトキハ町村會ノ認定ヲ得テ之ヲ支出スルコトヲ得（市）一〇九、

定額豫算中臨時ノ場合ニ支出スルカ爲メニ豫備費ヲ置キ町村長ハ豫メ町村會ノ認定ヲ受ケスシテ豫算外ノ費用又ハ豫算超過ノ費用ニ充ツルコトヲ得但町村會ノ否決シタル費途ニ充ツルコトヲ得ス

第百十條　町村會ニ於テ豫算表ヲ議決シタルトキハ町村長ヨリ其謄寫ヲ以テ之ヲ收入役ニ交付ス可シ其豫算表中監督官廳若クハ參事會ノ許可ヲ受ク可キ事項アルトキハ（第百二十五條ヨリ第百二十七條ニ至ル）先ツ其許可ヲ受ク可シ〔市〕一二〇、

收入役ハ町村長（第六十八條第二項第三）又ハ監督官廳ノ命令アルニ非サレハ支拂ヲ爲スコトヲ得ス又收入役ハ町村長ノ命令ヲ受クルモ其支出豫算表中ニ豫定ナキカ又ハ其命令第百九條ノ規定ニ依ラサルトキハ支拂ヲ爲スコトヲ得ス

前項ノ規定ニ背キタル支拂ハ總テ收入役ノ責任ニ歸ス

第百十一條　町村ノ出納ハ毎月例日ヲ定メテ撿査シ及毎年少クモ一回臨時撿査ヲ爲ス可シ例月撿査ハ町村長又ハ其代理者之ヲ爲シ臨時撿査ハ町村長又ハ其代理者ノ外町村會ノ互選シタル議員一名以上ノ立會ヲ要ス〔市〕一一一、

第百十二條　決算ハ會計年度ノ終ヨリ三ヶ月以内ニ之ヲ結了シ證書類ヲ併セテ收入役ヨリ之ヲ町村長ニ提出シ町村長ハ之ヲ審査シ意見ヲ附シテ之ヲ町村會ノ認定ニ付ス可シ第六十二條第六項ノ場合ニ於テハ前例ニ依リ町村長ヨリ直ニ之ヲ町村會ニ提出ス可シ其町村會ノ認定ヲ經タルトキハ町村長ハ之ヲ郡長ニ報告ス可シ〔市〕一一二、

〔意義〕〔理由〕　本條ハ市制第百十二條ト同一ノ事ヲ規定シタルモノナ

レ圧市制ニハ本條ノ如ク第六十二條第六項云々ノ明文ナシ第六十二條第六項トハ町村長又ハ助役ヲシテ收入役ノ事務ヲ兼掌セシムルコヲ得ル旨ヲ規定シタル箇條ナリ而シテ其理由ノ如キハ之ヲ略ス

第百十三條　決算報告ヲ爲ストキハ第四十條ノ例ニ準シテ議長代理者共ニ故障アルモノトス（市）一一二ノ二項

〔意義〕〔理由〕本條ノ意義理由共ニ市制第百十二條第二項ニ同シキヲ以テ之ヲ略ス

○第五章　町村内各部ノ行政

本章ノ說明モ亦之ヲ市制第五章ノ解說ニ讓ル

第百十四條　町村内ノ區（第六十四條）又ハ町村内ノ一部若クハ合併町村（第四條）ニシテ別ニ其區域ヲ存シテ一區ヲ爲スモノ特別

ニ財産ヲ所有シ若クハ營造物ヲ設ケ其一區限リ特ニ其費用（第九十九條）ヲ負擔スルトキハ郡參事會ハ其町村會ノ意見ヲ聞キ條例ヲ發行シ財産及營造物ニ關スル事務ノ爲メ區會又ハ區總會ヲ設クルコトヲ得其會議ハ町村會ノ例ヲ適用スルコトヲ得

〔市〕二二一、

〔意義〕本條ハ市制第百十三條ト同一ノ事ヲ規定シタルモノナレ𪜈其間自ラ差異アルヲ以テ姑ク之レヲ説明セン

本條ニ所謂ル町村內ノ區トハ第六十四條ニ據リ町村ノ區域廣濶ナルトキ又ハ人口稠密ナルトキ町村會ノ議決ニ依リ數區ニ分チタル場合ヲ見タルモノナリ

又合併町村トハ第四條第二項ニ依リ町村ノ資力法律上ノ義務ヲ負擔スルニ堪ヘス又ハ公益上ノ必要アル場合ニ町村ヲ合併シタ

ル場合ヲ見タルモノナリ
又區總會トハ第三十一條ニ於テ小町村ノ公民總會ヲ以テ町村會ニ代フルノ例ヲ此ニ適用シ別ニ區會ヲ設ケス區內ノ公民總寄會ヲ爲スノ便法ヲ用フルコヲ許シタルモノナリ
〔理由〕凡ソ町村ハ最下ノ自治體ニシテ其下ニ幾許ノ區アルモ決シテ一ノ自治區ヲ爲スモノニアラス然ルニ各區若クハ各部ニ財產ヲ有シ自ラ之レヲ措辨セシムルハ道理ニ反スルカ如シト雖モ立法者ハ實際ノ狀態ヲ酌ミ將來ノ軋轢ヲ避ケンカ爲メ斯クハ規定シタルモノナリ其詳細ハ市制第五章題目ノ下ニ之ヲ說明シタレハ此ニ略ス

第百十五條　前條ニ記載スル事務ハ町村ノ行政ニ關スル規則ニ依リ町村長之ヲ管理ス可シ但區ノ出納及會計ノ事務ハ之ヲ分

別ス可シ〔市〕一一四、

〔意義〕〔理由〕本條ノ意義理由共ニ市制第百十四條ト同一ナルヲ以テ之ヲ略ス

○第六章　町村組合

凡ソ町村區畫ノ廣狹其度ヲ得ルト否トハ延テ國家ノ大政ニ影響ヲ及ホスモノニシテ苟クモ地方制度ヲ論スル者ノ忽諸ニ付ス可ラサル最モ緊要ノ問題ナリトス其區畫ハ則チ廣濶ニ過キテ施政ノ周到ヲ妨ク可ラス又狹隘ニ失シテ町村ノ負擔ニ堪ヘサラシム可ラス故ニ本制ニ於テモ亦此目的ヲ以テ既ニ第四條ニ廢置分合ノ法ヲ設ケタリ然レ𪜈今之ヲ實地ニ施スニ當テハ或ハ各部落固有ノ習慣アリテ其合併ヲ妨ケ或ハ各部人情ヲ異ニシ爲メニ其調和ヲ害シ或ハ地理ノ便否人口ノ多寡ニ由リ各部合同ヲ得サル等ノ事アリテ到底言フ可クシテ行フ可

ラサルヿモ亦之ナシトセス是ニ於テ乎各町村ノ獨立ヲ害スルヿナク シテ小町村ノ能ク其負擔ニ堪フルノ法ナカル可ラス是レ特ニ本章ヲ置キ以テ町村組合ヲ設クルヿヲ許ス所以ナリ

第百十六條　數町村ノ事務ヲ共同處分スル爲メ其協議ニ依リ監督官廳ノ許可ヲ得テ其町村ノ組合ヲ設クルコトヲ得

法律上ノ義務ヲ負擔スルニ堪フ可キ資力ヲ有セサル町村ニシテ他ノ町村ト合併(第四條)スルノ協議整ハス又ハ其事情ニ依リ合併ヲ不便ト爲ストキハ郡參事會ノ議決ヲ以テ數町村ノ組合ヲ設ケシムルコトヲ得

〔意義〕本條ハ町村組合ヲ設クル場合及其方法ヲ規定シタルモノナリ

第一項ニ所謂數町村ノ事務トハ其町村ニ於テ獨立シテ處辨スル

能ハサル事務ヲ云ヒ町村ノ組合トハ恰モ學區又ハ水利土功ノ組合ノ如ク上ニ示ス或種類ノ事務ニ付キ聯合シテ共同處理スルヲ云フ故ニ組合ハ夫ノ合併ト異ナリ組合各町村ハ等シク本制ニ依リ代議行政ノ機關ヲ備フル獨立ノ自治區ナリトス

第二項ニ所謂法律上ノ義務ヲ負擔スルニ堪フ可キ資力ヲ有セサルトハ第四條第三項ノ前段ト同一ナリ又他ノ町村ト合併スルノ協議整ハストハ同條第一項ノ場合ニ於テ其町村會各意見ヲ異ニシ府縣參事會ニ於テモ亦其合併ヲ議決セサルトキヲ云フ而シテ事情ニ依リ合併ヲ不便ト爲ストキトハ古來ノ慣習若クハ人情ヲ異ニシ又ハ地理ノ不便等ニ依リ合併スルノ不利ナルヲ云フ

〔理由〕抑〻本制ノ精神ハ町村ト郡トノ間ニ一種ノ組合ヲ置カサルニ在リ（學區會又ハ水利土功會ノ組合ハ格別ナリ）故ニ獨立ノ資力ニ

乏シキ町村ニ在テハ務メテ合併ヲ欲スト雖モ前陳ノ如キ場合ニ於テハ強テ合併セシムルヿヲ得ス是ニ於テ平之ヲ調理スルノ法ナカル可カラス是本條第一項ニ於テ組合ノ協議ニ依リ郡長ノ許可ヲ得テ組合ヲ設クルヿヲ許シタル所以ナリ若又小町村ニ於テ自立ノ資力ナキニモ拘ラス組合ヲ爲サヽル等ノ場合ニ於テハ監督官廳ハ公益ノ爲メ其組合ヲ命スルノ權ナカル可カラス是レ本條第二項ノ規定ヲ要スル所以ナリ

第百十七條　町村組合ヲ設クルノ協議ヲ爲ストキハ(第百十六條第一項)組合會議ノ組織、事務ノ管理方法幷ニ其費用ノ支辨方法ヲ併セテ規定ス可シ

前條第二項ノ場合ニ於テハ其關係町村ノ協議ヲ以テ組合費用ノ分擔法等其他必要ノ事項ヲ規定ス可シ若シ其協議調ハサル

トキハ郡參事會ニ於テ之ヲ定ム可シ

〔意義〕本條ハ組合ヲ設クル爲メニ要スヘキ事項ヲ規定シタルモノナリ即チ第一項ハ組合會議ノ組織事務ノ管理幷ニ費用支出等ノ方法ヲ議定スヘキコヲ定メタルモノニシテ其會議ノ組織ハ各町村議員總員ヲ以テ組織スルモ亦議員中ニテ委員ヲ互選シテ之ニ充ツルモ共ニ組合ノ自由ナリトス又事務管理ノ方法ハ各町村長交番ニ之ヲ掌ルモ又ハ別ニ組合町村長ヲ置キ以テ組合事務ヲ處理セシムルモ是亦組合ノ自由ナリトス又其經費分擔法ニ於ケルモ亦然リ

第二項ハ監督官廳ヨリ組合ヲ命シタル場合ニ於テモ前項ノ事柄ニ付テハ組合ノ協議ヲ以テ定ムルモノトシ若シ組合ニ於テ其協議調ハサル乎若クハ之ヲ爲サヽル片ハ郡參事會ニ於テ決定スヘ

キコトヲ規定シタルモノナリ

〔理由〕既ニ述ヘタル如ク組合ハ或種類ノ事務ニ限リ設クヘキモノナルヲ以テ普通町村ニ於ケルカ如キ組織ヲ要セス是本條ニ於テ議會及行政ノ機關並其經費ニ關スル方法ヲ定ムヘシト規定シタル所以ナリ又組合ニ於テ之ヲ定メサル時郡參事會之ニ代テ決定スル所以ハ前條第二項ニ於テ郡參事會ニ數町村ノ組合ヲ命スルコトヲ許シタル結果ナリトス

第百十八條　町村組合ハ監督官廳ノ許可ヲ得ルニ非サレハ之ヲ解クコトヲ得ス

〔意義〕本條ハ組合ヲ解散スルニハ監督官廳ノ許可ヲ得テ之ヲ爲スヘキコトヲ定メタルモノナリ

〔理由〕組合ヲ解散スル場合ニ官廳ノ許可ヲ要スル所以ハ既ニ之ヲ

設立スルニ許可ヲ要スヘキモノナレハ其解散ヲ爲スニ當リ又許可ヲ要スルコハ蓋シ當然ナリトス而シテ此ニ所謂官廳トハ郡長ヲ云フモノナリ

○第七章　町村行政ノ監督

本章ノ説明ハ之ヲ市制第六章ノ義解ニ讓ル

第百十九條　町村ノ行政ハ第一次ニ於テ郡長之ヲ監督シ第二次ニ於テ府縣知事之ヲ監督シ第三次ニ於テ内務大臣之ヲ監督ス但法律ニ指定シタル場合ニ於テ郡參事會及府縣參事會ノ參與スルハ別段ナリトス〔市〕一一五、

〔意義〕〔理由〕本條ハ市制第百十五條ト同一ノ事ヲ規定シタルモノニシテ其直轄官廳ヲ異ニスルニ由リ少シク差異アリト雖モ別ニ説明スルノ必要ナケレハ之ヲ略ス

第百二十條　此法律中別段ノ規定アル場合ヲ除クノ外凡町村ノ行政ニ關スル郡長若クハ郡參事會ノ處分若クハ裁決ニ不服アル者ハ府縣知事若クハ府縣參事會ニ訴願シ其府縣知事若クハ府縣參事會ノ裁決ニ不服アル者ハ内務大臣ニ訴願スルコトヲ得

町村ノ行政ニ關スル訴願ハ處分書若クハ裁決書ヲ交付シ又ハ之ヲ告知シタル日ヨリ十四日以内ニ其理由ヲ具シテ之ヲ提出スヘシ但此法律中別ニ期限ヲ定ムルモノハ此限ニ在ラス

此法律中ニ指定スル場合ニ於テ府縣知事若クハ府縣參事會ノ裁決ニ不服アリテ行政裁判所ニ出訴セントスル者ハ裁決書ヲ交付シ又ハ之ヲ告知シタル日ヨリ二十一日以内ニ出訴ス可シ

行政裁判所ニ出訴スルコトヲ許シタル場合ニ於テハ内務大臣

ニ訴願スルコトヲ得ス
訴願及訴訟ヲ提出スルトキハ處分又ハ裁決ノ施行ヲ停止ス但此法律中別ニ規定アリ又ハ當該官廳ノ意見ニ依リ其停止ノ爲メニ町村ノ公益ニ害アリト爲ストキハ此限ニ在ラス〔市〕一一六、
〔意義〕〔理由〕本條ハ市制第百十六條ト同一ノ事ヲ規定シタルモノニシテ唯其第一項ニ於テ二級裁判ト三級裁判トノ差アルノミ故ニ別ニ説明ノ勞ヲ取ラス

第百二十一條　監督官廳ハ町村行政ノ法律命令ニ背戻セサルヤ其事務錯亂澁滯セサルヤ否ヲ監視ス可シ監督官廳ハ之カ爲メニ行政事務ニ關シテ報告ヲ爲サシメ豫算及決算等ノ書類帳簿ヲ徴シ並實地ニ就テ事務ノ現況ヲ視察シ出納ヲ撿閲スルノ權ヲ有ス〔市〕一一七、

〔意義〕〔理由〕本條以下第百二十九條マテハ市制第百十七條以下第百二十五條マテト幾ト同一ニシテ別ニ說明スルヲ要セサルニ由リ之ヲ略ス

第百二十二條　町村又ハ其組合ニ於テ法律勅令ニ依テ負擔シ又ハ當該官廳ノ職權ニ依テ命令スル所ノ支出ヲ定額豫算ニ載セス又ハ臨時之ヲ承認セス又ハ實行セサルトキハ郡長ハ理由ヲ示シテ其支出額ヲ定額豫算表ニ加ヘ又ハ臨時支出セシム可シ

町村又ハ其組合ニ於テ前項ノ處分ニ不服アルトキハ府縣參事會ニ訴願シ其府縣參事會ノ裁決ニ不服アルトキハ行政裁判所ニ出訴スルコトヲ得（市）一一八、

第百二十三條　凡町村會ニ於テ議決スヘキ事件ヲ議決セサルトキハ郡參事會代テ之ヲ議決ス可シ（市）一一九、

第百二十四條　內務大臣ハ町村會ヲ解散セシムルコトヲ得解散ヲ命シタル場合ニ於テハ同時ニ三ケ月以內更ニ議員ヲ改選ス可キコトヲ命ス可シ但改選町村會ノ集會スル迄ハ郡參事會町村會ニ代テ一切ノ事件ヲ議決ス（市）一二〇、

第百二十五條　左ノ事件ニ關スル町村會ノ議決ハ內務大臣ノ許可ヲ受クルコトヲ要ス（市）一二一、

一　町村條例ヲ設ケ幷改正スル事

二　學藝、美術ニ關シ又ハ歷史上貴重ナル物品ノ賣却讓與質入書入交換若クハ大ナル變更ヲ爲ス事

前項第一ノ場合ニ於テ人口一万以上ノ町村ニ係ルトキハ勅裁ヲ經テ之ヲ許可ス可シ

第百二十六條　左ノ事件ニ關スル町村會ノ議決ハ內務大臣及大

藏大臣ノ許可ヲ受クルコトヲ要ス〔市〕一二二、
一　新ニ町村ノ負債ヲ起シ又ハ負債額ヲ增加シ及第百六條第二項ノ例ニ違フモノ但償還期限三年以內ノモノハ此限ニ在ラス
二　町村特別稅并使用料、手數料ヲ新設シ增額シ又ハ變更スル事
三　地租七分ノ一其他直接國稅百分ノ五十ヲ超過スル附加稅ヲ賦課スル事
四　間接國稅ニ附加稅ヲ賦課スル事
五　法律勅令ノ規定ニ依リ官廳ヨリ補助スル步合金ニ對シ支出金額ヲ定ムル事
第百二十七條　左ノ事件ニ關スル町村會ノ議決ハ郡參事會ノ許

可ヲ受クルコトヲ要ス〔市〕一二三、

一　町村ノ營造物ニ關スル規則ヲ設ケ并改正スル事

二　基本財産ノ處分ニ關スル事（第八十一條）

三　町村有不動産ノ賣却讓與并質入書入ヲ爲ス事

四　各個人特ニ使用スル町村有土地使用法ノ變更ヲ爲ス事（第八十六條）

五　各種ノ保証ヲ與フル事

六　法律勅令ニ依テ負擔スル義務ニ非スシテ向五ヶ年以上ニ亘リ新ニ町村住民ニ負擔ヲ課スル事

七　均一ノ税率ニ據ラスシテ國税府縣税ニ附加税ヲ賦課スル事（第九十條第二項）

八　第九十九條ニ從ヒ數個人又ハ町村内ノ一部ニ費用ヲ賦課

スル事

九　第百一條ノ準率ニ據ラスシテ夫役及現品ヲ賦課スル事

第百二十八條　府縣知事郡長ハ町村長、助役、委員、區長其他町村吏員ニ對シ懲戒處分ヲ行フコトヲ得其懲戒處分ハ譴責及過怠金トス郡長ノ處分ニ係ル過怠金ハ十圓以下府縣知事ノ處分ニ係ルモノハ二十五圓以下トス（市）一二四、

追テ町村吏員ノ懲戒法ヲ設クル迄ハ左ノ區別ニ從ヒ官吏懲戒例ヲ適用ス可シ

一　町村長ノ懲戒處分（第六十八條第二項第五）ニ不服アル者ハ郡長ニ訴願シ其郡長ノ裁決ニ不服アル者ハ府縣知事ニ訴願シ其府縣知事ノ裁決ニ不服アル者ハ行政裁判所ニ出訴スルコトヲ得

二　郡長ノ懲戒處分ニ不服アル者ハ府縣知事ニ訴願シ府縣知事ノ懲戒處分又其裁決ニ不服アル者ハ行政裁判所ニ出訴スルコトヲ得

三　本條第一項ニ掲載スル町村吏員職務ニ違フコト再三ニ及ヒ又ハ其情狀重キ者又ハ行狀ヲ亂リ廉耻ヲ失フ者財產ヲ浪費シ其分ヲ守ラサル者又ハ職務擧ラサル者ハ懲戒裁判ヲ以テ其職ヲ解クコトヲ得其隨時解職スルコトヲ得可キ者ハ(第六十七條)懲戒裁判ヲ以テスルノ限ニ在ラス

總テ解職セラレタル者ハ自已ノ所爲ニ非スシテ職務ヲ執ルニ堪ヘサルカ爲メ解職セラレタル場合ヲ除クノ外退隱料ヲ受クルノ權ヲ失フモノトス

四　懲戒裁判ハ郡長其審問ヲ爲シ郡參事會之ヲ裁決ス其裁決

ニ不服アル者ハ府縣參事會ニ訴願シ其府縣參事會ノ裁決ニ不服アル者ハ行政裁判所ニ出訴スルコトヲ得

監督官廳ハ懲戒裁判ノ裁決前吏員ノ停職ヲ命シ幷給料ヲ停止スルコトヲ得

第百二十九條　町村吏員及使丁其職務ヲ盡サス又ハ權限ヲ越エタルコトアルカ爲メ町村ニ對シテ賠償ス可キコトアルトキハ郡參事會之ヲ裁決ス其裁決ニ不服アル者ハ裁決書ヲ交付シ又ハ之ヲ告知シタル日ヨリ七日以内ニ府縣參事會ニ訴願シ其府縣參事會ノ裁決ニ不服アル者ハ行政裁判所ニ出訴スルコトヲ得但訴願ヲ爲シタルトキハ郡參事會ハ假ニ其財產ヲ差押フルコトヲ得〔市〕一二五、

○第八章　附則

本章中ニ規定シタル事ハ市制第七章ニ照セハ自ラ明ナルヲ以テ余輩ハ此ニ之ヲ略シテ一々説明セサルナリ

第百三十條　郡參事會、府縣參事會及行政裁判所ヲ開設スル迄ノ間郡參事會ノ職務ハ郡長、府縣參事會ノ職務ハ府縣知事、行政裁判ノ職務ハ内閣ニ於テ之ヲ行フ可シ（市）一二七、

第百三十一條　此法律ニ依リ初メテ議員ヲ選擧スルニ付キ町村長及町村會ノ職務幷町村條例ヲ以テ定ム可キ事項ハ郡長又ハ其指命スル官吏ニ於テ之ヲ施行ス可シ（市）一二八、

第百三十二條　此法律ハ北海道、沖繩縣其他勅令ヲ以テ指定スル島嶼ニ之ヲ施行セス別ニ勅令ヲ以テ其制ヲ定ム

第百三十三條　前條ノ外特別ノ事情アル地方ニ於テハ町村會及町村長ノ具申又ハ郡參事會ノ具申ニ依リ勅令ヲ以テ此法律中

ノ條規ヲ中止スルコトアル可シ

第百三十四條　社寺宗教ノ組合ニ關シテハ此法律ヲ適用セス現行ノ例規及其他ノ習慣ニ從フ（市）一二九、

第百三十五條　此法律中ニ記載セル人口ハ最終ノ人口調査ニ依リ現役軍人ヲ除キタル數ヲ云フ（市）一三〇、

第百三十六條　現行ノ租税中此法律ニ於テ直接税又ハ間接税トス可キ類別ハ内務大臣及大藏大臣之ヲ告示ス（市）一三一、

第百三十七條　此法律ハ明治二十二年四月一日ヨリ地方ノ情況ヲ裁酌シ府縣知事ノ具申ニ依リ内務大臣ノ指揮ヲ以テ之ヲ施行ス可シ（市）一二六、

第百三十八條　明治九年十月第百卅號布告各區町村金穀公借共有物取扱土木起功規則、明治十一年七月第十七號布告郡區町村編制法第六條及第九條但書、明治十七年五月第十四號布告區町村會法、明治十七年五月第十五號布告、明治十七年七月第二十三號布告、明治十八年八月第二十五號布告其他此法律ニ抵觸スル成規ハ此法律施行ノ日ヨリ總テ之ヲ廢止ス(市)一三二、

第百三十九條　内務大臣ハ此法律實行ノ責ニ任シ之カ爲メ必要ナル命令及訓令ヲ發布ス可シ(市)一三三、

市制町村制義解畢

附録　市制町村制理由

本制ノ旨趣ハ自治及分權ノ原則ヲ實施セントスルニ在リテ現今ノ情勢ニ照シ程度ノ宜キニ從ヒ以テ立法上其端緒ヲ開キタルモノナリ此法制ヲ施行セントスルニハ必先ツ地方自治ノ區ヲ造成セサルヘカラス地方ノ自治區ハ特立ノ組織ヲ爲シ公法民法ノ二者ニ於テ共ニ一個人民ト權利ヲ同クシ之カ理事者タルノ機關ヲ有スルモノナリ其機關ハ法制ノ定ムル所ニ依テ組織シ自治體ハ即チ之ニ依テ其意想ヲ表發シ之ヲ執行スルコトヲ得ルモノトス故ニ自治區ハ法人トシテ財產ヲ所有シ之ヲ授受賣買シ他人ト契約ヲ結ヒ權利ヲ得義務ヲ負ヒ又其區域內ハ自ラ獨立シテ之ヲ統治スルモノナリ然リト雖モ其區域ハ素ト國ノ一部分ニシテ國ノ統轄ノ下ニ於テ其義務ヲ盡サヽルヲ得ス故ニ國ハ法律ヲ以テ其組織ヲ定メ其負擔ノ範圍ヲ設ケ常ニ之ヲ監督ス可キモノトス

國內ノ人民各其自治ノ團結ヲ爲シ政府之ヲ統一シテ其機軸ヲ執ルハ國家ノ基礎ヲ鞏固ニスル所以ナリ國家ノ基礎ヲ固クセントセハ地方ノ區畫ヲ以テ自治ノ機體ト爲シ以テ其部內ノ利害ヲ負擔セシメサル可カラス

現今ノ制ハ府縣ノ下郡區町村アリ區町村ハ稍自治ノ體ヲ存スト雖モ未タ完全ナル自

治ノ制アルヲ見ス郡ノ如キハ全ク行政ノ區畫タルニ過キス府縣ハ素ト行政ノ區畫ニシテ幾分カ自治ノ制ヲ兼子有セルカ如シト雖モ是亦全ク自治ノ制アリト謂フ可カラス今前述ノ理由ニ依リ此區畫ヲ以テ悉ク完全ナル自治體ト爲スヲ必要ナリトス即府縣郡市町村ヲ以テ三階級ノ自治體ト爲サントス此階級ヲ設クルハ分權ノ制ヲ施スニ於テモ亦緊要ナリトス蓋自治區ニハ其自治體共同ノ事務ヲ任ス可キノミナラス一般ノ行政ニ屬スル事ト雖モ全國ノ統治ニ必要ニシテ官府自ラ處理ス可キモノヲ除クノ外之ヲ地方ニ分任スルヲ得策ナリトス故ニ其町村ノ力ニ堪フル者ハ之ヲ其負擔トシ其力ニ堪ヘサル者ハ之ヲ郡ニ任シ郡ノ力ニ及ハサル者ハ之ヲ府縣ノ負擔トス可シ是階級ノ重複スルヲ厭ハスシテ却テ利益アリト爲ス所以ナリ

維新ノ後政務ヲ集攬シテ一ニ之ヲ中央ノ政府ニ統ヘ地方官ハ各其職權アリト雖モ政府ノ委任ニ依テ代テ事ヲ處スルニ過キス今地方ノ制度ヲ改ムルハ即チ政府ノ事務ヲ地方ニ分任シ又人民ヲシテ之ニ參與セシメ以テ政府ノ繁雜ヲ省キ併セテ人民ノ本務ヲ盡サシメントスルニ在リ而シテ政府ハ政治ノ大綱ヲ握リ方針ヲ授ケ國家統御ノ實ヲ擧クルヲ得可ク人民ハ自治ノ責任ヲ分チ以テ專ラ地方ノ公益ヲ計ルノ心ヲ起スニ至ル可シ蓋人民參政ノ思想發達スルニ從ヒ之ヲ利用シテ地方ノ公事ニ練習セシメ施政ノ難易ヲ知ラシメ漸ク國事ニ任スルノ實力ヲ養成セントス是將來立憲ノ制ニ於テ

國家百世ノ基礎ヲ立ツルノ根源タリ故ニ分權ノ主義ニ依リ行政事務ヲ地方ニ分任シ國民ヲシテ公同ノ事務ヲ負擔セシメ以テ自治ノ實ヲ全カラシメントスルニハ技術專門ノ職若クハ常職トシテ任ス可キ職務ヲ除クノ外概ヲ地方ノ人民ヲシテ名譽ノ爲メ無給ニシテ其職ヲ執ラシムルヲ要ス而シテ之ヲ擔任スルハ其地方人民ノ義務ト爲ス是國民タル者國ニ盡スノ本務ニシテ丁壯ノ兵役ニ服スルト原則ヲ同クシ更ニ一歩ヲ進ムルモノナリ然レトモ人民ヲシテ普ク此義務ヲ帶ハシムルトキハ其任又輕シト爲サス故ニ一朝ニシテ此制ヲ實行セントスルハ頗ル難事ニ屬スト雖モ其目的タル國家永遠ノ計ニ在リテ効果ヲ速成ニ期セス漸次參政ノ道ヲ擴張シテ公務ニ練熟セシメントスルニ在リ是ヲ以テ力メテ多ク地方ノ名望アル者ヲ擧ケテ此任ニ當ラシメ其地位ヲ高クシ待遇ヲ厚クシ無用ノ勞費ヲ負ハシメス倦怠ノ念ヲ生セサラシムルトキハ漸ク其責任ノ重キヲ知リ參政ノ名譽タルヲ辨スルニ至ラントス且本邦舊來ノ制ヲ考フルニ無給職ニシテ町村ノ事務ニ任スルノ例アリ各地方ノ習慣固ヨリ一定ナルニ非ス且維新後數次ノ變革ニ依テ頗ル此習慣ヲ破リタリト雖モ今日ニ及テ之ヲ襲用スルコト猶難カラサル可シ是此制ヲ實施スルニ方テ多少ノ困難アルニ拘ラス漸次其目的ヲ達センコトヲ期シテ疑ハサル所以ナリ

然レトモ他ノ一方ヨリ之ヲ見ルトキハ又地方ノ情況ニ依リ多少ノ酌量ヲ加ヘサルヲ得サルモノアリ是ヲ以テ町村長ハ公選ト為スト雖モ其選擧宜キヲ得サルトキハ臨時官選ヲ許シ或ハ官吏ヲ派遣シテ其事務ヲ執ラシムルノ例アリ又島嶼ノ地其他特別ノ事情アリテ此制ヲ實施シ難キ地方ニハ之ヲ行ハサルヲ許スノ例アリ(町村制第六十一條第百三十二條第百三十三條)其他十分ニ實地活用ノ方ヲ與ヘタレハ各地ノ實況ニ照シテ之ニ應スルノ便アルヲ信ス固ヨリ此等ノ法令ハ人民ノ情態ニ依リ智識ノ度ニ應シテ宜キヲ取ラサルヲ得ス徒ニ自治ノ理論ニ據テ俄ニ其完備ヲ求ムルカ如キハ立法者ノ愼重ヲ加フ可キ所ナリトス是本制多少ノ斟酌ナキヲ得サル所以ナリ

本制ヲ施行スルニ付テハ漸ヲ以テ郡府縣ノ制度ノ改正ニ及ハサルヲ得サルモノアリ今其概畧ヲ擧クレハ郡ニ郡長ヲ置キ府縣ニ府縣知事ヲ置キ其選任組織等固ヨリ舊ノ如クシテ之ヲ改メスト雖モ府縣會ノ外新ニ郡會ヲ開キ府縣郡ニ各參事會ヲ設ケサルヲ得ス然レトモ是等ノ事ハ府縣郡制ノ制定アルヲ待テ始メテ定マル可キ事ニシテ今只之ヲ以テ本制ノ參考ニ供スルノミ

本制ニ制定スル市町村ハ共ニ最下級ノ自治體ニシテ市ト云ヒ町村ト云ヒ都鄙ノ別ニ依テ其名ヲ異ニスルニ過キス其制度ヲ立ツルノ原質ニ至テハ彼此相異ナル所ナシ元來町ト村トハ人民生計ノ情態ニ於テ其趣ヲ同クセサルモノアリテ細カニ之ヲ論スレ

ハ均一ノ準率ニ依リ難キモノナキニ非スト雖モ本邦現今ノ狀況ヲ察シ舊來ノ慣習ニ依テ之ヲ考フルニ都會輻湊ノ地ヲ除クノ外宿驛ト稱シ町ト稱スルモノ施政ノ大體ニ於テ村落ト異同アルコトナシ故ニ今之ヲ同一制度ノ下ニ立タシメントス其施治ノ細目ニ至テハ或ハ多少ノ差異ヲ見ルコトアルヘシト雖モ此等ハ制度ノ範圍内ニ於テ執行者ノ處分斟酌宜キヲ得ルト否トニ在ル可キモノトス然レトモ都會ノ地ニ至テハ大ニ人情風俗ヲ異ニシ經濟上自ラ差別アリ故ニ之ヲ分離シテ別ニ市制ヲ立テ機關ノ組織及行政監督ノ例ヲ異ニセリ是固ヨリ町村制ト其性質ヲ異ニスルニ非ス其市民ノ便益ト實際ノ必要トニ出テ然ラサルヲ得サルナリ即現行ノ區制ニ繼續スル所ノモノナリト雖モ從來ノ區ハ郡ノ疆域ヲ離レスシテ行政上別ニ吏員ヲ置キ事務ヲ處理スルニ過キサリシモ今改メテ獨立分離セシメ從來區ノ下ニ町アリシモ之ヲ改メテ市ヲ最下級ノ自治體ト爲サントス而シテ三府市街ノ如キハ其情況又他ノ都會ノ地ト同シカラサルモノアルヲ以テ市制中機關ノ組織等ニ於テ二三ノ特例ヲ設クルモノアリ今此市制ヲ施行セントスルモノハ三府其他人口凡二万五千以上ノ市街地ニ在リトス尤郡制制定ノ時ニ至テ其要件ヲ確定スルコトアル可シト雖モ今内務大臣ノ定ムル所ニ從テ之ヲ施行セントス區ノ名稱ヲ改メテ市ト爲スハ三府ノ如キ一府内ノ區ト混同スルヲ避クルナリ町村ハ通シテ其組織ヲ同ス可キハ前述ノ如シト雖モ其大小廣狹ニ依リ又

ハ貧富繁閑ニ依リテ自ラ事情ヲ異ニスルモノナキニ非ス故ニ或ハ一定ノ例規ヲ適用シ難キモノアリ是亦酌量ヲ加ヘ法律ノ範圍ヲ廣クシテ地方ノ便宜ヲ與ヘントスルナリ（町村制第十一條、第十四條、第二十五條、第三十一條、第五十二條、第五十六條、第六十三條、第六十四條、第百三十三條）

市制町村制第一章　總則

凡市町村ハ他ノ自治區ト同ク二箇ノ元素ヲ存セサル可カラス即チ疆土ト人民ト是ナリ此二者其一ヲ缺クトキハ市町村ノ自治體ヲ爲スニ足ラサルナリ而シテ市町村ノ制度ハ法律ヲ以テ之ヲ定ムト雖モ或ル界限內ニ在テ市町村ニ自主ノ權ヲ付與スルモノトス是ヲ市町村ノ基礎トス

第一欵ハ市町村制ヲ施行スルノ地ヲ定メ（市制町村制第一條）法律上市町村ノ性質ヲ明カニシ（市制町村制第二條）次テ第一元素タル疆土ニ關スル條件ヲ定ム（市制町村制自第三條至第五條）

第二欵ハ第二元素ニ關スル條件、住民權公民權ノ得喪及住民權公民權ヨリ生スル權利義務ヲ規定ス（市制町村制自第六條至第九條）

第三欵ハ市町村ニ付與スル自主權ノ範圍ヲ示ス（市制町村制第十條）

第一欵　市町村及其區域

市町村ノ區域ハ一方ニ在テハ國土分畫ノ最下級ニシテ即國ノ行政區畫タリ一方ニ在テハ獨立シタル自治體ノ疆土タリ其疆土ハ自治體カ公法上ノ權利ヲ執行シ義務ヲ踐行スルノ區域ナリ

故ニ市町村ノ區域ハ從來ノ成立ヲ存シテ之ヲ變更セサルヲ以テ原則トス然レトモ町村ノ力貧弱ニシテ其負擔ニ堪ヘス自ラ獨立シテ其本分ヲ盡スコト能ハサルモノアリ是其町村自己ノ不利タルノミナラス國ノ公益ニ非サルナリ是ヲ以テ有力ノ町村ヲ造成シ維持スルハ國ノ利害ニ關スル所ニシテ町村ノ廢置分合若クハ區域ノ變更等ニ付キ國ノ干渉ヲ要スルコト明ナリ固ヨリ關係アル土地ノ所有主及自治區ヲシテ利害ノ關スル所ニ依テ各其意見ヲ達スルノ機會ヲ得セシメ其意見一般ノ公益ヲ害セサル限リハ之ヲ採用セサル可カラス尤他ノ一方ヨリ論スルトキハ其關係者タルモノハ動モスレハ自己ノ利害ニ偏シ永遠ノ得失ヲ顧サルカ如キコトアルヲ免レス故ニ一ニ其承諾ニ依テ決スルコトヲ得ス假令其承諾ナキモ之ヲ斷行スルノ權力アルヲ要ス然レトモ此等ノ處置タルヤ地方ノ情況ニ通曉スルヲ要シ且公平ヲ示サンカ爲メニ高等自治區參事會ノ議決ニ任スルヲ至當トス(市制町村制第四條)

本制ハ町村ノ分合ニ就テ詳細ナル規則ヲ設ケス各地ノ情況ヲ斟酌スルノ餘地ヲ存スルナリ唯十分ノ資力ヲ有セサル町村ハ比隣相合併ス可キノ例ヲ設ク此ノ如キ町村ハ

獨立ヲ有タシムルコトヲ得サルヲ以テ假令其承諾ナキモ他ノ町村ニ合併シ又ハ數箇相合シテ新町村ヲ造成セサル可カラス固ヨリ本制ニ定ムルカ如ク各市町村從前ノ區域ヲ變更セサルハ其原則ナリト雖モ現今各町村ノ大半ハ狹小ニ過キ本制ニ據テ獨立町村タル資格ヲ有スルヲ得サルモノ蓋少カラス故ニ合併ノ處分ヲ爲スモ亦已ムヲ得サル所ナリ然レトモ分合ノ例規ハ詳ニ之ヲ法律ニ制定セス其緩急ヲ行政廳ノ見ル所ニ任スルモノハ各地ノ地形人情及古來ノ沿革ヲ參酌スルノ自由ヲ得セシメントスルニ在リ若シ其實行ニ方テ執行者ノ標準ヲ定ムルカ如キハ時ニ臨テ訓令ヲ發スルコトアル可シ之ヲ要スルニ町村ハ舊來ノ區域ヲ存シテ改メサルヲ原則トシ資力ナキモノハ之ヲ合併シテ以テ法律ノ冀望スル有力ノ町村ヲ造成センコトヲ期スルニ在リ又合併ノ爲メニ其區域廣濶ニ過キテ地形人情ノ自然ヲ失ヒ共有物ノ區域ヲ混シ其使用ノ便ヲ害スル等ノ事ナキヲ要ス然レトモ今日ニ在テハ事情已ムヲ得サルモノアリテ十全ノ合併ヲ爲スコトヲ得ス又ハ合併ヲ以テ不便ト爲スカ如キコトアルヘシ故ニ町村制第百十六條ニ於テ町村組合ヲ設クルノ便法ヲ存セリ其組合町村ハ各獨立ヲ保チ而シテ共同シテ一定ノ事務ヲ處辨スルモノナリ其共同事務ノ範圍等ハ實地ノ需要ニ依テ便宜之ヲ議定スルニ任ス

凡區域ヲ變更スルニ方テハ必關係者ノ協議ヲ以テ財産處分又ハ費用ノ分擔ヲ定ムル

ヲ要ス是亦一定ノ例規ヲ示サス蓋此等ノ處分ハ強テ法理ニ泥マス專ラ情義ニ依ルヲ以テ穩當トス但其專斷偏私ノ弊ナカラシメンカ爲メ其處分ヲ參事會ニ任セリ而シテ其參事會ノ議決ニ對シテハ司法ノ裁判ヲ仰クヲ許サス

市町村經界ノ爭論ハ公法上ノ權利ノ廣狹ニ關スルヲ以テ公法ニ屬セリ故ニ此類ノ爭論ハ司法裁判ヲ求ムルヲ許サスシテ參事會ノ裁決ニ付シ終審ニ於テハ行政裁判所ノ判決ニ任セリ（市制町村制第五條）若シ之ニ反シテ民法上ノ所有權若クハ使用權ニ關スル爭論ハ固ヨリ司法裁判ニ屬スヘキヲ以テ其爭論者ノ一方若クハ雙方トモ市町村ニ係ルト雖モ參事會ノ裁決ニ付セス行政裁判ニ屬セサルハ勿論ナリ

第二款　市町村住民籍及公民權

町村ト人民トノ關係ハ現行ノ法ニ於テ本籍寄留ノ別アリ現實ノ住居地ハ必シモ本籍地ナラス本籍ハ殆ント虛名ヲ存スルニ過キサルモノアリ而シテ府縣會議員ノ選擧ノ如キ公法上ノ權利ハ本籍ニ屬シテ寄留地ニ屬セサルモノアリ甚タ事實ト相適セス蓋公法上ノ權利ヲ行フハ現實ノ利害ニ基ク可クシテ虛名ニ依ル可カラス故ニ本制ニ於テハ現行本籍寄留ノ法ニ依ラス凡市町村內ニ住居ヲ定ムル者ハ即市町村住民ニシテ本籍寄留ノ別アルコトナシ尤市町村住民籍即屬籍ノ例規ハ別ニ法令ヲ以テ之ヲ制定センコトヲ期ス故ニ茲ニ之ヲ詳述セスト雖モ要スルニ本制ノ行ハルヽ日ヨリ人民ト

町村トノ關係即町村ノ屬籍ニ付テハ從來本籍寄留ノ例ヲ一變スルモノナリ但戸籍上ノ事即戸主家族ノ關係ニ於テハ之ト相關スルコトナク從前ノ戸籍法ヲ存シテ之ヲ變更セサルナリ

市町村住民ノ權利ハ市町村ノ營造物ヲ共用シ其財産所得ノ使用ニ參與スルニ在リ但法律及市町村ノ條例規則ニ據ル可キハ固ヨリ言ヲ俟タス其義務ハ市町村ノ負擔ヲ分任スルニ在リ其義務ノ生スルハ即市町村ニ住居ヲ定メ住民ト爲リシ時ニ起ル但シ市町村内ニ住居ヲ定メス一時滯在スル者即其市町村住民ニ非サル者ト雖モ其滯在ノ久キニ至テハ市町村ノ負擔ニ任セシムルヲ當然トス（市制町村制第九十二條）

故ニ身羈旅ニ在ル者ト一時ノ滯在者トヲ除クノ外凡市町村内ニ住居ヲ定ムル者ハ即皆市町村住民タリ軍人官吏ノ如キモ亦皆然リ然リト雖モ軍人官吏ハ公民權ヲ行ヒ及市町村ノ負擔ヲ分任スル上ニ於テ例外ニ置クヲ必要ト爲スノ條件アリ即市制第八條、第九條、第十二條、第十五條、第五十五條、第九十六條、町村制第八條、第九條、第十二條、第十五條、第五十三條、第九十六條ニ定ムル所ノ如シ又皇族ハ市町村ノ屬籍外タルコト勿論ナレハ敢テ本制ニ掲載セス市町村住民中公務ニ參與スルノ權アリ又義務アル者ハ別ニ要件ヲ定メテ其資格ニ適フ者ニ限ル之ヲ公民トス（市制町村制第七條）

公民ハ住民中ニ在テ特別ノ權利ヲ有シ重大ノ負擔ヲ帶ヒタル者トス其資格ノ要件ハ

自ラ民度風俗ニ從ヒ各地方ノ情況ヲ酌ミ以テ其宜ヲ制スルヲ便ナリトス故ニ市町村ノ自主ノ權ニ任セ適宜之ヲ制定セシム可キカ如シト雖モ又一方ヨリ考フレハ各地方區々ニ出テ、權利上公平ヲ失スルノ恐ナキ能ハス各國ノ例ヲ案スルニ是亦異同アリテ一定セス今本制ハ本邦ノ民度情體ヲ察シ併セテ各國ノ制ヲ參酌シ之ヲ制定セリ

各國ノ例ヲ案スルニ大略二類アリ一ハ則市町村住民ニシテ法律上ノ要件ニ適スルトキハ直ニ公民トナルノ法トシ一ハ則特別ノ手續ニ依テ公民權ヲ得ルノ法トス今第一ノ例ヲ以テ適當ト爲ス故ニ本制ハ市町村住民中市制町村制第七條ニ規定シタル要件ニ適スルトキハ直ニ公民タルヲ得ルモノトス

外國人及公權ヲ有セサル者ニハ公民權ヲ與フ可カラサルコト疑ヲ容レス本制ニ於テハ婦人及獨立セサル者モ亦皆公民外ニ置クヲ通例トス但市制町村制第十二條、第二十四條ニ於テハ之ニ選擧權ヲ與フルノ特例アリ官府其他總テ法人タル者モ亦之ニ準ス其他ハ一般ニ二年以來市制町村制第七條ニ列記シタル要件ヲ有スルヲ要ス然ルニ一般ニ二年以上ノ制限アルハ或ハ不公平ヲ生スルノ恐アリト雖モ市町村會ニ於テ之ヲ特免スルノ權利ヲ有スルヲ以テ其甚シキニ至ラサル可シ其他多額ノ納稅者ニ就テモ亦之ニ類スル特例ヲ設ク（市制町村制第十二條）甲市町村ノ住民ニシテ乙市町村內ニ土地ヲ所有シ若クハ營業ヲ爲スカ爲メニ市制町村制第九十三條ニ從ヒ市町村稅ヲ

負擔スル者アリ此ノ如キ者ニハ固ヨリ完全ノ公民權ヲ與ヘスト雖モ市制町村制第十二條ニ從テ特ニ選擧權ヲ行ハシムルモノトス盖本制ニ定ムル要件中納稅額ノ制限ヲ設クル所以ハ市町村ヲ以テ其盛衰ニ利害ノ關係ヲ有セサル無智無產ノ小民ニ放任スルコトヲ欲セサルカ爲メナリ然レ𪜈本制ニハ二級若クハ三級選擧法ヲ行フニ依テ幸ニ小民ノ多數ヲ以テ資產者ヲ抑壓スルノ患ヲ免ル可キカ故ニ其制限ハ之ヲ低度ニ定ムルモ妨ケナシ元來選擧權ヲ擴充シ以テ細民不滿ノ念ヲ絕タンコトヲ期スルハ此選擧法ノ他ニ優レリトスル所ナリ故ニ本制ニ於テハ二年以來町村內ニ於テ地租ヲ納ムル者ハ其制限額ヲ設ケス其他ノ納稅者ハ二圓以上トセリ而シテ其稅額直接國稅ヲ標準ト爲シ市制町村制第十二條、第十三條ノ塲合ノ如ク市町村稅ヲ標準トセサル所以ノモノハ現今町村費ノ賦課法タル各地方異同アリテ未タ完全ノ域ニ達セサルヲ以テ町村稅ニ依リ其標準ヲ立ツルハ頗ル難事ニ屬スルヲ以テナリ

公民權ヲ得ルノ要件アル以上ハ其要件ヲ失フ者ハ又其權ヲ喪フ可シ（市制町村制第九條）即公民權ハ左ノ事件ト共ニ消滅スルモノトス

一國民籍ヲ失フ事

二公權ヲ失フ事

三市町村內ニ住居セサル事即住民權ヲ失フ事

四公費ヲ以テ救助ヲ受クル事
五獨立ヲ失フ事即一戸ヲ構フルコトヲ止メ又ハ治産ノ禁ヲ受クル事
六市町村負擔ノ分任ヲ止ムル事
七市町村內ノ所有地ヲ他人ニ讓リ又ハ直接國稅貳圓以上ヲ納メサル事
租稅滯納處分中ノ者ハ公民權ヲ喪失スルニアラスシテ停止セラルヽモノナリ其他市制町村制第九條第二項ニ記載セル場合ハ總テ之ニ同シ喪失ト停止トノ區別ハ停止ノ時ハ其權利ヲ存シテ只法律ニ定メタル事由ノ存スル間之カ執行ヲ止ムルニ在リ
公民權ヲ有スル者ハ一方ニ在テハ選擧被選擧ノ權利ヲ有シ一方ニ在テハ市町村ノ代議及行政上ノ名譽職ヲ擔任ス可キ義務ヲ負フモノトス此義務ハ渾テ法律上ノ義務ニ於ケルカ如ク强制シテ之ヲ履行セシメサル可カラス固ヨリ直接ニ之ヲ强制スルヲ得スト雖モ故ナク名譽職ヲ拒辭シ退職シ又ハ實際執務セサル者ヲ懲罰スルニ公務ニ參與スルノ權ヲ停止シ並市町村稅ヲ增課スルノ例アルハ即間接ノ裁制ヲ存スル所以ナリ（市制町村制第八條）
其裁制ヲ行フノ權ハ之ヲ市町村會ニ付與シ、住民權公民權ノ有無等ニ關スル爭論モ亦之ヲ市町村會ノ議決ニ任シ（市制第三十五條町村制第三十七條）之ニ關スル訴願ハ參事會ノ議決ニ付シ行政裁判所ニ出訴スルヲ許シテ以テ其權利ヲ保護スルハ皆本制

大体ノ精神ヨリ出ツル所ナリ

第三款　自主ノ權

自主ノ權トハ市町村等ノ自治体ニ於テ其内部ノ事務ヲ整理スルカ爲メニ法規ヲ立ツルノ權利ヲ謂フ所謂自治ノ義ト混同ス可カラス自治トハ國ノ法律ニ遵依シ名譽職ヲ以テ事務ヲ處理スルヲ謂フ元來法規ヲ立ツルハ國權ニ屬スルモノナリト雖モ或ル範圍内ニ於テ之ヲ自治區ニ付與スル所以ノモノハ一國ノ立法權ヲ以テ周ク地方ノ情況ヲ酌量シ其特殊ノ需要ニ應スルコト能ハサルニ因ル固ヨリ市町村ノ法規ハ其市町村ノ區域内ニ限リ且國ノ法律ヲ以テ其自主權ニ任シタル事件ニ限リ効力アルモノトス其委任ノ範圍ノ如キハ古來ノ沿革及人民政治上ノ敎育ノ度ニ伴隨ス可キモノニシテ其範圍ノ廣狹ニ依テ利害ノ分ルヽ所立法官タル者最愼マサル可カラス今本邦各地方ノ情況ヲ裁酌シ自主ノ權ヲ適實ニ施行ス可キノ望ナキモノハ法律ヲ以テ之ヲ規定シ或ハ法律ヲ以テ模範ヲ示シ猶地方ノ情況ニ依リ自主ノ權ヲ以テ之ヲ増減斟酌スルヲ許サントス

市町村ノ自主ノ權ヲ以テ設クル所ノ法規ニ條例及規則ノ別アリ規則トハ市町村ノ營造物（瓦斯局、水道、病院ノ類）ノ組織及其使用法ヲ規定スルモノヲ謂ヒ條例トハ市町村ノ組織又ハ市町村ト其住民トノ關係即市町村ノ組織中ニ在テ權利義務ヲ規定スルモノヲ謂フ其法律命令ニ牴觸スルヲ得サルハ二者共ニ相同シ但條例ニ在テハ此外猶制限アリ即法律ニ明文ヲ掲ケテ特例ヲ設クルコトヲ許シ或ハ法律ノ明條ナクシテ自主ノ權ヲ許シタル場合ニ限ルモノトス明文ヲ以テ條例ヲ設クルコトヲ許シタル場合ヲ列擧スレハ市制ニ在テハ第十一條、第十四條、第四十九條、第六十一條、第六十九條、第七十三條、第七十七條、第八十四條第九十一條第九十七條、第百二條、第百十三條、町村制ニ在テハ第十一條、第十四條、第三十一條、第五十二條、第五十六條、第六十五條、第七十四條、第七十七條、第八十四條、第九十一條、第九十七條第百二條、第百十四條トス其他本制ニ於テ條例ト謂ハスシテ條例ニ均シキ規定ヲ許シタル場合モ亦少カラス其條例ト明言セサル所以ハ專ラ許可ヲ要セサルニ在リ（市制第四十條、第四十八條、第六十條、町村制第四十二條、第五十條、第六十四條）

條例規則ヲ新設改正スルハ市町村會之ヲ議決シ（市制第三十一條第一、町村制第三十三條第一）市制第百二十一條第一及第百二十三條第一、町村制第百二十五條第一及第百二十七條第一ニ依リ許可ヲ受ク可キモノトス但町村制第三十一條及第百十四條ニ於テハ特例トシテ之ヲ郡參事會ノ議決ニ委任セリ是町村會ニ於テ此議決ヲ爲スヲ得ス又其議決ノ偏頗ニ失スルノ恐アルヲ以テナリ又本制施行ノ當初未タ市町村會ヲ召集セサル間ニ於テ條例ヲ以テ規定ス可キ事項ノ處分法ハ市制第百二十八條及町村制

第百三十一條ニ依ル其他條例規則ヲ論セス公布ヲ竢テ初メテ他人ニ對シテ効力ヲ有スルハ一般ノ法理ニ照シテ疑ナキ所ナリ

市制町村制第二章　市會町村會

市町村ハ法人タル者ナレハ之ニ代テ思想ヲ發露シ之ニ代テ業務ヲ行フ所ノ機關ナカル可カラス其機關ニ代議ノ機關ト行政ノ機關トノ二者アリ

代議ノ機關トハ即市會町村會ニシテ其沿革ノ詳ナルハ今姑ク措キ往時町村ノ寄合ト稱セシモノニ起リ維新後ニ至テ府縣會ト同ク各地方ニ町村會ヲ開キタリ然レトモ其法律ヲ以テ制定シタルハ即明治十三年ノ區町村會法ヲ創始トシ其後明治十七年ノ改正ヲ經テ今日ニ及ヘリ然レトモ其法律ハ會議ノ大則ヲ定メタルニ過キスシテ餘ハ之ヲ各地方ノ適宜定ムル所ニ任セタリ又全國ノ町村盡ク之ヲ開設スルニ非ス小町村ノ如キ會議ヲ設ケサルモ亦少シトセス今之ヲ改メテ會議ノ規則ヲ制定スト雖モ猶多少ノ酌量ヲ地方ニ任セ且小町村ノ如キハ代議會ヲ設ケサルヲ許シ代フルニ選擧人ノ總會ヲ以テセリ

第一欵　組織及選擧

代議機關ハ完全ナル權利ヲ有セル市町村民ノ選擧ニ出ツルモノトス其組織ノ方法ニ至テハ外國ノ例ヲ參考スルニ各多少ノ異同アリ盖國ノ情況ニ適合スル完備ノ法ヲ立

ツルハ易カラサル所ナリト雖モ今古來ノ沿革時勢人情ヲ考察シ傍ラ外國ノ例ヲ參酌シテ以テ其宜ヲ制定ス其要點左ノ如シ

一 選擧權

選擧權ハ素ヨリ完全ナル權利ヲ有スル公民ニ限リテ之ヲ有ス可シ然ルニ此權利ヲ擴張シ特例トシテ之ヲ公民ナラサル者ニ與フルコトアリ（市制町村制第十二條）是其人ノ利害ニ關スル所最厚ク且市町村税負擔ノ最重キカ故ナリ此點ハ上ニ之ヲ詳述セリ

二 被選擧權

被選擧權ハ選擧權ヲ有スル者ニ限リテ之ヲ有ス可シト雖モ其市町村ノ公民ニ非サル者ニ至テハ假令選擧權ヲ有スルモ被選擧權ヲ有セス其他被選擧權ノ要件ヲ選擧權ノ要件ニ同クシテ別ニ之カ制限ヲ設ケサルハ適任ノ人物ヲ選擇スルノ區域ヲ徒ニ減縮セサランカ爲メナリ被選擧權ヲ與ヘサル制限ハ或ハ外國ノ例ヲ參酌シテ之ヲ取ルモノアリ或ハ地方ノ情況ニ照シテ已ムヲ得サルモノアリ又本制ニ於テハ無給ノ市町村吏員ニ被選擧權ヲ與ヘタリ市町村ノ行政事務ヲ掌ル名譽職ヲ擔任シ公共事務ニ從事スル者ヲ代議會ニ加フルヲ許スハ穩當ナラサルカ如シト雖モ地方ニ依リテハ多ク適任ノ人ヲ得可カラサルヲ以テナリ行政ト代議ト最利害ノ牴觸シ易キ場合ニ關シテハ市制第三十八條、第四十三條、第六十六條、第百十二條、町村制第四十條、第四十五條、第

百十三條等ニ於テ豫メ之ニ處スルノ法ヲ設ケタリ

三　選擧等級

本制ニ於テハ納税額ニ依テ選擧人ノ等級ヲ立テ選擧權ヲ以テ市町村税負擔ノ輕重ニ伴隨セシム蓋名譽職ニ任スルハ町村公民ノ輕カラサル義務ナレハ資産アル者ニ非サレハ之ニ任スルコト能ハス又其税額ノ多寡ハ姑ク之ヲ論セサルモ其專ラ自治ノ義務ヲ負擔スル者ニ相當ノ權力ヲ有セシムルハ固ヨリ當然ノ理ナリ今等級選擧法ヲ以テ常例トセルハ即此要旨ニ外ナラス等級選擧ノ例ハ本邦ニ於テハ創始ニ屬スト雖モ之ヲ外國ノ實例ニ照スニ明ニ其良結果アルヲ徵スルニ足ル本制被選擧權ノ資格ヲ廣クシテ而シテ其流弊ナキヲ信スル所以ノモノハ即此選擧法ニ依テ以テ細民ノ多數ニ制セラルヽノ弊ヲ防クニ足ルヘキヲ以テナリ

各地方ノ狀況ヲ見ルニ都鄙ニ依テ貧富ヲ異ニシ地形ニ依テ産業ニ別アリ故ニ各地ニ通スル一定ノ税額ヲ設ケテ等級ヲ分ツコトヲ得ス又單ニ土地ノ所有ヲ以テ選擧權ノ標準ト爲スコトヲ得ス是ヲ以テ等級法ヲ立テント欲スルニハ市町村内ニ於テ徵收スル市町村税ノ總額ヲ標準トシ各自納税額ノ多寡ニ依テ其順序ヲ定メ等級ヲ立ツルノ外他ニ良法アルヲ知ラス然ルニ市ハ通シテ三級トシ町村ハ單ニ二級トセルハ市民ハ戸口多ク貧富ノ階級アルコト町村民ノ等差少キカ如キニ非サルヲ以テナリ（市制町

村制第十三條)但町村ニシテ特別ノ事情アルモノアリ例ヘハ選擧人寡少ニシテ其税額ノ等差モ亦少ク或ハ一二ノ納税者アリテ非常ニ多額ノ税ヲ納ムルカ或ハ大町村ニ於テ其納税者ノ等差極メテ甚キノ類ニシテ二級選擧法ヲ適當トセサル場合モアル可シ此場合ニ於テハ町村條例ヲ以テ三級選擧法ヲ設クルコトアル可ク或ハ等級ヲ設ケス或ハ更ニ他ノ方法ヲ立ツルコトヲ得セシメントス尤二級若クハ三級選擧法ヲ以テ常例ト爲スカ故ニ不得已ノ事情アリテ許可ヲ受クルニ非サレハ此特例ヲ設クルコトヲ得サル可シ

被選擧人ハ其區内級内ノ者ニ限ラスト爲スハ(市制第十三條、第十四條、町村制第十三條)市町村會ノ議員ハ全市町村ノ代表者タルノ原則ヨリ出ツルモノニシテ是亦實際ノ便宜トスル所ナリ

四　選擧ノ手續

選擧ノ事務タル其關スル所輕カラサルヲ以テ其細則ニ至ルマテ法律ヲ以テ之ヲ規定スルヲ要ス其單ニ手續ニ屬スル事項ト雖モ力メテ法律ヲ之ヲ制定スル所以ノモノハ選擧ノ公平確實ナルコトヲ保シ行政廳ノ干渉ヲ防キ或ハ干渉ノ疑ヲ避ケンカ爲メナリ其順序大畧左ノ如シ

選擧ハ通例三年毎ニ之ヲ行フ之ヲ定期選擧トシ議員ノ半數ヲ改選ス其半數ヲ改選ス

ルハ事務ニ熟練セル議員ヲ存續セシメンカ爲メナリ但解散ノ場合ハ此ノ如クスルヲ得ス又此法律施行ノ當初ニ於テ選擧セラレタル議員ハ初回ノ改選ニ方リ抽籤ヲ以テ半數ヲ退任セシムルニ依リ其半數ハ三年間在職スルモノトス此二箇ノ場合ヲ除キ議員ハ總テ六年間在職スルモノトス若シ議員任期中ニ死亡シ若クハ退職スルトキハ直ニ補闕員ヲ選擧シ前任者ノ任期ヲ襲カシメサル可カラス之ヲ補闕選擧トス然レトモ屢選擧ヲ行フトキハ其煩ニ堪ヘサルカ故ニ補闕選擧ハ定期選擧ヲ待テ之ト同時ニ行フヲ通例トス假令一二ノ闕員アルモ事務ニ支障ナカルヘキヲ以テナリ然レ𪜈若シ多數ノ議員退任スル等己ムヲ得ス補闕員ヲ選擧スルノ必要アルトキハ市制町村制第十七條ニ於テ之レカ便法ヲ設ク

選擧ヲ爲スノ準備ニ屬スル事ハ之ヲ行政機關即町村長若クハ市長及市參事會ニ委任セリ而シテ其事務ハ選擧ノ基礎タル選擧名簿ヲ調製スルヲ以テ第一トス本制ハ所謂永續名簿ノ法ニ依ラス選擧ヲ行フ毎ニ名簿ヲ新ニスルノ法ヲ取レリ(市制町村制第十八條)其調製シタル名簿ハ選擧前數日間關係者ノ縱覽ニ供シ異議アル者ハ市町村長ニ申立テ又ハ訴願若クハ行政訴訟ノ手續(市制第三十五條、町村制第三十七條)ヲ以テ誤ヲ正ス可キ便利ヲ與ヘタリ此名簿ノ調製ハ選擧ヨリ數日前ニ終結ス可キカ故ニ其結了ノ時ニ行ヒタル裁決ハ之ヲ執行ス可シト雖モ各訴願ノ確定終局ニ至ル迄荏苒日ヲ曠クスルヲ得ス選擧ノ期日ニ至レハ其訴願ニ拘ラス之ヲ執行ス若シ名簿ニ錯誤アルカ爲メ選擧ノ無効ニ歸スルコトアレハ更ニ之ヲ申立ツルコトヲ得可シ又被選人當選ヲ辭シ或ハ選擧ヲ無効ナリト斷定セラレタル時ト雖モ更ニ名簿ヲ調製スルヲ要セス判決ニ準據シテ舊名簿ヲ訂正シタル上之ヲ用フルモノトシ之カ爲メニ更ニ關係人ノ縱覽ニ供シテ正誤申立ノ時間ヲ與フルニアラス唯名簿全体ノ不正ナルカ爲メ全選擧ヲ無効ナリトナシタル時ニ至テハ新簿ヲ調製スルコト己ムヲ得サルナリ

選擧ノ期日ハ町村長市參事會之ヲ定ム本制ニ據レハ選擧人ヲ召喚スルニハ公告ヲ以テ足レリトスト雖モ實際市町村ノ便宜ニ依リ各選擧人ニ對シ特ニ召集狀ヲ送付スルコトアルモ妨ケナシ其他投票時間ヲ定ムルハ市長町村長ニ任シタルヲ以テ市長町村長ハ選擧人ノ多寡及地形等ヲ參酌シテ之ヲ定ム可シ

選擧事務ノ統轄ハ之ヲ自治ノ吏員ニ委任シ（市制町村制第二十條）監督官廳ハ特ニ之カ監督ヲ爲ス可キノミ（市制第二十八條、町村制第二十九條）而シテ選擧掛ハ集議体ニ編制セリ選擧掛ハ選擧人代理者ノ許否、投票ノ效力等直ニ之ヲ裁決セサルヲ得スシテ此ノ如キハ一個ノ吏員ニ委任スルコトヲ得サルヲ以テナリ固ヨリ選擧掛ニ於テ右等ノ事件ヲ議決スト雖モ後ニ至リ選擧ノ無効ヲ申立ツル者アルトキハ之ヲ裁決スル官廳ニ於テハ右議決ニ拘ラス至當ノ裁決ヲ爲ス可キモノトス選擧會ハ選擧人ニ取リテハ公會ナリト雖モ(市制町村制第二十一條)其選擧ハ全ク秘密投票ノ法ヲ以テス即選擧掛ハ勿論其他何人ニモ投票者ニ於テ何人ヲ選擧セントスルカヲ知ラシメサルモノトス故ニ選擧ノ際ハ投票ヲ用ヒ票中ニ投票者ノ氏名ヲ記載セス又之ニ調印セシメス封緘シテ之ヲ差出サシム(市制町村制第二十二條、第二十三條)元來公選擧ト秘選擧トノ別アリ其利害得失ニ就テハ互ニ論アリト雖モ今特ニ地方自治區ノ選擧ニ就テ之ヲ考フルニ町村ノ事情タル居民常ニ相密接スルモノナレハ選擧ノ自由ヲ妨ケサランカ爲メニ寧ロ秘密選擧ヲ以テ良法ト爲ス而シテ選擧權ヲ有セサル者ノ投票又ハ重複ノ投票ヲ防カンカ爲メニハ選擧人自ラ出頭スルノ例アリ(市制町村制第二十四條)又名簿ニ照シテ之ヲ受クルノ法(市制町村制第二十二條)アリ選擧人自ラ出頭シテ選擧ヲ行フノ例ヲ設クルハ毫モ選擧ノ利害ニ關セサル輩ノ勸告ニ依テ之ニ投票ヲ託セントスルカ如キ者ヲ排除シ選擧ノ自由ヲ保護スル所以ナリ但市制町村制第二十四條第二項ニ掲クルモノハ己ムヲ得サルノ特例ナリトス選擧ヲ行フニ下級ヲ先キニシ上級ヲ後ニスルハ(市制町村制第十九條)下級ノ選擧人ヲシテ人ヲ擇フニ充分ノ區域ヲ得セシメンカ爲メナリ而シテ先ツ下級ノ選擧ヲ了ルノ後ニ上級ノ選擧ニ着手セシム可シ是一人ニシテ數級ノ選ニ當ルコトヲ防キ且上級ノ者ヲシテ下級ノ選擧ニ當ラサル候補者ヲ選擇スルコトヲ得セシムルモノナリ選擧ノ結果

チ證スルカ爲メニ選擧錄チ製スルノ例(市制第二十六條町村制第二十七條)アルハ選擧ノ効力チ裁決スル證憑チ備ヘンカ爲メナリ

當選ノ認定ハ議員ノ選擧ニハ比較多數ノ法チ取リ(市制第二十五條、町村制第二十六條)市町村吏員ノ選擧ニハ過半數ノ法チ用フ(市制第四十四條、町村制第四十六條)元來總テ過半數チ以テスルチ正則トスレトモ事宜チ計リテ便法チ設ケタルナリ

選擧ノ効力ニ關シ異議チ申立ツルノ權利ハ選擧人及市長町村長ノ外公益上ヨリシテ其効力チ監査スルカ爲メニ郡長及府縣知事モ亦此權利チ有ス選擧人及市長町村長ノ異議アルモノハ市町村會ノ裁決ニ任シ郡長府縣知事ノ異議アルモノハ參事會ノ裁決ニ任シ其郡參事會ノ裁決ニ不服アルトキハ府縣參事會ニ訴願スルコトチ得其府縣參事會ノ裁決ニ不服アルトキハ行政裁判所ニ出訴スルコトチ得ルモノトス是實ニ利害上ノ爭ニアラスシテ權利ノ消長ニ關スレハナリ(市制第二十八條、第三十五條、町村制第二十九條、第三十七條)

一旦選擧チ有效ト定メ或ハ其效力ニ異議ナクシテ經過シタル後ト雖モ當選者被選擧權ノ要件チ選擧ノ當時ニ有セサリシコトチ發覺シ或ハ其當時有シタル要件チ失フコトアル可シ斯ル塲合ニ於テハ固ヨリ市制第二十九條、町村制第三十條ノ結果チ生ス可シ其裁決ノ手續ハ市制第三十五條、町村制第三十七條ニ據ル

五　名譽職

市制町村制第十六條、第二十條、第七十五條ニ依リ名譽職ヲ置クハ本制大体ノ原則ニ出ツルナリ

第二款　職務權限及處務規程

市會町村會ハ市町村ノ代表者ナリ其權限ハ市町村ノ事務ニ止マリ其他ノ事務ハ從來ノ委任ニ依リ又ハ將來法律勅令ニ依テ特ニ委任スル事項ニ限リテ參與スルモノトス若シ大政ニ論及スル等凡ソ此界限ヲ踰ユルモノハ則法律ニ悖戾スルモノナレハ法律上ノ權力ヲ以テ（市制第六十四條第二項第一、第百二十條、町村制第六十八條第二項第一、第百二十四條）之ヲ制セサル可カラス其他市制第百十八條、第百十九條、町村制第百二十二條、第百二十三條ハ皆市會町村會ノ怠慢ヲ防制スルノ權力ナリトス

市會町村會ハ代表機關ト爲スト雖モ（市制第三十條、町村制第三十二條）外部ニ對シテ市町村ヲ代表スルハ行政機關ノ任トス（市制第六十四條第二項第七、町村制第六十八條第二項第七）即市會町村會ハ專ラ行政機關ニ對シテ市町村ヲ代表スルモノナリ

市制第三十一條以下及町村制第三十三條以下ニ列載シタル職務ハ皆此地位ニ依テ生スルモノトス

一

市會町村會ハ條例規則、歲計豫算、決算報告、市町村稅賦課法及財產管理上ノ重要事件等ヲ議決ス市制第百十八條、第百十九條、町村制第百二十二條、第百二十三條ノ塲合ヲ除クノ外行政機關ハ議會ノ議決ニ依テ方針ヲ取ラサルヲ得ス但其議決上司ノ許可ヲ得可キモノハ市制第百二十一條ヨリ第百二十三條ニ至リ及町村制第百二十五條ヨリ第百二十七條ニ至ルノ各條ニ依ル

二

市會町村會ノ執行ス可キ選擧ハ載セテ市制第三十七條、第五十一條、第五十八條、第六十條、第六十一條及町村制第五十三條、第六十二條、第六十三條、第六十四條、第六十五條ニ在リ

三

市會町村會ハ市町村ノ行務ヲ監查スルノ權利ヲ有ス其監查ノ方法ハ書類及計算書ヲ撿閲シ町村長若クハ市參事會ニ對シテ事務報告ヲ要求スルノ類是ナリ此權利ニ對シテ町村長若クハ市參事會ハ之ニ應スルノ義務アリ若シ市會町村會ニ於テ意見アルトキハ之ヲ官廳ニ具狀スルコトヲ得可シ

四

市會町村會ニ於テ官廳ノ諮問ヲ受クルトキハ之ニ對シテ意見ヲ陳述スルハ其義務ナ

リトス

五

其他市會町村會ハ或場合ニ於テ公法上ノ爭論ニ付始審ノ裁決ヲ爲スノ權アリ（市制第三十五條、町村制第三十七條）

市會町村會ノ議員ハ其職務ヲ執行スルニ當テハ法令ヲ遵奉シ其範圍内ニ於テ不羈ノ精神ヲ以テ事ヲ評議ス可シ決シテ選擧人ノ指示若クハ委囑ヲ受ク可キモノニアラス（市制第三十六條、町村制第三十八條）是固ヨリ法理ニ於テ明ナル所ナリト雖モ議員ノ職務ヲ以テ選擧人ノ委任ニ出ツルモノヽ如ク視做シ議員ハ選擧人ノ示シタル條件ヲ恪遵ス可キモノト爲スノ誤ヲ來サヽランカ爲メ特ニ其明文ヲ掲クルナリ

處務規程ハ市制第三十七條ヨリ第四十七條ニ至リ町村制第三十九條ヨリ第四十九條ニ至ルノ各條ニ於テ之ヲ設ク此條規ハ概ネ說明ヲ要セサル可シ只茲ニ一言ス可キハ町村會ハ通例町村長若クハ其代理者タル助役ヲ以テ議長トシ（町村制第三十九條）市會ハ別ニ互選シテ議長ヲ置ク（市制第三十七條）此區別ヲ爲シタル所以ハ町村ニ在テハ町村長及助役ノ外事務ニ熟練スル者多カラスシテ殊ニ議長ノ任ニ堪フル者ハ概ネ少ク且一人一個ノ責任ヲ以テ行政ノ全体ニ任スル場合ニ於テハ成ル可ク議員ト密接ノ關係ヲ有セシムルコト必要ナレハナリ町村制第四十四條ノ場合ヲ除クノ外町村長

及助役ニシテ議決權ヲ有スルハ其議員ヲ兼ヌル時ニ限ル可シ

市制町村制第三章　市町村行政

代議ト行政トハ各別個ノ機關ヲ設ケサル可カラサルハ已ニ之ヲ記述シタルカ如シ而シテ町村ノ行政ハ之ヲ町村長一人ニ任シ補助員即助役一名若クハ數名ヲ置キ以テ之ヲ補助セシム市ニ於テハ之ヲ市參事會ニ任セリ市長ハ其會員ノ一人ニシテ其會ノ事務ヲ統理シ外部ニ對シテ參事會ヲ代表スルノ權ヲ有ス即町村ハ特任制ヲ取リ市ハ集議制ニ依ルモノナリ抑地方ノ自治行政ニハ集議制ヲ以テスルニ若クモノアラス然ルニ獨リ市ニ施シテ之ヲ町村ニ適用セサル所以ノモノハ集議制ハ特任制ニ比シ頗ル錯綜ニ涉ルノ弊アリ而シテ小町村ノ行政ハ力メテ簡易ノ編制ニ依ルヲ要スルヲ以テナリ且集議制ヲ行ハント欲スレハ名譽職ヲ以テ行政ニ參與ス可キ適任者ヲ多ク求メサルヲ得ス而シテ此事タル今日ノ情況ニテハ都會ノ地ニ非サレハ望ム可カラサレハナリ大町村ニ於テモ亦此集議制ヲ施行ス可キ必要アリヤ否又之ヲ施行シ得可キヤ否ハ姑ク將來ノ變遷ヲ俟テ知ル可キナリ

本制市町村行政ノ條規ハ力メテ活用ノ區域ヲ廣クシ以テ各地方ノ情況ヲ斟酌スルノ餘地アラシメンコトヲ務メタリ

町村長、助役、市參事會及市長ハ皆是市町村ノ機關ニシテ國ニ直隷スル機關ニアラス是ヲ以テ此機關ニ屬スル吏員ハ總テ市町村自ラ之ヲ選任スルヲ當然トス是各國ノ通則ニシテ其効益亦實際ノ經驗ニ著ハル、所ナレハ本制モ亦之ニ倣ヘリ(市制第五十一條、第五十八條、第五十九條、第六十條、第六十一條、町村制第五十三條、第六十二條、第六十三條、第六十四條、第六十五條)然レトモ市町村ハ又國ノ一部分ニシテ市町村ノ行政ハ一般ノ施政ニ關係ヲ及ホシ從テ國家ノ利害ニ關セサルコトナシ且市町村及其吏員ニ委任スル國政ニ屬スル事務ヲ以テスルコトアリ市制第七十四條、町村制第六十九條ノ如キ是ナリ市長ノ選任ハ市會ヨリ候補者ヲ推薦シ裁可ヲ求ムルノ例アルカ如キモ亦此理由アルニ依ル(市制第五十條)但其選任ノ例ヲ異ニスト雖モ市長ハ均ク市ノ機關ニシテ一ノ市吏員ナリ法律上ヨリ其地位ヲ論スルトキハ一面ハ市ニ屬シ一面ハ國ニ隷ス猶町村長ノ町村ト國トニ兩屬スルカコトシ此資格ハ選任ノ例ヲ異ニスルカ為メニ變更スルコトナシ其他樞要ノ市町村吏員即町村長、市町村助役、收入役ハ監督官廳ノ認可ヲ受ケシメ其認可ヲ得サルトキハ其選擧ハ無効ニ屬スルカ故ニ(市制第五十二條、第五十八條、町村制自第五十九條、至第六十一條)國ノ治安ヲ保持スル上ニ就テハ十分ノ權力ヲ有スルヲ得可シ又之ヲ認可スルニ方テ徒ニ其活動ヲ牽制セサランコトヲ欲シ認可ヲ拒ムニ一定ノ理由ヲ示サス其地ノ事情ト人物トヲ參酌シテ其認可不認可ヲ決スルヲ得セシメントス其裁決ノ權ハ專ラ地方分權ノ原則ニ準シ之ヲ郡長又ハ府縣知事ニ委任セリ然レトモ其公平ヲ失スルノ弊ヲ防カンカ爲メ若クハ偏私ノ誹ヲ免レンカ爲メニ其認可ヲ拒マントスルトキハ郡參事會又ハ府縣參事會ノ同意ヲ得ルヲ必要ト爲セリ又已ニ官廳ノ認可ヲ受ケシムルノ法ヲ設クルトキハ其結局ノ處分法ナカル可カラス即其選擧遂ニ適任ノ人ヲ得スシテ已ムヲ得サルトキハ官廳ヨリ其代理者ヲ特選シ若クハ官吏ヲ派遣シテ市町村ノ事務ヲ執ラシムルコトヲ得可シ以上ノ例規ニ依リ市町村吏員ノ選擧ヲ以テ之ヲ市町村ニ委任スルモ國ノ治安統一ヲ保ツコトニ於テ憂フ可キノ弊ナキヲ信ス

町村ニ於テ吏員ヲ選任スルノ權ハ之ヲ町村會若クハ總會ニ委任シ唯使丁ニ限リ之ヲ町村長ニ委任シ(町村制第五十三條、第六十二條、第六十三條、第六十四條、第六十五條)市ニ於テハ之ヲ市參事會ニ委任シ參事會員、委員及收入役ノ選定ニ限リ之ヲ市會ニ委任セリ(市制第五十一條、第五十八條、第五十九條、第六十條、第六十一條)

市町村ノ吏員ヲ選任スルニ付テハ固ヨリ法律上ノ要件ヲ恪守セサル可カラス其要件ハ市制第五十五條、第五十八條、第六十條、第六十一條、町村制第五十三條、第五十六條、第六十四條、第六十五條ニ在リ其他ノ制限ハ刑法等他ノ法律ニ存ス

其他市町村吏員組織ノ大要ハ法律中ニ定ムルモノアリト雖モ各地方情況ヲ異ニスルヲ以テ市町村ノ自主權ニ廣濶ナル餘地ヲ與フルコトヲ得可ク又之ヲ與フルヲ要スル

ナリ

本制ニ定ムル市町村吏員ハ左ノ如シ

一　町村長

町村長ハ町村ノ統轄者ナリ即町村ノ名ヲ以テ委任ノ强制權ヲ執行スル者トス其强制權ノ幾部分ハ既ニ町村制中ニ制定セリト雖モ（例ヘハ町村制第百二條ノ類）多クハ別法ヲ以テ之ヲ設ケサル可カラス其他町村長ハ町村ノ事務ヲ管理スルノ任アリ故ニ一方ニ在テハ町村ニ對シテ其執行ノ責任ヲ帶ヒ一方ニ在テハ法律ノ範圍内並官廳ヨリ其權限内ニテ發シタル命令ノ範圍内ニ於テ百般ノ事項ニ涉リ町村ノ幸福ヲ增進シ安寧ヲ保護スルヲ務メトス而シテ町村長ニ於テ町村會ノ議決ニ遵依ス可キ程度ハ町村制第三十三條以下ニ詳ナリ同條記載ノ事件ニ就テハ町村長ハ議會ノ議決ニ依ラスシテ之ヲ施行スルコト能ハサル而已ナラス猶其議事ヲ準備シ議決ヲ執行スルノ義務アリ故ニ町村會ニ於テ法律ニ背戾スルコトナク其權限内ニテ議決シタル事項ハ假令町村ノ爲メニ不便アリト認ムルモ町村長ハ之ヲ執行セサルヲ得ス唯町村長其議決ニ對シテ大ニ意見ヲ異ニシ公衆ノ利益ヲ害スト認ムルトキハ町村制第六十八條第二項第一ニ從テ議決ノ執行ヲ停止スルノ權ヲ有ス即之ヲ停止シテ郡參事會ノ裁決ヲ請フコトヲ得可シ其法律命令ニ背キ又ハ權限ヲ越ユルモノモ亦之ニ同シ尤僅ニ利害ノ見込

ヲ異ニシタルノミニテハ未タ以テ之ヲ停止スルノ理由ト爲スニ足ラス必公益ヲ損害スト認ムル時ニ限ル可シ蓋公益ノ爲メニ町村長ヲシテ此停止權ヲ有セシムルハ或ハ之ヲ濫用スルノ恐ナキニ非スト雖モ今日町村治ノ未タ整備セサルヨリ考フルトキハ姑ク此例ヲ存スルノ已ムヲ得サルモノアリ又監督官廳ヨリ町村長ニ停止ヲ命スルハ國ノ利害ニ關シ已ムヲ得サルモノニシテ監督官廳モ亦常ニ町村會議決ノ報告ヲ徴シテ其注意ヲ怠ラサル可シ其停止權ヲ濫用スルノ弊ハ參事會ノ參與アルヲ以テ自ラ之ヲ防制スルコトヲ得可シ其行政裁判所ヘ出訴スルノ權ヲ法律勅令ニ背戻シ及權限ヲ踰越スルノ塲合ニ限リタルハ行政裁判所ハ專ラ法律上ノ爭論ヲ判決ス可キモノニシテ公益ニ關スル事ハ一ニ利害ノ爭ニ過キサレハナリ郡參事會ノ裁決ニ不服アル者ハ府縣參事會ニ訴願シ其府縣參事會ノ裁決ニ不服アル者ハ行政裁判所ニ出訴シ若クハ內務大臣ニ訴願スルヲ得可キコト町村制第百十九條及第百二十條ノ規定ニ依テ明ナリ

其他町村長ノ町村事務ハ町村制第六十八條第二項第二ヨリ第九ニ列載シタル條件ニ依テ明ナリ其各條件ニ關シテハ茲ニ說明ヲ要セサル可シ町村會ノ定額豫算ニ關スル職權ニ依テ町村長ノ權利ニ制限ヲ加フル所以ハ第四章ニ於テ之ヲ說明ス可シ又町村會ノ議決町村制第百二十五條以下ニ從ヒ官ノ許可ヲ受ク可キモノハ之ヲ受クルノ前

ニ施行スルヲ得サルコト固ヨリ言ヲ俟タス且時宜ニ依リテハ監督官廳ノ懲戒權ヲ以テ之ヲ強制スルヲ得可シ

町村制第六十九條ニ列記シタル事務ニ關シテハ町村長ハ全ク前述ノ場合ト異ナリタル地位ヲ有スルモノトス已ニ前章ニ記述シタル如ク國ハ町村ヲシテ國政ニ關スル事務ニ參與セシムルコトアル可シ之ヲ參與セシムルノ法二アリ國政ニ屬スル事務ヲ以テ町村ニ委任シ其自治權ヲ以テ之ヲ處辨セシムルモノアリ又其事務ヲ町村ニ委任セスシテ直接ニ町村長其他町村ノ吏員ヲ指定シテ之ヲ委任スルモノアリ此區別ノ緊要ナル點ハ第一ノ例ニ據レハ斯ル事件ノ議決モ亦町村會ノ職權ニ歸シ町村長若クハ當該吏員ハ此事件ニ關シ町村會ニ對シテ責任ヲ帶ヒ且常ニ其監視ヲ受クルモノトシ第二ノ例ニ據レハ町村長ハ直接ニ官命ニ依テ事務ニ從事シ町村會ト相關セス此事務ニ關スル指揮命令ハ直ニ所屬官廳ヨリ之ヲ受ケ特ニ其官廳ニ對シテ責任ヲ帶フルモノトス元來甲乙二例ヲ比較スルトキハ互ニ得失アリト雖モ今日ノ情況ニ照シ事務ノ擧行ヲ期スルニ付テハ乙法ヲ行フニ如カス故ニ本制ハ乙法ヲ採リテ之ヲ第六十九條ニ明言セリ但細則ニ渉ルモノハ別法ニ讓ラントス且此乙法ヲ行フニ至テハ其委任ノ職務ニ付キ生スル所ノ費用ハ何レノ負擔ナルカヲ明言セサルヲ得ス依テ同條末項ニ之ヲ掲ク其他町村固有ノ事務ニ要スル費用ハ町村ノ自ラ負擔ス可キコトヲ言ヲ俟タスシ

テ明ナリ

二　町村助役

助役ハ各町村ニ一名ヲ置クヲ通例トス然レトモ各地方ノ需要ニ應シテ或ハ之ヲ增加スル可キコトアリ之ヲ町村條例ノ定ムル所ニ任セリ(町村制第五十二條)助役ノ町村長ニ屬スルハ共ニ集議體ヲ爲スニアラス町村役場ノ事務ハ皆町村長ノ專決ニ在リ其責任モ亦町村長一人ニ屬ス故ニ助役ハ其補助員ニシテ一ニ町村長ノ指揮ニ從ヒ之ヲ補佐スルモノトス唯町村長故障アリテ之ヲ代理スル場合及委任ヲ受ケテ事務ヲ專任スル場合ニ限リ自ラ其責任ヲ負フモノトス但事務ヲ委任スルニハ町村會ノ同意ヲ得ルヲ要シ(町村制第七十條)其町村長ニ委任ノ事務ニ係ルトキハ監督官廳ノ許可ヲ受クルヲ要ス(町村制第六十九條)

三　市參事會

市ニ於テハ市長及助役ヲ置クコト町村ノ制ニ同クシテ別ニ名譽職參事會員若干名ヲ置キ合セテ集議體ヲ組織シ之ヲ市參事會トス是町村ノ制ト異ナル所ナリ助役及名譽職參事會員ノ定員ハ市制第四十九條ニ之ヲ定ムト雖モ市ノ情況ニ依リ增減ヲ要スルトキハ市條例ヲ以テ之ヲ增減スルコトヲ得可シ(市制第四十九條)市長ハ一箇ノ決議權ヲ有シ員數相半スル時ハ專決スルコトヲ得此集議會ノ職務ハ全ク町村長ノ職務ト

其例ヲ同クス（市制第六十四條）其詳細ノ説明ハ玆ニ要セサル可シ其處務規程ハ本制ニ於テ多ク設クルヲ要セス（市制自第六十五條至第六十八條）其細目ニ至テハ内務省令ヲ以テ之ヲ定ムルコトアル可シ

市長ハ市ノ固有ノ事務ヲ處理スルト委任ノ事務ヲ處理スルト各別段ノ地位ヲ占ムルモノトス即チ市ノ固有ノ事務ニ就テハ參事會ノ議事ヲ統理シ之ヲ準備シ議決ヲ執行シ時ニ臨テハ議決ノ執行ヲ停止シ（市制第六十五條）外部ニ對シテ市ヲ代表スルモノニシテ唯急施ヲ要スル場合ニ限リ議決ヲ俟タスシテ專行スルコトヲ得可シ（市制第六十八條）然レトモ市制第七十四條ニ列載スル委任ノ事務ニ就テハ參事會ノ參與ヲ受ケスシテ專行スルモノトス此區別アルハ即前述ノ乙法ヲ取リ之ヲ市ニ委任セスシテ特ニ市長ニ委任シタルニ依ル

市助役及其他ノ參事會員ハ會中ニ在テハ市長ト同一ノ議權ヲ有スト雖モ議事外ニ在テハ町村助役ノ町村長ニ於ケルト同ク市長ニ對シテ補助員ノ地位ニ在ルモノトス（市制第六十九條第七十四條第二項）殊ニ都府ノ地ニ於テハ分業ノ必要ナル可キヲ以テ事務ヲ分テ參事會員ニ專任セシムルコト最緊要ナリトス此需要ニ應センカ爲メ本制ハ之ヲ市條例ノ適宜定ムル所ニ讓リ（市制第六十九條第三項）以テ各地方ノ便ニ從ハントス

四　委員

委員ヲ設クルハ市町村人民ヲシテ自治ノ制ニ習熟セシメンカ爲メニ最效益アリ委員アルトキハ多數ノ公民ヲシテ市町村ノ公益ノ爲メニ力ヲ竭スコトヲ得セシメ自治ノ效用ヲ擧クルコトヲ得可シ何トナレハ市町村公民ハ特リ會議又ハ參事會ニ加ハルノミナラス委員ノ列ニ入リテ市町村ノ行政ニ參與シ之ニ依テ自ラ實務ノ經驗ヲ積ミ能ク施政ノ難易ヲ了知スルコトヲ得可シ又地方ノ事情ヲ表白スルノ機會ヲ得テ大ニ事務吏員ノ短處ヲ補フコトヲ得可シ蓋シ委員ハ自治ノ制ニ於テ緊要ナル地位ヲ占ムルモノニシテ本制施行ノ際委員ノ設ケヲ促シテ市町村公民ヲシテ之ニ參與セシメンコトヲ務ム可シ委員ノ廢置ハ固ヨリ市會町村會ノ決議ニ在リ其組織及職務ヲ市町村條例ノ定ムル所ニ在リト雖モ町村長及市參事會ハ正系ノ行政機關ニシテ委員ハ其一部分ニ參與スルニ過キサレハ委員ハ町村長若クハ市參事會ニ從屬シ概ネ市長若クハ町村長ヲ以テ委員長ト爲シ參事會員ヲ以テ多ク之ニ加ヘ市會町村會議員モ亦成ル可ク此委員ニ列セシメンコトヲ要ス市會町村會ノ議員ニシテ行政ノ事務ニ加ハルトキハ能ク施政ノ緩急利害ヲ辨識シ行政吏員ト互ニ協同シテ事務ヲ擔任スルノ慣習ヲ生シ自ラ代議機關ト行政機關トノ軋轢ヲ防制スルコトヲ得可シ

五　區長

區域廣濶又ハ人口稠密ノ地ハ施政ノ便ヲ計ランカ爲メ之ヲ數區ニ分ツノ必要アル可シ故ニ本制ハ市町村ニ區ヲ劃設スルコトヲ許シ之ニ區長及代理者ナル行政ノ機關ヲ設置セリ此機關ハ其市町村ノ行政廳ニ隷屬スルモノニシテ其指揮命令ヲ奉シテ事務ヲ區內ニ執行スルモノトス其委任事務ノ範圍ハ土地ノ情況ト市町村行政廳ノ酌量ニ在ルモノニシテ豫メ之ヲ定メスト雖モ區長ハ名譽職ニシテ別ニ區ノ附屬員ナル者アルニアラサレハ(三府ヲ除クノ外)實際此事情ヲ斟酌セサル可カラス要スルニ區ハ市町村內別ニ特立シタル一ノ自治體タルニ非ス區長モ亦其固有ノ職權アルニ非スシテ單ニ町村長市參事會ノ事務ヲ補助執行スルノ便ニ供フルニ過キス故ニ區長ハ市町村ノ機關ニシテ區ノ機關ニ非ス區ハ法人ノ權利ヲ有セス、財產ヲ所有セス、歲計豫算ヲ設ケス又議會若クハ其他ノ機關ヲ存スルコトナシ蓋區ヲ設クルトキハ施政ノ周到ナルヲ得可ク、一市町村內ノ各部ニ於テ利害ノ軋轢スルヲ調和シ、市町村費賦課ノ不平衡ヲ矯メ又能ク行政ノ勞費ヲ節畧スルヲ得可シ要スルニ區長ヲ設クルハ更ニ自治ノ良元素ヲ市町村制中ニ加フルモノニシテ舊制ノ伍長組長等ノ例ヲ襲用セルナリ但從前ノ區內ニ存スル戸長ノ類ト混ス可カラス又區ニシテ從來固有ノ財產アル時ノ例ハ第五章ノ說明ニ詳述ス可シ

六　其他ノ市町村吏員

以上市町村吏員ノ外収入役アリ(市制第五十八條、町村制第六十二條)其職掌ハ市町村有財産ト連帶シテ説明ス可シ又書記其他技術上ニ要スル吏員アリ又使丁ナル者アリ機械的ニ使用スル者トス此等ノ吏員ヲ置キ相當ノ給料ヲ與フルハ市町村ノ義務トス(市制第五十六條、町村制第六十三條)

町村ニ於テハ書記其他ノ吏員ヲ置キ俸給ヲ支出スルノ義務アリト雖モ本制ハ小町村ノ爲メ一ノ便法ヲ設ケ町村長ニ一定ノ書記料ヲ給シテ其便宜ニ從ヒ書記ノ事務ヲ保擔スルヲ許サントス此便法ヲ設ケ及其書記料ノ額ヲ定ムルハ町村會ノ職權ニ在ル可キモノトス(町村制第六十三條第一項)若シ町村長ニ於テ其金額ニ不足アリト爲ストキハ町村制第七十八條ニ依リ之ヲ郡參事會ニ申立ツルコトヲ得可シ其他ノ細目ハ今之ヲ制定セス蓋書記料ヲ給與スルトキハ町村長ニ於テハ自ラ其事務費ヲ節約スルヲ得可シ監督官廳モ亦能ク是ニ注意シ公務上支障ナキ限リハ町村ニ説示シテ繁雜ヲ省キ冗費ヲ減センコトヲ務メサル可カラス要スルニ本制ハ分權ノ主義ニ依リ名譽職ヲ設ケ從テ從來ノ町村費ヲ節減センコトヲ期スト雖モ若シ市町村ニ於テ度外ノ節約ヲ行ヒ依テ公益ヲ害スルニ至ラントスルトキハ監督官廳ニ於テハ則チ之ニ干渉スルノ道アリ

市ハ勿論其他大ナル町村ニ於テハ文化ノ進ムニ從ヒ高等ノ技術員(法律顧問、土木工師、建築技師、衛生技師等ノ類）ヲ使用ス可キ必要ヲ生スルニ至ル可シ之ヲ使用スルニハ或ハ通常雇入ノ契約ヲ以テシ或ハ市町村吏員ト爲スコトアル可シ又時宜ニ依リ之ヲ有給ノ助役トシテ任用スルノ便アリ本制ハ此件ニ關シテハ全ク市町村ノ自由ニ任セントス尤警察、學事等ノ爲メニ特別ノ人員ヲ置クニ付テハ別段ノ法規ヲ要ス可シト雖モ皆是別法ヲ以テ定ム可キモノナリ

市町村ノ公務ニ任スル者ハ名譽職ト專務職トノ二種ニ分ツト雖モ本制ニ於テ主トシテ名譽職ヲ擴張シタル理由ハ上ニ之ヲ論述シタルカ如シ又本制ニ於テ名譽職ト爲ス可キコトヲ規定シタル塲合ニ於テハ市町村ハ必之ニ遵依ス可シ決シテ有給職ト爲スヲ得ス然レトモ小町村ニ於テ名譽職ニ屬スルモノト雖モ大市町村ニ在テハ專務吏員ヲ置クヲ要スルコトアリ專務職トハ特別ノ技術若クハ學問上ノ養成ヲ要スル職務並事務繁多ニシテ本業ノ餘暇ヲ以テ無給ニテ負擔セシムルコト能ハサル職務ナリ此ノ如キ職務ハ有給吏員ト爲スヲ常例ト爲セリ此條理ノ範圍内ニ於テ市町村ハ自己ノ便宜ニ依リ有給吏員若クハ無給吏員ヲ置クヘキモノトス

今本制ニ於テハ市長市助役市町村收入役及市町村附屬員使丁ハ皆專務吏員ト爲ス可キ者トス町村長町村助役ハ名譽職ト爲スヲ原則トスト雖モ町村ノ情況ニ依テ之ヲ有給ノ專務職ト爲スヲ得セシム（町村制第五十五條第五十六條）市參事會員（市長助役

ヲ除ク）委員區長ハ名譽職トス但三府ノ區長ハ有給吏員ト爲スコトアル可シ

專務吏員及名譽職吏員ハ共ニ市町村吏員ナリ本制ニ於テ其區別ヲ爲サヽルモノハ總テ此兩種ニ適用スルモノトス又市町村吏員タル者ハ其何レノ種類ニ屬スルニ拘ラス法律ニ準據シテ所屬ノ官廳及市町村廳ニ對シテ從順ナル可ク均シク懲戒法ニ服從ス可シ其懲戒ヲ行フハ町村長及市參事會（町村制第六十八條第二項第五、市制第六十四條第二項第五）及監督官廳郡長、府縣知事）ノ任トス（町村制第百二十八條、市制第百二十四條）懲戒ノ罰トシテ本制ハ左ノ三種ヲ設ク

一　譴責

二　過怠金

三　解職

譴責又ハ過怠金ニ處スルハ當該吏員ノ專決ニ屬シ其處分ニ對スル訴願モ均ク當該吏員ノ裁決ニ任シ其裁決ニ不服アル者ハ行政裁判所ニ出訴スルコトヲ得セシム是專ラ懲戒權ノ執行ヲ嚴肅ナラシムル所以ナリ獨リ解職ノ處分ニ對シテハ大ニ保護ヲ加ヘサル可カラス（但隨時解職シ得可キ吏員ハ懲戒裁判ノ法ニ依ラス解職スルヲ得セシム）故ニ本制ハ解職ノ理由ヲ指定セルノミナラス（但行狀ヲ紊亂シ廉耻ヲ失フトハ公務上ニ止マラス私行ニ關スルコトモ含蓄スルモノナリ）郡參事會府縣參事會ナル集

議體ノ裁決ニ任セリ(市制第百二十四條町村制第百二十八條)

專務吏員及名譽職吏員トモ職務上大率子同一ノ權利義務ヲ有スト雖モ深ク其性質ニ就テ考フルトキハ互ニ相異ナル所アリ專務職ヲ辭スルハ吏員ノ隨意ニ在リト雖モ名譽職ハ公民ノ義務トシテ之レニ應セサルヲ得ス其已ニ擔當シタル職務ヲ繼續スルノ義務アルト否トニ付テモ亦此差別アリ(市制第八條、第五十五條第三項、町村制第八條、第五十七條)又市制第五十六條、第五十八條及町村制第五十八條、第六十二條ノ制限ノ如キハ專務吏員ニ非サレハ負擔セシムルコトヲ得ス市制第五十九條、町村制第六十三條ニ記載シタル吏員ハ其任用ノ時此等ノ關係ヲ約定スルヲ可トス有給職ニ任用スルニ其市町村ノ公民タル者ニ限ラサルハ徒ニ選擇ノ區域ヲ減縮セサランカ爲メナリト雖モ高等ノ有給吏員ニハ其職ニ就クト同時ニ其市町村ノ公民權ヲ付與スルコト當然ナリ(市制第五十三條、第五十八條、町村制第五十六條第二項、第六十二條)專務吏員ハ一身ノ全力ヲ擧ケテ市町村ノ爲メニ盡ス可キヲ以テ相當ノ給料ヲ受クルハ元ヨリ至當ナリト雖モ名譽ノ爲メニ就職スル公民ニハ給料ヲ給セス(市制町村制第七十五條)尤市町村ノ公務ノ爲メニ要スル實費ハ之ヲ辨償セサルヲ得ス唯其名譽職ノ事務頗ル繁忙ニシテ本業ヲ妨ケラルヽトキハ多少ノ報酬ヲ與フルハ當然ナリ其額ハ固ヨリ勤勞ニ相當セサル可カラス此規則ハ町村長(町村制第五十五條第二項)ハ勿論町村助役及名譽職市參事會員ニシテ市町村事務ヲ分任スル者(市制第六十九條第二項、町村制第五十五條第二項)ノ爲メニ之ヲ設ク其報酬額ハ市町村會之ヲ議定シ(市制町村制第七十五條)其額ニ關スル爭論ハ市制町村制第七十八條ニ依テ處分シ司法裁判ヲ求ムルヲ許サス

有給市町村吏員ノ財産上ノ要求ハ上ニ記載シタル理由アルニ依リ其職重ケレハ從テ其給料ニ關シテ官廳ノ干渉ヲ要スルコト多シトス尤給料額ハ元來市町村ノ自ラ定ムル所ニ任シ條例ヲ設ケテ之ヲ一定シ又ハ選任ノ前ニ方テ議會ノ議決ヲ以テ之ヲ定ム可シ然レモ監督官廳ハ斯ク市町村ノ定ムル給料ヲ以テ多キニ過キ又ハ不足アリト爲ストキハ認可ヲ拒ミ所屬ノ參事會ヲシテ之ヲ斷定セシムルノ權利アリ

有給市町村吏員ニハ退隱料ヲ給スルヲ當然トス然レモ市町村吏員ニ對シテ官吏ノ恩給令ヲ適用スルコトヲ得ス是其地位ノ異ナルノミナラス市町村吏員ハ定期ヲ以テ選任セラレ任期滿限ノ後ハ再選若クハ再任ヲ受クルニ非サレハ其職ニ在ラサルヲ以テナリ若シ其吏員任期滿限後再選若クハ再任セラレサルトキハ遽ニ糊口ノ道ヲ失フニ至ル可シ故ニ此結果ヲ防クニ非サレハ一方ニ在テハ有力ノ人進テ市町村ノ職ニ就クコトヲ屑シトセサル可ク一方ニ在テハ再選ニ依テ生計ヲ求ムルカ如キ輩ヲシテ常ニ市町村會ノ鼻息ヲ窺ヒ以テ公益ヲ忘レシムルコトナシトセス加フルニ市町村ノ職務

ハ昇等増給ノ途少ナキヲ以テ其退隱料ヲ給スルハ官吏ヨリ厚クスルヲ至當トス然レ𪜈目下一定ノ法律ヲ以テ之ヲ定メンヨリハ寧ロ市町村ノ條例ヲ以テ之ヲ設定セシムルノ便ナルニ若カサルナリ

有給ト無給トヲ論セス凡市町村吏員ノ職務上ノ收入ハ市町村ノ負擔タルコト疑ヲ容レスト雖モ之カ明文ヲ揭クルモ亦無用ニアラサル可シ(市制町村制第八十條)

市町村ト吏員トノ間ニ起ル給料及退隱料ノ爭論ハ司法裁判ニ付セス市制町村制第七十八條ニ依テ處分ス可キナリ其保護ハ此方法ヲ以テ足レリトス

結局ニ至テ猶注意ス可キコトアリ抑退隱料ノ規則ヲ設クルトキハ市町村ノ負擔ヲ加重スルノ恐アリト雖モ他國ノ實驗ニ據レハ決シテ多額ノ負擔ヲ爲スモノニアラス市町村ニ於テハ多クハ適任ノ吏員ヲ再選シ吏員モ亦再選ヲ受ケサルトキハ必他ノ地位ヲ求メサル者アラサル可シ故ニ實際退隱料ヲ支出スルノ塲合ハ甚少カル可キナリ又一方ヨリ論スルトキハ市町村ノ盛衰ハ有爲ノ人材ヲ得ルノ多少ニ關シ有爲ノ人材ヲ得ルト得サルトハ其生計ヲ安全ナラシムルト否トニ關スルモノニシテ市町村自治ノ權ヲ得ルニ於テハ退隱料負擔ノ如キハ之ヲ重シト謂フ可カラス況ヤ有給ノ町村長助役ヲ設ケサル町村ニ於テハ此負擔ヲ受クルノ塲合少キニ於テヲヤ又況ヤ名譽職ヲ設クルニ於テハ行政ノ費用大ニ減少ス可キニ於テヲヤ盖市町村ノ繁榮ハ斯ノ如キ法ア

リテ始メテ將來ニ期望ス可キナリ

市制町村制第四章　市町村有財產ノ管理

市町村ニ於テ自ラ其事業ヲ執行スルニ付テハ必之ニ要スル所ノ資金ナカル可カラス故ニ各市町村固有ノ經濟ヲ立テ以テ必要ノ費用ヲ支辨スルノ道ヲ設ク可シ即市町村ハ財產權ヲ有スルコト概子一個人ト同一ナリ然レトモ細ニ觀察スルトキハ其一個人又ハ私立組合ノ類ト相異ナルモノハ市町村ノ事業及支出ノ大半ハ法律規則ニ依テ定マリ市町村民ニ對シテ其義務トシテ負擔セシムルコトヲ得ルノ一點ニ在リ蓋市町村ノ經濟ハ之ヲ汎論スルトキハ一個人ト同一ノ權利ヲ有スルモノニシテ市町村ハ自ラ其經濟ヲ管理スルノ專權アリト謂フ可シ而シテ之ニ二樣ノ制限アリ第一市町村ノ資力ハ大ニ國家ノ消長ニ關係アルヲ以テ政府ハ須ク此點ニ注意セサル可カラス第二政府ハ市町村ノ經濟ヲ以テ國ノ財政ニ牴觸セサラシメ之カ爲メニ國ノ財源ヲ涸渇セサランコトヲ務メサル可カラス故ニ市町村ノ財政ヲ以テ立法ノ範圍ニ入レ立法權ヲ以テ市町村ノ財政ニ關スル法規ヲ設ケテ之ヲ恪遵セシムル可キ而已ナラス其經濟上ノ處分苟モ國ノ利害ニ關涉スルモノハ皆政府ノ許可ヲ得セシメントス

以上ノ論點ニ關スル規定ハ市制第四章及第六章幷町村制第四章及第七章ニ載ス抑市町村ノ經濟ニ對シ政府ノ干涉スル所ノ程度ハ自治制度ヲ論スル者ノ視ル所ニ依テ各

異ナル所アル可シト雖モ要スルニ市町村ノ行政ニ對シ官廳ノ監視ヲ重シテ之ヲ拘束スルニ過クルトキハ其弊ヤ遂ニ市町村ノ便宜ヲ妨ケ其自ラ進テ幸福ヲ求ムルノ道ヲ阻碍スルヲ免レサラントス然レトモ一方ヨリ見ルトキハ自ラ從來ノ慣行アリテ遽ニ之ヲ變シ難キモノアリ故ニ漸ヲ以テ市町村ノ自主ヲ擴張スルヲ是ナリトス此點ニ於テハ本制ハ最愼重ヲ加ヘ今日ノ情勢ニ照シテ適度ヲ得タリトスル所ヲ以テ制定セリ

市町村ノ法人タルハ已ニ法律ノ認ムル所ナレハ市町村ノ財産ヲ所有スルノ權利ヲ有スル可キコト固ヨリ疑ヲ容レス而シテ市町村財産ニ二種ノ別アリ(甲)市町村ノ費用ヲ支濟スルカ爲メニ消費スルモノアリ例ヘハ土地家屋等ノ貸渡料、營業ノ所得、市町村税及手數料等ノ如キ是ナリ又基本財産ト稱スルモノアリ基本財産ハ其入額ヲ使用スルニ止マリ其原物ヲ消耗セサルモノトス蓋此區別ヲ立ツルハ市町村ノ資力ヲ維持スルカ爲メニ極メテ緊要ナルモノニシテ國家ハ特ニ市町村ノ基本財産ヲ保護シテ其濫費ヲ防カサル可カラス且經常歳入ノ外ニ臨時ノ收入例ヘハ寄附金穀ノ如キハ成ル可ク經常歳費ニ充テシメサルヲ要ス唯寄附者ニ於テ寄附金支出ノ目的ヲ定メタルカ或ハ非常ノ水害若クハ凶荒等ノ爲メ經常ノ收入ヲ以テ其費途ニ充ツルニ足ラサルカ如キノ場合ハ固ヨリ別段ナリト雖モ是又上司ノ許可ヲ受クルヲ要スト爲スハ其經濟上ノ處分ヲ重スル所以ナリ(市制第八十一條、第百二十三條第二、町村制第八十一條、第百二十七條第二)(乙)凡市町村ノ財產ハ市町村一般ノ爲メニ使用スルコト固ヨリ言ヲ俟タス故ニ特ニ之ヲ法律ニ揭載スルヲ要セスト雖モ若シ住民中其財產ニ對シテ特別ノ權利ヲ有スル者アルトキハ自ラ其證明ヲ立ツルノ義務アリ即民法上其證明ヲ認ムルニ於テハ特別ノ權利ヲ有スルモノトシ其證明ナキモノハ即一般ノ使用權アルモノトス(市制町村制第八十二條)

市町村ノ所有ニ屬スル不動產ノ使用ヲ直接ニ住民ニ許スハ從來ノ實例少シトセス故ニ其舊慣アルモノハ特ニ之ヲ存シ今ヨリ後ハ概シテ新ニ使用ヲ許スヲ禁セリ(市制町村制第八十三條、第八十四條)又一方ニ於テハ使用權ニ相當スル納稅義務ヲ定メ(市制町村制第八十五條)且條例ニ依リ使用者ヨリ金圓ヲ徵收スルコトヲ許セリ(市制町村制第八十四條)然レトモ其使用ヲ許シタル物件ハ元來市町村ノ所有物ニシテ使用ノ權利ハ市町村住民タル資格ニ隨伴スルモノナレハ市町村ハ固ヨリ使用權ヲ制限シ若クハ取上クルノ權利ナカル可カラス(市制町村制第八十六條)但其議決ハ上司ノ許可ヲ受クルヲ要スト爲スハ(市制第百二十三條第四、町村制第百二十七條第四)細民無產ノ徒ノ不利トナル可キモノヲ防カンカ爲メナリ之ヲ要スルニ以上ノ規定ハ市町村住民タル資格ニ附隨スル使用權ニノミ用フルモノニシテ民法上ノ使用權ニハ關係ナキモノトス蓋此使用權ハ民法ニ據テ論定ス可キモノニシテ其爭論モ亦司法裁判所ノ判決ニ屬ス可キモノトス而シテ前段ノ使用權ニ關スル爭論ハ市制町村制第百五條ニ依テ處分ス可キナリ

市町村財產ノ管理ハ町村長及市參事會ノ擔任トス(町村制第六十八條、市制第六十四條)其管理上市町村會ノ議決ニ依ル可キハ町村制第三十三條、市制第三十一條及市制町村制第八十七條等ニ於テシ又上司ノ許可ヲ受ク可キ條件ハ載セテ市制第百二十三條、町村制第百二十七條等ニ在リ

市町村ハ其任民ヲシテ市町村ノ爲メニ義務ヲ盡サシムルノ權利ナカル可カラスシテ此權利ナキトキハ共同ノ目的ヲ達スルコト能ハサルハ上旣ニ之ヲ論述セリ其義務ノ廣狹ハ市町村事業ノ範圍ニ從ハサル可カラス其事業ハ全國ノ公益ノ爲メニスルモノアリ或ハ一市町村局部ノ公益ヨリ生スルモノアリ其全國ノ公益ニ出ツルモノハ軍事、警察、教育等ノ類ニシテ是皆別ニ規定ス可キモノトス其局部ノ公益ヨリ生スルモノ即共同事務ハ各地方ノ情況ニ從テ異同アレハ茲ニ枚擧スルニ暇アラスト雖モ農業經濟、交通事務、衛生事務等ノ如キハ其最重要ナルモノトス之ヲ要スルニ一市町村ノ公益上ニ於テ必要ナル事項ハ悉ク共同事務ニ屬ス可キナリ本制ニ於テ設ケタル委任ノ國政事務ト固有ノ事務即共同事務トノ區別ハ專ラ市町村長ノ地位ノ兩岐ニ分ル丶所

ニシテ且市町村ノ必要事務ト隨意事務トノ區別ヲ立ツルノ根據トナルモノナリ即此區別ハ官權ノ及フ可キ限界ヲ立ツルニ在リテ必要事務ハ監督官廳ニ於テ強制豫算ノ權利(市制第百十八條、町村制第百二十二條)アルモノトス而シテ必要事務トハ委任ノ國政事務ハ勿論共同事務中市町村ノ需要ニ於テ闕ク可カラサルモノニ限リ必要事務ト謂フヲ得可シ市制町村制第八十八條ノ規定ハ實ニ此精神ニ出テタルモノニシテ市制第百十八條、町村制第百二十二條ニ云フ所ノモノモ亦同シ此ノ如キ規定アルトキハ共同行政上ノ事件ニ至ルマテ市町村ノ意向ヲ顧ミスシテ負擔ヲ受ケシムルコトヲ得從テ官ノ監督權ハ重キニ過クルノ恐アリト雖モ一方ヨリ考フルトキハ全ク檢束ヲ解キテ市町村ノ自由ニ任スルハ却テ將來ノ爲メ顧慮スル所アリ故ニ市町村ノ公益上已ムヲ得サルモノハ姑ク市町村會ノ意見ニ拘ラス監督官廳ノ命令ヲ以テ之ヲ決行スルノ權利ヲ存セサルヲ得ス但其處分ニ對シテハ上訴ヲ許シタルヲ以テ專制ノ弊ヲ免ルヽヲ得可シ其他必要ノ支出ハ本制市町村ノ組織ニ關スル條件中ニ含有セリ隨意事務ニ就テハ市町村ニ十分ノ自由ヲ與フト雖モ若シ過度ノ負擔ヲ爲スニ至テハ之ヲ制スルニハ市制第百二十三條第六、町村制第百二十七條第六ノ規定ヲ適用スルヲ得可シ市町村ニ於テ其費途ヲ支辨スルカ爲メニ左ノ歳入アリ

一　不動產、資金、營業(瓦斯局、水道等ノ類)ノ所得

二　市町村ノ金庫ニ收入スル過怠金、科料（市制第四十八條、第六十四條第二項第五、第九十一條、第百二十四條、町村制第五十條、第六十八條第二項第五、第九十一條、第百二十八條）

三　手數料、使用料

四　市稅、町村稅

手數料トハ市町村吏員ノ職務上ニ於テ一箇人ノ爲メ特ニ手數ヲ要スルカ爲メ市町村ニ收入スルモノヲ謂ヒ使用料トハ一箇人ニ於テ市町村ノ營造物等ヲ使用スルカ爲メ其料金ヲ市町村ニ收入スルモノヲ謂フ例ヘハ手數料トハ帳簿記入又ハ警察事務上ニ於テ特ニ調査ヲ爲ストキノ收入ヲ謂ヒ使用料トハ道路錢橋錢等ノ類ヲ謂フ

手數料、使用料ノ額ハ法律勅令ニ定ムルモノ、外市町村會ノ議決ヲ以テ定ムヘキモノナリ（市制第三十一條第五、町村制第三十三條第五）尤市町村條例ヲ以テ一般ノ規定ヲ設ケ（市制町村制第九十一條）其地ノ慣行ニ依リ相當ノ手續ヲ以テ公告ス可キモノトス

且若シ手數料使用料ヲ新設シ又ハ舊來ノ額ヲ增加シ又ハ其徵收ノ法ヲ變更スルトキハ內務大藏兩大臣ノ許可ヲ受クルヲ要ス（市制第百二十二條第二、町村制第百二十六條第二）但徵收ノ法ヲ改ムルコトナクシテ唯其額ヲ減スルニ過キサルトハ其許可ヲ受

クルヲ要セス

手數料ヲ納ムルノ義務アルハ行政上ノ手數ヲ要スル者ニシテ使用料ヲ納ムルノ義務アルハ營造物等ヲ使用スル者トス之ヲ免除スルハ市制町村制第九十七條、第九十八條ノ塲合ニ限ル可シ第九十六條ノ塲合ハ町村ノ課税ヲ免除スルニ止リテ手數料、使用料等ノ事ニ及ハサルナリ

町村税ニ關シテ本制ハ成ルヘク現行法ヲ存スルノ精神ナリ町村税ヲ十分ニ改正セントスレハ先ツ國税徵收法ヲ改正セサル可カラス故ニ本制ニ於テハ現行ノ原則ニ依リ多少ノ修保ヲ加ヘタルニ過キス現今町村費ノ賦課目即地價割戶別割營業割等ノ如キ皆國税府縣税ニ附加シテ徵收スル者ニ外ナラス又或ハ特別ノ町村税アリ故ニ本制ニ定ムル所ノ課目ハ現行ノ課目ヲ存スルニ於テ妨ケナキモノナリ

附加税トハ定率ヲ以テ國税府縣税ニ附加スルモノニシテ納税ノ負擔ニ偏輕偏重ノ患ナカラシメンカ爲メニ其準率ヲ均一ニスルヲ例則トセリ（市制町村制第九十條）其賦課法ヲ定ムルハ市町村會ノ職權ニ屬ス故ニ市町村會ハ臨時ノ議決又ハ豫算議定ノ際ニ之ヲ議決スヘキナリ若シ此例則ノ外ニ於テ課法ヲ設ケントスルトキハ郡參事會（町村制第百二十七條第七）若クハ府縣參事會（市制第百二十三條第七）ノ許可ヲ受クルヲ要ス

税率ノ定限ハ豫メ之ヲ設ケスト雖モ獨リ地租及直接國税ニ於テハ市制第百二十二條第三、町村制第百二十六條第三ニ定メタル制限ヲ越エントスルトキハ内務大藏兩大臣ノ許可ヲ受クルヲ要ス是レ國庫ノ財源ニ關係スル所アルヲ以テナリ就中地租ノ如キハ從前此定限ヲ超過スルヲ得ルハ非常特別ノ場合ニ限レリ而シテ特別許可ノ道ヲ存セサルカ如キハ地方ニ依テハ却テ課税ノ平均ヲ得サルノ弊アリ是レ本制現行ノ例ヲ移シテ多少ノ便法ヲ開キタル所以ナリ間接税ハ概シテ市町村ノ附加税ヲ課スルニ便ナラス故ニ市制第百二十二條第四及ヒ町村制第百二十六條第四ニ從ヒ準テ官ノ許可ヲ要ストセリ各種國税府縣税ノ内何レヲ直税トシ又何レヲ間税トス可キカハ往々疑点ヲ生スルコトアリ此區別ニ就テハ今内務大藏兩省ノ告示ヲ以テ之ヲ定ムルコトヽセリ(市制第百三十一條、町村制第百三十六條)

附加税ノ特別税ニ優ル所以ノモノハ附加税ニ在テハ納税者既ニ國税又ハ府縣税ノ賦課ヲ受クルヲ以テ別ニ其收益等ノ調査ヲ爲スヲ要セサルニ在リ唯其町村税ハ免除セサルモ國税府縣税ノ賦課ヲ受ケサル者(一箇人又ハ法人)ニ限リ更ニ其調査ヲ要ス可キニ付此場合ニ於テハ町村長若クハ市參事會ニ於テ其國税府縣税徴收ノ規則ニ據リ其調査ヲ爲サヽル可カラス

特別税ハ市制町村制第九十一條ニ從ヒ條例ヲ以テ之ヲ規定セサル可カラス此點ニ於

テハ既ニ手數料ニ就テ説明シタル所ニ同シ但特別税ハ市町村必要ノ費用ヲ支辨スルニ附加税ヲ以テシ猶足ラサルトキニ限リ始テ之ヲ徴收スル者トス(市制町村制第九十條)」市町村税ヲ納ムルノ義務ヲ負擔スル者ニ就テハ一箇人ト法人トヲ區別セサル可カラス即チ左ノ如シ

甲　一箇人

凡ソ納税義務ハ市町村ノ住民籍ニ原クモノトス(市制町村制第六條第二項)故ニ此義務ハ市町村内ニ住居ヲ定ムルト同時ニ起ルモノナリ故ニ一旦住居ヲ定メタル者ハ時々他ノ市町村ニ滯在スルコトアリト雖モ納税義務ヲ免ルヘキニ非ス若シ之ニ反シテ住居ヲ定メスシテ一時滯在スルニ止マルモノハ未タ此義務ヲ帶ヒス唯三ケ月以上滯在スルトキハ住居ヲ占ムルト同ク納税ノ義務ヲ生スルモノトス(市制町村制第九十二條)又假令ヒ市町村内ニ住居若クハ滯在セスト雖モ其市町村内ニ土地家屋ヲ所有シ又ハ店舗ヲ定メテ營業ヲ爲ス者ハ均ク其市町村ノ利益ヲ蒙ルニ依リ共ニ納税ノ義務アリトス但此義務ハ一般ノ負擔ニ渉ラスシテ唯其土地家屋營業若クハ是ヨリ生スル所得ニ賦課ス可キ市町村税ニ限リテ負擔ノ義務アルモノトス(市制町村制第九十三條)住居ト滯在トハ常ニ必ス同一ニ歸セサルヲ以テ或ハ重複ノ課税ヲ受クルノ患ナシトセス此弊害ヲ防クカ爲メニハ即チ市制町村制第九十四條、第九十五條ノ規定アリ他國ニ於テハ往々住居ヲ定ムル市町村ニ特權ヲ與フルノ例アリト雖モ本制ハ特ニ此例ニ倣ハス要スルニ此ノ如キハ皆施行規則中ニ適宜ノ便法ヲ定ム可キコトヽス」市町村税ノ免除ヲ受クルハ市制町村制第九十六條及第九十八條ニ掲載シタル人員ニ限レリ

乙　法人

法人ハ市制町村制第九十三條ニ從ヒ唯其所有ノ土地家屋若クハ之ニ依テ生スル所得ニ賦課スル市町村税ニ限リ納税ス可キモノトス抑法人トハ政府、府縣（郡モ亦郡制制定ノ上ハ法人ト爲スノ見込ナリ）市町村、公共組合（例ヘハ水利土功ノ組合、社寺宗敎ノ組合ノ類）慈善協會、其他民法及商法ニ從ヒ法人タル權利ヲ有ス可キ私法上ノ結社ヲ謂フ其私法上ノ結社ハ市制町村制第九十七條ノ免税ノ部ニ入レス又官設ノ鐵道電信ノ如キハ官ノ營業ニ屬スト雖モ是等ハ特ニ國家ノ公益ノ爲ニ免税トス（市制町村制第九十三條）私設鐵道ニ至テハ各市町村ニ於テ其收益ヲ調査スル頗ル難キヲ以テ施行規則中ニ於テ詳ニ之ヲ規定スルヲ要ス

凡ソ納税義務者ニ課税スルハ總テ平等ナル可キナリ唯市制町村制第八十五條ハ此例外トシテ使用ノ土地物件ニ係ル費用ヲ其使用者ニ課セリ又一市町村ノ數部若クハ數區ニ分レタルトキ其一部一區ノ專用ニ屬スル營造物ノ費用ハ其一部一區ノ負擔トセ

リ(市制町村制第九十九條第二項)尤其一部一區ニ特別ノ財產アルトキハ先ツ其收入ヲ以テ其費用ニ充テ猶足ラサル時特別ニ其一部一區ノ人民ニ課稅シ又ハ一般全市町村稅中ニ區別ヲ立テ其準率ヲ高クス可シ之ニ反シテ第九十九條第一項ノ塲合ニ於テ數個人ノ專用ニ屬スル營造物ノ費用ハ必其數箇人ノ負擔トシ之ヲ他人ニ賦課スルコトヲ得サルモノトス但市町村稅ハ總テノ納稅義務者ト平等ニ賦課スルヲ以テ例則ト爲スカ故ニ若シ此例則ニ違ハントスルトキハ官ノ許可ヲ受クルヲ要ス(市制第百二十三條第八、町村制第百二十七條第八)

各納稅者ノ稅額ヲ查定スルハ法律規則ニ依リ市制町村制第百條ノ規定ニ從ヒ町村長(町村制第六十八條第八)及市參事會(市制第六十四條第八)ノ擔任トス大ナル町村及市ニ於テハ之カ爲メ專務ノ委員ヲ設クルヲ便宜トス

社會經濟法ノ稍進步シタル今日ニ在テハ舊時ノ夫役現品ニ代ヘテ金納法ヲ行フニ至レリ然レトモ町村費ノ課出ニ於テハ夫役現品ノ法ヲ存スルハ特ニ必要ナルノミナラス往々便利ナルモノアリ且古來ノ慣行今日ニ傳フル者其例少カラス夫役賦課ハ專ラ道路、河溝、堤防ノ修築、防火水又ハ學校、病院ノ修繕等ノ爲メニ行フモノナリ殊ニ村落ニ在テハ農隙ノ時ヲ以テ夫役ヲ課スルトキハ租稅ノ負荷ヲ輕減センカ爲メニ大ニ便益トスル所アリ農民ノ如キハ季節ニ依リ夫役ニ應スルヲ得ルノ間隙アルコト市民ト其趣ヲ異ニス且地方道路ノ開通ヲ要スルモノ將來必少カラサル可キヲ以テ夫役賦課ノ法ヲ存スルトキハ幾許カ市町村ノ負擔ヲ輕減スルノ效アルコト必セリ依テ市制町村制第百一條ニ於テ市町村ニ許スニ夫役賦課ノ法ヲ以テセリ但此點ニ於テハ今日ノ經濟ニ適應セシメンカ爲メ本制ハ本人自ラ其役ニ從事スルト適當ノ代理者ヲ出シ又ハ金額ヲ納ムルトヲ以テ義務者ノ選擇ニ任セリ其金額ニ算出スルハ其地ノ日雇賃ニ準シ日數ヲ以テ等差ヲ立ツルヲ通例トス唯火災水害等ノ如キ急迫ノ場合ニ於テハ金納ヲ禁スルヿヲ得可シト雖モ代人ヲ出スハ本人ノ隨意ニ在ルモノトス

夫役ハ總テ市町村税ヲ納ム可キ者ニ賦課シ其多寡ハ直接市町村税ノ納額ニ準スルモノトス若シ此準率ニ依ラサルトキハ郡參事會（町村制第百二十七條第九）及府縣參事會（市制第百二十二條第九）ノ許可ヲ受クルコトヲ要ス此場合ノ外ハ總テ市町村限リ許可ヲ受ケスシテ之ヲ賦課スルコトヲ得可シ

一般ニ夫役ヲ賦課スルト賦課セサルト及夫役ノ種類幷範圍ヲ定ムルハ市町村會ノ職權（市制第三十一條第五、町村制第三十三條第五）ニ屬シ之ヲ各個人ニ割賦スルコトハ町村長（町村制第六十八條第八）及市參事會（市制第六十四條第八）ノ擔任トス

以上市町村ノ收入ハ皆公法上ノ收入ニ屬スルモノニシテ其徵收ハ市制町村制第百二條ヨリ第百五條ニ準據ス可キモノトス而シテ其賦課徵收上ノ不服ハ司法裁判所ニ提

出スルヲ許サス郡參事會府縣參事會ノ裁決ヲ經テ結局ノ裁決ハ行政裁判所ニ屬ス此公法上ノ收入ハ私法上ノ收入ト相混同ス可カラス例ヘハ市町村有ノ地所ヲ一個人ニ貸渡シタルトキ其借地料ハ民法及訴訟法ニ準據シテ徵收ス可キナリ

將來市町村ノ事業漸ク發達スルニ從ヒ經常ノ歲入ヲ以テ支辨スルコト能ハサル所ノ大事業ノ起ル可キハ勢ノ免レサル所ナリ然レトモ豫メ其費用ニ備ヘンカ爲メ資本ヲ蓄積セントスルコトモ亦極メテ難カル可シ故ニ經常歲入ヲ以テ支ヘ能ハサル所ノ需要ニ應セント欲スレハ市町村ヲシテ豫メ將來ノ歲入ヲ使用スルコトヲ得セシムルノ道ヲ開クノ外ナカル可シ即公債募集ノ方法是ナリ抑公債募集ノ利益ハ收入時期ノ未タ到來セサルニ先テ豫メ歲入ヲ使用シテ以テ町村住民ノ爲メニ大事業ヲ起シ其經濟及納稅力ヲ奬誘シ且以テ納稅者ノ負擔ヲ輕減スルニ在ルナリ公債ノ事タル利益ノ在ル所斯ノ如シト雖モ之ニ伴フ所ノ弊害モ亦自ラ免レサルモノアリ若シ市町村ニ於テ此方法ニ依リ豫メ將來ノ歲入ヲ使用スルトキハ則其元利償却ニ充ツル所ノ金額ハ將來ノ歲入中ヨリ減却スルモノナレハ負債額ノ多寡ト償還期限ノ長短トニ從ヒ市町村ノ財政ニ影響スル所少カラス又市町村會ニ於テハ資本ノ得易キカ爲メニ輕忽ニ其市町村ノ實力ニ相當セサル事業ヲ起スノ傾向ヲ爲シ又ハ今日ニ負擔可キノ義務ヲ漫リニ後年ニ傳ヘントスルノ弊害ナキコト能ハス是最モ行政官ノ注意ス可キ所ニシテ市

制第百六條、第百二十二條第一及町村制第百六條、第百二十六條第一ノ規定アルハ以上ノ論旨ニ起因スルモノトス

本制ハ公債募集ノ事項ヲ逐一列擧セス唯已ムヲ得サルノ必要若クハ永久ノ利益ト云フヲ以テ之レカ制限ヲ立テタリ若シ此制限ニ適合スルノ證明ナキモノハ許可ヲ與フ可カラス若シ又償還期限三年以內ニシテ許可ヲ要セサルモノハ町村制第六十八條第一及市制第六十四條第一ニ依テ相當ノ處分ヲ爲ス可キナリ其必要已ムヲ得サルノ支出トハ舊債ヲ償還シ又ハ傳染病流行若クハ水害等不慮ノ災厄ニ遭遇シテ一時ノ窮ヲ救ハントスルトキ又ハ學校ヲ開設シ道路ヲ修築スル等法律上ノ義務ヲ盡サントスルカ如キ場合ヲ謂ヒ永久ノ利益トナル可キ支出トハ市町村ノ力ニ堪フ可キ事業ヲ起シ以テ市町村有財產ノ生產力若クハ住民ノ經濟力ヲ增進シ假令一時ノ負擔ヲ增スモ永遠ノ利益ヲ生ス可キ場合ヲ謂フナリ尤何レノ場合ニ於テモ一時ノ歲入ヲ以テ支辨シ能ハサル時ニ限ルモノトス但年々要スル所ノ常費ハ必經常ノ歲入ヲ以テ支辨ス可キモノニシテ公債ヲ募ルヲ得ス公債募集ニ當テハ深ク注意ヲ加ヘ成ルヘク住民ノ負擔ヲ輕クシ利息ハ時ノ相場ニ準シ隨時償還ノ約ヲ立テヽ市町村ニ便利ヲ與ヘサル可カラス到底償還方法ノ確定スルニ非サレハ募集ヲ許サス又公債ハ成ル可ク市町村ノ財政ニ適準シ償還期限ハ長キニ過ク可カラス故ニ本制ニ於テハ償還ハ三年以內ニ始マ

ルモノトシ年々ノ償還歩合ヲ定メ且募集ノ時ヨリ三十年以內ニ還了スルヲ以テ例規ト爲セリ若シ此例規ニ違ハントスルトキハ必官ノ許可ヲ要ス(市制第百二十二條第一、町村制第百二十六條第一)元來許可ヲ要セサル公債ノ種類ト雖モ右ノ例規ニ違フトキハ亦官ノ許可ヲ請フ可シ

公債ヲ起スト起サヽルト及其方法ノ如何ハ市町村會ノ議決ニ屬ス(市制第三十一條第八、町村制第三十三條第八)唯定額豫算內ノ支出ヲ爲スカ爲メニシテ一會計年度內ニ償還ス可キ公債ハ市ニ於テハ市會ノ議決ヲ要セス市參事會ノ意見ヲ以テ募集スルヲ得ト雖モ(市制第百六條第三項)町村ニ於テハ町村會ノ同意ヲ要スルコト勿論ナリ蓋斯ノ如キ公債ハ收入支出ノ多キ市ノ如キニ在テハ自然已ム可カラサルモノニシテ其支出ノ時期ト收入期限ト常ニ相合一セサルカ故ナリ

凡公債ヲ募集スルニ付許可ヲ受ク可キハ右ニ陳述シタル場合及曾テ負債ナキニ新ニ公債ヲ起シ又ハ舊債ヲ增額スルトキニ在リ故ニ前記ノ如キ一時ノ借入金ヲ爲シ又ハ舊債償還ノ爲メニスル公債ニシテ其規約舊債ヨリ負擔ヲ輕クスルトキノ如キハ渾テ許可ヲ要セス其他ハ償還期限三年以內ノモノヲ除クノ外內務大藏兩大臣ノ許可ヲ受ク可シ

既ニ募集シタル公債ヲ豫定ノ目的外ニ使用セントスルトキハ市町村會ノ議決ヲ要シ

且若シ其公債ニシテ官許ヲ要スルトキハ許可ヲ受ク可キコト言ヲ俟タス
市町村ノ財政ハ政府ノ財政ニ於ケルト均ク三個ノ要件アリ即チ
甲　定額豫算表ヲ調製スル事
乙　収支ヲ爲ス事
丙　決算報告ヲ爲ス事
以上ノ三要件ニシテ法律中ニ細目ヲ設ク可キ必要アルモノハ本制第四章第二欵ニ於テ之ヲ規定セリ
甲
財政ヲ整理シ收支ノ平衡ヲ保ツニハ定額豫算表ヲ設ケサル可カラス本制ハ（市制町村制第百七條）市町村ヲシテ豫算表調製ノ義務ヲ負ハシム故ニ若シ市町村ニ於テ此義務ヲ盡サヽルトキハ法律上ノ權力ヲ以テ之ヲ强制スルヲ得ヘク若シ之ヲ議決セサルトキハ府縣參事會郡參事會ノ議決ヲ以テ之ヲ補フコトヲ得ヘシ（市制第百十九條、町村制第百二十三條）此義務ハ決シテ免ル可カラサルモノナレハ狹小ノ町村ト雖モ猶之ヲ負擔セサルヲ得ス其豫算表ハ一年ノ見積ヲ以テ之ヲ設ケ其會計年度ハ政府ノ會計年度ニ同クセリ其他本制ハ豫算表調製ノ細目ヲ定メス要スルニ一切ノ收支及收入不足ノ塲合ニ方リ支辨方法ヲ定ムルヲ以テ足レリトス但財政整理上ニ於テ其市町

村ノ資力ヲ酌量ス可キ必要ノ細目ハ省令ヲ以テ之ヲ定ムルコトアルヘシ
定額豫算ノ案ヲ調製スルコトハ町村長及市參事會ノ擔任ニシテ之ヲ議決スルハ市町村會ノ職權ニ屬ス收支ヲ許可スルコトハ市町村會ノ全權ニ任セスシテ法律上ノ檢束ヲ設クルモノアリ即當然支出ス可キモノヲ否決シタルトキハ監督官廳ニ於テ强制豫算ヲ令スルノ權（市制第百十八條、町村制第百二十二條）アリ又其議決ノ越權ニ涉リ又ハ公益ヲ害スルモノハ其議決ヲ停止スルノ權（市制第六十四條、第一町村制第六十八條第一）アリ次項ニ依リテハ官ノ許可ヲ要スルカ故ニ（市制第百二十二條、第百二十三條第五第六、町村制第百二十六條、第百二十七條第五第六）市町村住民ノ爲メニ過度ノ負擔ヲ制止スルノ方法ハ十分備ハレリト謂フ可シ故ニ豫算表ハ市町村會ノ議決スル所ニ依リ其全體ニ於テ許可ヲ受クルヲ要セス唯右ニ記載シタル塲合ニ限リテ許可ヲ受クルヲ要スルノミ
凡定額豫算表ハ二樣ノ効力アリ即一方ニ於テハ理事者ヲシテ豫定ノ收支ヲ爲スノ權利ヲ得セシメ一方ニ於テハ踰越ス可カラサルノ制限ヲ負ハシムルモノナリ殊ニ豫算外ノ支出豫算超過ノ支出若クハ費目ノ流用ヲ爲スニ當テハ更ニ市町村會ノ議決ヲ經可キモノトス此塲合ニ於テ市町村會ハ當初豫算ヲ議定スルト同一ノ規定ニ從テ之ヲ議決ス可キナリ其追加豫算若クハ豫算ノ變更ヲ議決スルニ當リ其事項タル官ノ許可

ヲ要スルトキハ均ク其許可ヲ受ク可キコトトス豫備費ヲ設ク可キト否ト及其額ノ如何ハ市町村會ノ議定ニ在リト雖モ已ニ之ヲ設ケタルトキハ市制町村制第百九條ノ制限ヲ除クノ外町村長及市參事會ノ之ヲ使用スルニ任ス但其決算報告ヲ爲ス可キハ固ヨリナリトス

乙

市町村收支ノ事務ハ之ヲ官吏ニ委任セスシテ之ヲ市町村ノ吏員即收入役ヲ置テ之ニ委任ス是多ク各國ニ行ハルヽ所ノ實例ニシテ其吏員ハ市町村ニ於テ之ヲ選任シ有給吏員ト爲セリ要スルニ本制ノ旨趣ハ收支命令者ト實地ノ出納者トヲ分離獨立セシメントスルニ在リ故ニ收入役ノ事務ヲ町村長ニ委任スルハ本制ノ敢テ希望スル所ニ非スシテ此ノ如キ場合ハ極メテ罕ナル可シ若シ町村ノ情況ニ依リ別ニ有給ノ收入役ヲ置クヲ要セサルトキハ寧ロ之ヲ助役ニ委任スルヲ可トス又比隣ノ小町村ハ町村制第百十六條ニ從ヒ共同シテ收入役一名ヲ置クモ亦便宜ニ任ス

收支命令權ハ町村長若クハ市參事會及監督官廳ニ屬ス收支命令ハ書面ヲ以テセサル可カラス收支命令ヲ受ケスシテ爲シタル支拂ハ市町村ニ於テ之ヲ認定スルヲ要セス抑收支命令ト實地ノ出納トヲ分離スルハ支拂前ニ於テ其豫算ニ違フ所ナキヤヲ監査スルニ便ナルカ爲メナリ元來決算報告ヲ爲スハ即此目的ニ外ナラスト雖モ既ニ支拂

役ニ係ルヲ以テ其監査ハ往々時機ニ後ルヽノ憾アリ故ニ本制ハ(市制町村制第百十條)收入役ニ負ハシムルニ其命令ノ正否ヲ査スルノ義務ヲ以テシ其命令若シ定額豫算又ハ追加豫算若クハ豫算變更ノ決議ニ適合セス又豫備費ヨリ支拂フ可キトキ該費目ノ支出ニ關スル規定ヲ遵守セサルニ於テハ之ヲ支出スルヲ得サルモノトス此義務ハ收入役ノ賠償責任ト懲戒處分ノ制裁ヲ以テ十分ニ之ヲ盡サシムルヲ得可シ若シ町村長ニ收入役ノ事務ヲ擔任セシムルトキハ收支命令ト支拂トノ別ハ自ラ消滅シ隨テ上ニ記載シタル監査ノ法モ亦之レナキニ至ル可シ

收入役ヲシテ右ノ義務ヲ行ヒ易カラシメンカ爲メ定額豫算表ハ勿論追加豫算若クハ豫算變更ノ議決ハ必之ヲ收入役ニ通報セサル可カラス其豫算表及臨時ノ議決ハ併セテ簿記ノ標準ト爲ルモノナリ本制ハ簿記ノ事ニ就テハ規定ヲ立ツルコトナシト雖モ簿記及一般出納事務ニ就テハ追テ訓令ヲ以テ原則ヲ示スコトアル可シ又本制ハ出納ヲ撿査スルヲ以テ市町村ノ義務ト爲セリ(市制町村制第百十一條)若シ理事者ニ於テ此義務ヲ行ハス又ハ撿査ヲ行フテ盡サヽル所アルカ爲メ市町村ニ損害ヲ釀シタルトキハ市町村ニ對シテ賠償義務ヲ負ハシム可キナリ此賠償義務ノ外懲戒ヲ加ヘ得可キハ言ヲ俟タス

丙

決算報告ノ目的ハ二アリ左ノ如シ
一計算ノ當否及計算ト收支命令ト適合スルヤ否ヲ審査スル事(會計審査)
二出納ト定額豫算表又ハ追加豫算若クハ豫算變更ノ議決又ハ法律命令ト適合スルヤ否ヲ査定スル事(行政審査)
會計審査ハ會計主任者(即收入役又ハ收入役ノ事務ヲ擔任スル助役若クハ町村長)ニ對シ行フモノニシテ行政審査ハ市町村ノ理事者即町村長若クハ市參事會ニ對シテ行フモノナリ其會計審査ハ先ツ町村長(但町村長ニ於テ會計ヲ兼掌スルトキハ此限ニ在ラス)及市參事會ニ於テ之ヲ行ヒ次テ市町村會ニ於テ右二樣ノ目的ヲ以テ會計ヲ審査ス(市制町村制第百十二條)是故ニ收支命令者(町村長、助役、市參事會員)ニシテ市町村會ノ議員ヲ兼ヌルトキハ其議決ニ加ハルコトヲ得ス(市制第四十三條、町村制第四十五條)若シ又議長タルトキハ其議事中議長席ニ居ルコトヲ得サルモノトス(市制第百十二條、町村制第百十三條)是利害ノ互ニ牴觸スルヲ以テナリ決算報告ノ時會計ニ不足アルトキハ市制第百二十五條若クハ町村制第百二十九條ヲ適用ス可シ
市制町村制第五章　市町村内特別ノ財產ヲ有スル市區又ハ各部ノ行政
行政ノ便利ノ爲メニ畫シタル區ト一市町村内ニ於テ獨立ノ法人タル權利ヲ有スル各

部トノ區別アルハ固ヨリ言ヲ俟タス本制ハ一市町村ノ統一ヲ倘フモノニシテ一市町村内ニ獨立スル小組織ヲ存續シ又ハ造成スルコトヲ欲スルニアラス然レトモ强テ此原則ヲ斷行セントスルトキハ一地方ニ於テ正當ニ享有スル利益ヲ傷害スルノ恐レアリ故ニ概シテ此旨趣ニ依テ論ス可カラサルモノアリ大市町村ニ於テハ現今既ニ特別ノ財產ヲ有スル部落アリ現今ノ小町村ヲ合併スルトキハ更ニ又此ノ如キ部落ヲ現出ス可シ其部落ハ即獨立ノ權利ヲ有スルモノト謂フ可シ又他ノ一方ヨリ論スルトキハ市制町村制第九十九條ノ原則ニ依リ其部落ハ義務ヲ負擔スルコトアリト雖モ之レカ爲メ市ニ別段ノ組織ヲ要スルコトナカル可シ其特別財產又ハ營造物ノ管理ハ之ヲ其全市町村ノ理事者タル町村長又ハ市參事會ニ委任スルモ妨ケナシ（市制第百十四條、町村制第百十五條）若シ區長ヲ置クトキハ町村長又ハ市參事會ニ於テ區長ニ指揮シテ其管理ノ事務ヲ取扱ハシムルコトヲ得可シ尤其一部ノ權利ヲ傷害ス可カラサルハ言ヲ俟タス本制ニ於テ其一部ノ出納及會計ノ事務ヲ分別ス可キ者トスルハ即是カ爲メナリ議會ノ職掌ヲ論スレハ（市制自第三十條至第三十五條、町村制自第三十二條至第三十七條）特別事務ト雖モ總テ之ヲ市町村會ニ委任スルモ妨ケナキ而已ナラス却テ希望ス可キ所ナリ然レトモ地方ニ依リテハ全市町村ト其各部落トノ利害ハ互ニ相牴觸スルコト往々之レアリ其甚キニ至テハ多數ノ爲メ壓抑ヲ蒙ムルコトアリ依テ其一部限リノ選擧ヲ以テ特別ノ議會ヲ起シ以テ其議事ヲ委任スルコトヲ得可シ其之ヲ起スノ利害ニ就テハ一般ノ原則ヲ設ケ難キカ故ニ姑ク條例ノ規定ニ任セサル可カラス但此條例ハ固ヨリ普通ノ規定ニ依ル可クシテ特例ノモノニ非スト雖モ其之ヲ設ケ並其事項ヲ定ムルハ市町村會ノ議決ニ任セスシテ之ヲ郡若クハ府縣參事會ニ委任セリ何トナレハ利害ノ相牴觸スルカ爲メ偏頗ノ處置アランコトヲ恐ルレハナリ唯市町村會ノ意見ヲ徵ス可キハ勿論ナリ要スルニ區會ハ市町村會又ハ區內人民ノ情願ニ依リ之ヲ設クルヲ當然トス

區會ノ搆成ハ本制ニ規定シタル市町村會ノ組織ニ依準シ條例中ニ之ヲ定ム可キモノトス區會ノ職掌ハ市町村會ノ職掌ニ同シ唯其特別事件ニ限ルノミ

町村制第六章　町村組合

本制ノ希望スル如ク有力ノ町村ヲ造成シ又郡ヲ以テ自治體ト爲ストキハ其他別ニ區畫ヲ設クルノ必要ナカル可キナリ殊ニ一事件アル每ニ特別ノ聯合ヲ設クルヲ要セサル可シ若シ漫ニ聯合ヲ設クルトキハ行政事務簡明ナラス其組織錯綜ヲ極メ費用モ亦隨テ增加スルヲ免レサルハ英國ノ實例ヲ以テ證スルニ足ル可シ獨リ水利土功ノ聯合又ハ小町村ニ於テ學校ノ聯合ヲ設クルカ如キハ萬已ムヲ得サルモノニシテ皆別法ヲ以テ規定セサル可カラス然レトモ其別法ノ發布セサル間ハ本制ニ於テ豫メ之カ方法

ヲ設ケサル可カラス又此必要アルノ外往々町村組合ヲ設クルノ活路ヲ示ス可キモノアリ即本制ニ於テハ關係町村ノ協議ヲ以テ其組合ヲ爲スノ目的、組合會議ノ組織、事務管理ノ方法及費用ノ支辨方法等ヲ定ムルトキハ（町村制第百十六條第一項、第百十七條第一項）監督官廳即郡長ノ許可ヲ得テ組合ヲ成スコトヲ許セリ町村ニ於テ相當ノ資力ヲ有セサルトキ組合ヲ爲サシムルヲ必要ト爲スカ如キ是ナリ此ノ如キ場合アルトキハ町村制第四條ニ於テ合併ス可キコトヲ規定スト雖モ事情ニ依リテハ合併ヲ施ス可カラス又ハ之ヲ不便ト爲スコトナシトセス例ヘハ該町村ノ互ニ相遠隔スルカ如キ又ハ古來ノ慣習ニ於テ調和ヲ得サルカ如キノ類アリ此ノ如キニ至テハ其町村ノ異議アルニモ拘ラス事務共同ノ爲メ組合ヲ成サシムルノ權力ナカル可カラス其組合ヲ成ストキハ第四條ノ場合ニ異ニシテ其各町村ノ獨立ヲ存シ又別ニ町村長及町村會若クハ町村總會ヲ有ス可キ理ナリ然レトモ其組合ヲ成ス所ノ共同事務ノ多寡及種類ハ其組合ニ依テ互ニ異ナルモノトス

抑協議ニ依ラスシテ組合ヲ設クルハ町村ノ獨立權ヲ傷クルノ恐レアルニ依リ郡參事會ノ議決ニ任スルヲ妥當ナリトス（町村制第百十六條第二項）果シテ其共同事務ノ區域ヲ定メ強制ヲ以テ組合ヲ成サシメタルトキハ議會ノ組織、事務管理ノ方法、費用支辨ノ方法就中分擔ノ方法ニ至テハ先ツ關係町村ニ於テ之ヲ協議スルヲ要ス若シ其協

議調ハサルニ及テハ郡參事會ニ於テ之ヲ議決スルノ外ナシ
組合議會ノ組織、事務管理ノ方法、費用支辨ノ方法殊ニ分擔ノ割合ハ本制ニ於テ豫メ之ヲ規定セス實際ノ塲合ニ於テ便宜其方法ヲ制ス可シ故ニ組合ハ特別ノ議會ヲ設ケ或ハ各町村會ヲ合シテ會議ヲ開キ或ハ互選ノ委員ヲ以テ議會ヲ組織シ或ハ各町村會別個ニ會議ヲ爲シ其各議會ノ一致ヲ以テ全組合ノ議決ト爲スノ類各其宜シキニ從フ可シ又町村長ノ如キモ組合ニ一ノ町村長ヲ置キ且之ヲ永久獨立トシ或ハ各町村長ノ交番ト爲スヲ得可シ又組合ノ費用ハ或ハ特別ノ組合費トシテ之ヲ各個人ニ賦課シ或ハ之ヲ各町村ニ賦課シ以テ其賦課徵收ノ法ヲ各町村ノ便宜ニ任スルヲ得可シ各町村分擔ノ割合ハ利害ノ輕重土地ノ廣狹人口ノ多寡及納稅力ノ厚薄ヲ以テ標準ト爲ス可シ但其納稅力ノ詮定方ニ至テモ亦之ヲ一定スルコト能ハサル可シ以上ノ各事項ニ關シ本制ハ全ク實地宜キニ從フヲ許セリ故ニ各地方ニ於テ其便ト爲ス所ヲ採擇ス可シ組合町村ハ之ヲ解クノ議決ヲ爲スヲ得ト雖モ郡長ノ許可ヲ得ルヲ要ス(町村制第百十八條)

市制第六章町村制第七章　市町村行政ノ監督

監督ノ目的及方法ハ本說明中各處ニ之ヲ論セリ故ニ復タ之ヲ贅セス唯茲ニ其要點ヲ概括セントス

（第一）監督ノ目的ハ左ノ如シ
一法律、有效ノ命令及官廳ヨリ其權限內ニテ爲シタル處分ヲ遵守スルヤ否ヲ監視スル事
二事務ノ錯亂澁滯セサルヤ否ヲ監視シ時宜ニ依テハ强制ヲ施ス事（市制第百十七條、町村制第百二十一條）
三公益ノ妨害ヲ防キ殊ニ市町村ノ資力ヲ保持スル事
以上ノ目的ヲ達スルカ爲メニハ左ノ方法アリ
一市町村ノ重役ヲ認可シ又ハ臨時町村長助役ヲ撰任スル事（市制第五十條、第五十二條、町村制第五十九條、第六十條、第六十一條、第六十二條）
二議決ヲ許可スル事（市制第百二十二條、第百二十三條、町村制第百二十六條、第百二十七條）
三行政事務ノ報告ヲ爲サシメ書類帳簿ヲ查閱シ事務ノ現況ヲ視察シ並出納ヲ檢閱スル事　市制第百十七條、町村制第百二十一條）
四强制豫算ヲ命スル事（市制第百十八條、町村制第百二十二條）
五上班ノ參事會ニ於テ代テ議決ヲ爲ス事（市制第百十九條、町村制第百二十三條）
六市町村會及市參事會ノ議決ヲ停止スル事（市制第六十四條、第一、第六十五條、町

村制第六十八條、第二)
七懲戒處分ヲ行フ事(市制第百二十四條、第百二十五條、町村制第百二十八條、第百二十九條)
八市町村會ヲ解散スル事(市制第百二十條、町村制第百二十四條)
(第二)監督官廳ハ左ノ如シ
町村ニ對シテハ
一 郡長　二 知事　三 內務大臣
市ニ對シテハ
一 知事　二 內務大臣
法律ニ明文アル場合ニ於テハ郡長若クハ知事ハ郡參事會若クハ府縣參事會ノ同意ヲ求ムルヲ要ス但參事會ヲ開設スルマテハ郡長知事ノ專決ニ任ス(市制第百二十七條、市村制第百三十條)
町町村吏員ノ處分若クハ議決ニ對スル訴願ニ就テハ先ツ市町村ノ事務ト市制第七十四條、町村制第六十九條ニ記載シタル事務トノ間ニ區別ヲ立テサル可カラス市制第七十四條、町村制第六十九條ニ記載シタル事務ニ關シテ訴願ヲ許スト否トハ一般ノ法律規則ニ從フモノトス之ニ反シテ市町村ノ事務ニ關シテハ此法律ニ明文アル場合

ニ限レリ（市制第八條第四項、第二十九條、第三十五條、第六十四條第二項第一、第七十八條、第百五條、第百二十四條、町村制第八條第四項、第二十九條、第三十七條、第六十八條第二項第一、第七十八條、第百五條、第百二十八條）

本制ハ訴願ノ必要ナル場合ヲ列載シ悉シタルモノトス又監督官廳ハ自己ノ發意ニ依リ其職權ヲ以テ監督權ヲ行フヲ得ルノミナラス人ノ告知ニ依テ亦之ヲ行フヿヲ得可シ而シテ其告知ハ本制ニ所謂訴願ノ種類ニアラサレハ期限ヲ定メス又前キノ處分若クハ議決ノ執行ヲ停止スルコトヲ得サルナリ（市制第百十六條第二項、第五項、町村制第百二十條第二項、第五項）市町村ノ行政事務ニ關シ郡長若クハ府縣知事ノ第一次又ハ第二次ニ於テ爲シタル處分若クハ裁決ニ對シテハ其參事會ノ同意ヲ得ルト否トニ拘ラス一般ニ訴願ヲ爲スヲ許セリ特ニ法律ニ明文アル場合ニ限リテ之ヲ許サヽルモノトス（市制第百十六條第一項、町村制第百二十條第一項）若シ其處分又ハ裁決郡長ヨリ發シタルモノナルトキハ之ニ對スル訴願ハ知事之ヲ裁決シ郡參事會ヨリ發シタルモノナルトキハ府縣參事會之ヲ裁決ス知事及府縣參事會ノ裁決ニ不服アル者ハ共ニ內務大臣ニ訴願スルモノトス而シテ權利ノ消長ニ關スル結局ノ裁決ハ之ヲ行政裁判所ニ委任スルヲ妥當ト爲スハ上來屢〻之ヲ說明セリ但權利ノ爭論ハ一般ニ行政訴訟ヲ許スニアラスシテ之ヲ許ス可キノ必要アル場合ニ限リ特ニ之レカ明文ヲ掲ク故ニ其明文ナキ場合ニ於テハ結局ノ裁決ハ常ニ内務大臣ニ屬スルモノトス而シテ行政訴訟ヲ許シタル場合ニ於テハ内務大臣ニ訴願スルヲ許サス最上官衙ノ裁決ヲ以テ法司ノ審判ニ付スルヲ欲セサルカ故ナリ但本制ニ於テ行政裁判所ノ權限ヲ規定シタルハ市町村ノ行政事務ニ關スル事ニ止マリ其他ノ事務ニ渉ル權限ハ他日別法ヲ以テ定ム可キコトヽス又目下行政裁判所ノ設ケナキヲ以テ之ヲ開設スルマテノ間ハ内閣ニ於テ其職務ヲ擔任ス可キコト止ムヲ得サルナリ（市制第百二十七條、町村制第百三十條）

以上記述スル所ノ要旨ハ則左ノ如シ

（第一）市町村ノ行政事務ニ屬セサル事件ニ對スル訴願及其順序ハ一般ノ法律規則ニ從フモノトス

（第二）市町村ノ行政事務ニ關スト雖モ市町村吏員ノ處分若クハ裁決ニ對シテハ本制ニ明文ヲ掲ケタル場合ニ限リ訴願ヲ許シ之ニ反シテ監督官廳又ハ郡府縣參事會ノ處分若クハ裁決ニ對シテハ一般ニ訴願ヲ許ス其訴願ノ順序ハ左圖ノ如シ

町村

市

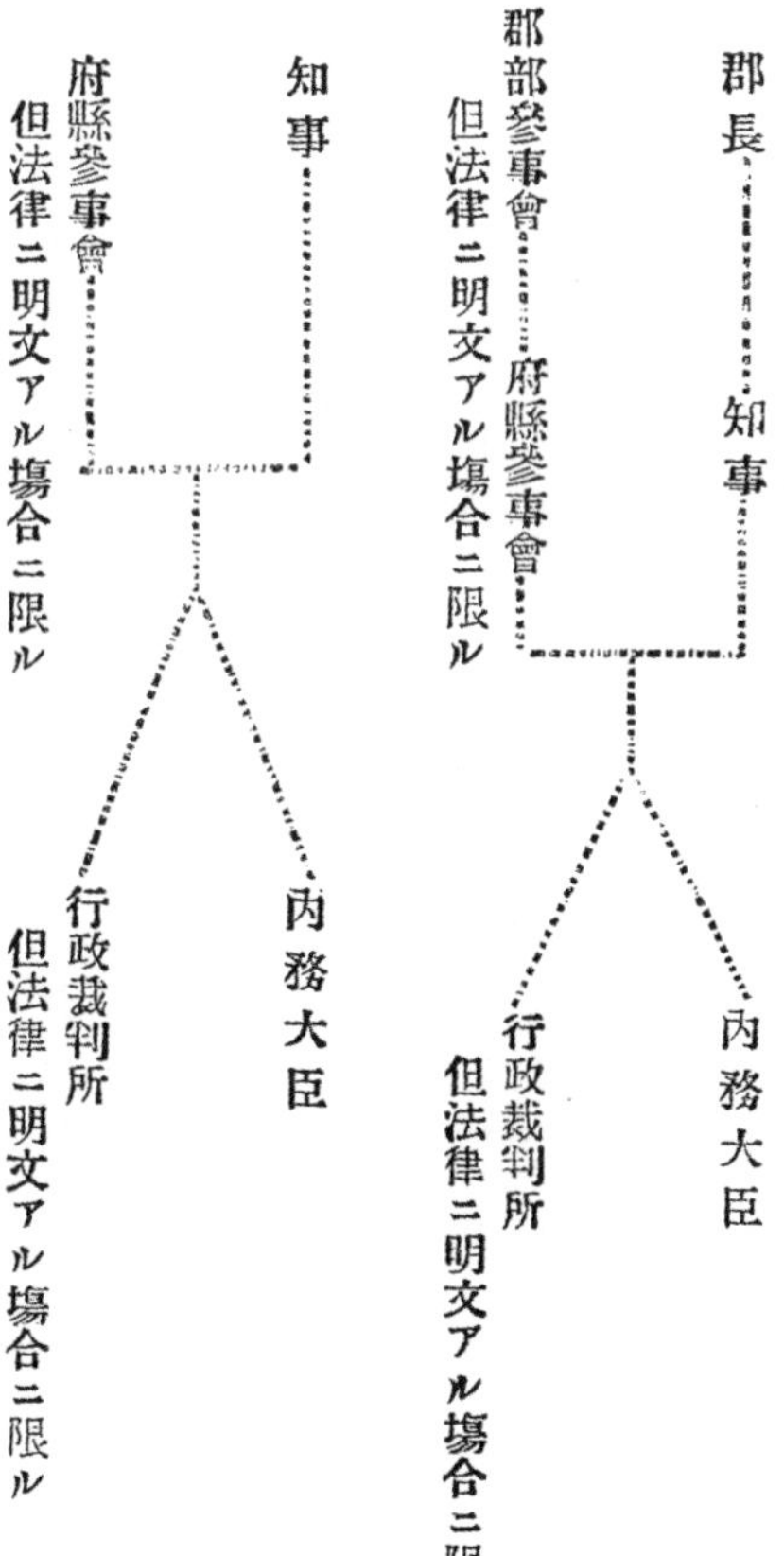

前圖ノ順序ハ必履行セサル可カラサルモノニシテ內務大臣ニ訴願シ又ハ行政裁判所ニ出訴セントスルニハ必其前段ノ順序ヲ經由シタル後ニ在ル可キモノトス

附録　市制町村制理由畢

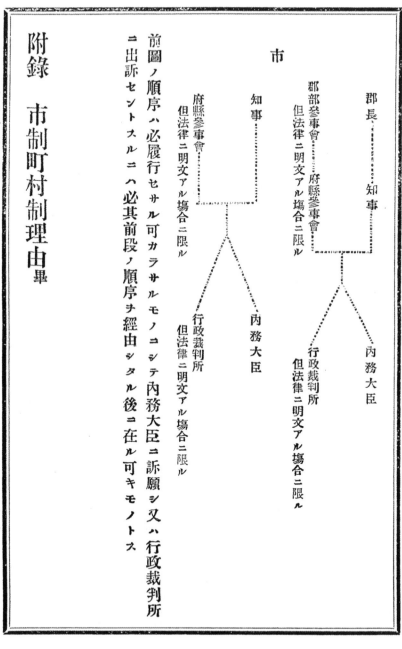

本社出版書目

白耳義國リエージュ法科大學教授ペ、ナミユール著
日本帝國法科大學生故河地金代君譯
同　法律學士河村善益
東京法學校主幹薩埵正邦　兩先生閲

再版 法學通論 一名法學初歩 全

正價金壹圓
郵税金三拾錢

東京法學校主幹薩埵正邦先生著

財產法講義 全

正價金九拾錢
郵税金廿八錢

仝君著

民事証據法要論 全貳卷

正價金六拾錢
郵税金貳拾貳錢

法科大學教授日本及佛國法律博士富井政章君著
契約法講義　全
正價金壹圓四十錢
郵稅金三拾貳錢

仝君著
代理法　全
正價金貳拾八錢
郵稅金拾錢

法律學士高木豊三先生編述
代言至要　全
本綴正價金七拾錢　郵稅金三拾四錢
假綴正價金六拾錢　郵稅金貳拾四錢

法律學士松室致先生講述
佛國訴訟法講義　全
正價金八拾八錢
郵稅金貳拾六錢

大審院評定官岡村爲藏君題字
同院評定官兒玉淳一郎君序文
園井忠行君著
日本現行民事訴訟手續　全
正價金三拾錢
郵稅金十錢

文官試驗幷代言人試驗課目書

佛國法科大學敎授法律大博士ボードリ、ラカンチヌリ著
日本法科大學生城數馬君譯
仝　法科大學敎授法律博士富井政章君校

佛國證據法詳解　完

正價金七拾八錢
郵稅金貳拾二錢

東京法學校卒業生判事試補横山寛平君　仝　代言人高橋藤之丞君著
仝　校　主幹　薩埵正邦先生閲

日本登記法義解　全

正價金拾貳錢
郵稅金四錢

東京法學校卒業生判事試補横山寛平君　仝　代言人橋藤之丞君著
仝　校　主幹　薩埵正邦先生閲

日本公證人規則義解　全

正價金拾四錢
郵稅金六錢

明治二十一年七月二十九日印刷
同　年七月三十日出版

著作者　三谷軌秀
神奈川縣橫濱住吉町六丁目七拾七番地寄留

同　馬袋鶴之助
神奈川縣橫濱羽衣町一丁目十九番地寄留

發行者　薩埵正邦
東京府神田區錦町一丁目十二番地寄留

印刷者　松本義保
東京京橋區南鍋町二丁目十一番地

發行所　時習社
東京神田區錦町一丁目十二番地

地方自治法研究復刊大系〔第236巻〕

市制町村制義解 附 理由〔明治21年初版〕

日本立法資料全集 別巻 1046

2017(平成29)年10月25日　復刻版第1刷発行　7646-6:012-010-005

著　者　三谷軌秀
　　　　馬袋鶴之助
発行者　今井貴
　　　　稲葉文子
発行所　株式会社信山社
〒113-0033 東京都文京区本郷6-2-9-102東大正門前
Ⓣ03(3818)1019　Ⓕ03(3818)0344
来栖支店〒309-1625 茨城県笠間市来栖2345-1
Ⓣ0296-71-0215　Ⓕ0296-72-5410
笠間才木支店〒309-1611 笠間市笠間515-3
Ⓣ0296-71-9081　Ⓕ0296-71-9082
印刷所　ワイズ書籍
製本所　カナメブックス
用　紙　七洋紙業

printed in Japan　分類 323.934 g 1046

ISBN978-4-7972-7646-6 C3332 ¥60000E

日本立法資料全集 別巻

地方自治法研究復刊大系

改正 府県制郡制要義 第4版〔明治40年12月発行〕／美濃部達吉 著
判例挿入 自治法規全集 全〔明治41年6月発行〕／池田繁太郎 著
市町村執務要覧 全 第一分冊〔明治42年6月発行〕／大成会編輯局 編輯
市町村執務要覧 全 第二分冊〔明治42年6月発行〕／大成会編輯局 編輯比較研究
自治要義 明治43年再版〔明治43年3月発行〕／井上友一 著
自治之精髄〔明治43年4月発行〕／水野錬太郎 著
市制町村制講義 全〔明治43年6月発行〕／秋野沆 著
改正 市制町村制講義 第4版〔明治43年6月発行〕／土清水幸一 著
地方自治の手引〔明治44年3月発行〕／前田宇治郎 著
新旧対照 市制町村制 及 理由 第9版〔明治44年4月発行〕／荒川五郎 著
改正 市制町村制 附 改正要義〔明治44年4月発行〕／田山宗堯 編輯
改正 市町村制問答説明 明治44年初版〔明治44年4月発行〕／一木千太郎 編纂
改正 市制町村制〔明治44年4月発行〕／田山宗堯 編輯
旧制対照 改正市町村制 附 改正理由〔明治44年5月発行〕／博文館編輯局 編
改正 市制町村制〔明治44年5月発行〕／石田忠兵衛 編輯
改正 市制町村制詳解〔明治44年5月発行〕／坪谷善四郎 著
改正 市制町村制註釈〔明治44年5月発行〕／中村文城 註釈
改正 市制町村制正解〔明治44年6月発行〕／武知彌三郎 著
改正 市町村制講義〔明治44年6月発行〕／法典研究会 著
新旧対照 改正 市制町村制新釈 明治44年初版〔明治44年6月発行〕／佐藤貞雄 編纂
改正 町村制詳解〔明治44年8月発行〕／長峰安三郎 三浦通太 野田千太郎 著
新旧対照 市制町村制正文〔明治44年8月発行〕自治館編輯局 編纂
地方革新講話〔明治44年9月発行〕西内天行 著
改正 市制町村制釈義〔明治44年9月発行〕／中川健藏 宮内國太郎 他 著
改正 市制町村制正解 附 施行諸規則〔明治44年10月発行〕／福井淳 著
改正 市制町村制講義 附 施行諸規則 及 市町村事務摘要〔明治44年10月発行〕／樋山廣業 著
新旧比照 改正市制町村制註釈 附 改正北海道二級町村制〔明治44年11月発行〕／植田鹽恵 著
改正 市町村制 並 附属法規〔明治44年11月発行〕／楠綾雄 編輯
改正 市制町村制精義 全〔明治44年12月発行〕／平田東助 題字 梶康郎 著述
改正 市制町村制義解〔明治45年1月発行〕／行政法研究会 講述 藤田謙堂 監修
増訂 地方制度之栞 第13版〔明治45年2月発行〕／警眼社編集部 編纂
地方自治 及 振興策〔明治45年3月発行〕／床次竹二郎 著
改正 市制町村制正解 附 施行諸規則 第7版〔明治45年3月発行〕福井淳 著
自治之開発訓練〔大正元年6月発行〕／井上友一 著
市制町村制逐條示解〔初版〕第一分冊〔大正元年9月発行〕／五十嵐鑛三郎 他 著
市制町村制逐條示解〔初版〕第二分冊〔大正元年9月発行〕／五十嵐鑛三郎 他 著
改正 市町村制問答説明 附 施行細則 訂正増補3版〔大正元年12月発行〕／平井千太郎 編纂
改正 市制町村制註釈 附 施行諸規則〔大正2年3月発行〕／中村文城 註釈
改正 市町村制正文 附 施行法〔大正2年5月発行〕／林甲子太郎 編輯
増訂 地方制度之栞 第18版〔大正2年6月発行〕／警眼社 編集 編纂
改正 市制町村制詳解 附 関係法規 第13版〔大正2年7月発行〕／坪谷善四郎 著
改正 市制町村制 第5版〔大正2年7月発行〕／修学堂 編
細密調査 市町村便覧 附 分類官公衙公私学校銀行所在地一覧表〔大正2年10月発行〕／白山榮一郎 監修 森田公美 編著
改正 市制 及 町村制 訂正10版〔大正3年7月発行〕／山野金蔵 編輯
市制町村制正義〔第3版〕第一分冊〔大正3年10月発行〕／清水澄 末松偕一郎 他 著
市制町村制正義〔第3版〕第二分冊〔大正3年10月発行〕／清水澄 末松偕一郎 他 著
改正 市制町村制 及 附属法令〔大正3年11月発行〕／市町村雑誌社 編著
以呂波引 町村便覧〔大正4年2月発行〕／田山宗堯 編輯
改正 市制町村制講義 第10版〔大正5年6月発行〕／秋野沆 著
市制町村制実例大全〔第3版〕第一分冊〔大正5年9月発行〕／五十嵐鑛三郎 著
市制町村制実例大全〔第3版〕第二分冊〔大正5年9月発行〕／五十嵐鑛三郎 著
市町村名辞典〔大正5年10月発行〕／杉野耕三郎 編
市町村吏員提要 第3版〔大正6年12月発行〕／田邊好一 著
改正 市制町村制と衆議院議員選挙法〔大正6年2月発行〕／服部喜太郎 編輯
新旧対照 改正 市制町村制新釈 附 施行細則 及 執務條規〔大正6年5月発行〕／佐藤貞雄 編纂
増訂 地方制度之栞 大正6年第44版〔大正6年5月発行〕／警眼社編輯部 編纂
実地応用 町村制問答 第2版〔大正6年7月発行〕／市町村雑誌社 編纂
帝国市町村便覧〔大正6年9月発行〕／大西林五郎 編
地方自治講話〔大正7年12月発行〕／田中四郎左右衛門 編輯

信山社

日本立法資料全集 別巻

地方自治法研究復刊大系

参照比較 市町村制註釈 完 附 問答理由〔明治22年6月発行〕／山中兵吉 著述
市町村議員必携〔明治22年6月発行〕／川瀬周次 田中迪三 合著
参照比較 市町村制註釈 完 附 問答理由 第2版〔明治22年6月発行〕／山中兵吉 著述
自治新制 市町村会法要談 全〔明治22年11月発行〕／高嶋正載 著述 田中重策 著述
国税 地方税 市町村税 滞納処分法問答〔明治23年5月発行〕／竹尾高堅 著
日本之法律 府県制郡制正解〔明治23年5月発行〕／宮川大壽 編輯
府県制郡制註釈〔明治23年6月発行〕／田島彦四郎 註釈
日本法典全書 第一編 府県制郡制註釈〔明治23年6月発行〕／坪谷善四郎 著
府県制郡制義解 全〔明治23年6月発行〕／北野竹次郎 編著
市町村役場実用 完〔明治23年7月発行〕／福井淳 編纂
市町村制実務要書 上巻 再版〔明治24年1月発行〕／田中知邦 編纂
市町村制実務要書 下巻 再版〔明治24年3月発行〕／田中知邦 編纂
米国地方制度 全〔明治32年9月発行〕／板垣退助 序 根本正 纂訳
公民必携 市町村制実用 全 増補第3版〔明治25年3月発行〕／進藤彬 著
訂正増補 議制全書 第3版〔明治25年4月発行〕／岩藤良太 編纂
市町村制実務要書続編 全〔明治25年5月発行〕／田中知邦 著
地方學事法規〔明治25年5月発行〕／鶴鳴社 編
増補 町村制執務備考 全〔明治25年10月発行〕／増澤鐵 國吉拓郎 同輯
町村制執務要録 全〔明治25年12月発行〕／鷹巣清二郎 編輯
府県制郡制便覧 明治27年初版〔明治27年3月発行〕／須田健吉 編輯
郡市町村史員 収税実務要書〔明治27年11月発行〕／荻野千之助 編纂
改訂増補鼇頭参照 市町村制講義 第9版〔明治28年5月発行〕／蟻川堅治 講述
改正増補 市町村制実務要書 上巻〔明治29年4月発行〕／田中知邦 編纂
市町村制詳解 附 理由書 改正再版〔明治29年5月発行〕／島村文耕 校閲 福井淳 著述
改正増補 市町村制実務要書 下巻〔明治29年7月発行〕／田中知邦 編纂
府県制 郡制 町村制 新税法 公民之友 完〔明治29年8月発行〕／内田安蔵 五十野譲 著述
市制町村制註釈 附 市制町村制理由 第14版〔明治29年11月発行〕／坪谷善四郎 著
府県制郡制註釈〔明治30年9月発行〕／岸本辰雄 校閲 林信重 註釈
市町村新旧対照一覧〔明治30年9月発行〕／中村芳松 編輯
町村至宝〔明治30年9月発行〕／品川彌二郎 題字 元田肇 序文 桂虎次郎 編纂
市制町村制應用大全 完〔明治31年4月発行〕／島田三郎 序 大西多典 編纂
傍訓註釈 市制町村制 並ニ 理由書〔明治31年12月発行〕／筒井時治 著
改正 府県郡制問答講義〔明治32年4月発行〕／木内英雄 編纂
改正 府県制郡制正文〔明治32年4月発行〕／大塚宇三郎 編纂
府県制郡制〔明治32年4月発行〕／徳田文雄 編輯
郡制府県制 完〔明治32年5月発行〕／魚住嘉三郎 編輯
参照比較 市町村制註釈 附 問答理由 第10版〔明治32年6月発行〕／山中兵吉 著述
改正 府県制郡制註釈 第2版〔明治32年6月発行〕／福井淳 著
府県制郡制釈義 全 第3版〔明治32年7月発行〕／栗本勇之助 森惣之祐 同著
改正 府県制郡制註釈 第3版〔明治32年8月発行〕／福井淳 著
地方制度通 全〔明治32年9月発行〕／上山満之進 著
市町村新旧対照一覧 訂正第五版〔明治32年9月発行〕／中村芳松 編輯
改正 府県制郡制 並 関係法規〔明治32年9月発行〕／鷲見金三郎 編纂
改正 府県制郡制釈義 再版〔明治32年11月発行〕／坪谷善四郎 著
改正 府県制郡制釈義 第3版〔明治34年2月発行〕／坪谷善四郎 著
再版 市町村制例規〔明治34年11月発行〕／野元友三郎 編纂
地方制度実例総覧〔明治34年12月発行〕／南浦西郷侯爵 題字 自治館編集局 編纂
傍訓 市制町村制註釈〔明治35年3月発行〕／福井淳 著
地方自治提要 全〔明治35年5月発行〕／木村時義 校閲 吉武則久 編纂
市制町村制釈義〔明治35年6月発行〕／坪谷善四郎 著
帝国議会 府県会 郡会 市町村会 議員必携 附 関係法規 第一分冊〔明治36年5月発行〕／小原新三 口述
帝国議会 府県会 郡会 市町村会 議員必携 附 関係法規 第二分冊〔明治36年5月発行〕／小原新三 口述
地方制度実例総覧〔明治36年8月発行〕／芳川顯正 題字 山脇玄 序文 金田謙 著
市町村是〔明治36年11月発行〕／野田千太郎 編纂
市制町村制釈義 明治37年第4版〔明治37年6月発行〕／坪谷善四郎 著
府県郡市町村 模範治績 附 耕地整理法 産業組合法 附属法例〔明治39年2月発行〕／荻野千之助 編輯
自治之模範〔明治39年6月発行〕／江木翼 編
実用 北海道郡区町村案内 全 附 里程表 第7版〔明治40年9月発行〕／廣瀬清澄 著述
自治行政例規 全〔明治40年10月発行〕／市町村雑誌社 編著

信山社

日本立法資料全集 別巻

地方自治法研究復刊大系

仏蘭西邑法 和蘭邑法 皇国郡区町村編制法 合巻〔明治11年8月発行〕／箕作麟祥 閲 大井憲太郎 譯／神田孝平 譯
郡区町村編制法 府県会規則 地方税規則 三法綱論〔明治11年9月発行〕／小笠原美治 編輯
郡吏議員必携三新法便覧〔明治12年2月発行〕／太田啓太郎 編輯
郡区町村編制 府県会規則 地方税規則 新法例纂〔明治12年3月発行〕／柳澤武運三 編輯
全国郡区役所位置 郡政必携 全〔明治12年9月発行〕／木村陸一郎 編輯
府県会規則大全 附 裁定録〔明治16年6月発行〕／朝倉達三 閲 若林友之 編輯
区町村会議要覧 全〔明治20年4月発行〕／阪田辨之助 編纂
英国地方制度 及 税法〔明治20年7月発行〕／良保両氏 合著 水野遵 翻訳
英国地方政治論〔明治21年2月発行〕／久米金彌 翻譯
傍訓 市町村制及説明〔明治21年5月発行〕／高木周次 編纂
鼇頭註釈 市町村制俗解 附 理由書 第2版〔明治21年5月発行〕／清水亮三 註解
市制町村制註釈 完 附 市制町村制理由 明治21年初版〔明治21年5月発行〕／山田正賢 著述
市町村制詳解 全 附 市町村制理由〔明治21年5月発行〕／日鼻豊作 著
市制町村制釈義〔明治21年5月発行〕／壁谷可六 上野太一郎 合著
市制町村制詳解 全 附 理由書〔明治21年5月発行〕／杉谷庸 訓點
町村制詳解 附 市制及町村制理由〔明治21年5月発行〕／磯部四郎 校閲 相澤富蔵 編述
傍訓 市制町村制 附 理由〔明治21年5月発行〕／鶴聲社 編
市制町村制 並 理由書〔明治21年7月発行〕／萬字堂 編
市制町村制正解 附 理由〔明治21年6月発行〕／芳川顯正 序文 片貝正晉 註解
市制町村制釈義 附 理由書〔明治21年6月発行〕／清岡公張 題字 樋山廣業 著述
市制町村制釈義 附 理由 第5版〔明治21年6月発行〕／建野郷三 題字 櫻井一久 著
市町村制註解 完〔明治21年6月発行〕／若林市太郎 編輯
市町村制釈義 全 附 市町村制理由〔明治21年7月発行〕／水越成章 著述
市制町村制義解 附 理由〔明治21年7月発行〕／三谷軌秀 馬袋鶴之助 著
傍訓 市制町村制註解 附 理由書〔明治21年8月発行〕／鯰江貞雄 註解
市制町村制註釈 附 市制町村制理由 3版増訂〔明治21年8月発行〕／坪谷善四郎 著
市制町村制註釈 完 附 市制町村制理由 第2版〔明治21年9月発行〕／山田正賢 著述
傍訓註釈 日本市制町村制 及 理由書 第4版〔明治21年9月発行〕／柳澤武運三 註解
鼇頭参照 市町村制註解 完 附 理由書及参考諸令〔明治21年9月発行〕／別所富貴 著述
市町村制問答詳解 附 理由書〔明治21年 9 月発行〕／福井淳 著
市制町村制註釈 附 市制町村制理由 4版増訂〔明治21年9月発行〕／坪谷善四郎 著
市制町村制 並 理由書 附 直接間接税類別 及 実施手続〔明治21年10月発行〕／高崎修助 著述
市町村制釈義 附 理由書 訂正再版〔明治21年10月発行〕／松木堅葉 訂正 福井淳 釈義
増訂 市制町村制註解 全 附 市制町村制理由挿入 第3版〔明治21年10月発行〕／吉井太 註解
鼇頭註釈 市町村制俗解 附 理由書 増補第5版〔明治21年10月発行〕／清水亮三 註解
市町村制施行取扱心得 上巻・下巻 合冊〔明治21年10月・22年2月発行〕／市岡正一 編纂
市制町村制傍訓 完 附 市制町村制理由 第4版〔明治21年10月発行〕／内山正如 著
鼇頭対照 市町村制解釈 附理由書及参考諸布達〔明治21年10月発行〕／伊藤寿 註釈
市制町村制俗解 明治21年第3版〔明治21年10月発行〕／春陽堂 編
市制町村制詳解 附 理由 第3版〔明治21年11月発行〕／今村長善 著
町村制実用 完〔明治21年11月発行〕／新田貞橘 鶴田嘉内 合著
町村制精解 完 附 理由書 及 問答録〔明治21年11月発行〕／中目孝太郎 磯谷群爾 註釈
市町村制問答詳解 附 理由 全〔明治22年1月発行〕／福井淳 著述
訂正増補 市町村制問答詳解 附 理由 及 追輯〔明治22年1月発行〕／福井淳 著
市町村制質問録〔明治22年1月発行〕／片貝正晉 編述
鼇頭傍訓 市制町村制註釈 及 理由書〔明治21年1月発行〕／山内正利 註釈
傍訓 市町村制 及 説明 第7版〔明治21年11月発行〕／高木周次 編纂
町村制要覧 全〔明治22年1月発行〕／浅井元 校閲 古谷省三郎 編纂
鼇頭 市制町村制 附 理由書〔明治22年1月発行〕／生稲道蔵 略解
鼇頭註釈 町村制 附 理由 全〔明治22年2月発行〕／八乙女盛次 校閲 片野続 編釈
市町村制実解〔明治22年2月発行〕／山田顯義 題字 石黒磐 著
町村制実用 全〔明治22年3月発行〕／小島鋼次郎 岸野武司 河毛三郎 合述
実用詳解 町村制 全〔明治22年3月発行〕／夏目洸蔵 編集
理由挿入 市町村制俗解 第3版増補訂正〔明治22年4月発行〕／上村秀昇 著
町村制市制全書 完〔明治22年4月発行〕／中嶋廣蔵 著
英国市制実見録 全〔明治22年5月発行〕／高橋達 著
実地応用 町村制質疑録〔明治22年5月発行〕／野田籐吉郎 校閲 國吉拓郎 著
実用 町村制市制事務提要〔明治22年5月発行〕／島村文耕 輯解
市町村条例指鍼 完〔明治22年5月発行〕／坪谷善四郎 著

信山社